安場保和伝

豪傑・無私の政治家

1835-99

安場保吉編

鶴見俊輔・桑原真人・小林和幸・住友陽文・東條正
中野目徹・中村尚史・花立三郎・福井淳・三澤純

藤原書店

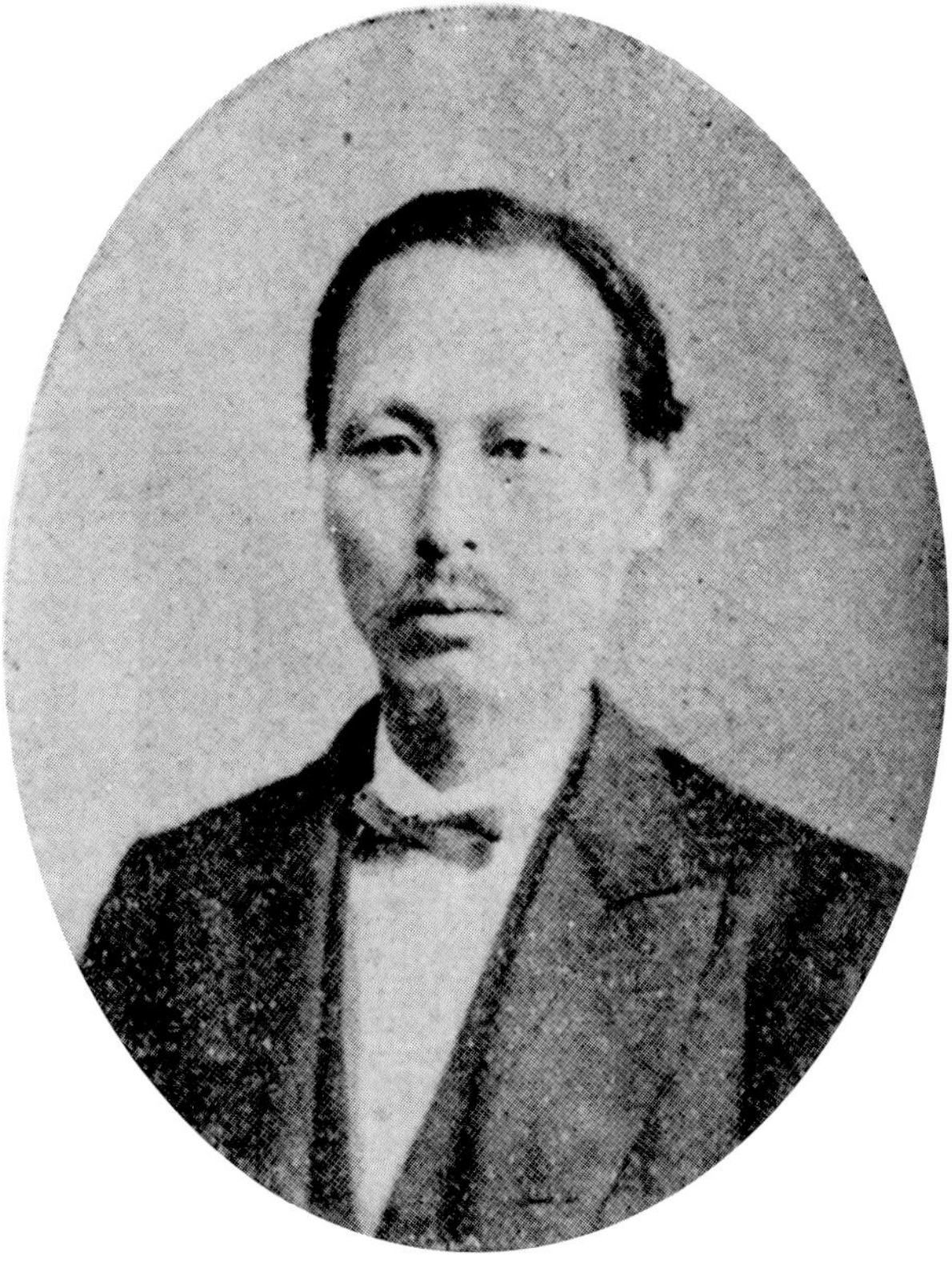

37 歳頃の安場保和

（明治 5〔1872〕年，岩倉具視一行らと渡米時，ワシントンにて）

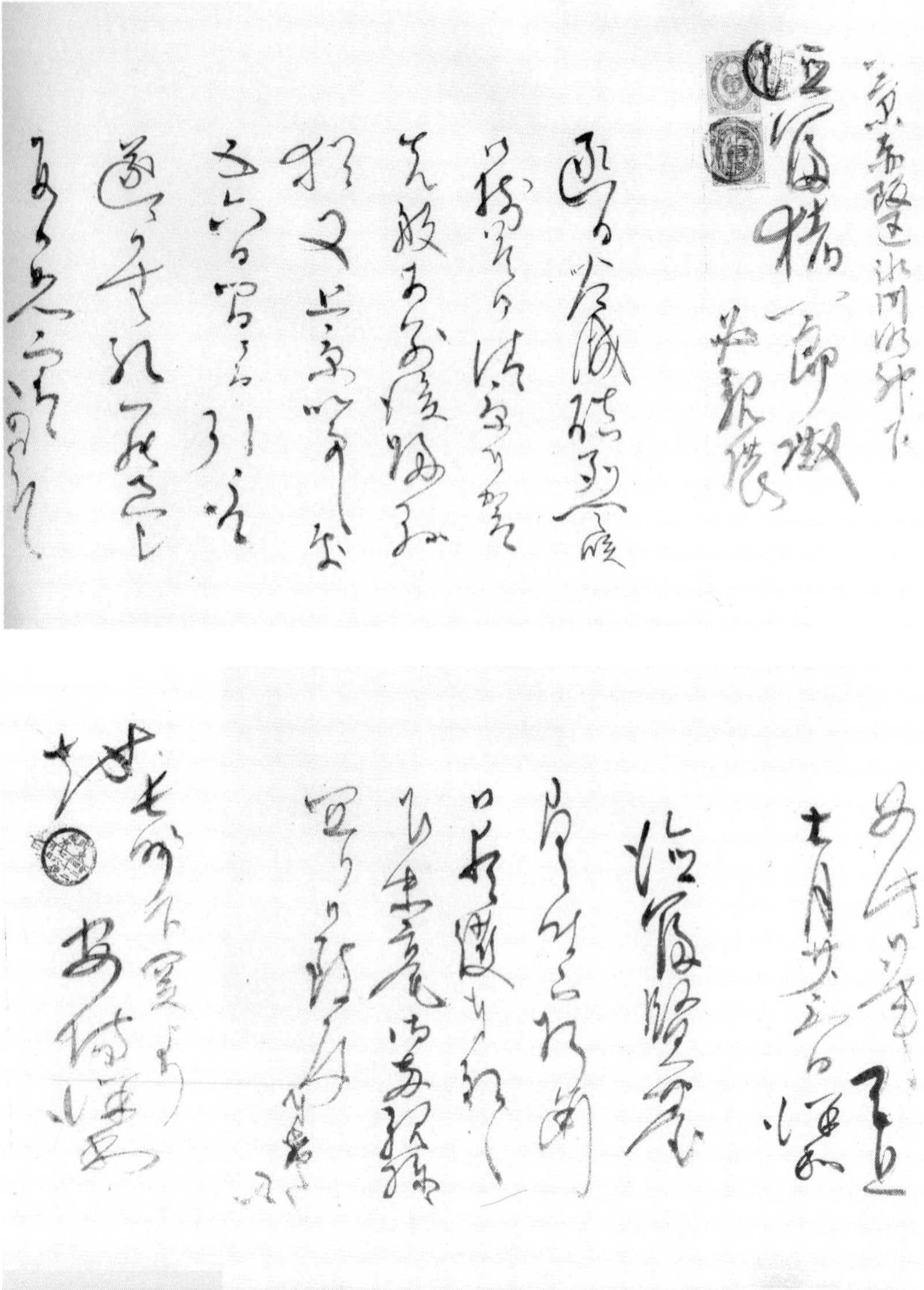

安場保和の徳富蘇峰宛書簡

（明治 24〔1891〕年 7 月 23 日付，冒頭と末尾部分，徳富蘇峰記念館蔵）

安場保和伝　1835-99／目　次

安場保和伝

1835-99

豪傑・無私の政治家

まえがき

安場保吉

安場《やすば》保和《やすかず》は、岩倉使節団の一員だったが、英語やアラビア数字に弱かったため、「使節団唯一の失敗者」（M・ジャンセン）(1)として渡航途中でワシントンから帰国したことと、その前に胆沢県大参事の時、後藤新平、斎藤実を書生として雇い上げて世に出し、後、福島県令（現在の県知事）として斎藤萬吉を見出したことで主として覚えられている。

安場は幕末、横井小楠門下の四天王の一人として頭角をあらわし、官軍東征の時、途中から東海道鎮撫総督府参謀に任ぜられ、江戸城の引渡しに立ち合っている。訪米前に、胆沢県大参事、熊本藩小参事、訪米後に福島、愛知両県の県令、元老院議官・参事院議官を経て再び元老院議官となり、さらに、福岡県の県令（知事）、貴族院議員、北海道庁長官等を歴任したが、公刊された伝記がなかったため、その事績はほとんど世から忘れられていた。

実は伝記を書く計画はあった。孫娘の富美子の婿清野謙次がこれを書くことで親戚の合意ができており、資料を全部清野宅に集めてあったところを戦災に遭い、一切が失われてしまった。その後清野も死去し、伝記作成はもはや無理かと思われた。

ところが、ある席で小楠研究者の源了圓先生とお会いした時、安場は地方勤めが多いから、政治史や地方史の研究者に依頼して地方の文書を使って書いてもらったら出来るのではないか、という示唆があり、二〜三の適任者を紹介して下さった。

編者の方でも、本家その他の親戚の了解を得た上で、主として社会経済史学会の会員を通じて各章の著者を探した。本書の著者を引き受けて下さったのはこのようにしてお願いするにいたった方々である。紹介の労をおとりいただいた、源了圓、花立三郎、遠藤精吾、村川友彦、秀村選三、山中永之佑、田中慎一、中野目徹の諸先生には厚く御礼申し上げたい。

又ほとんどないと思われていた資料も各地の図書館、公文書館から著者が発掘したものの他、東京大学法学部、国立国会図書館、熊本大学付属図書館、安場保雅家蔵のものが若干見つかった。資料の発掘については、住友陽文、中野目徹、桑原真人、花立三郎、三澤純、安場保雅諸氏のお世話になった。資料解読については、松下佐知子、倉持隆、原淳一郎、吉岡拓の諸氏に御援助いただいた。また、高橋秀直氏にはとくにお世話になった。記して御礼申し上げたい。

本書出版の結果、多くのことが明らかにされたが、まず、安場は日本鉄道創設、九州鉄道創設、安積原野の開拓、二本松製糸工場開設、明治用水開削(2)、門司築港、筑後川改修、愛知県立田輪中の改修、愛知県堀川の改造などの社会資本の充実・災害防止に力を尽くし、名古屋城金鯱の復元をはかるとともに、後進地域の開発、没落士族やその子女への援助、離島住民の風土病からの救済、北海道の低所得警察官の給与引き上げ、などの弱者救済に力を入れていたことが挙げられる。これらの事業の大部分は民活や中央政府資金でやっているので増税によって住民を苦しめることは少なかった。

第二に、多くの学校・病院を作っているが、とくに注目されるのは北海道で高等女学校設立のために努力したことや福岡に師範学校を設立した際、当時、稀だった女子部も設けていることで、女性に対する見方が進んでいたことが伺われる。また、芸者や高官の妾を家に近付けないか、家に入れても下座に着かせたこともあげられる。女中をやめて、その代わりに書生を使ったのも珍しい(3)。熊本の済々黌の崩壊を防いで今日の済々黌高校を造るのを助けたこともある。

第三に、民主主義に対する態度では、廃藩置県に際して熊本藩小参事として、薩長が彼等だけで新政府を作ろうとするのに対抗してより現実的な運動を推進している(第二章)。地租改正の時には愛知県令だったから、もちろん一定の限界内でのことだが、民衆側に譲歩していることが注目される。また、北海道庁長官時代には小樽港の埋立てを計画した北海道炭礦鉄道会社の横暴な態度に批判的であった(第九章)。地方官会議での発言も一貫して、民主主義に近かったと理解することができる(第七章)。

漸進主義で尊皇絶対だったから、九州では反民権論者とされていて評判が悪く、熊本での安場の変節を厳しく捉える見方もあるが、著者によっては藩の権益を守ることに専念していた民権論者より実務的で高い立場に立っていたという人もいる。

もうひとつ、金銭には綺麗で、日本鉄道の設立の折には若干の謝礼を受けたが、一年程でそれを〝公〟のために使ってしまった。その後も入った金銭は、書生の育成、選挙時の費用などに使って、自らの資産は築かず、「死して余財あるは、陛下に背く所以」という文書を死の床の下に秘めていた(4)。もちろん著者によって評価は違い、編者としてこれを統一しようとは思わないが、安場保和が明治日本に「涙なき近代化」を求めた数少ない政治家の一人であったことは否定できないであろう。各筆者には贔屓の引き倒しにならないよう強くお願いしてあり、以下各章に事実を語らせることにしたい。本書が歴史書として、明治史の解明の上で果たす役割から評価されることを期待したい。

ここで、本書の生みの親ともいうべき源了圓先生と、この種の本を出しにくい出版界の情勢にあたり、採算を無視して『安場保和伝』の刊行を引き受けて下さった藤原書店の藤原良雄社長に厚く御礼申し上げたい。藤原社長に編者を紹介すると共に一章を寄稿して下さった鶴見俊輔氏にも感謝したい。

なお、本書において原文資料を引用する際は、漢文や漢文もどきの場合は、和文かな混じり表現(ひらがな)にあらため、また読者のために適宜、現代語訳、要旨、注釈(〔 〕内に表記)などを付したところもある。

注

(1) M・ジャンセン、加藤幹雄訳『日本——二百年の変貌』岩波書店、一九八二年、九三頁。
(2) 村田保定編『安場咬菜・父母の追憶』安場保健発行、私家本、一九三八年。
(3) 村田保定編『安場咬菜・父母の追憶』四六〇—四六一頁。
(4) 村田保定編『安場咬菜・父母の追憶』四五三頁。

第一章　熊本・維新時代

1835-1868

花立三郎

一　幼少時代

安場保和《やすばやすかず》は、天保六（一八三五）年四月一七日、父、源右衛門、母、久子の二男二女の長男として、熊本城下町に近い建部村小松原に生まれた。五四万石の大藩細川氏に、安場家は累代の家来として仕えた。

安場家の世禄は二〇〇石。のちに横井小楠社中で一緒に切磋琢磨した嘉悦氏房《かえつうじふさ》（一八三三—一九〇八）は三〇〇石、山田五次郎（武甫《たけとし》、一八三二—一八九三）は一〇〇石であった。幕末に肥後藩を代表して活躍する津田山三郎《つださんざぶろう》（一八二四—一八八三）も四〇〇石の出身である。ともに歴《れっき》とした肥後藩士であるが、小楠のもとにあつまった藩士たちは、二〇〇石から二五〇石にいたる武士層が多かった。小楠塾では軽輩の武士と郷士《ごうし》層出身の惣庄屋の子弟が多かったということである。いいかえれば小楠塾に集った軽輩の武士たちは、世禄の枠を越えて新しい秩序を求めつつあったといえよう。

世禄二〇〇石の武士の生活は決して楽ではなかった。安場は父の死後家督を相続したが、一時熊本城の東方国府村《こくぶ》（現熊本市）に居を移したことがある。小楠が一家をあげて、やはり熊本城のさらに東方の沼山津村《ぬやまづ》（現熊本市沼山津）に転住（安政二［一八八五］年）したのと同じであった。小楠は肥後藩では生涯無役であったため、沼山津に住みつづけた。安場はしばらく国府村に蟄居して、文武の業を独修しながら、農耕に従事して生活の資をかせいだのである。安場は後世知事の栄職にあっても、国府村での苦しい生活を話しては、常に倹約を守り、決して驕奢におちいってはならないと諭《さと》したというから、よほど国府村でのきつい生活が忘れられなかったのであろう。

安場には彼を知るに必要なまとまった伝記はない。わずかにその生涯や人柄を知るものとして、『安場咬菜《こうさい》・父母の追憶』(1)(以下『咬菜』と略記)という安場の親類・知友の思い出があつめられた本がある。昭和十三(一九三八)年発行で、この本の初めに、八重野範三郎《やえのはんざぶろう》「咬菜・安場保和先生伝」(以下、「安場先生伝」と略記)が収載されている。八重野は旧肥後藩士で、のちに熊本県立済々黌《せいせいこう》黌長をつとめた人である。

肥後藩の藩士の子は八歳になると藩校時習館に学んだ。したがって幼児の教育は母・祖父・祖母たちの仕事であった。安場も他家と同じように母・祖父・祖母らから躾《しつけ》や読書をおそわった。

徳川時代の武士の生活様式はそれほど違っていないので、元田永孚《もとだながざね》と徳富蘇峰《とくとみそほう》の例によって安場の幼少時代を想像することにする。

同じ肥後藩士の元田永孚に自伝『還暦之記《かんれきのき》』(2)がある。元田家の世禄は五〇〇石である。元田の父は役職に就き役職手当がついたので相当裕福であったようだ。

其能《そのよ》ク記臆《きおく》セシハ五歳ノ時ヨリトス。此時常ニ祖父・祖母君・大叔姑《だいしゅくこ》ノ側ヲ離レズ。忠臣・孝子・猛将・勇子ノ絵画ヲ看《み》、筆ヲ把《と》リテハ其絵ヲ写《うつ》シ、祖父君・大叔姑君其談話ヲ為シテ之ヲ聴《き》カシメ、夜ハ祖母君・大叔姑君ノ懐ニ入リテ寝《い》ヌ。如此《かくのごとく》スルコト十歳ヲ超《こゆ》ル迄変スルコトナシ(3)。

徳川時代武士の基礎的教養はこうしてつくられていったと思うが、読み物も母・祖父母たちの懐や膝の上で覚えていったのである。話の題材は決して多くはない。少ない限られた題材をくり返し話しあうのである。家庭教育とよんでよいだろう。すなわち祖父・祖母・母・叔父・叔母等の肉親に教えられていたというわけである。「六、七歳ニ至リテ専ラ祖父君・大叔姑君ノ教訓ヲ受ケ、孝敬家ヲ継《つ》キ、忠誠国ニ報《ほう》シ、貞固慈愛《ていこじあい》善《よ》ク人ニ篤ク学問徳行能ク道理ニ明カナル等、朝夕訓誨《ちょうせきくんかい》耳ニ絶ヘス」（同上書）と家庭教育は徹底していた。

人格の基礎は幼児教育にはじまるといわれるが、安場もしっかりした武士の家庭のなかにその幼い日をすごしたのである。

徳富蘇峰は自らを読書に縁のある家に生まれたといっている。

予が家には書物があり、父母ともに読書に縁のある者であって、自然予もその雰囲気のうちに成長して来たから、いやでも応でも書物虫とならざるを得ぬような環境に置かれていた（4）。

蘇峰は自分の最初の師は、母久子であったと書いている。母久子は徳富家と同郡の熊本県上益城郡《かみましきぐん》津森村《つもりむら》大字杉堂《すぎどう》（現益城町）の郷士で総庄屋《そうじょうや》であった、矢島直明の六番目の娘であり、教養豊かな子女であった。「月落チ烏啼《からすな》イテ霜天《しもてん》ニ満ツ」という張継《ちょうけい》の「楓橋夜泊《ふうきょうやはく》」などは母から習った。『大学』『論語』も母の膝の上で習ったという。

徳富蘇峰の母久子は、竹崎順子・矢島楫子《かじこ》らを姉妹とする有名な矢島姉妹の一人で、蘇峰は姉妹中でも特に頭が良かったといわれている久子に育てられたのであるが、その徳富久子にも劣らぬほどの母久子に育てられた安場は順調に教養高く育ったものと思われる。

武士の家庭の婦人の教養は相当のものであったと想像できる。安場の母親の賢明にして信念をもった行動を考えると、江戸時代の家庭教育は母親を中心に陶冶された教化豊かなものであったと思われる。武士社会の家庭教育が確固たるものであったので、徳川幕府三〇〇年の生命を保つことができたのではないかとも思われる。

安場は良き母のもとに育った。江戸封建時代には、内に毅然とした男も及ばぬ確固たる性質と高い見識、深い学問的素養を蔵しながらそれを外に出さず、最も謙遜にして貞淑な女性ともいうべき母が要求された。女性には時習館はなかったが、それなりに確乎たる家庭教育を受けて、教養ある女性に育っていたのである。こうして江戸時代は、外見はまことに優しいが内に毅然たる風格をもった理想的婦人を生みだしたのである。

細川藩の藩士の子弟は年八歳になれば、細川藩の藩校時習館に学ばねばならなかった。

時習館は細川家第八代の藩主細川重賢《しげかた》（一七四七―一七八五）が宝暦四（一七五四）年設立したもので、宝暦五（一七五五）年正月四日開館式をあげた。以後肥後藩教育学問の中心として藩士子弟の育成にあたった。明治となり、明治三（一八七〇）年六月の藩政改革によって廃止されるまで、一一六年間続いた。『大学』に、三代の学校の隆生について述べたところがある。

三代ノ隆《さか》ンナルヤ、其ノ法《ほう》寝《よう》備《やくそな》ワレリ。然シテ後《ノ》チ王宮国都《こくと》ヨリ、以テ閭巷《リョコウ》ニ及ブマデ、学有ラザルハナシ。人生レテ八歳ナレバ、則チ王公自《よ》リ以下、庶人《しょにん》之子弟ニ至ルマデ、皆小学ニ入ル。之ヲ教ユルニ灑婦《さいそう》・応待《おうたい》・進退《しんたい》之節《せつ》、礼《れい》・楽《がく》・射御《しゃぎょ》・書《しょ》・数《すう》之文ヲ以テス(5)。

〔現代語訳・要旨〕夏・殷・周の三代の最盛期には、学校の制度が整って、小学教育から大学教育まで整備され、王公より庶民の子弟までみな小学校に入った。学科は、礼儀作法、音楽・弓・射撃・書道・算数の基礎学科より出発している。

ここには「王公」より「庶人之子弟」にいたるまで、「皆小学に入」らせて、三代の治を実現しようという理想がある。国民皆学の実現である。

時習館は数多くの各藩の藩校のなかでも有数の学校であった。学校の規模といい、教育の内容といい、評判の学校であった。重賢の時習館建設の目的は、『銀台遺事』に遺された一文に明らかである。そして、この教育観は人物教育の基本である。

或時秋山儀右衛門（玉山）を召て四方山《よもやま》の御話遊ばされ候時、御意《ぎょい》遊ばされ候は、汝は国家の大工《だいく》殿じやが、外に頼む事とては無し、我がまつぼりの若者共を導き呉れるに、一ト所に橋を掛けぬ様にして、向の河岸《かわぎし》に渡してくれよ。川上の者は川上の橋を渡り、川下の者は川下の橋を渡り行かば、其者共廻り路なしに才能をなすべし。兎《と》に角《かく》にも河向の孝弟忠信の道にさえ橋を架けてもらえば吾が用には立つべし。其の橋の架所は汝の心にあるべしと仰せられき。(『銀台遺事』(6))

小楠も居寮生であっただけに、時習館の内容は良くわかっていた。元治元(一八六四)年の秋、小楠は井上毅《いのうえこわし》(一八四三―一八九五)の訪問を受けて対談を行った。その対談が今日『沼山対話《しょうざんたいわ》』として残されている。秀才井上の質問は鋭く痛快で、さすがの小楠さえもたじたじとなるほどの面白さがある。その冒頭で小楠は母校時習館を次のように誉めている。

学校のこと、書物と云《いい》、餼養《きよう》と云、御国の学校ほど結構なる学校はなかる可く候(7)。

「餼養」は食物のこと、菁莪斎《せいがさい》で居寮給費生に支給される食料のことである。時習館の学問・教育について不満であった小楠も、時習館の様式・機構等については満足していたのであろう。それほど時習館は全国藩校のなかでも、知られた学校であった。しかし、外観内容がそろっていなかったために、小楠は時習館の内容に対して不満であったのである。

ことに『大学』に書かれた三代の学校が、王公より庶人の子弟まで皆小学に入ると共学の本質を実現しているところに時習館の出発はあった。しかしそれを示す資料がないので確言はできないが、小楠の不満は、時習館設立の目的が『大学』の実現を目指しながら、学生のなかに不公平の装があったことにあった。

授業は読書と習字で、読書は句読斎《くとうさい》において、習字は習書斎で教を受ける。句読を授かる書物は、第一に『論語』、第二に『孟子』、次に『詩経』、そして『書経』、以上は先生が一々字を指して教える。それがすめば一人読《ひとりよ》みとなる。一人読みとは一人で読み、読めないところを先生に問う読み方である。一人読みの書物の順序は、『春秋』より始め、『左伝』、『史記』、『歴史綱鑑《れきしつがん》』の順であった。素読《そどく》を終われば句読斎より蒙養斎《もうようさい》に転ずる。蒙養斎ではまず『史記』の輪読、終わって『綱鑑』の会読。このときより月に三回、『論語』、『孟子』の講義。以上が終われば講堂に転昇する。

講堂に転昇するのは、俊秀子弟は十三、四歳、普通は十六、七歳で、十九歳になると全員転昇となる。転昇後、講堂生中より選抜して居寮生とする。時習館最高の段階で菁莪斎《せいがさい》と称し、全寮制で学修品はもとより生活用品も支給される。居寮生は二五名ばかり、居寮生として尊敬され、満三カ年を一期として、進歩の見込あるものはさらに三カ年留学を命じ、なおさらに一年ごとの延期留学もみとめられた。

『肥後文教と其城府の教育』(8)では、重賢の教育の意見は、「才の長ずる所、性の近き所によりて之を導き、小器は小成、大器は大成し、国家の用に供せんとするに在」ったと解説している。闊達にして絵の才能まであった重賢には、謹直無類の肥後武士をそれはそれとして良しとするも今すこし、自由にして遠慮なき青年武士を育成したかったのであろう。藪孤山《やぶこざん》は大成された学者であるが、あまりに固い。これからの学校では文学でも取り入れていく必要があり、あまりに形式と礼儀にとらわれるべきでないだろう。時習館には儒学だけでなく文辞をも取り入れたがよいとして、教授には秋山玉山《あきやまぎょくざん》が適当であろうと、思い切って玉山を選んだ。

しかし玉山の方針は不評であった。名君といわれた重賢のやり方も多くの無骨な肥後武士たちには肌合があわなかった。玉山はやがて教授の職をやめて薮孤山に代った。薮はすこぶるつきの朱子学者で、朱子学者のなかでも古式を重んじ、形式を大事にする学者であった。学問はその世界に閉じこもった朱子学となり、形式と伝統を守るだけの学問となっていった。小楠らはこれに反撥したのである。

さらに小楠は、江戸に差立てられることになった。時習館塾長であること二年にして天保十（一八三九）年のことである。元田は彼の『還暦之記』のなかで、「当時藩を出で他所に遊学するは私にすることを許さず、故に遊学の藩命を蒙るは容易の才学にして得べからず。最学士の栄誉となす」と記しており、山崎正董《まさただ》は「小楠の遊学は真に異数の抜擢であった」(9)と絶賛している。小楠は時習館に学んで最高の成果を上げ、最高の栄誉をつかんだことになるが、小楠の遊学は栄誉ではないとの二、三の最近の研究がある。私には未だこの新説に賛成するだけの資料の整理ができていないので、従来の説にしたがっておく。

時習館の教師には、講堂以上の教師に、教授・助教・訓導の三段階がある。時習館一一六年間に、時習館の教授であったものは、秋山玉山・薮孤山・高本紫溟《たかもとしめい》・辛島塩井《からしまえんせい》・近藤淡泉《こんどうたんせん》・片山豊の六名であった。助教には一六名、後に教授になった孤山・紫溟・塩井・淡泉らのほかに木下韡村《きのしたいそん》がいる。訓導は四六名で、中村恕斎《なかむらじょさい》・道家之山《どうけしざん》・月田蒙斎《つきたもうさい》・国友古照軒《くにともこしょうけん》などが知られている。

安場が時習館に入学したのは天保十四（一八四三）年であった。

八重野範三郎の「安場先生伝」につぎのようにある。

> 先生齢《よわい》七歳、始めて郷党の師牧新兵衛に就いて読書を受く（『三字経』）。九歳藩校時習館に入り、十歳厳君に随って玉名郡大島（藩士交代在番の地）に移り、十五歳熊本に帰り、十九歳擢《ぬき》んでられて時習館居寮生となる。

安場の生地《せいち》は熊本城下町に近い建部《たけべ》であるから、数え年九歳で時習館に入学し、所定の課程を学習していったに相違ない。後に小楠塾で社友となる山田武甫とは四歳下、おなじく小楠社友の嘉悦氏房は二歳下であるので親しく交情をあたため学問を競ったであろう。太田黒惟信《これのぶ》は八歳下になるので時習館での同級生交際は無理であったろう。

安場は時習館でもの凄い成績をみせる。数年して早くも居寮生となり、嘉悦・山田らと勉学を競った。勤王党の河上彦斎《かわかみげんさい》は安場より一歳の年長、おなじく勤王党の加屋霽堅《かやはるかた》は安場より一歳年下である。はたして時習館でどういう交友であったろうか。

時習館においても学校党の子弟が圧倒的な勢いを有し、勤王党・実学党の子弟は小さくなっていたのではないだろうか。しかし、時代はようやく幕末に近づき、徳川・細川幕藩体制もゆるみ始めたときであり、新しい時代は大きく湧き上がってきつつあった。

安場はきびしい統制、ゆるぎない上下関係にしばられて、細川体制のもとに不満、反対の気分を生み出しはじめていたのではないか。もう何時までも徳川体制・細川体制では時代が許さなくなったことを、だれでもが感じ始めていたのである。小楠および小楠門下生たちも早くから時代の変革を感じ始めていた。

二　横井小楠塾に学ぶ

どこの藩でも同じであるが、肥後藩でも徳川幕府末期には数派に分れて対立した。水戸・薩摩藩は特に激烈で、この分派対立をうまく処理できた藩は維新革命を乗り切れたが、それが不手際の藩はそれだけに成功していない。いずれにしろ、各藩とも分党対立して相争った。そのため血を流しての激しい争いがみられた。肥後藩でも対立はまぬがれず、三党派に分れて争った。その様子を佐々《さ さ》友房《ともふさ》（一八五四―一九〇六）の「熊本各党沿革一斑」(10)に見てみることにしよう。


幕府の末造弘化嘉永の際に方て、肥後に三党派起り、学校党と云い、勤王党と云い、実学党という。学校党は左幕攘夷を主とし、勤王党は尊王攘夷を主とし、実学党は尊王開国を主とす。皆な其の主とする所を唱道し、互に相軋《きし》り、其の勢力を拡張するを勉めたり。

学校党は、勤王・実学二党を除くの外、凡そ旧藩政府及藩立時習館に関係ある者を総称する者にして、固より一定の主義及確たる一団結を成したる者には非ざるなり。

いま同党で知られた人名を挙げれば松井佐渡《さど》、故溝口孤雲《みぞぐちこうん》、故飯田熊太、故上田休、林新九郎、白木為直《しらきためなお》、鎌田景弼《かまだかげすけ》、池辺吉十郎《いけべきちじゅうろう》、古荘嘉門《ふるしょうかもん》、木村弦雄《きむらつるお》、竹添進一郎《たけぞえしんいちろう》、井上毅、桜田惣四郎《さくらだそうしろう》等にして、維新の際は池辺、鎌田、桜田、古荘、竹添等専ら左幕攘夷を唱へしが其志を果さずして止む(11)。

ふたたび佐々の筆をかりると、

「王政復古の後」時勢一変し、左幕の論題は全く地を掃い、天下勤王を説かざる者なき勢に至れり。明治二、三年の頃より勤王党とは元攘夷論の一轍に出て、且つ不平相投ずるの勢より互に命脈を通じ、古荘、木村等は専ら勤王党河上玄斎《かわかみげんさい》らと連絡し、池辺、鎌田等は勤王党故住江甚三郎《すみのえじんざぶろう》(甚兵衛)等と共に藩政を握り、独り実学党を敵視するの勢ありき。此頃より壮年輩にして池辺、鎌田等に継ぎ奔走する者は松崎迪、内藤儀十郎、田中之雄《ゆきお》、中島忠三郎等也。

勤王党は本と皇学者林藤次《はやしとうじ》の門に出る者多し。故住江松翁《すみのえしょうおう》、同甚兵衛、同宮部鼎蔵《ていぞう》、同松村大成、同永鳥三平、同轟《とどろき》武兵衛、松田重助、山田信道、故河上玄斎、大野鉄兵衛(太田黒伴雄)、加屋霽堅《かやはるかた》、上野堅吾、魚住源次兵衛等を初として鳥居直樹、堤松左衛門、崎村常雄、小橋元雄、富永守国、阿部景器《かげき》等をして、葵丑甲寅《きちゅうこういん》の際に方て専ら尊王攘夷を主張し、天下に奔走尽力し、一新の頃迄は大に学校党と相軋り、実学党とは稍《やや》尊王の義相合ふを以て相俱《とも》に往来尽力せしが、明治二、三年の頃より時勢全く一変し、西洋の風盛に行はれ、実学党専ら洋風を主張するを以て之と大に隙を開き、学校党池辺、鎌田、古荘、木村、桜田等と相合するに至れり。此頃より壮年生にて尽力する者は崎村、小阪小三郎、深野一三、佐々干城《かんじょう》、同友房、浅山基雄、同知定《ともさだ》、高島義恭等也。

実学党は弘化・嘉永の際、時習館の学意専ら空理を談ずるの弊あるを嘆じ、米田監物《こめだけんもつ》（米田是容《こめだこれかた》＝長岡監物）、横井平四郎、下津休也《しもつきゅうや》等首《はじめ》として実学を主張し、一時藩政を掌握したりしも後黜《しりぞ》けられ、学校党松井佐渡等用いられ、為に大に隙を開きたり。後米田、横井の間不和を生ずる事あり。遂に『大学』講習の席に於て議論相協はず、米田は主として明徳を説き、横井は主として親民を説き、遂に両派に分れ、一を米田派又坪井実学、又坪井実学派或は明徳党と称す。荻《おぎ》某、津田山三郎等之に与《くみ》し、一を横井派又沼山《ぬやま》実学或は親民党と称し、安場保和、山田武甫、嘉悦氏房、矢島源助、宮川房之《みやがわふさゆき》、岩尾俊貞《いわおとしさだ》等之に党す。独り元田永孚は常に米田、横井両派の間に在て交誼《こうぎ》を全くせり。村井範三郎、林秀謙、元田永貞等之に属せり。之を山崎実学と称すと云。要するに米田・横井両派互に相容れずと雖も、勤王・学校両党に対しては内自ら連合するの勢なりしと。維新の頃は両派共に勤王党と稍《やや》合体の勢を成し力を王事に致し、独り学校党池辺、鎌田等と相軋れり。明治二、三年の頃安場・嘉悦等、原田・沢村等と隙を開き、坪井、沼山の両派又々分離せり。此頃より坪井派にて尽力する者は津田静一、岡次郎太郎、沢村大八等と云ふ。明治十三年忘吾会起るに至て、坪井・沢村の両派始て合せりと云。

佐々は以上あげた三学党のほかに敬神党、民権党、紫溟会《しめいかい》、立憲自由党の団体名・学会名・政党名をあげ、さらに「現時の実況」は紫溟学会、改進党、勧善《かんぜん》社、敬神党の四派からなるとしている。しかし、ここでは安場が肥後藩士として活躍した時期が当面の目標であるから、学校党・勤王党・実学党の三学党鼎立時代にとどめた。なお本編は佐々友房が明治十五（一八八二）年済々黌において口授したものという。佐々は人名・事件について簡単な説明をほどこしているが、本編では一切省略した。

佐々友房は明治期の代表的な政党政治家であった。西南戦争で西郷軍につき入獄。出獄後明治十五年熊本に済々黌（現在熊本県立済々黌高等学校）を創立、一方紫溟会を安場らと結成して、九州改進党に対抗した。以後熊本国権党を組織し、第一回総選挙から衆議院議員に九回連続当選し、熊本に絶大の保守的政治力を築きあげた。後に国民協会に参加し、対外硬運動に従事した。

三学党の勢は圧倒的に学校党が制した。歴史的にも学校党が長い勢力を有し、支持者の数も学校党が大多数を占めるところであり、重役も殆んど学校党員の手中にあった。肥後藩が保守的と評されたのも仕方のないことであった。

三　実学党起る

横井小楠（平四郎）は天保十（一八三九）年三月江戸遊学を命ぜられて、同年四月江戸に着いた。小楠は林大学頭の門に入り、藤田東湖《ふじたとうこ》・川路聖謨《かわじとしあきら》らと交り、江戸における勉学の態勢を固めた。ところが翌天保十一（一八四〇）年二月酒失の故をもって帰国を命ぜられ、四月帰国、一二月一〇日、七日間の逼塞《ひっそく》を命ぜられた。大志に燃えた小楠の意気込みは大変な打撃を受けた。しかし、小楠の立ち直りは普通ではなかった。

江戸から不名誉の帰国をした横井平四郎は、兄の家の六畳の一室に謹慎しました。頗《すこぶ》るの貧乏で、その六畳の畳は破れ、壁はぼろ〳〵に崩れ、雨戸が無いので藁蓆《わらむしろ》を軒からつり下げて雨風を防ぎ、縁は青竹を束《たば》ねてありました。下男は一人居ましたが、手不足なので部屋住みの平四郎は時には飯炊き水汲みなども手伝いました。而して其間には其六畳にじっと座って学問の仕直し、人生観の建て直しをしました(12)。

小楠は大変な苦境に陥ってしまったが、それから立ち上がってくるところに小楠の強さがあった。彼は学問・人生観の行き詰まりに苦しんだ。小楠のこの苦しみの酒失帰国後の焦点のところを、明治二十二（一八八九）年に発行された『小楠遺稿』にたずねてみると、もっときついものとなっている。この本は、小楠の遺子横井時雄が編集し、その門人で蘇峰・蘆花《ろか》の父である徳富一敬《とくとみいっけい》と、その弟である江口高廉《たかかど》（純三郎）が協力して書き上げたものである。この本の初めに「小楠先生小伝」がおさめられている。

先生既に国に帰り、門を閉じ客を謝し、堅苦刻励、心を経伝に専らにす。家素より貧、其居室、僅に六畳の蓆《むしろ》・壊壁《こわれかべ》・破障《やぶれしょうじ》、竹《たけ》を編《あ》みて椽《えん》と為す。而して晨夕水《あさゆうみず》を汲み飯を炊《かし》ぎ、一家の労を助く。其勤勉《そのきんべん》、人《ひと》の堪《た》へざる所なり。然れども先生厭色無く、乱帙《らんちつ》の間に起臥し年の移るを知らざる者の如し。此の如きもの殆ど四年(13)。

はたして小楠は閉塞状態をつき破った。徳富蘆花は、「苦学三年、豁然《かつぜん》として通ずる所があった」(14)と書いた。

「小楠先生小伝」では、「此の如きもの殆ど四年、一日慨然として云《いわ》く、吾之れを得たり」と受けとめたという。この苦闘を越えて小楠は尭舜《ぎょうしゅん》三代の道へ進んでいった。

小楠の求学の思いは次第に友を呼び、肥後藩次席家老長岡監物・下津休也・荻昌国《おぎまさくに》・元田永孚、小楠を入れて五人の肥後藩士たちが集まったのである。

是ニ於テ相互ニ切磋琢磨シテ其知見ノ到ラサル所ヲ進メ、其意思ノ誤ル所ヲ正シ、其気質ノ偏《かたより》ナル所ヲ開キ、悉《ことごと》ク則《のり》ヲ古聖賢ノ言行ニ取ラサルコトナシ。其克己・力行・講学・求道、各其地位ニ随ヒ、其性質ニ因テ切実ノ工夫ヲ著《つ》ケザルハ莫《な》シ。勉励モ亦至レリ。蓋《けだし》下津・横井二先生ハ余ヨリ長スルコト九歳、長岡大夫ハ余ヨリ長スルコト六歳、荻子ハ四歳ナリ(15)。

『還暦之記』の中で、元田は五人の研究者が集る過程を別の面から書きとどめていて、多くの興味をそそられる。要旨をまとめれば、五人の立つところは朱子学であり、朱子学に入っていくには、まず『近思録』から始めることに決め、ついで経学に長じた監物と、史学に達した小楠を中心にして、おのおのその得意とするところを伸ばさんとしたのである。石高《こくだか》を越え、年齢の差を超えての勉学である。月に一〇回は少ない方で、月二〇回、あるいは隔日、そして毎日のときもあった(16)。

「是より以後、修身経国《しゅうしんけいこく》の講学《こうがく》日ニ月ニ盛ニナリ、余歳三十ニ至ルノ間、凡ソ五年、会読ノ数一月《ひとつき》殆ンド五十回、晨誦《しんしょう》夜《や》読《どく》猶《なお》足《た》ラストトス」(17)という熱心である。いや単なる熱心でなく、学問・思想に対する必死の対決である。ここに集ったメンバーの身分家柄を越えての熱中である。学問の道には身分も家柄もない。彼らは往昔の時習館批判を実行に移したのである。

さらに元田の熱言を聞くことにしよう。

其長岡大夫ノ宅ニ会《かい》スルヤ、経義《けいぎ》ノ解シ難キニ当リ、或ハ時事ノ処弁《しょべん》ニ困難ナルニ遇フ。一座思慮シテロニ発スル能ハサルニ、横井先生即座《そくざ》発論《はつろん》人意ノ表ニ出テ、浩々《こうこう》トシテ禦《ふせ》クヘカラサルカ如シ。下津先生旁《かたわ》ラヨリ之ヲ賛シ、思慮周遍浹洽《しゅうへんきょうごう》至ラサル所ナシ。然後長岡大夫道理ヲ以テ確定シ、大山《たいざん》前ニ崩ルトモ屹《きっ》トシテ動カスヘカラサルカ如キナリ。余之ヲ聴ク毎ニ竊《ひそ》カニ嘆賞シテ謂《おもえ》ラク、此三先生ハ真ニ不世ノ傑出、之ヲ天下ノ上ニ出ストモ多ク見サル所、ト。因テ親炙スルコト益々切ナリ(18)。

『近思録』を出発点として究めんとした学問の究極はなんであったろうか。また元田の説くところを聞く。

其講学スル所ハ、誠意正心ノ実、心術ノ微ヨリ工夫ヲ下シ、閨門《けいもの》ノ内、人知ラサルノ地ニ専ラ力ヲ用イ、治国安民ノ道、利用厚生ノ本《もと》ヲ敦《あつ》クシテ、決シテ智術功名ノ外ニ馳セヌ。眼ヲ第一等ニ注ケ、聖人以下ニハ一歩モ降ラス(19)。

実学が出始めのときは熊本の社会に大きな衝撃をあたえたが、やがて実学は深い嫌忌《けんき》を熊本社会の人々にあたえることになり、実学党の内部に分裂をさえ生みだしていくことになった。

小楠塾は天保十四（一八四三）年に開塾した。山崎正董『横井小楠・伝記篇』ならびに同書巻末年表によれば、「第一の門人は徳富万熊。就学生漸次数を増す」とある。徳富万熊とは、蘇峰の父、一敬のことである。徳富は小楠塾生を多数入塾させることに努力した。

小楠塾は少人数の塾である。資料をあたって私があつめることのできた塾生は、肥後藩出身者にかぎって一〇〇名程度である。小楠は、明治二（一八六九）年一月五日に暗殺されたのだから、塾は約二五年つづいたことになる。それで塾生間の親しみは深かったと思われる。当時木下韡村《いそん》塾は熊本地方第一の私塾、うわさでは五〇〇〇人の塾生が集ったといわれている。木下ほどの学者のもとに五〇〇〇人集ったといっても、怪しみはしないが、そう集ったからといって深大な効果があったとはいいがたいであろう。木下塾からは井上毅・竹添進一郎・古荘嘉門・木村弦雄といった秀才が出たほどだから、木下塾の教育は大いに成績をあげたわけだろうが、塾生の多いのは直ちに効果があったと見てよいものか疑問である。あまりに塾生が多くては交りが深いとも思われず、少ない人数からかえって親密な塾生気質が生れるのではないか。井上・竹添ほどの人物を育んだのであるから、木下塾の教育効果は充分上がったといってよいであろうが、塾生全体の親しみや、その塾生の方向はむしろ小さい塾からこそ生まれてくるであろうと考えるのである。

以下は、私が断簡零墨《だんかんれいぼく》のなかから拾い上げた一〇〇名程度の肥後藩関係の小楠の弟子たちであるが、そのなかから数人をあげておく。

岩男三郎、岩男俊貞《としさだ》、牛島五一郎、江口高廉、太田黒惟信、嘉悦氏房、米田虎雄《こめだとらお》、竹崎律次郎、徳富一敬、内藤泰吉《たいきち》、内藤貞八、長野濬平《しゅんぺい》、野田豁通《ひろみち》、野中宗育《そういく》、野々口為志《ためし》、林秀謙、広田尚《ひさし》、矢島直方《なおかた》、安場保和、山田武甫、横井左平太、横井大平《だいへい》。

開塾が天保十四（一八四三）年で、慶応三（一八六七）年で閉塾したとすれば、その間二四年、平均して一年間に四、五名の弟子たちである。その間出入りがあるにしても、一〇人ぐらいの弟子たちがいつも勉強していたと思われる。内弟子も何人かいたと思われるが、内藤泰吉はその自伝『北窓閑話《ほくそうかんわ》』に、「二十歳から四十歳まで、永年先生に非常の世話になり、実に久しい師弟の間柄である」と書いており、これによれば内藤泰吉は熊本県玉名郡南関町を出て小楠塾に泊り込みであったようだ。泊り込みで二〇年間指導をうければ、「実に久しい師弟の間柄」ができあがったろう。小楠塾は、五〇〇〇人の弟子を擁したという木下韡村塾に弟子数においては及びもつかないが、小さい塾であっただけに、師弟・弟子同士の間柄は実に親しいものであったであろう。これこそ真の塾というべきである。小楠塾は郷士の数が多く、支配力も郷士層がもっていた、といわれているが、私はそうは思わない。塾生一〇〇名のうち郷士層出身者は二五名位である。

小楠塾では郷士層が多かったことは確かだが、武士層より多かったわけではない。郷士層の割合が他の私塾より多かったということであって、小楠塾は数の上では武士層が郷士層の倍を占めていた。ただ郷士層の数が比較的多かっただけに、郷士層の意見がかなり優勢を占めていたのではないかと思う。理論闘争や知識勉強では武士層が優勢であったが、実際処理問題となると郷士層がめっきり優位に立ったのではないか。したがって武士層は郷士層の農村・農民の諸問題についての知識を借り、解決方法を農民に借りていたと思う。郷士層のなかで知識・理論にまさっていた矢島直方・徳富一敬や竹崎律次郎らは武士層出身者に劣らず、その手腕・技倆を発揮し得たのである。山田武甫・安場保和・嘉悦氏房・宮川房之といった青年武士が、徳富一敬・矢島直方・竹崎律次郎といった郷士出身の青年と火花を散らして議論する姿を想像してみよう。小楠塾では武士・郷士の身分に関係なく議論し、話し合いがなされたと思われる。これが小楠塾の特色である。

話し合い・議論は必ずしも当時小楠塾だけでの特色ではなく、かなりの塾で討論・話し合いがなされていたという。しかも論議される議題の内容は、切実な目前の具体的な問題であったことであろうから、字句の解釈より具体的目前の策が求められたであろう。惣庄屋としての政策施策という具体策が論議されたであろう。徳富一敬は父の代理として新地開拓の業にたずさわったことがあった。当然徳富からは、開拓事業から起る諸問題が提起されたことであろう。そのとき求められたものは具体策、実際的施策であった。すなわち実学が要求されたのである。

時習館では「聖典」に対し、かような具体的実際的解釈を求めることを嫌った。聖人の説を卑下させるものだとして否定した。実学を虚学として非難した。虚学とはただ空なるものという意味ではなく、下卑たる解釈、下品なる利害策だと非難したのである。「聖典」に具体的実際的解釈を求めることは最も斥けられねばならぬ態度とされたのである。

聖人の道を学ぶものが田んぼや肥料のことを云々することは、聖人の教えを侮辱することとして斥けられた。商いの道も聖人の道から追い出された。商いの道は人間の利害をもとめることで、精神の清純は人間の利害にあるにあらずして、聖典の合理的解釈にあるとされた。これは小楠のもっとも嫌った学問態度であった。

安場が小楠塾に入ったのは、『咬菜』巻末の年譜によると、嘉永二(一八四九)年で、「このとき、師の小楠、横井平四郎の学風に親近す」とある。「学風に親近す」るとははっきりしないが、小楠塾に入門したと考えてもよいであろうが、安場はこのとき十五歳、小楠は四十一歳であった。

安場の小楠塾入りには紆余曲折があった。「安場先生伝」につぎのようにある。

厳君慮るところあり、其の友数名と謀《はか》り、小楠横井先生の門人津田山三郎・神足勘十郎《こうそく》等と交《まじわり》を結ばしむ。当時熊本に於ては藩学の風《ふう》と横井先生の学意と相容れず、互に相争ひ藩論多くは横井派を斥《しりぞ》け、甚しきは其の門に在る者と交を絶つに至る(20)。

「厳君」とは安場源右衛門である。

父源右衛門が安場を津田・神足に交らしめたとあるが、もし父にそれだけの積極性・先進性があるとすれば、父源右衛門はいかなる人物であるか。「藩論多くは横井派を斥《しりぞ》」け、「其の門に在る者と交を絶つ」といった風当りの強いなかで、あえて小楠に学ばせようとした源右衛門の思惑はなんであったのであろう。すくなくとも小楠に相当の関心を持っていたといえるであろう。小楠の人格・学問について将来性を感じ取り、したがって時習館の学問にあきたらず、小楠塾の学問に期待を寄せたのであろうか。それにしても時習館の学問にあきたらず思うことは慧眼であり、自己の見識をもった人物であったというべきである。ところが当時小楠派と見られることは社会的にはたしかに不利であった。その不利を押しての源右衛門の強い信念にもとづく行動であった。父親は動かなかった。中心が動かないかぎり、その家は安泰である。

しかし、安場が小楠塾に通うのをみて、まず親戚間が大いに動揺した。小楠に従っていては安場の将来のため良くない、と父源右衛門につめよっては忠告した。それがしつこく繰り返されてさすがの源右衛門も、次第に疑心を生じ不安になってきた。安場家は動揺したが、安場の母久子がこの動揺を止めた。安場の母久子は、賢明の聞え高い人であった。ひたすらに小楠を信じ、わが子の将来も信じた人であった。

父源右衛門は嘉永六（一八五三）年に死去し、安場は十九歳で家督を相続し、「厳君没せられし後は、刀自専ら先生を教育し、小楠先生に対し、藩中の謗議益々盛なるに拘《かかわ》らず、毅然として撓《たわ》まず、小楠先生を信ずる益々篤《あつ》く、先生亦日夜小楠先生に親炙して、一意学を磨き身を修め、又友輩と互に経世済民の道を講習討論して、国家に尽す志年と共に深し。」安場が「終生身を国事に委ね、其の忠誠毫も渝《かわ》ることなか」ったのは、「偏《ひとえ》に小楠先生薫陶の力に因《よ》ると雖も、亦母堂の賢明なる教育の功を、多とせざるを得ざるなり」と「安場先生伝」が書いているが、まさに安場の母久子は、そのような婦人であった。この久子と、同じ小楠門下の嘉悦氏房の母勢代子、同じく小楠門下の山田武甫の母由以子の三人は「熊本実学連の三婆《さんばあ》さん」と呼ばれて、六尺の九州男児を恐れ戦《おのの》かしめたという(21)。

氏房の孫にあたる嘉悦学園理事長の嘉悦康人氏が『嘉悦孝子伝』（一九八七年）を発表され、その本のなかで勢代子のことを思い出しておられるので、それにしたがって当時の武士の夫人の様子を偲んでみよう。

氏房は小楠のほかにわが師はないと信じ、ひそかに沼山津の横井小楠を訪れて入門を願った。父は小楠塾入門に反対であったので、氏房は叱責と反対を覚悟で母の勢代子に相談した。母はかえって喜んだ。「ああたの先生は、小楠先生しかなかと思うとった。よう決心しなはった。父上のことはどぎゃんでんするけん、心配せんちゃよか」（「あなたの先生は小楠先生のほかにはないと思っておりました。よく決心されました。父上のことはどうにでもしますから、心配せんでもよいことです」）と大賛成であった。

『嘉悦孝子伝』は氏房の苦心・努力を次のように語る。氏房は、「昼間は時習館の居寮生として、教授を補佐して館生の指導に当らなければならない。」しかも小楠塾への通学は極秘でなければならないのだ。万一、藩侯や家老や重役に知れたら、父に厳重な処分が下るかもしれないからであった。

氏房は時習館から帰って、父が寝しずまるのを待って、母と打ち合せて小楠塾に出かけた。勢代子は氏房の帰宅まで毎晩眠らずに待った。「勢代は毎夜、いろいろな夜なべ仕事をしてその帰宅を待ちうけ、その夜の小楠翁の説話を、氏房から聞き、母と子はともに小楠翁の学識、達見、抱負経綸を、わが血、わが肉とする努力を日夜重ねたのであった。」

安場は、嘉永二（一八四九）年、小楠塾に入門してから足かけ五年間、小楠のもとで教育をうけたが、その小楠塾で彼は優れた才能を発揮した。「年譜」によると、「小楠、その奇才を愛し、後日天下のために為すもの、必ず安場ならん」と賞賛したということである。安場は同輩の山田武甫、嘉悦氏房、宮川房之とともに「小楠門下の四天王」と称せられ、山田の徳、嘉悦の識、宮川の勇に対し、安場は智と目せられたということであるから、頭脳抜群といったところであったのであろう。

久子は小楠を信じて疑うことがなかった。久子は、「賢明にして剛毅の精神、恰も偉丈夫の風あり」と「安場先生伝」の筆者は伝えている。久子は、女性として、母親としての純粋な非打算的考えからわが子の成長と充実を願ったのである。

「安場先生伝」の筆者は久子を次のように書いてその面影を浮き彫りにしている。

久子刀自賢明にして剛毅の精神、恰《あたか》も偉丈夫《いじょうふ》の風あり。厳君没せられし後は、刀自専ら先生を教育し、小楠先生に対し、藩中の謗議《ぼうぎ》益々《ますます》盛なるに拘《かかわ》らず、毅然《きぜん》として撓《たわ》まず、小楠先生を信ずる益々篤《あつ》く、先生亦日夜小楠先生に親炙して、一意学を磨き身を修め、又友輩と互に経世済民の道を講習討論して、国家に尽す志年《こころざしとし》と共に深し。是れを以て終生身を国事に委《ゆだ》ね、其の忠誠毫《ごう》も渝《かわ》ることなかりしは、偏《ひとえ》に小楠先生薫陶の力に因ると雖も、亦母堂の賢明なる教育の功を、多とせざるを得ざるなり(22)。

安場の母久子の風貌が良くわかるとともに、この母に育てられた安場であったかとの思いである。安場は、母久子によって育てられた足場を土台に、動乱の世に出ていくのである。

ペリーが浦賀にやってきた嘉永六(一八五三)年、父源右衛門が死去して、安場は家督を相続し、一平と名乗った。「年譜」によると、この年、安場は「母を奉じて、居を国府(現在の熊本市国府)に移し、後藤某の別墅に賃居して、耕耘《こううん》を事とし、文武の道を独修す」とある。生活費節約のための城下町からの郊外移転と思われる。安場は、この国府に文久元(一八六一)年まで八年間ひきこもることになる。安場はこの国府から西方約八キロの道を城下町にあった小楠塾に通い、さらに安政二(一八五五)年からは沼山津の小楠塾に通ったと思われる。父源右衛門死亡の八年後の文久元(一八六一)年に安場はようやく役職についた。歩頭《かちがしら》となり、組脇《くみわき》に復し、鉄砲副頭《てっぽうそえがしら》となった（「年譜」）。

横井小楠は松平春嶽《しゅんがく》の要請をうけて政治顧問として福井藩におもむくことになった。小楠が福井におもむくまでには紆余曲折があったが、春嶽の熱意によって実現をみた。

安政五（一八五八）年三月一二日、小楠は熊本を出発した。同行者は河瀬典次と池辺亀三郎の二人である。河瀬は熊本県益城郡の郷士の家の出身で、その妻は小楠の妻つせ子の妹である。池辺藤左衛門の弟である。兄の池辺は早くから小楠の門に学び、柳河藩の肥後学の指導者であった。池辺は柳河藩この二人は出発から福井まで同行することはもちろん、在福中の小楠の世話にあたるためであった。

山崎正董『横井小楠・伝記篇』（以下『伝記』と略記）は、「安場一平も此の機会に福井まで同行して、暫く滞在することになった」と、すこぶる簡単に書き残している。八重野範三郎「咬菜・安場保和先生伝」ではなんの指示もなく次に移っている。すなわち何の価値もないものと消されたのであろうが、私には注目すべきことに思われる。

安場は小楠塾で山田武甫、嘉悦氏房、宮川房之とともに小楠門下の四天王と称せられた人物である。私には安場は、小楠門下の代表として小楠門下より派遣されたものと思われる。小楠の福井行は門下生にとっても非常な喜びであり、名誉であった。安場は小楠門下の代表として、小楠に随行し、おそらく小楠門下生の代表としての交際を福井の青年武士たちと結んだに違いない。安場は小楠門下生代表としての役割を果すだけの人物であったのである。

三月一四日、筑紫《つくし》の本郷を出発して、小楠・安場・河瀬・池辺の一行四人は福井に向った。近畿に入り安場は一人別行動を取り、近畿地方の名所旧蹟をまわり、四月八日、京都を発ち、堅田《かただ》・今津・疋田《ひきだ》を経て、一〇日、今庄《いまじょう》に到着した。府中で一泊、四月一一日、福井に着き、ただちに小楠の居宅に同居した。

安場は四月一一日から五月一七日まで三七日間、師小楠と起居をともにした。いかに師弟親しいといっても、四〇日近くも師弟が起居をともにすることは珍しいことである。もっとも小楠塾では内藤泰吉の例もあり、珍しいことでもなかったかもしれないが、師弟が起居をともにすることによって、知識や経験を伝えていくことは、理想的な教育方法だと思う。小楠塾教育の特色の一つは、この師弟同居の教育であった。

小楠および安場の福井行の記事はこれで終る。前述したように安場はこの福井行については日記をつけている。ただそれは毎日の行程をつけているだけで、その行程における安場の心情・感情はわからない。すなわち、三月二日九時に国分《こくぶ》を出発して、夜半岩原に到着したとはわかっても、その第一日目になにを考え、小楠の福井行をどう考えているかについてはなにもわからない。このような日記を書きつけて「漫遊日記」と名付けているのである。

この日記は今日消失して見ることができない。まことに残念であるが仕方がない。安場ほどの人の筆になるものであるから、どれだけか興味津津たるものであったろうと思うが、内容が上述のようなものだとすれば期待するまでもないかもしれない。とにかく安場の福井随行は期待しても以上の事情で終るようである。しかし安場が小楠門下を代表して、小楠に随行したであろうことは間違いないであろう。

四　幕末・維新に活躍する

明治元（慶應四、一八六八）年四月ころの肥後藩は混乱をきわめていた。対立する意見・感情のため藩庁も方針を決定することができなくて困惑に我を忘れていた。当時の形勢を要領よくまとめた中村六蔵の記録がある。『改訂肥後藩国事史料』（以下、同書を『国事』と略記）巻八に収録する「中村六蔵水雲事蹟第二巻」より引用する。

時は慶応四年の四月上旬、肥後の藩論は、容易に去就を決せず。曩《さ》きに勤王攘夷論を以て、久しく脱藩し居たる廉《かど》を以て熊本城下に入獄中なりし河上彦斎は赦《ゆるし》を得て外交員に挙げられ、当時諸藩の間を奔走して、肥後藩の朝敵に非ざることを弁疏《べんそ》しつつあり。而して他の一部論者は、頻《しき》りに朝旨遵奉《ちょうしじゅんぼう》、征東出師《せいとうすいし》を迫りたれども、容易に決せず、首鼠両端《しゅそりょうたん》の有様なりしなり。然れども本藩に於て、決定せざる所は、壬生《みぶ》の藩邸に於ても、如何ともなす可らず。此時に於て、他の諸藩の有力者連中にも、征東不可論者少なからず、新九郎（林）は、上国の形勢を報告する為めに、帰藩を命ぜられたり。（『国事』巻八、七四三頁）

肥後藩の藩論が分裂して容易に一定されない状況をよく描写している。一方に勤王党の尾を引く「勤王攘夷論」があり、「朝旨遵奉、征東出師を迫」る「一部論者」、この「一部論者」というのは横井実学党を中心とする実学党である。もう一つの、そして最も有力な論が「征東不可」論を唱える学校党である。この三論が相争って、肥後藩の混迷は度を深めるばかりであった。これが慶応四（一八六八）年の四月上旬のことである。慶喜はすでに二月一二日に江戸上野《うえの》東叡山大慈院《とうえいざんだいじいん》に蟄居し、三月一五日に江戸開城が行われ、四月一一日には討幕軍は江戸に入城し、慶喜は水戸に退去していた。幕府の非勢は歴然としていた。新政府は三月一四日には五箇条の誓文を出して、その新政第一歩を踏み出していた。大勢はすでに明らかであるようであるが、見えないものには見えないのである。歴史認識のむつかしさである。現実の情勢をいかに見るか。将来の展開はどうなるか。動乱の極致にあった明治元（一八六八）年四月のころの最も混乱・苦悩・不安に満ちた時期であった。

奥州の動きが気掛りである肥後藩庁は、探索掛を派遣した。『国事』巻八に次のような記述がある。明治元年のことである。

閏四月廿六日本藩古庄養拙〔嘉門《かもん》〕(23)・植野虎平太・竹添進一郎(24)等探索の命を帯ひて、佐賀藩雇の汽船に便乗し、横浜を発して仙台に向ふ。（五八三頁）

同書では、古荘（庄）等の派遣の目的について、いくつかの資料を集めているが、その一つに、「古庄嘉門・竹添進一郎・益田藤彦・植野虎平太京都より関東探偵の為、都合に因《よ》りて八津軽迄も被差越《さしこされ》候《そうろう》趣《おもむき》にて、江戸へ来り滞在罷在候《まかりありそうろう》」（「浅井鼎泉記録」）とあり、今一つの資料には、「予ハ東上シテ江戸ノ景況ヨリ奥羽ノ形勢ヲ実見シ、都合ニ依リ蝦夷ニ渡リテ今日ノ北海道開拓ニ従事セント思惟シ、藩庁出張ノ上役ニ請願シテ許ヲ得東行セリ」（古荘嘉門「今日までの履歴」）とあって、前資料の内容と全く同じである。「奥羽ノ形勢」を探索し、さらに「蝦夷」にまで渡ろうというのが、その目的であった。「奥羽ノ形勢ハ中々鎮定セスシテ、追々戦端モ開クヘキ聞ヘアリ」（同前、五八三頁）といった情勢で、なかなか奥羽の形勢は「懸念」されるところ、それだけに状況判断のむつかしい時であった。探索が必死に求められた理由である。

古荘・植野・竹添の三人は閏四月二六日横浜を出帆し、二日後の二八日に仙台の東海岸に達し、後仙台の城下に入った。それから五月五日仙台を発つまでの二八日間、この城下に滞在した。

「城下ニハ当時恰モ奥羽連合シテ官兵ニ抗スルノ協議中ニテ、各藩ヨリ重役ノ者両三名宛来会シ居レリ」（「今日までの履歴」）と記述している。右の「奥羽連合」は彼らが仙台城下に入った閏四月二八日の五日後の五月三日に成立している。

佐々木克『戊辰戦争』（中公新書、一九七七年）によると閏四月一一日以来何回か開催されつづけてきた東北列藩会議は、五月三日、ようやくにして正式に「奥羽越列藩同盟」として成立した。同盟に加わった藩は仙台藩を中心に二五藩、後に長岡藩につづいて五藩が加盟して、ここに三一藩からなる「奥羽越列藩同盟」が結成されたのである。古荘らはこの同盟が結成される過程と、その結成の様子を現地でつぶさに見聞したのである。彼らは東北諸藩が混乱と動揺のなかから統一されて同盟にまで組織されていく熱気と悲愴と覚悟とをまざまざと汲み取ったであろう。その同盟結成の活気は東北諸藩の底力をいやが上にも強力に植えつけたに違いない。彼らが帰熊して、東北諸藩の勢力あなどりがたいと主張したのもこのためであろう。彼らが滞仙中、一日仙台侯に招かれたことがあった。古荘はそのことを次のように書き残している。

一日仙台公ヨリ予等ヲ城中ニ招カレ、今日ハトテモ君等ハ当地ヨリ奥ニハ行キ得ラレサレハ、必ラス近々ノ中帰ラルヘシ。其上ニテハ当方ノ形勢ヲ細川公ニ能ク伝ヘラレテ、拙者共ハ決シテ直接ニ朝廷ニ向テ弓ヲ挽ク存念ニハアラサレハ、朝廷ノ方ニハ表面ヨリ宣敷様《よろしきよう》トノ事ナリシ。（「今日までの履歴」『国事』巻八、七〇一頁）

仙台公は伊達陸奥守《だてむつのかみ》慶邦《よしくに》、宮城六二万五六〇〇石の大守である。「拙者共ハ決シテ直接ニ朝廷」に「弓ヲ挽ク存念」ではないとは、当時の賊軍といわれていた人たちの共通の考えであった。すなわち反朝廷ではなくして反政府である。朝廷をわが物にしている薩長新政権に反対するというのが、その真意であった。

古荘らはできるだけ情勢を探ろうとしたが、仙台公が言うように「当地ヨリ奥ニハ行キ得ラレサ」る状況であった。そういう事態を古荘らも適確に把んでいた。古荘はそれを次のように表現した。

予等惟《おも》フニ当時奥羽ノ形勢ニテハ海陸共ニ閉塞シテ、是レヨリ東ヘハ一歩モ行クヲ得ス。速カニ東京ニ還リテ尚東西ノ形勢ヲ詳カニシ、而シテ熊本ヘ帰リ藩主・藩庁ニ具申シテ計ル所アルヘシト。（「今日までの履歴」『国事』巻八、七〇一頁）

古荘らは仙台にいて、それから先は動きが取れないとなれば、仙台にいても意味がない。仙台中心の東北諸藩の様子はつかめたが、この動きが全国の動きのなかで、どういう意味を持つかが大事である。「東西ノ形勢」がわからないでは奥羽越の動きも正確なものとはいえない。古荘らは「東西ノ形勢」を見る必要を感じて、仙台を発つことを急いだ。

私は、古荘らは「奥羽越列藩同盟」の結成に深刻な感銘を受けて、これによって「東西ノ形勢」の核心をつかみえたとして、自分たちの探索の報告はこれにつきたと考えたのではないか、と思うのである。この大変な事態を一日も早く藩主・藩庁に報告して、肥後藩の動向を決定させねばならぬと心急いだのである。世の中の動きに簡単に乗じて新政府軍の肩をかつぐのは危険である。奥羽越のこれほどの団結は軽く見てはならぬ。慎重の動きを肥後藩は取らねばならぬと考えたと思う。

古荘・竹添・植野の三人は五月二五日、仙台を発った。六月四日に江戸肥後藩邸に入った。留守居役浅井新九郎（鼎泉）に報告するところであったが、両者の現実認識は真向から対立し、その歴史認識の違いをもくっきりときわ立たせた。その対立・相違について考えてみよう。『国事』巻八、七一九頁に「浅井鼎泉記録」が収録されているが、それに依って考えることにする。

古荘らの報告は次のようであった。

仙台にて奥州十九藩会合の上、会津藩征討とハ余りの事にて、畢竟朝廷に情実の達せさる所より生したることとなれハ、其冤《えん》を訴る為十九藩連合の兵隊を以て上京することに決し、七月中旬を以て一同江戸城に迫り候筈なれは、必らす総野の間に於て官軍と大衝突あるへし。

「奥州十九藩会合」というのは奥羽越列藩同盟のことで、古荘らがこの同盟をいかに大きな勢力であると見ているかがわかる。関東平野において政府軍との間に大会戦が行われ、勝敗はどちらともいえない。あるいは政府軍が敗れるかもしれないと、その恐れのあることを言外にはっきりにおわせている。この奥羽越諸藩の動向は江戸にいた浅井には初耳で、大変な驚きであった。「官軍方にて聞込候処とハ大に相違し」ていると驚きを露にしている。浅井にとっては古荘らのもたらした奥羽越の動向はたしかに大驚異であったが、それでも政府軍が敗れるとは思えない。浅井の耳に入る関東一円の情報は、ことごとく政府の勝利を伝えている。

去月十五日官軍上野屯集の幕徒征討の処、僅一日にして事全く平くことを得。爾来府中は全く静謐に帰し、亦一人の官軍に抗するものなし。又林昌之助幕兵を率ひて小田原侯を脅し、共に箱根の関門を扼《やく》したれども、是亦一朝官軍の攻撃に合うて尽く敗走し（五月廿七日の事なり）、小田原の大久保家ハ之が為に遂に其封土来ても没収せられたりと聞く（六月三日大久保忠憐の官位を褫[は]ぎ其領土を没収す）。又甲府も近日稍々《やや》不穏の兆有《これ》之由《あるのよし》なれとも、御国の大砲手に出張被命、最早夫々《それぞれ》手配相調居候《あいととのえておりそうろう》ニ付、是も別条ハ可無之、幕府の富士艦外三、四隻の軍艦浦賀を封鎖して、官軍の運輸を断つ由流言すれとも、是も官軍にて夫々手配行届居れハ子細有之《これある》間敷《まじき》と、巨細官軍の模様申聞候〔後略〕。

浅井は江戸にあって把み得た情報を詳しく託して、政府軍の鎮圧が徹底して、関東は政府軍が絶対優利であることを説いた。その後の展開をみても政府軍優勢の状況は否定できないと思われるが、古荘らは浅井の説に耳をかさず、自らの見聞に固執する。浅井はなおも「委細即今の形勢を説示した」けれども、古荘らは「只々連合軍の利ありし事を説くのミ」で、浅井の説に耳を貸そうとはしなかった。浅井も、古荘らも主張しているところは、自らの見聞である。彼らの判断は、いずれも自らの見聞からしか出ていない。自らの見聞から出ている見解・判断である根拠が確かである点で両者は共通している。しかしそれ以上に脱け出て何らの見聞を、相手の説を入れて訂正し発展させようとはしない。自らの見聞・説がより確実で正しいとして肯《がえん》じなかった。

この場合の肥後藩江戸留守居ではこの隘路《あいろ》の解決は本藩で決するよりなかった。殊に古荘らは早く帰熊し、藩主・藩庁に訴えるほかはないと思い決したようである。「直チニ熊本ヘ帰リ、藩主ノ邸庁ニ出頭シ、奥羽ノ形勢、仙台公ノ伝令ヲ伝ヘ、東京ノ景況等意見ヲ雑ヘ詳細ニ具申」（『国事』巻八、七二〇頁）しようと急いだのである。

三人は江戸を立って六月一一日、大坂に着いた。その日彼らは米田虎之助と対談し、翌一二日急命をうけて帰国の途に就き、六月一九日（『国事』巻八、七四〇頁）に熊本に着いている。彼らは取るものも取りあえず熊本藩庁に「佐会論」「征東不可論」を申言しようと急ぎに急いだのである。彼らには「奥羽越列藩同盟」の強烈な団結力に衝撃を受け、その団結力が脳裏から離れなかった。肥後藩が薩長勢力に附くことを恐れたのである。

当時細川藩士のなかには征東に異議を唱える勢の激しかったことを物語る記事が、『国事』巻八に次のようにある（七二三頁）。米田の談話によると、米田が岩倉に会うために御所に行ったところ、公家御門で偶然大久保利通に会った。大久保は米田に向って、「余等は貴下の上京を待つこと甚だ切なりし。余は今貴下の無恙《つつがなく》上京したるを見て、甚だ安心したり」といったという。いかに肥後藩の動きが注目されていたかがわかる。むしろ肥後藩に対し疑いの空気さえかもし出されつつあったのである。さらに米田が岩倉に会うと、岩倉から言葉きびしく、「何ぞ来ることの遅きや」（七二四頁）と叱責されるのである。米田は「我藩是まで種々の情実に纏綿《てんめん》せられ、大に天下の大勢に後」（七二五頁）れたことを説明し、しかしこれは決してわが藩公の本意ではないと釈明につとめた。岩倉はこれを了解し、「肥後藩の事余甚だ之を憂へたりしが、今貴下の話を聞て大に安心したり」（七二五頁）といったということである。

米田はやっと安堵して大坂に帰り、長岡護美《ながおかもりよし》に京都の事情を復命した。護美もそれでほっとしたであろう。ところが米田が宿に引き上げてきたら、肥後藩士五〇人が押しよせてきた。

さうすると熊本の面々五十人ばかり来まして、今度兵を率ゐて奥州に出兵する御趣旨はどういふ訳かと云ふから、私は唯御三方様の御趣旨を受けて行くのであって、降る者は助け、叛く者は討つといふのが、御国議であるといふと、格別異論もない。其人達が返ると、又三十人ばかり来て、どういふ御趣意で上るかと聞く。〔中略〕今度は御備《おそなえがしら》頭とか附役とか、飯も喰はずに押寄せて来て非常な混雑〔下略〕（七二六頁）

右文中「御三方」とは細川韶邦《よしくに》・護久《もりひさ》・護美の三人である。以上の米田の談話でわかるように、肥後藩士の大勢は征東不可論である。

古荘・竹添・植野ら三人を奥羽探索に遣わした細川藩庁の征東不可論優勢の形勢を憂慮した安場は、五月六日、江戸より京都に向った。

五月六日参謀安場一平、我藩論の動揺するを聞き、之を憂ひ、大総督府に乞ひ此日江戸を発して上京す(25)。

安場一平は新政府征東軍出発以来参謀となって新政府軍のために尽力していた。安場は甲府不穏の動きの鎮圧のため閏四月二六日以来甲府におもむいていたが、甲州の形勢が不安の情勢になったので、江戸の大総督府へ陳情のため五月二日江戸に返ってきたのであった。江戸で肥後藩のことを聞き、放っておけぬというところであったのだろう。彼はその「安場一平自叙伝」(26)のなかで、このときのことを、「藩論の根拠俗論勝を制するの勢あり。細川藩命将に危頽《きたい》の極に陥り、従之藩屛《これよりはんぺい》の大任を竭《つく》すに由」(27)なしと書きとめている。安場の切迫した気持がうかがえる。

安場が京都に向った翌日の五月七日には、細川藩に対し「東国の形勢益々紛擾するにつき急に出兵すへし」との令達が、軍務官より細川藩江戸留守居に届いたのであった。こういう厳しい空気を知ってであろう、安場はあわただしく江戸を発ったのである。

安場が京都に着いたのは五月二一日であったようである。松平慶永《よしなが》（春嶽）の長岡護美に宛てた手紙（『国事』巻八、六八六頁）がある。この手紙のなかで慶永は、安場の情勢報告に感服している。「江戸事情頗《すこぶる》詳悉《しっ》ニて一平之所言《いうところ》条理明白、初テ得信実之確報胸中判然申候。」慶永にこれだけの証言をいわせるところ、さすがに小楠門下四天王の一人とはやされるだけはあるというべきだが、古荘・竹添も木下門下四天王の面々である。この古荘・竹添の報告を聞いて慶永が安場の報告に感じたと同様な感銘を受けたかというと疑問である。安場の報告を「条理明白」「信実之確報」と受けとった慶永は、古荘らの報告を「条理明白」「信実之確報」とは受けとらなかったろうということである。

「朝旨遵奉・征東出師」に容易にふみきれない細川藩もようやくにして五月二八日、細川藩征東軍総師米田虎之助を大坂に向って熊本を出発させた。米田は六月二日、大坂に着いた。

このとき米田が安場に会ったかどうかわからない。五月二一日、安場は京都に入っているのだから、彼がそのまま滞京していれば、米田に会ったことは当然のこととして考えられる。これが不確かなのは、六月、安場が江戸より大坂へ至ったという事実があるからである（『国事』巻八、七三九頁）。とすれば、安場は京都から江戸に帰っていたことになる。帰江のときが、米田大坂着の六月二日の前であるか、後であるかわからない。そして、この六月四日に古荘・竹添らが江戸に奥羽から引き上げてきているのである。この古荘らと安場は江戸で会談している。「右列〔古荘・竹添ら〕ニも面会咄合等も致し候。」（『国事』巻八、七四〇頁）この「面会咄合」は六月四日のことであろうから、安場が帰江したのは六月二日以前になるだろう。

さて、安場と古荘らの会談であるが、最新の奥羽情報をもってきたということで、安場が早速面会を申込んだと考えて間違いないであろう。安場が面会を申込んだ確証はないが、充分面会の必然性は考えられることである。そして面会は安場から申込んだと思う。そしてこの会談は合意には達しなかったろうと思う。いずれも才能優れた人たちであるが、一方は実学党員、他方は学校党員、立場が異り、主義も違っている。安場は政府軍の情報を説き、古荘らは奥羽越の情勢を説いてゆずらなかったであろう。

この両者はこの会話によって、その違いが余りにも大きく、時局認識の対立を自覚するとともに、早く細川藩庁の考えを動かさなければと早急にあわただしく江戸を発つ。安場は六月一〇日大坂に至り、その後を追うようにして古荘らが一日遅れて一一日に大坂に入った。そして翌日の六月一二日、古荘らは「急命を帯びて帰国の途に就」（『国事』巻八、七四〇頁）いたのである。

この古荘らの帰熊に遅れては大変と安場も急遽熊本に馳せ帰った。それが古荘らより先か後か、どちらとも判らないが、元田永孚『還暦之記』（『元田永孚文書』第一巻、一〇六頁）に次のようにある。

朝旨ノ在ル所ヲ知ル者僅々タルノミ。安場一平嚢《さ》キニ官軍ニ従テ江戸ニ到リ、開城ノ後命ヲ以テ甲州地方ヲ徇《したが》ヘ、事罷《やみ》テ適々《たまたま》討会ノ挙ニ遇ヒ、我藩ノ或ハ時勢ニ疏《うと》ク方向ヲ誤ランコトヲ懼《おそ》レ、馳《は》セ帰リテ事情ヲ具申《ぐしん》スル所アリ（時ニ六月初旬）。

安場は、古荘らの「征東不可論」によって細川藩庁の判断・決定が支配されることを恐れたのである。藩庁の態度決定は迫られている。藩庁は態度決定をせまられ、情報集めを急いでいるのである。古荘らへの帰国命令よりもやや早く、細川藩京都留守居助勤林新九郎らに「上国の形勢報告」（『国事』巻八、七四三頁）のため帰藩を命じ、林らは六月一三日、熊本に着いている。

話はさかのぼるが、古荘らが大坂を発つ六月一二日の朝、朝食後三人は細川藩征東軍総帥米田虎之助と会談している。「植野虎平太・古荘養拙・竹添進一郎奥州ヨリ帰途ノ由ニテ朝飯後御対話アリ（米田虎之助と三人対談せしなり）」（『国事』巻八、七四〇頁）。この対談、おそらくもの別れとなったであろう。米田は小楠門下、米田是容《こめだこれかた》の子虎雄であり、細川藩征東総帥となって藩の「朝旨遵奉・征東出師」勢力の先頭に立ち、護久・護美とも深く結びついている藩の重職である。古荘らは学校党として親幕派で固められた藩庁から派遣された探索員である。一方で「朝旨遵奉・征東出師」論を主張すれば、他方で奥羽越同盟の勢の強いことをあげて「征東不可」論を説いてやまなかったろうと思われる。ここでも両者の説をつき合せて、細川藩の進路をまとめあげるという一段高い議論まで行きつきはしなかった。古荘らは「征東不可論」をいよいよ固めて、帰国を急いだことであろう。思うにこの会談では、米田が主に聞き役であったろう。米田は古荘らに十分喋らせながら、困ったものだと手をこまねいていたのではなかろうか。

前述元田の『還暦之記』(二〇六頁)に、「君公・澄之助君特ニ奉行・用人ヲ召テ、時事ノ得失ヲ計リ各意見ヲ言ハシム」とある。この会議が何時の開催であるかはっきりしないが、前後の叙述により六月中旬のことであろうと思われる。君公は細川韶邦、澄之助《すみのすけ》君は細川護久のことである。藩主・護久もいよいよ藩論を統一して、藩の態度を決定しなければならないと決心したのであろう。

情報としては、第一に安場一平の「我藩ノ或ハ時勢ニ疏《うと》ク方向ヲ誤ランコトヲ懼《おそ》レ」(一〇六頁)でもたらした政府軍動向の情報、第二には肥後藩京都留守居助勤林新九郎らの京都政府中心の情報、第三に古荘嘉門・竹添進一郎らの奥羽越列藩同盟を中心にした東北諸藩についての情報があったのである。これらの情報をもとにして、それぞれに意見が述べられた(『還暦之記』)。

同僚皆曰、会藩義憤固守シテ東国諸藩連合応援セハ、天下ノ事未タ知ルヘカラス。我藩宜シク兵ヲ出スコトナク、漸《ようや》クニ勢ヲ見テ動クヘシ。澄之助君上京ハ病ニ託シテ、猶豫ヲ願ハレテ然ルヘシト。小異同アリト雖トモ、其見ル所同一ナリ。道家ニ至テハ、西郷ハ必天下ヲ乱ル者、今果シテ然ラント。

初めの「同僚」というのは、言葉そのものの意味では、会議に列席している「同僚」という意味であろうが、彼の発言の内容からすれば、会議出席者中の学校党員を指していると考えられる。学校党に属する者が会議の多数を占めていたのである。

「東国諸藩連合」の件については、まだ奥羽越列藩同盟結成の情報は入ってきていない段階である。同盟結成の噂だけで学校党は東北諸藩の動きを重大視するのである。彼らには新政府の実力が正当に評価できず、旧秩序の残存勢力が強く見えてならないのである。東北諸藩の勢力逆転が目にちらついて仕方がない。したがって、「漸《ようや》クニ勢ヲ見テ動クヘシ」となる。江戸城は開放され、上野彰義隊は潰滅させられても、そのことによって新政府軍有利とはまだ決定できず、東北諸藩の団結を勢有りと見るのである。これは何であろうか。どちらも同じ現実を見ているのである。新政府軍は勢をもって奥羽口まで迫っている。これを迎えて東北諸藩の結合の動きがある。新政府に集る全国諸藩の動きも最新の動きがもたらされている。これらは学校党の前にも実学党の前にも提示されている。学校党員には東北諸藩の動きだけが入り、実学党員には新政府軍の情報だけが入っているというわけではないのである。ここでは現実に対する評価・判断が要求されている。

前引用文の末尾に出てくる道家は、道家之山《しざん》のことである。肥後藩では上級武士に属し、藩の重役の一人である。そして学校党の指導者の一人である。肥後藩で新政府に反感を持つのは、新政府そのものによりも、その新政府をわが物にしている薩長、特に薩摩に対してであった。その薩摩を動かしている人物として西郷隆盛が浮び上ってくる。西郷に信服する人も多かったが、反対派にとっては西郷は最大の信用できない人物であった。道家の西郷評はその反対派の意見を代表したものであるが、道家の西郷についての予言は西南戦争まで見透したとは思われぬが的を射たものであったといえるであろう。

これに対し、実学党の主張は「朝旨遵奉・征東出師」論であった。しかし実学党は劣勢で肥後藩政権では野党的立場にあり、この重役会議に列席しているのは元田永孚と牛島五一郎の二人である。その元田の発言は次の如くであった。

> 余陳言シテ曰、今朝廷ノ大義名分凜然《りんぜん》トシテ、首領ノ慶喜《よしのぶ》恭順命ヲ奉シテ違逆スル所無シ。然ルニ遺孽《いげつ》ノ会藩仮令《たとえ》強敵ナルモ幾日カ支フルコトヲ得ン。薩長仮令私意ナキニ非サルモ王命ヲ奉シ順ヲ以テ逆ヲ伐ツ、其勝ンコト必セリ。西郷アリ、大久保アリ、木戸アリ、大村アリ、文武人ヲ得、内ニ籌《はか》リ外ニ応ス、算遺策アラジ。若シ又軍気逡巡スルコトアラン日ニハ必天皇親征アルヘシ。普天《ふてん》ノ下誰カ敢テ之ニ抗スルコトヲ得ンヤ。其得失成敗今復之ヲ論スルニ及ハス。唯大義ニ由テ速ニ命ヲ奉シ、越後・白川ノ二道ニ藩兵ヲ出シテ以テ勤王ノ師ヲ助ケラレヨ。岩公ノ召状ハ必謀ル所アラン。公子殿下ヲ労スルト雖トモ、従来ノ忠誠此際ノ危急国家ノ為メニ尽力セラレサルヘカラス。自今安場一平江戸ヨリ帰リ来リ、其見聞スル所ノ事情ヲ詳カニスルニ、今陳スル所

ニ符号セリ。願クハ両公殿下顧慮スルコト無ク、速ニ茲《ここ》ニ決セラレンコトヲト。

右の元田の主張は、学校党の勢力比較論の上からの意見ではなく、いいかえれば現状認識の上からの現実論ではなくて、大義名分論からの主張といったが良いような議論である。「大義」は朝廷にあり、朝廷の命に順うのが「大義名分」であるとの主張である。この論は、明治元（一八六八）年六月ころの議論としてはたしかに早過ぎる感がしてならない。明治二十二（一八八九）年『還暦之記』執筆当時の元田の考えが強く入りこんでいるのではないかと思われる。おそらく、ここにいう元田の「大義名分」論をむき出しに論じても、勢力比較論からの現実主義を主張している学校党には通用しないであろう。歴史の向うべき方向として天皇統一政権の出現の必然性を主張すべきではなかったか。そうなってこそ学校党・実学党対立の焦点がはっきりするのではないかと思う。

それにしても会議を決定するものは多数意見である。この会議への出席者の数ははっきりしないが、元田の記するところでは次のような状況である。「牛島五一郎陳スル所モ余ト同主義ナリ。然ルニ勢ヲ見テ動カサルノ論ハ道家・宮村・林・永屋・井口ノ五人ニシテ、出兵上京ノ議ハ余・牛島ト二人ノミ」である。すなわち、学校党五人に対し実学党二人という割り振りである。学校党の道家は前出、林は前記の京都留守居助勤林新九郎であろう。井口は井口呈助《いのくちていすけ》、佁陽《たいよう》と号した。「世禄二五〇石、時習館助教より奉行兼用人となり、後少参事に転ず」（『肥後人名辞書』六七頁）とあるように世禄はそれほど高くはないが、常に肥後藩の要職にあった。『肥後先哲偉蹟後編』によれば、井口は文政二（一八一九）年生まれであるから、文政元（一八一八）年生れの元田永孚には一歳下である。また同上書によれば、「年十八、以秀才擢校生、居十年」（一三四頁）とあるように非常な秀才であった。校生とは居寮生のことで、居寮生であること十年とあるから、小楠の居寮生十年と匹敵する。『国事』に散見する彼の文章を読んでみても並並ならぬ才能を知ることができる。それほどの秀才である井口にしても、時勢の動きに明らかなることができず、旧体制に固執するのである。秀才であるだけに論は立ち、元田らを相手にして一歩も屈しなかったであろう。宮村・永屋についてはいまのところ私は詳しいことはわからないが、学校党員であることは元田のいうとおりとすれば、五人が学校党員である。それに家老として松井佐渡が出席していることは間違いないであろうから、松井は学校党の領袖として学校党の勢力を一層強大にするものであったろう。

これに対し、実学党は元田に牛島五一郎の二人である。牛島は名は頼忠、晩年慎哉と改めた。家禄は一〇〇石、代々数学師範を家業とし、牛島は安政二（一八五五）年、家業をつぎ数学師範となった。後、奉行副役となり、さらに幕府の海軍操練所に入って航海術・海軍の術を学び、藩の重職にも就いた。廃藩後龍驤艦長となり、晩年には細川家家従になった。入門の時期は明らかでないが、小楠塾に学んでいる。もし入門が二十歳とすれば、天保十（一八三九）年の頃となる。牛島は小楠門下として実学党の一員であるとともに、さらに西洋の航海・海軍の術を学んだだけに西洋の事情には通じていたので、彼が「朝旨遵奉・征東出師」論を主張したのはいうまでもなかろう。このとき元田は側用人兼奉行であり、牛島は奉行副役であった。

元田の発言を牛島も強力に推した。「牛島五一郎陳スル所モ余ト同主義ナリ。」（同上書）安場一平の意見も引いて、元田・牛島は極力「朝旨遵奉・征東出師」論の速やかなる実施を主張したことであろう。しかし、五対二の勢力比率では元田らの説が通ることは不可能なことであった。「然ルニ勢ヲ見テ動カサルノ論ハ道家・宮村・林・永屋・井口ノ五人ニシテ、出兵上京ノ議ハ余・牛島ト二人ノミ」とはすでに引用したものであるが、まさしく優劣はあまりにも明瞭である。しかも藩の大勢も、「挙藩ノ論会ヲ佐クルノ論ニシテ、従前ノ学校派ノ議ニ出テ、君公・澄之助君ノ側役ヨリ目附役・穿鑿役・諸郷党ニ連合シテ一般ノ佐会論《さかいろん》ニナル」（同上）という状況であった。ここで元田は学校党の動き、論議を佐会論と名付けているが、これを用いて佐会論が肥後藩の大勢を占めていたというのである。

このときに古荘たちが帰ってきたのである。「会《たまたま》古荘嘉門・竹添進一郎等奥州ヨリ帰リ、其事情ヲ具陳シテ、会津・米沢・仙台諸藩連合シテ薩長ニ抗シ、天下ヲ挽回スルノ義ヲ以テセシニ依リ、藩議結合シテ動カスヘカラス。」（同上）藩議は佐会論、征東不可論に決定したのである。したがって、「澄之助君ノ上京モ相止ミ一隊ノ出兵モ之レ無キニ帰セリ」（同上）。

熊本藩の態度がきっちりと決定するのは、明治三（一八七〇）年六月の熊本実学党政権出発以後のことである。

五　新政府に仕える

慶応四（一八六八）年正月二五日に安場は、同じ小楠門下の山田五次郎（武甫《たけとし》）とともに徴士を命ぜられた。

正月二十五日

一　安場一平・山田五次郎徴士被仰付可為内国事務懸旨被仰出候。

山田五次郎
安場　一平

このとき山田は三十七歳、安場は三十三歳である。徴士とは、新政府が出発のとき、各藩に人材を求め、公議により選び、参与職に任じられた人達である。肥後藩からは藩士の代表として山田・安場が選ばれた。二人とも小楠門下であることに注目された。

横井平四郎・由良洞水《ゆらとうすい》へも御沙汰之通ニテ、孰《いずれ》も未熟之者共、家来内《けらいうち》ノミ多人数被召仕候《めしつかわれそうろう》テハ、大概ら諸藩之勾配も有之甚以心痛仕候間、乍恐《おそれながら》一平・五次郎儀ハ徴士被免被下候様奉願候。且《かつ》又向後《またこうご》家来内より被召仕候節は前以《まえもって》内分被仰《おおせ》聞《きかせ》候《そうろう》様有御座度《ようござありたく》、此段も任序《じょにまかせて》申上置候。以上。

細川右京大夫

正月二十八日

徴士被免旨御口上ニテ御沙汰有之候事。

やや意外な意地悪な理屈である。安場・山田がともに実学党員であるがために徴士に選ばれた。明治元（一八六八）年一、二月の段階では新政府は実学党員を必要とした。それで安場・山田を代表として送ったが、それでは実学党員が徴士を占めることになる。学校党員が之に反撥した。肥後藩庁が学校党で固められていることに思いいたることである。

翌二月二日早くも安場・山田の両名は徴士を免ぜられた。

二月二日

一　安場一平・山田五次郎徴士被免。

但両人とも御断ニ因る也。

細川藩主の真意は書面の通りなのか。それとも学校党の勢力に藩主が屈したのか。もし事態が書面通り動いたとすれば、（おそらく事態は書面の通り推移したと思われる）実学党は明治元年になっても学校党の勢力に押されて空しく見送るほかはなかったのであろう。この段階では中央政権は大きく変っても地方政権はなかなか変るものでなかった。そう考えれば、実学党政権が出現しなければ熊本政権は変ることはなかったであろう。

注

（1）村田保定編『安場咬菜・父母の追憶』（村田保健発行、私家本、一九三八年）。
（2）元田永孚『還暦之記』（『元田永孚文書』第一巻、元田文書研究会、一九六九年）。
（3）（2）に同じ。
（4）徳富蘇峰『読書九十年』一九五二年。
（5）中国古典選6『大学・中庸上』島田虔（朝日新聞社、一九七八年）。
（6）『銀台拾遺』（一名肥後落穂集）（文化年間、肥後文献叢書一所収）。
（7）山崎正董『横井小楠・遺稿篇』（明治書院、一九三八年）。
（8）山本十郎『肥後文教と其城府の教育』（熊本市教育委員会、一九五六年二月）。
（9）（7）に同じ。
（10）佐々友房『克堂佐佐先生遺稿』（改造社、一九三六年）。
（11）（10）に同じ。
（12）内藤游『北窓閑話』（民友社、一九二八年八月）。
（13）徳富一敬、江口高廉、横井時雄編「小楠先生小伝」（『小楠遺稿』民友社、一八八九年）。
（14）徳富蘆花『竹崎順子』（『蘆花全集』15）。
（15）（2）に同じ。
（16）（2）に同じ。
（17）（2）に同じ。
（18）（2）に同じ。
（19）（2）に同じ。
（20）八重野範三郎「咬菜・安場保和先生伝」（村田保定編『安場咬菜・父母の追憶』村田保健発行、私家本、一九三八年、所収）。
（21）（20）に同じ。
（22）（20）に同じ。
（23）古荘嘉門。一八四〇―一九一五。後に第一高等中学校長・代議士・知事・貴族院議員を歴任。

（24）竹添進一郎。一八四二―一九一七。朝鮮国駐箚《ちゅうさつ》弁理公使。甲申の変で画策。『左氏会箋《さしかいせん》』で帝国学士院賞を受く。

（25）「安場一平自叙伝」『改訂肥後藩国事史料』。

（26）（25）に同じ。

（27）（25）に同じ。

第二章　明治政府成立時代 *1869-1872*

三澤　純

一　胆沢県大参事として

安場保和が、胆沢《いさわ》県（現在は岩手県の一部）大参事に任命されたのは、明治二（一八六九）年八月一二日のことであった(1)。東海道鎮撫総督府参謀として戊辰戦争で活躍していた安場に与えられた次の任務は、その戦争において最も大規模な戦闘が行われ、その結果、新政府に敵対して敗れた諸藩に対して大規模な政治的処分が断行された、東北地方の民政担当官であったのである。

その二〇日前にあたる七月二二日、横井小楠門下で安場の先輩にあたり、新政府官員としても先輩であった津田山三郎《つださんさぶろう》（一八二四―一八八三）は、酒田県（現在の山形県の一部）権《ごん》知事に任命されている。津田は、いよいよ酒田県赴任のため、東京を離れる直前に、やはり横井門下の先輩である熊本の元田永《もとだなが》孚《ざね》（一八一八―一八九一）に書翰を送り、東北の新設県に赴任する不安と覚悟の気持ちを打ち明けている。これによれば、酒田県に隣接する地域には、一旦転封された旧庄内藩主酒井家が新政府への多額の献金によって復帰して来ていて(2)、「民心益不居合之由」であり、新政府から派遣された役人と酒井家との関係がこじれているため、「余程混雑之場所」になっていると言う。酒田湊は日本海側の一大流通拠点であることもあり、ここをうまく統治できるかどうかは新政府の中央集権化の先行きを占う重要事項であったことから、津田の不安は極度に高まっており、また津田もそれを同郷・同門の先輩には隠そうとしていない。「御熟知通之微力ニてハ当惑之儀ハ申迄も無之事ニて、迚茂其任ニ堪可申訳も無御座候へ共、唯一赤心努力斃而止之決心而已ニ御座候」という文言からは、津田の悲壮な決意が伝わってくる(3)。

ところで、この書翰には安場のことに言及した部分も出てくる。

> 此節ハ安場同行之含ニ而種々周旋仕候得共、酒田県之方ハ以前ニ大参事被仰付人有之肥前藩西岡周碩。少参事者余程下等ニ而、安場は名も発居候訳ニ而胆沢県之大参事ニ被命候(4)。

つまり津田は自らが直面している大難局を、安場を酒田県に伴い、自らの補佐役とすることで乗り切ろうとしていたのである。津田はそのために「種々周旋」したと言っているから、その「周旋」は、津田が酒田県権知事に任命された七月二二日から間を置くことなく、新政府内の関係者に対して展開されたのであろう。しかし安場を酒田県に同行させることに成功したとして、彼に与えることのできるポストは少参事が最高であり、これでは「余程下等」のため、津田はこの希望を諦めざるを得なかった。その後、安場は胆沢県大参事に任命されることになる。「安場は名も発居候訳ニ而」という表現からは、この時点で、安場の名が新政府内に鳴り響いていた様子を窺い知ることができる。

結局、二人は「銘々其県々江尽力可仕と申合」せると同時に、「平素蘊蓄之経綸を奥羽之二州へ布施し、東北之僻地へ王化を蒙らしめんと奮発励精」して、任地へ向かうことになる。ここで津田が言っている「平素蘊蓄之経綸」とは、二人が小楠から受け継ぎ、発展させてきた実学思想のことを指すことは疑う余地がない(5)。

津田と安場とは八月二九日に、揃って東京を出発し、福島まで行動を共にしている(6)。その際、東京詰めの熊本藩士のうちから、津田は渡辺平之助ら六名を、安場は藤島逸彦ら二名を同行させている(7)。津田は先に紹介した元田宛書翰の中で、「邸内残り人数之内より三五輩募り出、其外烏合之衆二十余人一同羽州へ下向」(8)と述べていることから、津田や安場には大属《だいぞく》や少属を新政府に推薦する権利があり、渡辺や藤島はそのようにして東京の肥後細川邸内から選抜された者たちであったと考えられる。また津田の言う「烏合之衆二十余人」とは、明治元(一八六八)年一二月二三日に発せられた「諸藩取締奥羽各県当分規則」中にある「知県事之見込ヲ以申付候小吏」(9)に当たる者たちを指すのであろう。

このことについては、彼らを迎え入れた胆沢県側からの観察もある。胆沢県地域の中心都市である水沢《みずさわ》の生まれで、安場や野田にその才能を見い出され、後に朝鮮総督・海軍大将・内閣総理大臣等を歴任することになる斎藤 実《さいとうまこと》(一八五八—一九三六)は、新県設置当時のことを、次のように回顧している。

当時ノ県官ハ朝敵征伏碧血未ダ乾カザル所ニ入リ、民政ヲ布クコトナレバ恰モ占領地ニ入リタル如ク、未ダ心ノ許シ難キ降伏者ヲ用ルノ危険ヲ慮リ、軽輩・小者ニ至ル迄官吏ノ同郷人ヲ連レ来リタリ(10)。

東北地方を「碧血未ダ乾カザル所」と表現し、そこに赴任する官員たちを「恰モ占領地ニ入リタル如ク」と述べている点は、いかにも軍人らしいが、この当時の津田や安場らの精神状態を見事に表している言葉だと言えよう。

さて安場の胆沢県時代のことについて、安場自身は記録を残しておらず、分からないことが多い。しかし幸いなことに、八月二三日に胆沢県少参事に任命された、熊本藩士で、やはり横井門下である野田豁通《のだひろみち》（一八四四―一九一三）が日記を書き残していて(11)、胆沢県時代の安場の行動を知るには貴重な情報を提供してくれる。

戊辰戦争時に軍事参謀試補兼軍事会計総括として、東北地方を転戦していた野田は、戦後、東京に戻り、明治二（一八六九）年八月七日に兵部省少禄に任命されている。この日、野田は兵部省からの帰途、細川家龍ノ口邸（現在の千代田区丸の内一丁目）内の安場の部屋を訪れている。野田の安場訪問は一九日にも行われ、二三日に野田が胆沢県少参事に任命されているから、この数日間で、安場が野田のスカウトに成功していることが分かる。野田を胆沢県のスタッフとして、兵部省から引き抜くためには、この短期間に兵部省関係者はもとより、新政府要路の人物にも話を通さなければならないだろうから、津田が安場を強く必要としたように、安場にとっても野田は胆沢県赴任に当たって不可欠の人材であったことがよく分かる。と同時に、同様の新設県人事劇が、新政府及び各藩関係者の間で繰り広げられていたことをリアルに想像することもできる。

この日から野田は東京を出発するまでの間、東京の胆沢県出張所や民部省・大蔵省で勤務しているが、日記の八月二九日条には、「一、津田山三郎兄酒田引越。一、安場兄・藤島・祖父江先発ニ而発足。」と記している。この日、多くの熊本藩士たちが、東北の新設県の役人として、東京の細川家龍ノ口邸を旅立っていったのである。

安場らが赴任した胆沢県は、明治二（一八六九）年八月一八日にその設置が正式布告され、明治四（一八七一）年一一月に一関《いちのせき》県に合併されるまで存在した県であり、明治四年七月段階で戸数二万一七五五戸、人口一三万八一六七人、総石高一九万一二四石余(12)である。この新設県に武田亀五郎（伊予大洲藩出身）が権知事として、安場が大参事として、さらに野田が少参事として赴任して新県政がスタートすることになった。

胆沢県の管轄区域は、**図2―1**に示すように、陸中国胆沢郡全域、磐井郡の大部分（一関藩所管地を除く）、陸前国栗原郡西部で、村数約一〇〇カ村より成っていた。胆沢県治は、戊辰戦争後、この地を一時的に所管していた宇都宮藩等の諸藩から、その管轄区域を引き渡されるところから開始されることになった。この地域は旧仙台藩領であり、特に水沢町には、仙台藩主伊達家一門の留守氏が水沢城（別名・臥牛城）を構え、胆沢郡を統治していたため、胆沢県庁もこの城の中に置かれた。

安場はこの県のナンバー2として赴任した訳だが、トップの武田は、大橋訥庵《とつあん》（一八一六―一八六二）を師とする陽明学者で、幕末期は勤王論者として活躍した人物であった。「野田日記」によれば、九月二二日に役所を設置し、「官員分課」を定めており、県庁の体裁を整え始めていることが分かる。さらに二四日条には、「岩（磐）城平藩取締所磐井郡、宇都宮藩右同栗原郡之内諸受取方相済候事」とある。この日、磐城平藩の取締所から磐井郡に関わる事務引き継ぎを、宇都宮藩の取締所から栗原郡の一部

図2—1　現岩手県域の明治3年10月段階における行政区域

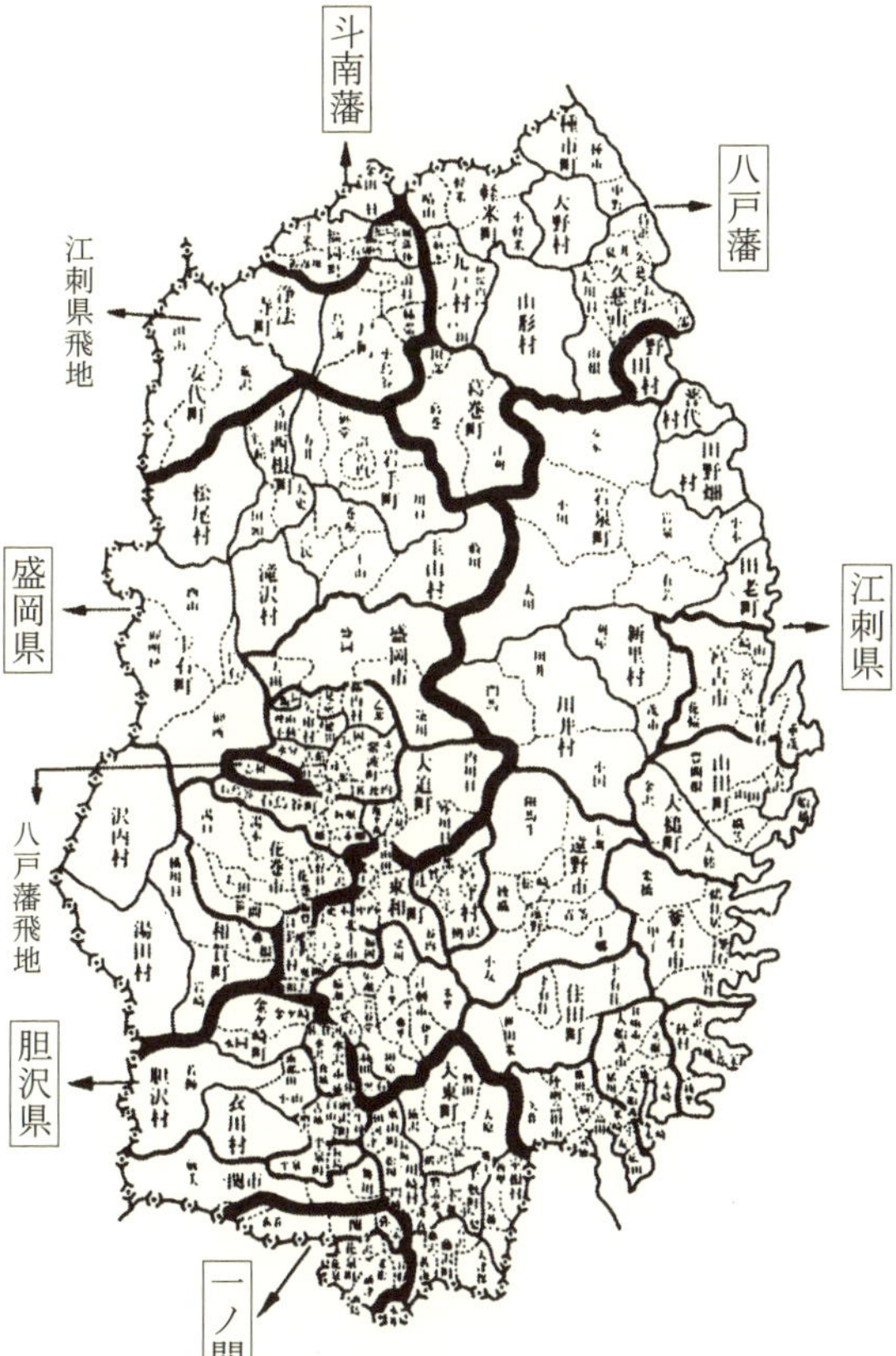

『前沢町史』下巻（二）1988年より。

表2—1　胆沢県設置当初の民情視察状況

日付	人名	出張先	備考（「野田日記」の記述）
9月27日	安場	千貫石開拓地	
9月28日	野田	徳江村	「民政諸官員同道」
9月29日	野田	江刺県	「田中大属同道」
9月30日	安場	栗原郡岩ヶ崎	
	遠藤	栗原郡	
	岡島	同上	
	中野	同上	
	川村	同上	
	藤島	同上	
	田中	上下胆沢郡	
	蛯子	同上	10月5日帰県
	児玉	同上	10月5日帰県
	松尾	東西磐井郡	
	祖父江	同上	10月11日帰県
	倉辻	同上	10月5日帰県
	赤田	同上	10月11日帰県
10月4日	武田	栗原・磐井両郡	「岡田史生従随」、10月11日帰県
	野田	市中巡邏	「田中・水谷同道」
10月5日	田中	江刺県	
	里田	同上	

「野田日記」より作成。

に関わる事務引き継ぎを終えたのである。翌二五日には、前橋藩から上下胆沢郡と磐井郡の一部に関わる事務引き継ぎを同様に済ませており、二六日から本格的な県治が開始されることになった(13)。

この日から安場ら県官たちは、管内の現状視察のため、頻繁に出張している。**表2—1**は、「野田日記」から作成したものだが、こうした現状視察の集大成として作成されたものが、次に掲げる民部・大蔵省宛の報告書であったと考えられる。かなり長文になるため、ここでは全一二カ条を要約した項目のみを掲げることにする(14)。

①水沢が「至而貧市」であること。

②旧水沢城の様相と城下町の構成について。
③戊辰戦争のため、政府から命令されている「神仏混淆取調」が進んでいないこと。
④旧水沢城主伊達将一郎が城を立ち退く際、十分な掃除を行い、また新県庁設立まで警備を手厚く行っていたこと。
⑤帰農した水沢伊達家旧家臣を百姓と同等に扱うべきかどうかについて。
⑥「四円要害之地」には水沢伊達家の遺臣がそのまま居住しているが、将来的には桑や楮《こうぞ》を植え付け、産業を興したいと考えていること。
⑦新県庁から栗原・磐井両郡へは数十里も隔たっているため、支配にあたって、当面は官員を出張させ、将来的には分県を設置したいこと。
⑧貫高制の複雑さのため、政府から命令されている土地調査報告書の提出が遅れる見込みであること。
⑨東北一帯が凶作である中、磐井郡東山地方は特に大凶作であるため、「米穀津留手配等」考えられる全ての方策を講じたいので、政府にも配慮して欲しいこと。
⑩郷学である立生館《りゅうしょうかん》を興隆させていくべきこと。
⑪開墾すべき土地が少なくないこと。
⑫新県興隆策に一定の見込があるので、近日中に官員を東京に出張させ、民部・大蔵省と相談する予定であること。

『岩手県史』は、この史料中の七カ条目に分県設置の構想が述べられていることを根拠に、これが書かれた時期を、実際の分県の設置日（明治二［一八六九］年一〇月一八日）以前、具体的には「九月の末頃のものと推定される」(15)としている。しかし「野田日記」の一〇月六日条に見える「東京江之御用状」がこの報告書を指すと考えられることから、本稿では『岩手県史』所載のこの史料（原本は留守家所蔵文書）を、一〇月初旬に民部・大蔵省宛てに提出された報告書の草稿として扱うことにする。ちなみに明治二年八月に、民部省と大蔵省とは、後者が前者を吸収する形で合併しており、この報告書の宛先として両省が併記されているのはこのことを背景としている(16)。

紙数の都合で、この報告書の分析は別稿(17)に譲らざるを得ないが、これによれば、新県庁の陣容が整い始めた九月末から一〇月初旬にかけて、安場らが精力的に県内の地理や政治的諸課題を把握しようとしていたかがよく分かる。

二　民蔵分離問題の渦中で

さてこの報告書が、民部・大蔵省宛に提出された後の一〇月一六日、胆沢県では役人全員が出席した会議が開かれ、「民食不足分東京ニて買入候手配」を筆頭に計一六件の議決が行われている。これを受けて、報告書の一二条目に予告してあった通り、官員を一人東京に出張させることになったが、それが安場に決定したのである。このことを「野田日記」一〇月一九日条は、「大凶作ニ付、民食手配等稜々伺トシテ安場大参事、東京江早打ニ而馳参ス」と記している。県官らは、報告書にあったように県内での「米穀津留手配」を進めながら、なおも不足すると思われる分を東京で買い付けようとしていたのである。

その一カ月後の一一月一七日、東京の安場からの書状が水沢へ到着する。「野田日記」は、その書状について、「……東京より大参事書状到来。民食并県中札之儀ハ免許無之、凶作御賑恤御手当トシテ管内伐木ハ免許ニ相成候趣、仍而彼是心配之由」と記している。これによれば、この出張における安場の任務は、米穀の買い付けだけではなく、「県中札」(近世の藩札のように、胆沢県内のみで通用する紙幣のこと)の発行許可も下りなかったことが分かる。明治二(一八六九)年は、東北地方に限らず、全国的に凶作の年であり、翌三(一八七〇)年一月には「サイゴン米」の輸入も行われているほどであったから(18)、新政府は、東京において各府藩県当局が米穀を買い集めることを許可しなかったし、当時、慶応四(一八六八)年五月から明治二(一八六九)年五月までに発行された太政官札の流通促進と信用回復とにやっきになっていた民部・大蔵省が「県中札」の発行を許可することもなかった。僅かに、県内の樹木を伐採し、これを凶作対策費用に充てることのみが許された。胆沢県は新政府の直轄県であったから、樹木の伐採にもいちいち政府の許可が必要であったのである。最後の「仍而彼是心配之由」という言葉は、この知らせを受けた野田本人の感想である。

安場は、この間の状況を、酒田県の津田に宛てた書翰の中でさらに詳しく述べている(19)。

彼表一通之事情ハ近年之不作、且土地人民之模様別紙草案之通ニ而民部・大蔵両省之牽引を被免候半者県札取立等如何様とも救民之策御座候得共、中々発途前御咄合之筋ニも運兼、既ニ江刺ニ而ハ手形振出しも有之候得共、知事已下官員末々迄県札之趣意柄飽迄承知不仕候而ハ利を謀テ却而大害を生シ可申者必然ト相考へ、国分へも相談し、先月十八日迄昼夜夫々取調御救助願出候事ニ衆議一決、十九日より早急上途仕候。別紙御採用ニ相成兼候ハヽ、県札願取候見詰メニて罷上候処、大蔵省ニ而ハ中々六ヶ敷、遂ニ県札迄被差留候ニ付、尚事情精々陳述、租税其儘取払之上、不足米三千石代金拝借願済ニ相成、今明日ニ差立候筈ニ御座候。尤右丈ニ而者迚モ引足不申候得共、山林一切剪伐御委任ニ相成申候間、横浜へ揃取相立、材木伐出之手段ニ而見込通り被行候ハヽ、両三年之内ニて相応ニ富饒之基相立可申奉存候。御許之御模様と違、中々之貧県、市在共通用ハ南部鋳立之四文銭迄ニ而、五十両を集候得ハ拾駄ニ相成候間、万端御賢察可被下候。

ここでは、「民部・大蔵両省の指導下から外れることができさえすれば、『救民之策』はどのようにでもできる」とあからさまな政府批判をした上で、胆沢県において「県札」発行策がいかに不可欠なものであるかを語っている。

先述したように、当時、民部省と大蔵省とは合併しており、その首脳部には大隈重信・井上馨・伊藤博文ら急進派官僚が就任し、中央官庁が地方行政を強力に統制し、指導する形で、近代的・中央集権的諸政策を推進していた。しかしこの政策基調は、まず民政の最前線に立つ地方官たちの反発を買い、次にもともと合併に賛成していなかった大久保利通・広沢真臣《さねおみ》・副島種臣《そえじまたねおみ》ら漸進派参議らが、明治三（一八七〇）年三月から民部省と大蔵省とを分離しようとする動きに連なっていく。つまりこの時点での安場の「県札」発行策の提案とその挫折は、いわゆる民蔵分離問題発生前夜における、地方官側と民部・大蔵省側との対立の典型例として位置づけることができるのである。

しかし安場は、「県札」発行策が拒絶された後も、「租税其儘取払之上、不足米三千石代金」を「拝借」するという成果を勝ち取っている。民部・大蔵省に租税の減免は求めないが、三〇〇〇石分の米価に当たる金額を一時金として同省から借り入れることに成功しているのである。「野田日記」一二月四日条には、「一、石川大属、東京ヨリ帰着。一、民食手当として三万金御下渡ニ付持越来ル」という記述があり、この借用金が、石川大属の手により実際に胆沢県庁に届けられていることを確認することができる。この米価計算は胆沢県の相場で行われたらしく、三万金（両）という金額は、「野田日記」一〇月一六日条に記録された胆沢県胆沢郡の相場（一両につき一斗）とぴったり一致する。それにしても民部・大蔵省と厳しく対立しながら、県内で伐採された材木をどのような手段で横浜に送るかという問題に頭をめぐらせたり、これが実現できれば「両三年之内ニて相応ニ富饒之基相立可申奉存候」と計算したりする安場の姿からは、彼の高い行政能力・交渉能力を看取することができる。

津田宛の書翰には、そのような自らの現状について、自己分析を試みている箇所がある(20)。

胆沢官員中も折角尽力、野田・祖父江大ニ御用ニ相立、御安心可被下候。素未タ折合ト申埒ニハ至り不申候得共、官員中も相応之人物集り可也ニ運ハ付キ可申、仙藩之苛政、今日之大幸ニ御座候。

安場は決して自分の行政能力の高さに自惚れていない。むしろ、熊本藩士の中から選んだ野田や祖父江がよく働いてくれており、その他の諸藩から集められた官員たちも「相応之人物」であることをもって、「自分は運がいい」と認識している。そして何よりも「仙藩之苛政、今日之大幸ニ御座候」と述べ、かつての仙台藩の苛政が今日の自分の「大幸」をもたらしてくれていると冷静な判断を下しているのである。

確かに、スタートしたばかりの胆沢県政が万事において順調であった訳ではない。斎藤実は、県政開始時のことを「知事始メ、県官ハ学者及書輩ニシテ、従前吏務ニ従ヒシ者甚希ナリ。第一当惑ナルハ満庁一人ノ税法及地理ヲ心得タル者ナシ」(21)と述べているし(このことに関わる人員補充の件については後述)、また「野田日記」の明治三年一月二三日条に「東山説得無事相済、児玉帰県」と記されているように(22)、東山地方の一揆勃発を寸前で防いでもいる。東山地方では、実際にこの年の一一月に一揆が発生しており(この時、安場は熊本藩に帰っており、胆沢県にはいない)、安場がリードする県政に対する民衆の怒りは安場赴任当初から存在していたことを知り得る。だからこそ安場らは、目安箱を設置して民意の所在を図ろうとしたり、篤農・篤行・敬老等様々な名目での褒賞を熱心に行っているのである(いずれも「野田日記」による)。

さて明治二(一八六九)年末から三年前半にかけて、津田・安場・野田ら、熊本藩出身で東北の地方官職に就いている者たちは、民政の現場と新政府、そして熊本藩というトライアングルの中で生じた激流に飲み込まれていく。安場と野田との場合、その激流は、先に紹介した津田宛安場書翰中の「素未夕折合ト申埒ニハ至り不申候得共」という文言が具体化する形で生じることになった。

事の発端は、明治二（一八六九）年一二月三日、津田が酒田県権知事を免じられ、同県大参事に任命されたことであった。この降格人事は、新政府が、津田よりも格上の人物である大原重実《しげみ》を知事として送り込んだことと連動して行われたが、その背景には旧庄内藩領域の民衆の一揆・騒擾状態が存在していると考えられる(23)。そしておそらくこの出来事の責任を取る意味で、津田は明治三（一八七〇）年二月に、表向きには病気を理由として辞表を提出する。四月、この辞表が受け入れられ(24)、津田が正式に酒田県大参事を免じられると、新政府からその後釜に任命されたのが他ならぬ安場であったのである。安場への辞令は、四月三日付で太政官から出されている(25)。

一方、胆沢県でもこの時期、県庁内部のごたごたが続いていた。胆沢県治の懸案事項の一つに、先の民部・大蔵省宛報告書の第七箇条目に記されていた分県設置問題があった。胆沢県は明治四（一八七一）年一一月に一関県に合併されるまで、時期によって一つから三つの支庁を置き、分県体制を取っているが、明治三年一月の改革でそれまで二つあった分県役所を栗原郡金成一つに統合し、野田を分県のトップに据えている。二月五日には分県開局式典が開催されているが、八日に水沢の本県から、野田に対して至急の呼び出しがかかった。「野田日記」二月九日条には、「出仕ノ処、生産局商法取扱云々ノ儀、於知事往々不呑込ノ事件有之候ニ付、断然相廃候旨演達」とある。「生産局商法取扱云々ノ儀」とは、野田が熱心に推進してきた事業で、第一に生糸や鉄等、胆沢県の特産物を、従来までのように仙台城下の特定の商人を介するのではなく、県庁直轄の売買とし、第二にそのために必要な機能を、民政局と会計局とからそれぞれ集めて、新たに生産局を設けるという構想のことを指す。この構想は一月の改革で日の目を見ることとなり、「新ニ生産局ヲ分県ニ設ケ、管内鉱山・産馬・諸産物等、以来於同局取扱候事」とあるように、野田がトップを務める金成の分県にこれが設置されることになったのである。

この生産局構想について、野田は長文の意見書草稿を書き残しているが、ここではこれ以上の深入りはできない(26)。ただこの時、野田や、野田の構想を見守った安場らの発想の根底に、彼らの師、横井小楠が『国是三論』(万延元〔一八六〇〕年)で説き、幕末の福井藩で実施した物産惣会所のことがあったことは想像に難くない。物産惣会所が行ったことは、民間で生産されたものが一部の特権商人に安く買いたたかれている現状を打破し、藩内の民を富ませることを目的とした藩営貿易であったから、野田の構想と符合するところが多い(27)。『国是三論』には、そのための資金源として紙幣発行が計画されていたから、先に安場が、民部・大蔵省に掛け合っていた「県中札」も、この生産局構想とセットで立案されたものなのかもしれない。

その生産局が分県開庁直後に、「武田権知事がその設置意義を十分に理解していないから」という何ともいい加減な理由で廃止されてしまったのだから、野田は怒り収まらず、その日の内に辞表を提出している(28)。結局、この問題は、民部・大蔵省へ問い合わせ、その結果を待つということになり、この辞表が受理されることはなかったが、同省に対する談判には野田本人が赴くことになり、野田は説明に必要な諸種の資料を急いで取りそろえて、二月一九日に水沢を出発している。

その後、野田は実父が急死したため、東京から故郷熊本へ向かい、水沢に戻るのは五月一〇日になるという長い旅に出るが、三月一二日に東京で「安場辞表差出候事」という知らせを受けている。野田が胆沢県にいない時の日記の記述であるため、その原因や背景は分からないが、胆沢県庁内の、特に武田権知事と安場及び野田との確執が表面化してきた結果と見ることができよう。

さて四月三日に酒田県大参事に任命された安場が、実際に酒田へ赴任したかどうかを明らかにする史料はない(29)。ただ手がかりが全く無い訳でもない。一つ目は、「野田日記」の明治三（一八七〇）年五月四日条に、「八ツ時比大田原ノ宿ハズレニテ安場兄行逢、依之当宿一泊。互ニ積日ノ消息ヲ談話。及深更寝」、翌五日条に、「……安場兄ト東西ニ馳セ分レ……」とあることである。つまり大田原宿（現在の栃木県大田原市）のはずれで、熊本から胆沢県へ戻ろうとする野田と、東京へ向かおうとする安場とが偶然行き合ったのである。「八ツ時比」（午後二時頃）のことだから、野田も安場もそれぞれさらに先に進もうと考えていただろうが、「互ニ積日ノ消息ヲ談話」するためにここで一泊している。「及深更寝」という表現からも二人が夜の更けるのも忘れて熱心に語りあっている様子をうかがい知ることが出来る。安場が実際に酒田県に赴任していたとすれば、胆沢県の場合がそうであったようにこの時期は現地視察に飛び回っているのではないだろうか。二つ目は、安場が五月一九日付で、再び胆沢県大参事に復任していることである。「野田日記」によれば、大田原宿で野田と分かれて東京に向かった安場は、六月下旬まで東京に滞在しているし、このような辞令が東京から任地へ届くまでの時間を考慮に入れても、安場の胆沢県から酒田県への「転勤」は、辞令上のことのみで、安場は実際には酒田へは赴任していないと考えられる。

ところで、この五月初旬、東京の熊本藩邸では、七月から断行されることになる藩政改革のプラン作りが大詰めを迎えていたと思われ、安場もこのために東京を目指していたと推定される。なぜなら五月一〇日に、知藩事細川護久の帰藩願いが許可されたこと(30)に伴い、参議大久保利通がわざわざ「御前議事」を中座して、護久邸を訪ねているし(31)、同日、津田に熊本藩権大参事就任が太政官から命じられているからである(32)。但し、この熊本藩の明治三年藩政改革については、この時から五カ月後、安場も参加することになる関係から、後に回すことにして、話を胆沢県政に戻そう。

明治三（一八七〇）年五月一〇日に水沢に戻った野田と、武田権知事との折り合いは良くない状態が続いていた。生産局新設計画が民部・大蔵省から許可されなかったばかりか、そのアイディアが同省の通商司政策、特にその石巻支署の管轄事項に取り込まれることになったからである。そのようなながか、五月二七日に野田の元へ古巣の兵部省から会計大佑《たいゆう》に就任しないかという知らせが届く。野田はその日のうちに、判断を武田に委ねる進退伺いを認め、送付している。次に示す史料は、六月三日に本県から呼び出され、四日に県庁に出勤した時の「野田日記」の記述である。

一、第八字、金成発足。山ノ月ニテ昼飯ヲ喫シ、夕陽、水澤著〔着〕。早速知事邸エ参候処、豈ニ図ランヤ、今朝東京より便到来、知事依願免職、安場復任云々申来候。

一、此夜、木村・藤島・徳永・水谷・岡田・加藤来ル、一盞。

当時東京にいた安場はすぐに知ることができただろうが、五月一九日付で免職になった武田は、自らが提出した退職願が受理されたことを六月四日になって知ることになるのである。野田の進退伺いも一旦は受理されたらしいが、一二日に少参事に復任されている。これ以後、胆沢県には廃県になるまで知事の補任はなかったから、県治は大参事たる安場によって執り行われた。野田をはじめとする県官たちが、武田免職の知らせを受けた日に、「一盞《いっさん》」を傾けていることからして、彼等は安場県政の成立を待ち望んでいたと考えられる。

六月二〇日に武田前権知事が水沢を去り、二五日に東京から安場が戻ってくると、いわゆる安場体制の下での胆沢県治が開始されることになった。二八日には早速、「官員一統衆議」が開かれたが、「野田日記」によれば、四件の決定事項のうち、第一に「諸官員方向ヲ一ニシ　朝廷ノ御趣意ニ基キ、安民ノ経綸実地施行云々一致ノ事」が取り上げられている。この「諸官員方向ヲ一ニシ」という文言には、安場体制成立までの「産みの苦しみ」とそれを脱した喜びとが込められているのであろう。

さて安場が胆沢県大参事を務めていた二年余りの間に、安場は、水沢の地で、後の日本を動かすことになる二人の人材を発掘している。これまでにも何度か触れてきた斎藤実と、後に内相・外相や東京市長を歴任することになる後藤新平（一八五七―一九二九）の二人である。二人とも胆沢県庁での安場や野田との出会いには感謝していて、それぞれの伝記や回顧録にも大きく取り上げられている。

その出会いは先述した県庁の人的構成に起因してもたらされた。すなわち県庁官員は武田や安場らの同郷人によって占められているため、「言語さへ思ふように通じな」い状態であり(33)、現地での官員採用が必要となってきたのである。『子爵斎藤実伝』によれば、土地や税の制度に精通した人物を求めて仙台藩に照会し、租税吏二名(上遠野・粟野)に出仕を命じた他、旧領主留守家の上級家臣であった吉田種穂(家老職)と沢辺綾造(武頭職)とを登用している。そしてこの時、吉田らの推薦で、十五歳前後の少年たちが書生や給仕として採用されたのだが、その中に後藤新平と斎藤富五郎(後の実)とが含まれており、後藤は岡田俊三郎の、斎藤は野田豁通の書生となったのである。

このうち後藤が岡田の書生に決まるまでには安場が介在しているが、その間の事情を後藤は、次のように語っている。

胆沢県大参事に、安場保和といふ人があつた。明治二年我輩の十三歳の時、此の邸に書生にやられたが、その後間もなく史生岡田俊三郎氏(あとで阿川光裕と改名したから、阿川と言はう)の宅に預けられた。その時安場氏は阿川氏に向つて、「この子は、将来参議になるだけの資格を備へてゐるやうに思はれる。自分の宅に置くよりは、君に世話を願つた方がよいやうに思ふから、何分宜しく頼む。ただ彼の性を変へないで、本然のままに育て上げて貰ひたい。」と言はれた。我輩はこの二人から深い感化を受けた。安場氏は、先づ放任主義の人であつたと言つてよからう。阿川氏は安井息軒の門人で、実に謹厳な人だつたね。〔中略〕それにね、我輩を安場大参事が、自分の宅に置かず、阿川に預けて呉れた一事に至つては、何とも言へない心遣ひであつたと思ふね(34)。

後藤や斎藤の証言は、多感な少年時代に、直接、県庁組織や、その中で働く安場ら官員に接した上でのものだけに、公文書はもちろん、大人が書く日記や書翰等、他の史料では得られない貴重な情報が含まれている。これまで多用してきた「野田日記」だが、斎藤が野田の家の書生になっていることは明らかであるにもかかわらず、日記中に斎藤のことは一度も登場しない。その意味で、次に掲げる斎藤の回顧談も、明治初年の地方官の実態をリアルに描いていて、興味が尽きない。

給仕になつた時は嬉しかつたです。それは刀がさせるからです。県庁の役人はみな刀をさしてゐました。その時分一本です。私共も一本です。長い物です。兎も角、私共も差すことを許されたのです。

御一新の時、水沢藩士は土着帰農と云ふことになり、皆平民になりました。御一新前ならば、武士は子供でも帯刀してゐまして、私共が田舎道に這入れば百姓が馬からおりたのです。何といふこともなくただ田舎に遊びに行つた時でも、私共に出会へば百姓は皆おりたのです。ところが士着帰農となつてからは、百姓がおりなくてもよくなりました。然るに県庁の役人が来たり、私共の様なものでも刀を差したものが来ると、やはり馬からおりなければならなかつたのですから、私共は威張つたものです。刀は無論本物です。本当に切れる刀です。御維新前は小さい子供にでも差させてゐたのです。武芸ですか、立生館でやつたのですが、十四、五ぐらゐからやつたので、私共はやりませんでした。

給仕の手当はどうかといふと、野田などの家にゐたものは、何も無かつたです。食事をするだけでした。役所に行つてから私は貰ひました。一円五十銭か二円に相当するものでしたらう。其のころ鉄銭がありまして、刺に通したもの、この位（手にて様子をされる）ありました。迚も自分で持てないので、人に持つて貰ひました(35)。


前半の帯刀のことは、胆沢県に赴任する前も後も帯刀し続けていた安場や野田らには当たり前のことでありすぎて、書翰や日記にわざわざ書き記すことではないだろう。これは一度、「土着帰農」した経験を持つ、しかも少年だからこそ抱く感情であろう。後半の給料のことも、重くて自分では持てなかったというオチまでついていてユーモラスである。先に紹介した津田宛の安場書翰の中で、安場は胆沢県内の通貨流通状況を、「市在共通用ハ南部鋳立之四文銭迄ニ而」と述べているから、その四文銭を紐（＝刺）で結んだものを、「一円五〇銭か二円に相当する」分もらったというのだから、重すぎて斎藤少年には自力では持てなかったのである。その後、後藤も斎藤も上京するが、彼らが胆沢県庁周辺で知り合った、特に熊本藩人脈の中で勉学を続け、その後の人生を歩んでいくのである。

また当時の水沢では、後藤・斎藤に、山崎為徳を加えて、「郷の三秀才」(36)と呼んでいた。山崎は熊本洋学校を首席で卒業した後、東京の開成学校に進み、そこから京都の同志社英学校に編入学している。しかし明治十四（一八八一）年に京都の新島襄宅において二十五歳で没することになる。山崎には、岩手県の地域史やキリスト教史の研究者が熱い視線を注いでおり、特に山崎の熊本行きの時期や経緯については様々な説が唱えられているようである。今回の調査によって、これまで錯綜していた諸見解を整理しうる成果を得ることができたが、これを論ずることは本稿の目的から大きく外れることになるため、別稿を準備することにしたい。

三　古巣熊本藩での活躍

話を戻そう。明治三（一八七〇）年八月一一日、安場が至急の上京をすることになったという知らせを受け、一三日、野田は安場から呼び出されて水沢の本県庁に赴いている。一四日の日記には「大参事諸伺御用ニ付、留守中諸事御奏任之命ヲ蒙ル」とあり、野田は安場の留守中の県政を預かることになった。しかし安場はこの時の東京出張から水沢へは戻ることはなかった。上京中の九月一七日に、胆沢県大参事を免官になり、一〇月一日付で熊本藩権大参事試補に任命され、この年の七月から開始された熊本藩の藩政改革に参画するため、帰藩の途についたからである。

これまでにも安場は東京において、新政府内部の様々な情報を集め、それを熊本藩政府や全国各地に散らばる実学党関係者に送ってきた。例えば、胆沢県に赴任する前の明治二（一八六九）年五月には四〇〇〇字にも及ぼうとする長大な「事情書」を「熊本御社中・長崎御社中」宛に送付し(37)、これを受け取った「熊城御社中」から「安場君より過日御巨細之御紙表……内外之事情兼而考察之趣ニ符号いたし」と感謝されている(38)。また同年一〇月に上京した際にも、民部・大蔵省と胆沢県費での米穀買い付けに関して協議するという本務の傍ら、新政府内部の状況を「探索」して、熊本藩の重役に次のように報知している。

近頃朝廷之御模様、先一体者静謐に而、是と申程表発致候事件者無之候得共、大臣以下議参之間、誰一人天下を担当ニ致候人物無之体ニ相見、只日日目前触来候事件を被取扱候迄ニ而、是と申政績相見不申、只何となく因循之体ニ相成申候。乍去在朝之人多クハ是に而善シト心得候者者無之、大概衆評を承り候ニ、只今分に而者如何之御運ニ相成可申哉と気遣居候者多分御座候。然ニ身ニ引受候人物無之ハ必竟暴激之余焔いまた絶江不申、内外相応候処有之、或ハ暗殺之勢をなし或ハ藩々を離間シ人々を疑貳せしむる抔之策を以、終ニ畏縮を生せしめ如是之光景と相成申候(39)。

「新政府内には、天下を担う人物は誰一人おらず、全体に因循ムードが漂っている」とは手厳しいが、いわゆる民蔵分離問題発生前夜、地方民政に無理解な民部・大蔵省の官僚と渡りあう中で、安場が得た率直な感想だったのであろう。こうした暗中模索の過程で、安場らは、大久保利通という人物を「再発見」「再評価」していったように思える。一一月一九日付の津田（在酒田）宛書翰で、安場は熊本藩政府関係者たちが、藩政改革の内容をめぐって交渉を繰り返している様子を、次のように書き送り、その交渉相手として、三条実美・岩倉具視に並べて大久保の名前を挙げ、さらにその大久保に通じるルートとして鮫島尚信の名前を挙げている。

熊本之御模様如何哉と案労罷上見申候処、岩男作左衛門到着、引続與太郎殿（将監也。佐々木ノ本姓ニ復ス）再上ニ相成、安川仙太郎別紙持参ニ付、先御根本上ハ近来之御好都合、先ハ躍雀仕候事ニ御座候。幸私上リ合、何方も大悦、何事も無洩相談ニ相成、飯田も十分之差入り、岩男・江口一同、十分ニ咄合も出来申候。彼輩之事も與太郎殿現在上ニ而見得ニ相成、荘村紙面之第一等ハ六ヶ敷候得共、此許之御模様ニ応し臨機之所置も御委任ニ相成居申候間、此節ハ十分ニ乗出ニ相成候咄合ニ而、條・岩両公、大久保参議あたりへも公然と乗込ニ相成申筈ニ御座候。素より鮫島江段々情実相談通し置申候節ハ、十分之咄ニも至り可申、此許之形勢、與太郎殿、飽迄呑込之上、急速帰藩、第一等之英断を被施候心決、中々感心之事已ニ御座候(40)。

そしてこの書翰の日付から二〇日ばかり後の一二月一一日には、佐々木與太郎と安場とが大久保利通邸を訪問している。『大久保利通日記　二』同日条には、「今朝肥後藩佐々木〔権欠〕大参事・安場熊澤〔胆沢〕大参事入来、段々相談承候」(41)と記されているが、ここからは佐々木が大久保邸へ「公然と乗込」むに当たって安場を伴っていること、「段々相談承候」という文言が、安場たちが計画中の藩政改革の中身についてであろうことが分かる。

先述したように、明治三（一八七〇）年五月に上京した時も、安場はこの改革プラン作成が大詰めを迎える場に立ち会っていると推測されるから、今回の本藩呼び戻しは、熊本藩政府関係者たち、特に実学党を中心とする改革派の人々にとっては既定路線に沿った人事であったのだろう。いや胆沢県大参事として民部・大蔵省との交渉経験を持ち、新政府内部にも独自の人脈を有する安場は、改革政治を立ち上げる際には不可欠の存在であったのである。

いずれにしろ、安場辞職の報は、一〇月六日になって、野田ら胆沢県官員たちに伝わった。大参事の後任には、九月一七日をもって、やはり熊本藩出身で横井小楠門下、それまで民部省監督大佑を務めていた嘉悦氏房が任命されることになった。「野田日記」によれば、嘉悦は一〇月一一日に水沢に到着している（明治四年九月まで在職）。嘉悦が大参事を務めた期間も胆沢県には知事ないし権知事は任命されなかったから、彼が県政の最高責任者であり、これを少参事である野田が支えるという体制で県政が展開された。

そもそも熊本藩が明治三（一八七〇）年の時点で、なぜ藩政改革に取り組まなければならなかったのだろうか。それは熊本藩の維新変革への関わり方と密接に関係している。

一般的に、「熊本藩は明治維新の潮流に乗り遅れた」と言われる。その遅れ具合は、維新最終局面の、いわば天王山である戊辰戦争においてさえ、奥羽出兵を躊躇し、併せて新政府に対して徳川氏との休戦を申し入れることを建議したり、この建議を岩倉具視から強く叱責されてようやく出兵を行った後にも、たびたび新政府に徳川氏の罪を軽くし、かつ旗本への援助を手厚くするよう願い出たりするという行動を取っていることに端的に示されている。そしてこのような親幕府的な藩の舵取りを行っていたのが、藩校時習館出身者を中心とする学校党と呼ばれる勢力であった。

このような熊本藩の態度を、新政府の中心人物たちが快く思うはずがない。木戸孝允は、慶応四（一八六八）年閏四月一一日の日記に、この時点において緊急の対策を要する問題を八点列挙しているが、その四番目に「両肥へ御沙汰事」を掲げて、次のように述べている。ここでいう「両肥」とは、肥前鍋島藩と肥後細川藩とのことである。

> 両肥未為天朝に苦戦するを不聞。年来天幕いづれに尽すを不知。肥後の家臣、尤幕に尽すもの嘗て多し。世間其両端を疑ふに、藩於于此、大に大戦するときは必内は益議論決定、外は大に賊を圧するものあらん。依て起此議(42)。

朝廷側とも幕府側とも判断しかねる、どっちつかずの態度を改めさせるために、二つの藩に対して「沙汰」を行い、まずは戊辰戦争に本格参戦させようというのである。藩内に多少の異論があっても、朝廷側の一員として戦場に引きずり出してしまいさえすれば、そのような異論は抹殺され、藩論も倒幕路線に落ち着くだろうし、この二つの大藩の軍事力が本格的に投入されれば戦争そのものも早く終結に向かうことになり、一石二鳥だという木戸の読みは鋭いと言わざるを得ない。

その後、戊辰戦争に勝利した新政府は、外国人や政府要人に対する襲撃事件を繰り返していた攘夷論者たちの取り締まりを懸案としていたが、彼らの背後には熊本藩の庇護があるのではないかという疑念が政府内外に広まり、熊本藩の政治的立場の劣悪さはますます深刻になっていった。明治二（一八六九）年四月の東京では、熊本藩の領地を四分の一減らすべきだという噂さえ流布するようになっていたし、八月一七日には熊本藩の兵卒が東京でイギリス公使に斬りかかり、知藩事細川韶邦が謹慎処分を受けるという事件も起きていた(43)。こうした事態に対して、藩の行く末に危機感を覚えた人々は、韶邦と、韶邦を支えてそれまでの藩政の中核を担ってきた学校党勢力とを藩政から排除し、新政府の方針と歩調を合わせるための改革を断行しようと考え始めるに至った。そう考え始めた人々こそ、韶邦の二人の弟たち（護久と護美）と、当時「熊城社中」等と名乗っていた実学党豪農派とであった。

明治三（一八七〇）年三月二六日、細川韶邦が隠居の内意を藩内に示達し、五月八日、その世子護久が正式に細川家の家督を相続した。ここに至るまでの間、東京で新政府関係者らとの突っ込んだ話し合いが積み重ねられてきたことは既に述べた通りだが、元酒田県大参事の津田山三郎が五月一〇日に、熊本藩権大参事として呼び戻されたことを皮切りにして、**表2―2**に示されるような藩政府執行部が形成され、いわゆる実学党政権による改革政治が始動されることになった。

この改革政治には、熊本藩領内の惣庄屋として、民政の経験が豊かな竹崎律次郎・徳富一敬らが、明治二（一八六九）年頃から作成し始めたとされる具体的プランが存在する。ここで改革政治全般を論じたり、その社会的影響を分析することはできないため(44)、このプランを要約して、以下に掲げてみよう(45)。

表2―2　実学党系人物の藩政府への進出一覧

職名	氏名	就任年月日	備考
知　事	細川護久	1870年5月8日	
大参事	細川護美	1870年6月1日	
権大参事	有吉（佐々木）与太郎	1870年6月1日	
権大参事	米田虎雄（虎之助）	1870年6月1日	
権大参事	小笠原七郎（美濃）	1870年6月1日	1871年7月13日依頼退職
権大参事	道家之山（一徳）	1870年1月―	改革前より留任
権大参事	津田山三郎	1870年5月10日	酒田県知事より転ず
権大参事試補	安場一平（保和）	1870年10月3日	胆沢県大参事より転ず
権少参事	神山源之助（譲）	1870年6月1日	
権少参事試補	宮村庄之丞（七五三）	1870年6月3日	同年閏10月23日権少参事へ
権少参事試補	白木大右衛門（弾次）	1870年6月3日	同年11月8日少参事へ
権少参事試補	早川助作	1870年6月3日	
権少参事試補	山田五次郎（武甫）	1870年6月3日	同年閏10月23日権少参事へ
権少参事試補	太田黒亥和太（惟信）	1870年7月8日	同年閏10月23日権少参事へ
権少参事心得	牛島五一郎	1870年2月2日	
民生局大属	竹崎律次郎	1871年――	
民生局大属	徳富一敬	1871年――	
民生局大属	三村伝	1871年――	
教　授	元田永孚	1870年12月14日	

拙稿「19世紀の藩社会と民衆意識」(『日本史研究』464号）より。

①知事一族は生活の簡素化を図るようにし、一緒に食事をするなどして家族が睦まじく暮らすように心がけてもらう。
②知事自ら政治を行い、庶民の声にも直接耳を傾けるようにする。
③熊本城のうち、二の丸御殿・本丸御殿・天守閣などを取り壊し、外回りの門塀だけを残す。
④諸種の雑税・付加税を撤廃する。
⑤代々の藩主専用狩猟場であった鷹場を庶民に開放する。
⑥出納事務は会計局に一本化する。
⑦上下二院を設ける。上院は知事以下の諸役人によって、下院は一般選出の議員によって構成し、両院合議して議決

を行う。
⑧藩庁内の全ての役人は公選の上で採用する。
⑨これまで、藩と手永会所《てながかいしょ》（広域行政区域として設定された手永に置かれた役所。手永の責任者が惣庄屋であり、会所は民政の最前線であった）が実施してきた貸付金については、今後の取り立てを一切行わない。
⑩各地の手永会所に民政資金として蓄えられてきた官銭を全て藩庁に集中し、会所役人を減らす。
⑪惣庄屋以下の地方役人は公選とする。

執行部メンバーの多くが横井小楠の門下生で占められた実学党政権は、このプランに小楠の思想を盛り込み、それを現実政治の中で具現化しようとしていたのである。改革政治は、明治四（一八七一）年七月の廃藩置県を挟んで、明治六（一八七三）年五月まで約三年間しか展開されなかったから、このプランの全てが実現された訳ではもちろんないが、結果的に実現されなかった項目においても、実現に向けての努力の跡を認めることはできる。そのような中、④は改革政治の目玉政策として真っ先に実施され（それまで本税の三分の一にも及んでいた雑税が約九万石免除された）、民衆に歓喜の声を上げさせることになったし、その代替措置としての⑩も実現され、先に触れた山崎為徳が遠く胆沢県から入学した洋学校や医学校の建設資金として活用された。

さて、明治三（一八七〇）年五月にこの改革に道が開かれ始めて、その五カ月後の一〇月にこれに参画することになった安場であったが、実学党政権が彼に求めた役割は、胆沢県大参事時代のような民

図2—2　安場の捺印がある決済票（明治3年10月）

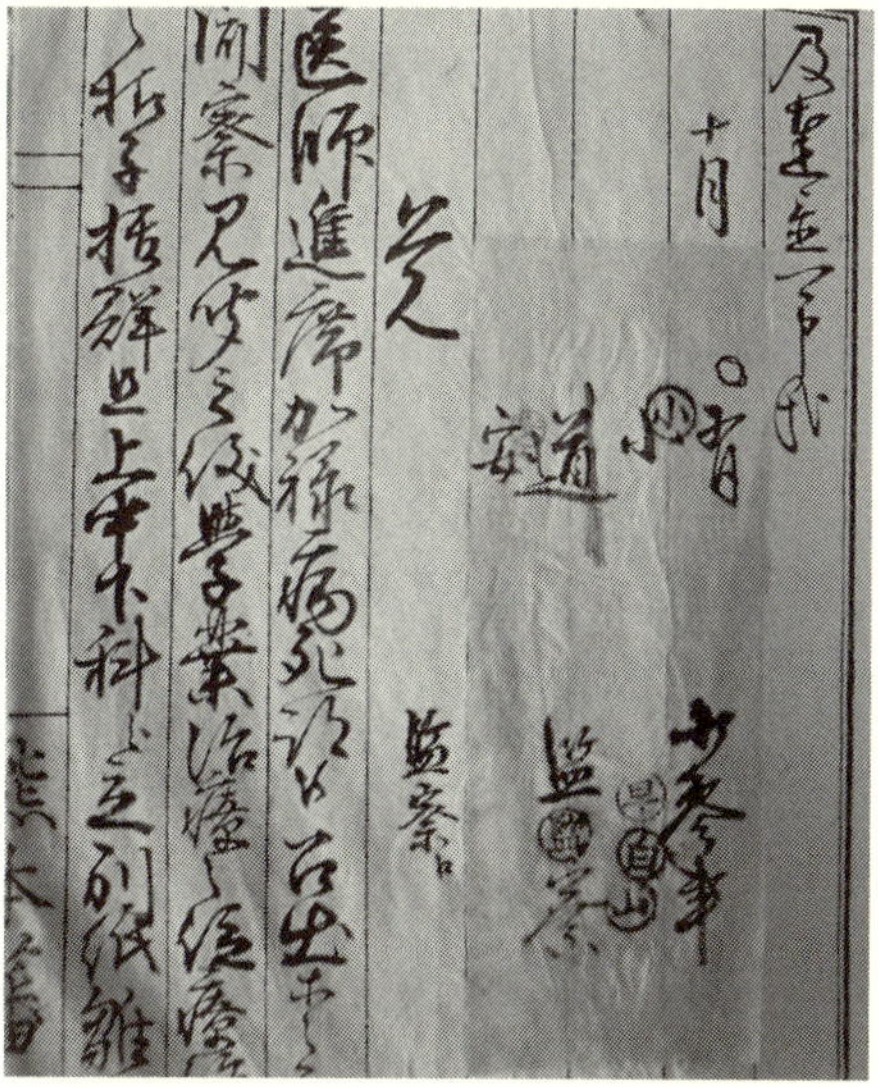

永青文庫細川家文書「藩庁日誌」
有吉・小笠原・道家・安場ら（表2—2参照）が、承認の意味で捺印や合点を付けている。

政担当者ではなく、熊本藩権大参事試補（一一月晦日からは少参事心得、翌四〔一八七一〕年二月からは少参事）[46]という肩書きをフルに活用して、全国各地を飛び回る渉外担当者であり、後述するように、彼もこの役割を十分に自覚して、まるで水を得た魚のように八面六臂の活躍を見せている。

その分、熊本において腰を落ち着ける時間はなく、残された諸史料の中に、安場が内政・民政へ関与した痕跡を見い出すことはほとんど出来ない。改革政治の中では、重要な審議案件の場合には、近世期の藩政運営の方法をそっくり踏襲して、**図2—2**のような決済票を作成し、最終的な結論を下していたが、これは安場が決済印を押している数少ない事例である。
一般に実学党政権と呼ばれる改革政治の推進勢力の中にあって、安場はまさに柱石の位置を占めていた。実学党政権とは言っても、藩政の中枢部を全て横井門下で独占することはできなかったため、藩政府内部に常に意見の対立状況が生まれていたが、そうした状況に立ち至った場合、護久や護美は安場ら実学党の青年たちを支持することが多かったという。元田永孚は次のように証言している。

此時〔明治三年藩政改革のスタート時点〕人材多ク登用セシト雖トモ各其党派ヲ異ニシ、安場、識見議論正大ニシテ時世ノ用ニ適スルモ、澤村〔右平〕・原田〔晋作〕固僻ノ論ニ合ハス。大〔太〕田黒〔亥和太〕確実ノ見識アルモ、原田大ニ非斥スル所トナリ、白木〔弾次〕・早川〔助作〕・神山〔源之助〕等ハ学校ノ一派、其見稍異ナリ。此時ニ当リ米田〔虎雄〕・津田及早川ハ江戸ノ邸ニアリ。故ニ休也翁〔下津休也〕ト余ト専ラ其調和ヲ勤メテ苦慮セシモ、真ニ一和ニ至ラス、安場・大田黒〔太〕・山田〔五次郎〕・白木ノ建明スル所、最時用ニ適スルヲ以、知事公・大参事公〔護美〕多ク採用セラレタリ(47)。

安場・太田黒・山田と列挙される実学党青年層の中で、元田は、安場に対して「小楠先生ノ気風ヲ帯テ、識見正大、議論明快、敢然進ンテ為ス」という評価を与えており、だから「大参事公、最安場ヲ取レリ(48)」と述べている。

このような立場にあった安場は、自らが遅れて参画することになった改革政治をどのように評価していたのであろうか。次に示す史料は、明治三（一八七〇）年一一月九日付の書翰で、鹿児島出張から戻ってきたばかりの安場が、東京にいる津田に宛てて、改革の進行状況を報告したものである。

……松方民部御登庸ハ近時之御美事と為邦家雀躍仕候。矢島も論説協合之由、御同慶ニ奉存候。最早一陽来復之候ニ相成申候而……爰許御改正之稜々順序御施行、禄制・兵制等少々宛之物議も有之候得共、格別之事も無之御安心可被下候(49)。

藩政改革についてはその順調な進み具合を淡々と報告しているが、明治三年閏一〇月に、松方正義が民部大丞《たいじょう》に任じられた件(50)については、手放しの喜びようである。安場にとって、先述した民蔵分離問題を焦点とした政府内対立の過程で、松方が民政の最前線の位置（＝日田県知事）から民部大丞に昇進したことは、大隈や伊藤らの勢力を封じ込める意味で、まさに「雀躍」するような出来事であったのである。

松方の民部大丞就任に「雀躍」したことに象徴されるように、この時期、安場は、明治維新の牽引車たる鹿児島・山口両藩と連携し、中央政府を改革することに熱意を示し始めている。先に紹介した明治三年一一月九日付の津田宛書翰は、次のように続いていく。

去ル十六日より鹿児島・山口へ御乗出し之御暇不被為在候間、南方へ一平〔安場のこと〕、北方へ弾次〔白木弾次〕被差越、双方共話合も出来、去ル五日帰着仕候。薩ニ而者、西郷・村田抔追々出会、彼一藩ハ唯無一事上下挙而皇国之危頽を慨嘆いたし居候。政府之役員総而木訥遅重体之人物ニ而、政庁と兵隊と一体之模様、実ニ敬服仕候。〔中略〕六日より御登京之御衆議ニ相成、昨日御決評ニ相成、御窺として壱人被差立候。いつれ当月中ニハ御伺済ニも相成可申、蒸気飛脚艦へ御乗込之方可然と申談居候。御供ハ太田黒・一平へ御内意被為在候間段々存念も申上候。小生よりハ與太郎方弾次を願置候。従四位様〔護久〕も篤斗御呑込被為在候間、定而可被仰付と奉存候。左候ハヽ跡ハ大参事様・山田・香〔神〕山ニ而御踏〆被為在候旨、一平も御請申上置候。太田黒ハ昨夕大坂・東京へ被差越候段御達御座候。五六日内青海丸より乗出し之筈何も近々荘村〔助右衛門〕発途之筈ニ而出席、不尽意荒増申上度、如此御座候。已上(51)。

これによれば、安場が鹿児島から帰ってきた翌日の一一月六日に「御登京之御衆議」が始まり、八日に、まず「御窺として壱人」が東京に派遣され、新政府の許可を取るという「御決評」が行われている。そこでは上京の手段としては「蒸気飛脚艦」に乗り込む方がいいだろうとか、お供には太田黒と安場とが任命されるはずで、安場はこれに加えて白木を推薦し、護久もこれに納得したとか、かなり具体的なことが話し合われている。これは熊本藩が薩長の動きにこれ以上遅れを取らないためには、護久の早期上京が不可欠であるという安場の焦りにも似た認識を表している。しかも護久上京後の藩政は、護美・山田・神山らで「踏〆」ればいいと、アフターケアにまで言及していて抜かりがない。
しかし先述した藩政府内部の対立構造からしても、この安場構想に異論が出ないはずはなかった。
元田は、明治三（一八七〇）年一二月前後の状況を次のように記している。

藩政改革略緒ニ就クト雖トモ、将来朝旨ノ向フ所ヲ審ラカニセサレハ復着手ヲ愆ルノ恐レアリ。因テ衆議、知事公ノ一タヒ上京シテ朝旨ヲ奉承センコトヲ望ム。然トモ知事公考ル所アリテ、之ヲ難スル色アリ。安場等頻リニ上京ノ議ヲ勧請シテ、原田等、知事公ノ意ヲ保護シ、急決ニ至ラス。一日、余、休也翁ト知事公ノ款語ニ侍ス。休也翁、従容トシテ曰ク、維新ノ朝政駸々トシテ進ミ、将来ノ措置、将ニ大ニ変セントスルモ未タ知ルヘカラス。今安場等言フ所、誠ニ其理アリ。而シテ米田・津田等東京ニ在リテ其見ル所如何、殿下直ニ上京セサルモ、先ツ安場ヲシテ上京セシメ、其見聞スル所ノ報知ヲ待チ而後上京アル、未タ以テ晩シトセス。安場等米田等ト談シテ其意見ノ当否、若シ疑念スル所アラハ、元田・休也両人ノ内ヲ遣ハサレ、其当否ノ中正ヲ取リ報知スル所アラシメハ、復疑ヲ置ク所ナケント。知事公之ヲ善シトス(52)。

下津（六十三歳）と元田（五十一歳）とは、藩政府内にあって「年稍長老ナルヲ以顧問ノ任ニ当リ、諸子ノ意見・議論ヲ浹合中裁(53)」することを自認していたから、この時も三十五歳で血気にはやる同門の後輩＝安場のなだめ役を買って出て、彼らの仲裁案に護久も同意したため、護久の上京は当分見合わされることになった。そして翌明治四（一八七一）年正月三日に帰藩した津田に代わって、太田黒と安場とが東京に派遣されることになり、その随行役として元田も上京することになった(54)。

安場が護久の早期上京を企図したのは、明治三（一八七〇）年末から四年初めにかけて、岩倉具視が勅使として、鹿児島・山口両藩を訪問し、島津久光と毛利敬親《たかちか》とに上京の内命を伝えることになっていたからである。このことは一一月二五日に正式決定されたが、新政府は同時に、大久保利通を鹿児島に、木戸孝允を山口にそれぞれ派遣することも決定し、そのため岩倉勅使派遣は地方を含み込んだ一大政治イベントと化していった。この時点で安場は、もともと維新の潮流に乗り遅れている熊本藩が、その遅れを取り戻すためには、この二藩との密接な協力関係を築いて、その上で護久にも上京してもらわなければならないというシナリオを描いたのである。安場が一〇月一六日から一一月五日まで鹿児島に出張し、同じ頃、白木弾次も山口に出張していることは、そのための準備であった。

勅旨は岩倉によって、一二月二二日に島津に、一月九日に毛利に伝達されているが、この間の安場は焦燥感のまっただ中にあったことであろう。そのような時、鹿児島藩大参事の西郷隆盛からの書翰が、安場に届けられた。一二月二八日付の書翰には、次のような文言が綴られていた。

> 尊藩御変革之始末、岩倉公ヨリ御尋御座候ニ付、此節御変革ニ付て者、第一君臣御合体ニて朝廷御為ニ藩屏之職掌ヲ被為尽候御趣意ヲ以、万事御仕向相成、只我一国を利するとの意更々無之候、却帰着する処、必善国と相成候外無他、大抵変革之事ニ於者其趣意ニて政事之善悪、人民之向背

相定事ニ候間、細事ハ不入御聴候而可宜旨申上候処、余程御満悦之御事ニて御座候間、乍余事任序卒度申上置候(55)。

安場が鹿児島に出張して、西郷らと会談した際、「岩倉が鹿児島藩を訪問している間、熊本藩の藩政改革のことを話題にしてくれ」と頼んであったのであろうが、その後、護久に西郷宛の直書を送らせるほど念を入れた工作の結果、改革政治の趣旨が維新変革の流れに沿ったものであることが岩倉に伝えられ、そのことが岩倉を通じて明治天皇の「御聴」に届けられる予定になるという好結果を得ている。このことは、年明け早々、大参事護美の耳にも入ったようで、安場は護美から「東京行きの人選についいて相談したいので明日の朝、来て欲しい」と呼び出しを受けている。その書翰中で、護美は、次のように述べている。

今夕者道家之山殿呼寄、得斗論判仕候決意ニ候処、西郷大参事より御手許迄来状之端章等披閲ニ相成候ハヽ、愈以方向一決之埒ニ至り可申相考申候間、此文箱ニ御投与可被成様致依頼候。明朝早速御返却可申候(56)。

この書翰によれば、この前日、すなわち一月七日に「御評決」が行われているようだが、その場で権大参事の道家之山が反対論を唱えたらしく、護美は、彼を説き伏せるために、安場宛の西郷書翰が絶大な効果を発揮すると考えているのである。先に引用した西郷書翰中の文言は、追伸の部分であり、本文は護久からもらった直書への礼状なのだが、安場や護美ら、護久を急ぎ上京させたいと考えている者たちにとっては、この追伸部分こそが重要な意味を持っていたのである。そしてその「錦の御旗」を西郷から引き出した安場の政治的立場は大いに強まったと思われる。

東京行きのメンバーのうち、首脳部は先述したように、元田・安場・太田黒に決まり、一月一七日、彼らは東京を目指して、熊本を出発したのである。

護美と安場とが早朝から、上京メンバーの人選をしていた明治四（一八七一）年一月九日、東京で新政府を震撼させる大事件が起こった。参議広沢真臣の暗殺事件である。安場らは一月一七日の熊本出発時にはこの事件を知らず、それを知るのは長崎に移動した際であった(57)。

広沢は、長州藩出身で、幕末維新期の政治展開に巨大な足跡を残した人物である。その広沢が東京麹町の私邸で暗殺され、犯人として真っ先に疑われたのが、長州藩の脱隊騒動に連動して、日田・久留米・熊本を拠点として反政府運動を展開していた攘夷論者たちであった。当時、広沢は大蔵省と分離したばかりの民部省責任者として、新政府内で極めて重要な立場にいたから、この事件の捜査はとりわけ厳格に行われ、その結果、多くの容疑者が逮捕された。その中には、後に第一高等中学校校長や衆議院議員となる古荘嘉門（一八四〇—一九一五）を始めとする多くの熊本藩士が含まれていた。結局、暗殺犯人は現在に至るまで不明のままなのであるが、新政府から猜疑の目を差し向けられた熊本藩にとっては、藩政改革の方向性や内容を岩倉ら新政府首脳に認められたばかりの段階で、再び藩存亡の危機が訪れたことになる。

この時期、熊本藩は他にも深刻な問題を抱え込んでいただけに、新たに降って湧いたこの疑惑は、実学党政権に大きな打撃を与えることになった。広沢暗殺事件発生以前に存在していた問題とは、改革政治の諸項目のうち、雑税約九万石の減税策が、隣藩の民衆を刺激し、とりわけ豊後地域の民衆が、明治三（一八七〇）年末から四年初めにかけて、熊本藩並の減税を求めて一揆を起こしていたことである(58)。大久保・広沢らが事前に承認して実施された藩政改革の目玉政策が、隣藩一揆を誘発し、新政府を悩ませることにつながったのは、皮肉な結果であった。

しかも暗殺されたのが、藩政改革のスタート時点から、熊本藩関係者が頼りにし、新政府側の窓口になってくれていた広沢であったこと(59)は、藩首脳部の面々のショックを大きく増幅させることになった。この事件の捜査が続けられる中、護久は明治四（一八七一）年三月に、「各所民心擾乱剰へ輦轂之姦賊暴横大臣ヲ殺害ニ及」んだこと、即ち、「熊本藩の改革政治が近隣諸藩の民心をかき乱したこと」と「姦族が広沢真臣を暗殺するに至ったこと」とを理由に挙げて、新政府に知藩事辞任願いを提出している。これが受け入れられないと知ると、さらに五月にもほぼ同内容の辞表を出している。結果的に、その年の七月に廃藩置県が断行され、旧大名たちと一緒に、護久も知藩事を解任されることになるのだが、先の二つの問題が護久の改革熱意を急速に冷めさせたことは疑う余地がない。

一方、護美も兄と同じ明治四年三月に、大参事を辞任したい旨の辞表を提出するが叶えられず、廃藩置県後の一一月には「科学研究」のためと称して欧米留学を望むようになり、明治五（一八七二）年一月に渡米してしまう。

この三月の知藩事辞任願いは、元田が起草したものであった。明治四（一八七一）年二月に、朝廷の求めに応じて上京した護久の下に、下津・米田・有吉（佐々木）・安場・早川・牛島ら藩政府の重役が集められ、会議が開かれた折り、「朝旨ニ対ヘテ将ニ建白アラントス」ることが決定され、元田にその草案起草が命じられた。早速、元田は知藩事辞任を趣旨とする草案を書き上げ、これをまず信頼する安場にだけ見せ、次のように語ったという。

知事公今日ノ建言尋常ノ事ヲ云ハ人後ニ出ツ。宜ク第一等ノ論ヲ立ツヘシ。第一等ノ論ヲ立ツルニ至テハ先ツ自ラ藩知事ヲ抛ツニ非サレハ誠心貫カス。故ニ余顕然此案ヲ草セリ。未タ知事公ノ旨ヲ窺ハス、惟フニ果シテ知事公ノ心ニ適セント。若シ責メアラハ余其罪ヲ受ケン。君善ク之ヲ一見シテ、異見アラハ教ヲ受ケン……(60)。

安場が徹夜で、この草案を熟読し、「如此ニシテ可ナリ。僕誓テ之ヲ賛成ス。速ニ公ニ献セヨ」と答えたため、この草案は会議に付されることになった。この会議において、護久は自らこの草案を読み上げ、まだ読み終わらないうちから、「太甚善シ。太甚善シ。如此ニシテ始テ我心ヲ獲タリ」とこれを激賞し、続けて「熊本大参事・少参事ニモ通議ヲ待タハ、遅々時機ニ後ル。但我意如此決セリト一封ノ報知ニシテ可ナリ」と述べたという(61)。つまり熊本にいる大参事護美らには、「事後報告でよい」

と申しつけたのである。

「全国各地に藩が残存し、その藩の藩主が世襲制によって維持されている現状では、激しい農民一揆の頻発や広沢暗殺事件に示されるような維新後の政治情勢にとても対応しきれず、だからこそ自分が辞任して、知藩事制度廃止の先駆けになりたい」という、この建言書を、後の廃藩置県を誘導した重要な建言書だとする、新しくかつ有力な学説も存在する(62)。しかし結果がそうだとしても、この建言書の成立過程を正確に跡づけておくことは必要であろう。なぜなら熊本藩の藩政改革は緒に就いたばかりで、改革綱領に謳われた事項の大半は手つかずのままであり、そんな時期に知藩事を辞任したいという護久の意向は、責任放棄以外の何ものでもないからである。

元田は、この建言書を「朝旨ノ向フ所ヲ熟慮シ、知事公平生ノ忠誠ヲ体認シテ」(63)書き上げたという。護久は明治四(一八七一)年正月以来、「辞めたい」と周囲に漏らしており、その護久の後ろ向きな気持ちを、維新政権向けに積極的な政治姿勢として位置付け直し、「第一等ノ論」に仕立て上げるのが、元田に課せられた任務であったと考えれば、この前後の状況を矛盾無く説明できるように思われるのである。

四　廃藩への道

元田立案の「第一等ノ論」は、岩倉勅使下向の際に安場が描いていた護久上京のシナリオと密接に関連していると思われるが、安場自身がそのシナリオの内容を書き残していないので判然としない。

ただこれまでにも述べてきたように、安場を兄貴分として信頼してきた野田が、明治三（一八七〇）年一二月の時点で、次のように述べていることが参考になる。

御知事様ニモ年内御出府、就テハ諸先生モ御同道之趣ニ付、大ニ力ヲ得奉待居候処、白木方より承リ候ヘハ来春ニ御延引ノ由、当方ニテモ緩急論両端アリ。小生ハ昨今之着ニテ未タ一体之見亘モ不定、緩急善悪之目的モ相立兼申候ヘ共、今度之御出府ハ仮初ナラヌ事ニテ十分御藩内一致之御処置御施政被為在、随テ御出府之御趣旨貫徹致シ兼候ハヽ、藩内ノ人民御返上・御辞職ノ御覚悟ニテ乍恐御乗出し被為在度事ニ奉存候(64)。

ここで言われる「御出府之御趣旨」とは、新政府の政策変更、とりわけ大隈や伊藤が主導する急進的近代化策の転換を意味するだろうから、護久が上京し、大藩の力を背景にこれを実現に導くことこそが、熊本藩がその存在感を全国に指し示す唯一の方法だと安場は考えていたと思われる。そしてその「御出府之御趣旨」が貫徹しない場合は、護久に「藩内ノ人民御返上・御辞職ノ御覚悟」をさせるべきだと述べられている点にも注目したい。

この安場プランに、根強い異論が出され、護久本人も気乗りしない状態であったことは前に述べておいた。しかし今回は、その護久本人が知藩事を辞めたがっているのだから、以前は「覚悟」に止まっていた「藩内ノ人民御返上・御辞職」を前面に押し出し、それと引き替えに、新政府の機構改革や地方統治方針の転換を強く要求する元田プランが成立したのである。

熊本藩には、幕末以来、「薩長ノ先見卓識ニ及ハス」とも「能ク維新ノ際、其幾〔機〕ニ投シテ我藩力ヲ出サハ、肥前ノ上、土州ノ右ニ進ンテ、決シテ今日ノ殿後ニハ非サリシ」という強い思いがあったから(65)、この元田プランは、すっかりやる気をなくした細川兄弟の引き際に花道を作り、しかもそうすることで新政府や諸藩に熊本藩の名をとどろかせることができる、まさに一石二鳥の策であった。しかし安場プランの段階では存在していた護久上京後に残された熊本藩政をどうするかという観点が、元田プランからはすっかり抜け落ちてしまった。護久に続いて、護美も大参事辞任願いを提出している背景には、兄弟の間での話し合いがあったようにも思える。いずれにしろ政治動向は、急速に廃藩へと流れ始めたのである。そして安場は、このプランの実行役・推進役として、これまで以上に忙しく各地を飛び回ることになった。

藩と新政府とをつなぐパイプ役としての広沢を失った熊本藩首脳部は、大久保との関係を強めることにしたらしく、**表2―3**に見るように、明治四（一八七一）年三月から四月にかけて、特に安場が大久保邸をごく頻繁に訪問している（以下の史料引用は、全て『大久保利通日記　二』からであるため、いちいちの注記は省略する）。ここでの会談内容は、「佐伯之事」（三月二三日）、「秋田藩云々之コト」（三月二五日）、「佐伯一條云々……長沼弾台云々」（三月二八日朝）、「佐伯猶拷問一層厳重ニいたし、昨日調相成候処彌白状、明日何事も可及言上とのコトニ候由、長沼云々之コト承候」（三月二八日午後）と記されている。これらは、三月一〇日に大久保が熊本藩邸を訪問して、米田と安場とに「探索云々之コトを談」じているこ

表2―3　熊本藩関係者の大久保邸訪問状況

日付	細川護久	米田虎雄	安場保和
明治4年3月8日	○	○	○
3月12日			○
3月16日			○
3月18日			○
3月23日			○
3月25日			○
3月28日朝			○
同日午後		○	
4月13日			○
4月14日			○
4月15日			○
4月22日			○
4月24日			○

『大久保利通日記二』より作成。

と考え合わせれば、広沢暗殺事件に関する問題だと推測される。熊本藩は、安場を窓口として、広沢事件の捜査に全面協力することで、自らに掛けられた疑念を払うことにやっきになっていたのである。その際、これだけ密接な関係が築かれる契機となった三月八日の訪問時に、知藩事細川護久が同席している場で「建白之事」、即ち「熊本藩廃止と引き替えの新政府改革」を要求した元田プランが議論の俎上に上っていることは、熊本藩が前者での協力をバネに、後者の実現を図ろうとしていることを意味しているだろう。

元田プランを得て、猛烈な新政府工作を展開し始めた熊本藩に対して、新政府側はどのような対応をしたのであろうか。以下、松尾正人の研究(66)に学びながら、論を進めていこう。まず明治四（一八七二）年七月四日の大久保利通の日記には、次のように記されている。

四日不参。十字より安場子入来。及懇談候趣意者、過日熊本藩見込を以條・岩二公江大体一掃論、及人選（大隈云々ノコト）等之事、切迫申立、実ニ公平至当、間然するなしといえとも、今日之情実ニ於而行ふへからさるものなり。若し強而主張候得者、却而同藩為宜からさらん次第も有之。篤と愚意申入候処、別段異論無之、猶知事始申談及返詞と斗之事ニ候(67)。

ここからは、熊本藩の主張が、新政府内部の「大体一掃」をもくろむものであり、そこで一掃されるべきだと想定されているのは大隈を中心とする大蔵省関係者であること、しかも安場がこの論を「切迫申立」していたことが分かる。大久保はこの主張を、「実ニ公平至当、間然するなし」と高く評価しながらも、「今日之情実ニ於而行ふへからさるものなり」と返答していた。大久保は熊本藩論を、理念としては認めても、現実的ではないと判断したのである。

大久保はこの日の安場との会談内容を、その日の内に岩倉に書翰で知らせたらしい。この大久保書翰は残っていないが、翌日付の岩倉の返書が残っており、岩倉はその中で次のように述べている。

将亦熊本藩知事始云々、昨日御説諭始末御内示忝存候。尚亦明日朝夕之中来臨、篤と其次第御咄シノ旨重畳此事ニ存候所、折悪敷既ニ已ニ今日五字より米田・安場入来申置候事ニ候、精々心得、返答仕リ、今日ハソコ〳〵ニ而仕舞、更ニ可申入と可申置存候。呉々残心、只今より断申遣候而も迚も間ニ合かね候哉と存候(68)。

これによれば熊本藩論をどのように退けるか、岩倉は大久保から直接レクチャーを受けるつもりであったらしいが、その前に米田・安場と会うことになってしまったことが分かる。このように心の準備が整っていない岩倉にとって、安場らは全くの厄介者扱いで、「今日ハソコ〳〵ニ而仕舞」うつもりだと述べられている。その翌日の七月六日、大久保は早朝から岩倉邸を訪問し、「熊藩云々之コト御談申上」ているが(69)、この場で安場らにどう対処するかが話し合われたに違いない。

実際、安場らの工作活動は激しかったらしく、岩倉・大久保を中心とする政府首脳部は六月末から七月半ばにかけて、この熊本藩論への対応に振り回されていた感がある(70)。佐々木高行は、岩倉から聞いた「内話」として、次のようなことを七月三日の日記に書き残している。

今日岩卿ノ内話ニ、今般ノ改革十分ニ出来ヌトキハ、熊本知事抔モ、輦下ニ居リテモ何ノ楽モナシ、速ニ帰藩シテ支配地ノミ心配スルトノ景況ナリ、又十分改革ナルトキハ、真ニ知事ヲモ辞シ、専一ニ輦下ニテ倒ルヽ迄尽力スルトノ憤発ナリ、又曰ク、大隈・伊藤ナド、今般大蔵省ヲ御退ケナクテハナラヌトノ論ヲ頻ニ申立ツル事ナリ、天下十ニシテ七八分ハ、マダ大隈ノ処ハヤカマシク、サレバトテ其長シタル処ヲ用ヒテ駁セネバナラヌト申ス辺ニテ、西郷モ公平ニ行ヒ居ルナリ、若シモ西郷ノ辺モ、大久保ナトモ余リ遷延シテ、機会ヲ失フト云フコトニナリ、退隠ノ勢ニナル

トキハ、又其側ノ論起リ、極々六ヶ敷ナルヘシ、実ニ苦心ノコトナリ(71)

「大隈に対する批判は強いが、大隈の長所をうまく利用していくことが大切で、現段階で大隈を罷免することはできない」という考えが岩倉や大久保の立場であり、彼らはこの線で熊本藩を説得しようとしていたのである。

では熊本藩論において、批判された側、即ち新政府内から一掃されるべき人物として批判された側は、どのような反応を示したのであろうか。木戸は明治四（一八七一）年六月二日に、護久と米田との訪問を受けているが、伊藤博文に宛てて、熊本藩論に接した驚きと困惑とを、「大隈登庸之一條紛紜之議論如山、中には大藩なと拒訴候様之ものも有之、内実案外之事不少、此度は是非々々諸論を排し一愕為致候積りに御座候。乍去西之方にも随分甚いとひ候気味有之困迫仕候」(72)と書き送っている。木戸の驚きと困惑とは、次第に安場らへの怒りに変質していったようで、七月二日の日記に次のように書き記した。

六時頃、熊本知事・米田・安場権大参（ママ）事来訪、云々之議論あり。地方官より猥に在官之人の進退を論す、善事にあらず。余深く前途の事を痛歎す(73)。

熊本藩論において、名指しで批判されていた伊藤の怒りはもっと激しく、七月一四日付井上馨宛の書翰では、その怒りがぶちまけられている。

此節山田之説を聞ニ、肥後安場某、大隈を退之論ニ而、岩公を揺、終ニ其説朝野ニ布満、漸老兄方之御尽力ニ依て鎮静スルニ至レリと。〔中略〕陋巷之一書生之ヲ是非スルニ依テ、前日信任スル人物ヲ遽ニ忌悪スルニ至ルハ何事ソ。可笑又可恨。如斯シテ三千有万之民命を保護シ、国威を万邦ニ輝カスと謂虚言ニ非スシテ之ヲ真心ト思ハルベキ乎。実ニ朝廷人ヲ用ヒ、人ニ任シ、事を為スノ外ナシ。如斯薄情、如斯軽挙ニ動揺シテ、何人乎、我大日本之柱石タル、大臣タル、堂々タル帝国ヲ塵芥之如クスルニ非スヤ(74)。

これまでにも見てきたように、熊本藩論主張の際には、米田と安場とがセットで行動することが多く、また護久も彼らに同行することもあったのだが、伊藤の怒りはもっぱら安場にのみ向けられている。このことは安場がこの藩論普及にかけていた意気込みの大きさを物語っているという側面と、安場の人を人とも思わない性格を表している側面とが混在しているのだろう。

岩倉や大久保は、熊本藩論の正当性を部分的には認めながらも、これをそのまま実現することは出来ないと考えていたから、木戸や伊藤に妥協しつつ、安場らの活動を抑え込もうと動いた。七月一一日、岩倉は大久保に宛てた書翰の中で、次のように述べた。

熊本藩知事、米田、安場出会今朝条公同席過日之懸事申入候。就而ハ安場義大蔵省江御登用如何哉、深く御遠慮被下度候(75)。

ここで言う「遠慮」とは「深く考える」という意味であろうから、岩倉は安場を大蔵省に引き抜くことで、安場の口を封じ、同時に熊本藩に藩論の主張を止めさせようとしたのである。ちなみに大久保は安場らが大活躍していた六月二七日に大蔵卿に任命され、大蔵大輔であった大隈の上司となっていた。大隈は七月一四日に大蔵大輔を免じられて以後、無任所の参議となるから、岩倉がこの書翰を認めた段階においては大隈をめぐる人事方針は固まっていて、それを踏まえた打診であったのだろう。

こうして民蔵分離問題を引きずる形で新政府内が混乱の中にあった時、熊本藩をはじめとして、鳥取・徳島・名古屋・米沢等、維新変革の際、薩長に遅れを取ったと自己認識していた藩が、いち早く廃藩を唱え始めて、様々な新政府工作を展開していたのである。廃藩置県はいつから、なぜ構想されたのかという問題は、明治維新史研究の主柱として、戦前以来、長い研究史を有しているが、最近の学説は、現実に明治四（一八七一）年七月一四日に断行された廃藩置県は、これら諸藩の猛追撃に大きな危機感を抱いた薩長両藩出身者によってクーデター的に実現されることになったのだ、と説いている(76)。

廃藩置県が断行された日の朝廷内での様子を、『明治天皇紀』は、次のように描いている。

詔して列藩を廃し、悉く県と為したまふ、午前十時小御所代に出御し、山口藩知事毛利元徳・鹿児島藩知事島津忠義・佐賀藩知事鍋島直大・高知藩知事山内豊範代理同藩大参事板垣退助を召見して明治二年正月版籍奉還を主唱せしを嘉尚し、尚廃藩置県の大業を翼賛すべしと勅したまふ、〔中略〕次に曩に郡県制度の樹立を建議せる名古屋藩知事徳川慶勝・熊本藩知事細川護久・鳥取藩知事池田慶徳・徳島藩知事蜂須賀茂韶を召して之れを嘉尚したまふ、〔中略〕畢りて午後二時更に大広間に出御し、元徳・忠義以下在京の藩知事五十六人を召して、廃藩置県の旨を親諭したまふ(77)

土肥両藩が薩長の後にいるのは、朝廷がこの四藩が「版籍奉還を主唱せしを嘉尚し」た結果であるとしても、熊本藩が名古屋・鳥取・徳島諸藩とともに特別に召し出されたのは、元田プランに基づいて起草・提出された護久の辞職願いが、「郡県制度の樹立」策として、朝廷によって「嘉尚」に値すると判断されたからに他ならない。安場の構想と行動とは、大隈一派を罷免させる件を除いて、ここに実を結ぶこととなった。そして安場は廃藩置県直後の七月二八日、大蔵大丞に就任し、併せて従五位に叙せられることになった(78)。

明治四（一八七一）年一〇月一八日に租税権頭に昇進した安場は、一一月三日、岩倉使節団の一員として米欧回覧の旅に出るよう命じられる。

岩倉使節団は、岩倉を特命全権大使とし、不平等条約の改正を第一目標とし、併せて欧米諸国の制度・文物等の調査を目的とした、総勢一〇七名（団員四六名、同行従者一二名、留学生四九名）の使節団である。団員中の主立ったメンバーは、参議木戸、大蔵卿大久保、工部大輔《たいふ》伊藤、司法大輔佐々木らであったが、最初の訪問国アメリカで条約改正交渉に失敗し、以後は文明調査を実質的な主目的として、英仏独などヨーロッパ一一カ国を歴訪した。

岩倉使節団に参加中の安場については、分からないことが多い。それは、岩倉使節団本隊が明治四（一八七一）年一一月一二日（新暦。以下の日付は全て新暦に換算し直している）に横浜を出港し、明治六（一八七三）年九月一三日に帰国しているのに対して、安場は本隊より先の明治五年六月二一日に帰国していて、使節団にいる期間が短いせいでもある。

しかしアメリカ滞在中の安場の姿を活写した人物が一人だけいる。団員の一人で、明治十一（一八七八）年に使節団の正式記録『特命全権大使米欧回覧実記』を編纂・刊行した歴史家久米邦武（一八三九―一九三一）である。久米は後年、この旅行中の安場のことを、次のように回顧している。

我が一行中頑固党の張本人と目指された安場保和は、肥後横井派の古武士風の人で、数の観念に欠け、西洋数字等は知らぬから、ホテルに滞在しても二階と三階を取り違へ、室の番号を間違へるなど旅行の困苦を一層深く味うた……。〔中略〕三月〔陽暦四月〕南風が吹き来り、忽ち暑くなり、渇を覚えたので、安場は砂糖水を飲まうと思ひ立ち、砂糖はシュガー、水はヲォーターと聞き覚えて、メードに命じた処、メードは罎て巻煙草《シガー》と牛酪《バター》とを持って来た。安場は斯様な洋行の苦痛から「人民の膏を絞つた租税を僕の様な者の洋行に消費するに忍びぬから帰朝する」といひ出し、聴かなかつた。安場は元来使節一行に入用ではないが、余り頑固で攘夷精神が強いから、之を緩和せん為見学として一行に加へられた様に山口尚芳〔外務少輔で、木戸・大久保・伊藤とともに使節団の副使〕からも聞いて居る。「安場が帰心の固いのに此上無理に英仏迄も同行するは無益であらう。寧ろ本人の意に任せて帰らせた方が宜からう」と、余は木戸副使に縷述したので、木戸は領承し、「安場を我が輩の処に遣つてくれ」といはれたが、遂に彼は帰朝を許され、其の素志を達して、白峯駿馬と共に米国より日本に帰つた。多分ほつとした事であらう(79)。

久米が安場の帰国を木戸に仲介したことが縁で、久米と安場とは懇意になり、その後も交流は続いているようだから、久米が安場を故意に貶めようとしてこうした話をしているということは考えられない。しかし安場の中途帰国の背景を、久米が言うような「洋行の苦痛」のみに帰してしまうことはあまりにも浅薄であるように思う。

先述したように、わずか数カ月前には、安場は木戸や伊藤らと火花を散らすように対立し合っていたのだから、正式団員は四六名に過ぎない小集団で、しかも言語の関係から、同一行動を取ることが多かっただろうこの旅行中において、両者の感情がもつれ合わない訳がないと思うからである。しかも久米のエピソードで語られる「三月〔陽暦四月〕」は、条約改正時に必要な全権委任状を持ってこなかったことをアメリカ政府に指摘され、慌てて大久保と伊藤とがこれを取りに帰国している最中であり（三月二〇日にワシントンを出発し、七月二二日にワシントンに再到着）、使節団中の安場にとって唯一の後ろ盾である大久保が留守をしている最中なのである。歴史家としての久米の観察眼には鋭いものがあるだろうが、このエピソードのみで安場の帰国理由を語ることは出来ないだろう。

注

（1）『岩手県史』第六巻（一九六二年）七一四頁、及び『国立公文書館所蔵　勅奏任官履歴原書』上巻（柏書房、一九九五年）三六四頁。以下、『岩手県史』を『県史』と略記し、巻数を省略する。

（2）旧領有高の約二九％、五万石を削封された旧庄内藩主酒井家は、新政府からの二度の転封命令（一度目は会津若松へ、二度目は磐城平へ）を、酒田の大地主本間家の協力を仰ぎながらの献金策で中止に追い込んだ。酒井家は続いて藩の庄内復帰を画策し、新政府に対して七〇万両（明治二［一八六九］年一〇月までに三〇万両を献納し、残り四〇万両は支払われることなく、明治三［一八七〇］年四月に免除されている）の献金を約束して、明治二年七月二二日に、羽前国田川郡に一二万石を与えられ、これを実現した（『山形県史』第四巻、一九八四年による）。

（3）明治二（一八六九）年八月二七日付元田永孚宛津田山三郎書翰（『改訂肥後藩国事史料』巻十、侯爵細川家編纂所、一九三二年、一三三頁）。以下、同書を『国事』と略記する。

（4）同右。

（5）同右。なおこの津田書翰に対して元田は一〇月七日付で返書を出しているが、その中で「此上は御平素御蘊蓄の御経綸十二分の御施、為御一新第一の御仁政、民心御撫育の御手初、賢兄、安場の御先登に可有之と拭目奉待候間、重々御励精為皇国奉懇願候」（沼田哲・元田竹彦編『元田永孚関係文書』山川出版社、一九八五年、一七八頁）と述べ、民政の最前線に立つ津田・安場らにエールを送っている。

（6）明治二（一八六九）年一一月一九日付津田山三郎宛安場保和書翰の中で安場は「福島御分襟」と書いている（『国事』二六四頁）。

（7）『国事』巻十、一四一―一四二頁。

（8）（3）と同じ。

（9）山中永之佑監修『近代日本地方自治立法資料集成1』弘文堂、一九九一年、七〇頁。
（10）財団法人齋藤子爵記念会編『子爵齋藤実伝』第一巻（一九三一年）一三〇頁。
（11）「野田豁通日誌」（東京大学史料編纂所写本）。以下、この史料を「野田日記」と呼び、ここから引用する場合は、本文中に日記の年月日を記すこととし、いちいちの注記は省略する。
（12）『県史』七二一頁及び七二五頁。
（13）『県史』七一五頁。
（14）原文は『県史』七一七—七一八頁所収。
（15）『県史』七一七頁。
（16）民部・大蔵両省の合併は会計部門が民政を掌握・統制しようとする考えに基づいて行われたが、民政担当機関を廃止することに対して、参議広沢真臣が強く反対したため、民部省の名称と機構とを残した上で、卿・大輔・少輔等首脳部が両省を兼轄する形で合併が実施された（鳥海靖他編『日本近現代史研究事典』東京堂出版、一九九九年、五四頁）。
（17）発表の時期は本稿と前後してしまったが、本稿脱稿後に「民蔵問題と地方官」（松本寿三郎・工藤敬一先生古稀記念論文集刊行委員会編『熊本大学日本史研究室からの洞察』熊本出版文化会館、二〇〇五年）を執筆した。この論文では、本稿で取りあげた民部・大蔵省宛の胆沢県報告書とともに、安場が両省廃止論を展開している意見書を主要な分析対象とした。しかしこの意見書について、永青文庫細川家文書（熊本大学寄託）に収められているもののみに依拠し、これが『明治建白書集成』第一巻（筑摩書房、二〇〇〇年）に収録されていることを見落としてしまった。この間の事情とそのことを含めての再考察については、拙稿「民蔵問題と地方官——安場保和を中心として」（『熊本近代史研究会会報』第四一二号、二〇〇六年二月）を参照していただきたい。
（18）明治三（一八七〇）年一月一三日付「もしほ草」（『明治ニュース事典』第一巻、毎日コミュニケーションズ、一九八三年、一二三四頁）。
（19）（6）と同じ。
（20）同右。
（21）前掲、『子爵齋藤実伝』一三〇—一三一頁。
（22）東山地方の「説得」を行った児玉嘉助権大属は、一月一八日に水沢の県庁を出発し、二三日に県庁に戻っている。往復の移動にそれぞれ一日を費やしたと仮定しても、「説得」に丸四日かかっていることになる。

(23) この降格人事の際に、津田は弁官から「其御県儀ハ昨年紛擾之餘、近藩之形勢、人民之情状、彼此御評議之旨有之、此度大原正四位知事事被仰付……」(『国事』三三〇頁)と達せられたという。また明治三(一八七〇)年二月になり、酒田県の農民が旧庄内藩主酒井氏の管轄(=大泉藩)に入りたいとして騒ぎ立てているという情報が熊本藩にも届いていること(『国事』巻十、四一四頁)も考慮に入れる必要があるだろう。

(24)『百官履歴』上巻(日本史籍協会、一九二七年)二九五頁。

(25) 前掲、『勅奏任官履歴原書』上巻三六四頁。

(26) この問題については他日を期し、紹介・検討したい。

(27) 花立三郎全訳註『横井小楠　国是三論』(講談社学術文庫、一九八六年)二八―二九頁。

(28) ただ日記には、辞表提出前に「大参事相談」とあり、さすがに安場には相談している。

(29) 鶴見祐輔『後藤新平』第一巻(一九六五年、勁草書房)には、「明治三年四月三日、胆澤県大参事安場保和は、酒田県大参事に転任を命ぜられたが、この時は赴任しなかった」とあるが(九一頁)、その根拠は示されていない。

(30)『国事』巻十、四九七頁。

(31) 日本史籍協会編『大久保利通日記　二』(北泉社、一九九七年)一〇八頁。

(32)『国事』巻十、四九七―四九八頁。

(33) 前掲、『後藤新平』八一頁。

(34) 同右八三―八四頁。但し紙数の都合で、原文では改行されている箇所を詰めた。

(35) 同右八二―八三頁に齋藤の懐古として紹介されている。

(36) 大谷吉人『東北の維新と小楠塾の人々』(岩手出版、一九九二年)二〇頁。

(37) 堤克彦「横井小楠の『天道覚明論』の周辺事情」(熊本県高等学校地歴・公民科研究会『研究紀要』二〇〇三年)に全文が紹介されている。但しこの「事情書」から堤氏が導き出される三年改革をめぐる見解と、本稿の見解とは大きく異なっていることを付言しておく。

(38)『国事』巻九、八八五頁。

(39)『国事』巻十、二七五頁。

(40)(6)と同じ。

(41) 前掲、『大久保利通日記　二』七七頁。

(42)日本史籍協会編『木戸孝允日記』第一（マツノ書店、一九九六年）二三頁。
(43)拙稿「最後の殿様――護久と護美」（熊本歴史叢書五『細川藩の終焉と明治の熊本』熊日出版、二〇〇三年）一六七頁。
(44)拙稿「維新変革と村落民衆」（渡辺尚志編『新しい近世史4　村落の変容と地域社会』新人物往来社、一九九六年）及び「一九世紀の藩社会と民衆意識」（『日本史研究』第四六四号、二〇〇一年）等を参照のこと。
(45)史料本文は、『新熊本市史』資料編第六巻近代Ⅰ（一九九七年）三―四頁に収録されている。
(46)『国事』巻十、七一〇頁及び前掲『勅奏任官履歴原書』上巻三六五頁。
(47)元田永孚『還暦之記』（元田竹彦・海後宗臣編『元田永孚文書』第一巻、一九六九年）一一五頁。
(48)同右。
(49)明治三（一八七〇）年一一月九日付津田山三郎宛安場一平書翰（『国事』巻十、六九一頁）。
(50)前掲、『百官履歴』一四九頁。
(51)（49）と同じ。
(52)前掲、『還暦之記』一一六―一一七頁。
(53)同右一一六―一一七頁。
(54)同右一一七頁。
(55)明治三（一八七〇）年一二月二八日付安場一平宛西郷吉之助書翰（『国事』巻十、七四八頁）。但し、一部、永青文庫蔵の写本「男爵安場家文書」で補訂した。
(56)明治四（一八七一）年正月八日付安場一平宛長岡護美書翰（『国事』巻十、七五五頁）。
(57)前掲、『還暦之記』一一七頁。
(58)（44）と同じ。
(59)松尾正人の研究によれば、米田や安場ら熊本藩関係者は明治三（一八七〇）年九月以降、頻繁に広沢と接触し、広沢の暗殺後は大久保との関係を強めていることが分かる（同『廃藩置県の研究』吉川弘文館、二〇〇一年、三〇〇頁）。
(60)前掲、『還暦之記』一一九頁。
(61)同右。
(62)前掲、松尾『廃藩置県の研究』がその代表的著作。
(63)前掲、『還暦之記』一一八頁。

（64）明治三（一八七〇）年一二月一六日付安場一平他宛野田豁通書翰（『国事』巻十、七二九頁）。
（65）前掲、『還暦之記』一二二頁。
（66）前掲、松尾『廃藩置県の研究』。特にその第四章第四節。
（67）前掲、『大久保利通日記　二』一七六頁。
（68）明治四（一八七一）年七月五日付大久保利通宛岩倉具視書翰（立教大学日本史研究室編『大久保利通関係文書』一、吉川弘文館、一九六五年、二九二頁）。
（69）前掲、『大久保利通日記　二』一七六頁。
（70）例えば西郷隆盛は七月三日に大久保邸を訪問して「熊本藩云々之コトを談」じた上で（前掲、『大久保利通日記　二』一七六頁）、七月六日付の大久保書翰において「熊本藩の義御説諭被成下候趣、必静り可申事と奉存候」と述べている（『大久保利通文書』第四、日本史籍協会、一九二八年、三三三頁）。
（71）『保古飛呂比　佐々木高行日記』五（東京大学出版会、一九七四年）一四六頁。
（72）明治四（一八七一）年六月一一日頃の伊藤博文宛木戸孝允書翰（『木戸孝允文書』第四、日本史籍協会、一九三〇年、二三八頁）。なお「六月一一日頃」という推定は、『木戸孝允文書』のものである。
（73）日本史籍協会編『木戸孝允日記』第二（マツノ書店、一九九六年）六三頁。
（74）明治四（一八七一）年七月一四日付井上馨宛伊藤博文書翰（『大隈重信文書』日本史籍協会、一九三二年、三八七―三八八頁）。
（75）明治四（一八七一）年七月一一日付大久保利通宛岩倉具視書翰（前掲『大久保利通関係文書』二九四頁）。
（76）廃藩置県の研究史に関しては、勝田政治「廃藩置県研究の現状と課題」（『国士舘史学』第七号、一九九九年）が詳しい。
（77）『明治天皇紀』第二（吉川弘文館、二〇〇〇年）四九六―四九七頁。
（78）前掲『勅奏任官履歴原書』上巻三六五頁。この時、安場と一緒に津田出が大蔵少輔に、谷鉄臣が大蔵大丞に任じられているが、この人事を周囲、特にもとから大蔵省にいた人々は奇異の目で見ていたようである。渋沢栄一は、安場や谷を「文学家みたいな人で、極大体の東洋流の政治論を言ふだけの人、経済などと云ふ事に就ては、殆ど素養も能力も無い人」（『世外侯事歴維新財政談』原書房、一九七八年、二四一頁）と評し、個人的関係から「大久保さんが入れた」（同上二三八頁）のだと述べている。
（79）久米邦武『久米博士九十年回顧録』下巻（宗高書房、一九八五年）二五六―二五七頁。

第三章　福島県令時代　1872-1875

福井　淳

一　福島県治の改革

福島県権令・県令への就任

安場が宮原積権令《ごんれい》（県令の次の位の地方官）の後任として福島県権令に任命されたのは、明治五（一八七二）年六月二日のことである。次いで一〇月二八日に県令に昇任した。

この安場の地方官任命は安場自身の希望であり、また東北赴任は右大臣岩倉具視の意向であったという。すなわち、安場は岩倉使節団から離れる際に「我国拓殖ノ道」に志があることを岩倉に告げ賛意を得たが、岩倉は特に「東奥開拓ノ事」を託し、また太政大臣三条実美に書を送って安場の志を行わせるように求め、三条もこれを容れて安場を福島県権令に任命したという(1)。明治初年の諸県政・藩政の改革で経験を積んでいた安場がこの機会にあらためて地方経綸に意欲をみせたとしても不思議ではない。また、政府としても、廃藩置県後の不安定な状況下で新たな中央集権的地方政策を模索しつつ推進しようとしていた「初期府県制」の、まさに草創期である。やや後のことになるが、明治七（一八七四）年には自由民権運動も誕生し、政府に対抗する。地方官として、安場のような経験と指導力・政治力のある人物は政府にとって得難い人材であったとみられるから、福島赴任は両者の思惑が一致した結果であったといえよう。

しかし、安場の中央での活躍を願う声もあった。たとえば安場の推挙により前年から宮内省に出仕していた元田永孚《もとだながざね》である。元田は明治七年秋頃、明治天皇の補佐について三条に提出した建言書の中で、次のように宮内大丞《だいじょう》への安場の挙用を希望している(2)。

此欠ニ安場保和御挙用可ナルヘシ、其人物ハ已ニ高明ノ明鑑ニアリ亦贅言《ぜいげん》ヲ待スト雖、外間之ヲ評スルニ議論高クシテ実行足ラス、己《おのれ》カ見ヲ立テ人ヲ不容トモ申候ヘトモ決シテ左ニ非ス、己カ見ル所ハ少モ隠忌《いんき》ナク、人ニ論スト雖《いえども》人之ニ不従ンハ強テ論セス、洒然《しゃぜん》トシテ又其人ヲ悪《にく》マス、能《よく》人ヲ愛シテ上下賢愚ノ差別ナク、共ニ道ニ進ムノ心篤シ、大丞ニ任シテ卿輔ヲ扶翼《ふよく》シ、侍従長侍従ノ間ニ和合シテ君徳稗補ノ道ニ力ヲ尽サンコト必定ナリ

すなわち元田は、安場は高明＝品性や学識が優れた、明鑑＝お手本の人物であることは謂うまでもなく、外間＝世間で安場を議論は立派であるが実行力が足りないであるとか、自分の意見に固執して寛容ではないという評があるが、決してそうではない。自分の意見は隠忌＝隠さずはばからず、人に論じても強制せず、洒然＝さっぱりとして、人を憎まず、よく人を愛して上下賢きも愚かも差別せず、協力しあう心が厚い人物であるから、大丞に任命して大臣次官を助け、侍従長や侍従と仲良くし、明治天皇の徳をおぎなう道に尽力することは間違いない、と推奨したのである。このくだりは安場の人物論としても、批判的世評を紹介して反駁しているあたりが貴重で、大変興味深い。しかし、結局元田の意見は採用されずに終わった。

かくして、安場は地方官として福島において腕を振るうことになり、「開明派」地方官の代表格の一

人としての声望を得ていった。新潟県令・東京府知事などを歴任した楠本正隆によれば、安場と中島信行、楠本が「地方官中ノ上席」で、岩倉、大久保利通らに重んじられたという(3)。

さて、安場赴任当時の「福島県」とは、現在の福島県の「中通り《なかどお》」と呼ばれる地域、つまり会津・磐城地方を除いた福島・二本松・白河地方である。福島県は東北地方の交通・運輸の起点となる要地で、北部の信夫《しのぶ》郡・伊達《だて》郡は養蚕業によって経済的にも豊かな地域であった。明治七（一八七四）年七月の調(4)によると、県の総人口は二六万九一八人で、そのうち主な町村としては、福島町が六〇一三人であったのを始め、白河町七二六一人、二本松町五四六七人、郡山村四五一三人、須賀川《すかがわ》村三七一六人などとなっていた。

しかし政治的には、福島藩・二本松藩は戊辰戦争において奥羽越列藩同盟に加盟して新政府軍と激しく戦い、二本松少年隊の悲劇も起きている。幕領であった白河は列藩同盟軍と新政府軍との激戦「白河の戦」の舞台となった。また、慶応二（一八六六）年に全国でも有数の規模で世直し一揆が信夫郡・伊達郡で起き（信達騒動）、維新後は明治四（一八七一）年に安達郡川俣で参加者二万人にも達して県庁をも襲った一揆を始め、白河・須賀川・郡山地方等で民衆の新政反対一揆が起きている。つまり新政府にとっては、重要な地ではあるが、治めるのには困難な県の一つであったわけである。

福島地方史研究の第一人者高橋哲夫氏は『ふくしま知事列伝』において、安場着任時の年齢三十八歳は福島の官選知事としては歴代で二番目に若く、一方在職期間は三年六カ月に及び、三番目に長いものであったとされ、「本県の三県統一以前に任命された一二人の知事のうち、最も多くの足跡を残した県令」であったとの評価を与えている(5)。安場が福島県に比較的若くして赴任し、その後長期間在任して実績を挙げたという事実は、政府の安場の手腕への期待と、実績への高い評価とを物語るものといえよう。

行政機構の整備

安場が赴任して手掛けた県の行政機構の整備のうち、まず挙げられるのは県庁の位置確定である。

安場の赴任当時、福島県庁は明治五（一八七二）年一月から福島町（現福島市）の旧福島城内を管轄の陸軍から借用し、設置されていた。しかし、陸軍省は仙台鎮台分営を福島城地に置くために明治六（一八七三年）二月に城地引渡を求め、県は二一日に同所を鎮台に引渡し、柳町の名刹常光寺《じょうこう》を仮県庁として引き移った。しかし常光寺は非常に手狭で、かつ人家近接のため火難の恐れがあり、「日夜心痛」で県政遂行に支障が生じるような事態となったため、安場は明治六年一〇月付で、暫時従来の城郭の使用を陸軍大輔西郷従道宛に願い出、これに対し同月、仮借用の許可が下りたのである(6)。たとえば同年二月当時、県官は安場知事・参事山吉盛典《やまよしもりのり》・七等出仕木村矩至の奏任官三名以下八二名に上った(7)から、一寺院では確かに狭隘であったに違いない。なお、常光寺は当時と同じ場所に現存するが、明治十四（一八八一）年に大火に遭ったため、県庁を偲ぶ建物は残されていない。こうして県庁は同年一一月二一日、城地に復帰した。以来、現在に至るまで県庁は福島城地に位置することになったのである。

そして県庁の位置確定は、福島が城下町から脱皮する契機ともなり、町の士族宅と町家宅とを区切る小溝の埋立や旧城の枡形地(橋の内側に設けた方形の空地)払い下げ、また官舎の払い下げ等が推進され、また福島裁判所・福島上等裁判所、福島警察出張所などの政府機関も設けられて、安場県政期に近代的な県都福島の姿が整えられていったのである。

次いで挙げられるのは、県の行政制度「大区・小区制」の整備と「県会議」の設置である。政府は明治四(一八七一)年に戸籍法によって「区」を設置して戸長等を設け、府県官制・県治条例を制定して政府出先機関としての県の性格を明確化した。そして、翌明治五(一八七二)年四月には庄屋・名主を廃止して戸長等に権限を一本化し、区を地方行政区画として確立させた。

福島県も明治五年五月、便宜的に大区・小区を設けてはいた。しかし、安場は赴任直後の六月、これを改編して県内六郡を六大区に分け、大区に区長、小区に戸長、各村に副戸長、その下に正副伍長を置いたのである。次いで八月には県に区長・戸長会議である「衆議会」、小区に「小区会議」、各町村に「農事会」も設けた。さらに安場は山吉と連名で、明治六(一八七三)年八月付で福島町の位置する信夫郡を除き、白河郡白河、伊達郡梁川・川俣、安達郡二本松、安積《あさか》郡郡山、岩瀬郡須賀川といった各郡の主要町村に駐在県官である「在勤官員」を置き、補助職員である「郡村世話方」を付し、もっぱら「勤戒教化」に務めさせることを正副戸長らに布達した(8)。

安場はさらに明治六年一二月一七日、区戸長の改革と一五区制への改正の伺いを大蔵卿大隈重信に提出し、同年一二月二七日許可を受けて、翌明治七(一八七四)年一月から施行した(9)。その伺いによれば、区戸長らが旧村の年寄・名主であるため旧弊が改められず、冗費も多いことを「赴任以来之レヲ憂」えてきたゆえ、「国家経綸」の「基本ヤ民政ニアリ」という見地から、今回彼らを精選して広く人材を登用し、「給ヲ厚」くするとして、各区毎に正・準区長を置き、月給四〇円以下一五円迄を任に応じ民費支給し、戸長を毎区三人を置き、月給一二円以下一〇円迄を同様に支給し、また各村に用掛（従来の副戸長）一、二人を選挙して布達の受け継ぎなどを職務とし、年給一八円を支給するとした。さらに別紙では毎区に区会所を設けて事務を執るとし、区長に「土地人民ニ関係スル事件一切之レヲ取扱」うという大きな権限を与えている。

なお、この伺いには、巡察使小松彰から内務省設置の「特別撫民之御主意」を説諭されたことを改革の大きな動機として謳っている。この説諭とは、新設した内務省の主旨を地方官に直接伝達し、民力培養の実を上げるために東北地方に派遣された巡察使小松と一一月二六日に福島県庁で対面した内容を指している(10)。安場が政府・内務省の方針にいち早く対応し、地域で具体策を実行に移していこうとする姿勢が窺える。

また、政府による府県会規則制定以前に地域で独自に開かれた議会「地方民会」にあたる「県会議」、および町村の名代人が構成する区長の諮問機関「区会議」も設けられることとなった。従来福島県では、石川郡（安場時代は磐前《いわさき》県。明治九（一八七六）年に福島県に編入）石川村（現石川町）の民権家河野広中が区長として原案修正に加わった、議員公選制を採る「福島県民会」（明治十一年一月）が著名で、県会議はその蔭に隠れ、『福島県史』にもまったく取り上げられなかった。しかし平成四（一九九二）年、福島出身で日本近代経済史や自由民権運動研究の泰斗大石嘉一郎氏が編んだ『福島県の百年』(11)において、

図3—1　県会議「会議規則」(1874年)

（福島県歴史資料館所蔵「福島県庁文書」F 163, 筆者撮影）

ようやく光が当てられたのである。もちろん県会議は安場の施策としても大変重要なものであるといえよう。

安場は明治七（一八七四）年一一月一九日、県会議「会議規則」（図3—1）全二三章と「議員心得書」全一〇カ条を定め、二五日からの発会を布達した[12]。会議規則によれば、この会議は「従来県政ノ利害得失ヲ更正シ、以テ将来ノ施設ヲ確立」するためのもので、「中正無私」を適否の判断・議定の基準とすることが謳われた（第一章）。議長は県令安場（第二章）で、県四課の各課長と各区長を議員として開かれる（第四章）ものであったが、「議員建議」を認め（第七章）、議事場では「各員忌憚《きたん》ナク充分ニ審議討論」することを要する（第八章）ものとし、可否は多数決で決せられた（第九章）。また議員心得書によれば、議員は「朝旨ノ在ル所」を踏まえて「上下協和民情暢達《ちょうたつ》ノ路」を開き、漸次「村会区会ノ興起」するに当たって必らず「標準」となるべきよう注意し（第一条）、「協同公議」する（第二条）ことを求められた。「上下協和民情暢達ノ路」を開くというくだりは、明治天皇が同年五月二日に地方官会議の議院憲法を示した勅諭中の文言であるから、県会議は地方官会議を意識したものであったことが判る。

では、県会議の性格をどのようにみるべきであろうか。安場と同じく「開明派」県令として知られた新潟県令楠本正隆による新潟「県会心得書」（明治七〔一八七四〕年四月）、神奈川県令中島信行による「神奈川県々会議事章程」（明治十八〔一八八五〕年五月）と同様の議員非公選制の民会であり、木更津県権令柴原和《やわら》による「木更津県議事則」（明治六〔一八七三〕年二月）や千葉県令に転じた柴原による「千葉県議事則」（明治六〔一八七三〕年一〇月）のような公選制、山梨県令藤村紫朗による「山梨県会条例」（明治九〔一八七六〕年一〇月）のような半数公選制の民会の民主的性格には及ばない。しかし議員建議を認め、充分な審議討論を保証し、多数決で決するなどの条文から、単なる諮問機関ではない、「開明」性を備えた民会であったことが窺えるのである。ただし、県会議の具体的活動が判る史料は残されていない。

なお、その後も安場は離任直前の明治八（一八七五）年一二月二四日には管内を再度一〇区に再編するなど、区画整備を継続していった。

地租制度の改正

廃藩置県後の新政府の財政上の懸案は、近代的地租制度の確立であり、明治六（一八七三）年七月に地租改正条例を公布して改正に着手した。福島県では地租改正は明治九（一八七六）年に着手されたといわれるが、安場時代から旧制度の改革などの段階を踏んでの準備が始められた。

安場赴任当時、福島県では貢祖を「半石半永《はんこくはんえい》」と称される制度、すなわち貢祖高の半分を米納、残り半分を貨幣による金納（「石代納《こくだいのう》」）とし、金納分は米の相場よりも安い金額で納める「安石代納《やすこくだいのう》」が一般的であった。これは、耕地に畑が多く、米の収穫が少ないという厳しい風土的条件などによるものであった。しかし新政府は明治五（一八七二）年八月、増収を図るために全国の貢祖を地域平均額での金納と定めて本年より安石代を廃止し、九月には人民の疑惑を払拭するため説諭するように地方官に指令した。

これを受け、安場は明治五年一一月、当年より管内六郡の「半石半永之旧貫《はんこくはんえいのきゅうかん》」を一切改正するが、日用衣食住も調わず、飢えや寒さに苦しむものも少なくない中では実に以て忍びざる次第であるとの苦渋の論告[13]を布達し、また県官を各村に巡回させ説諭に努めた。しかし実際は県側にとっても新制度への対応は容易ではなかった。すなわち、改正初年度にもかかわらず納入の算定作業が期限に間に合わなくなったため、安場は参事山吉盛典と連名で明治六（一八七三）年四月二九日、「一ヶ年限旧格ヲ以取立上納」という猶予を願う伺いを租税頭陸奥宗光宛に提出し、五月九日、許可されたのである[14]。また、安場は山吉と連名で明治六年五月、白河郡山附一四カ村は「管内無類之窮村」のところ、戊辰戦争の兵乱で荒れて離散や生計を失う者も出た実に憐れむべき「窮民」で、安石代を改めて増祖すればたちまち「破産退転」のおそれがあるゆえ、「非常之御詮議」をもって一カ年に限り各村中一四四戸の増高分を免除されるよう懇願する伺いを陸奥代理の松方正義宛に提出した。しかしこれは許可されず、かえって納入の説諭を指令される(15)など、地域の現実と政府との間で安場が苦悩する姿もみられた。

この後、地租改正への準備の動きが始められた。明治六(一八七三)年七月二八日の地租改正条例布告直前の六月、安場は福島県は従来「重軽偏頗ノ税法」であり、県下の地租改正は旧来の地券・帳簿に拘わらず「実地ヲ調査」し直すという「重大ノ事件」に付き、「容易ニ成功ノ目途無之」ため、実地検査のための郡村派出官員の増員等の伺を租税頭陸奥・権頭松方宛に提出し、許可を得た(16)。その一方で、九月に県参事山吉から各村毎に地価決定の基礎資料となる産業・産出物を取り調べて報告することを求めるとともに、地租額等について一〇カ条の諮詢を行い、また一二月には村絵図や関係帳簿の差し出しを命ずるなどの準備作業を進めていった。その間、安場は地租改正の一年保留につき政府に上申し許可を得るため、九月六日に福島を出発して上京してもいる。安場は一〇月、当年は貢租額を据え置き、「改正法之儀ハ来歳ヲ期」して「綿密調査行届」ように延期を願う伺を松方宛に提出し、一二月四日許可された(17)。

明治六年は秩禄処分等で政府も改正作業を休止したが、明治七(一八七四)年三月に地租改正事務局を設置して再開し、八月三〇日、地租改正は翌年末で完了すべき旨を全国に布達した。これを受けて県の作業も本格化し、一一月二九日、県令代理山吉が地租改正の着手順序を区長に布達し、また一二月一三日から一五日まで県庁で区戸長会議を催し、安場は改正につき説諭した。しかし、安場はその直後の二七日付で愛知県令に転じることになったため、自らの手で改正を仕上げることは出来なかったのである。

二　開墾と殖産興業の推進

安積の開墾

安場が岩倉から託された「東奥開拓」は県政の大きな課題であった。着任早々安場は権参事山吉盛典に当面の県政の課題について尋ね、山吉から蚕業と安積郡大槻原《おおつきばら》（現在の郡山市開成山地域）開墾が急務であるとの回答を得ている(18)。すなわち、開墾と殖産興業策である。しかし、実は安場は赴任前から山吉と書簡を取り交わし、荒地開墾を行うことでは山吉と合意すると共に、開墾担当の県官には強力に事業を推し進める能力のある人物を充てたいという希望も示していた(19)。ということは、山吉への質問は事前の合意の確認というべきものであったことになる。

安場は、干拓・開墾が盛んな肥後藩出身で、また岩倉使節団に加わってアメリカの開拓を実見したこと、さらに大蔵省の要職を務めて開墾の貸付金や官有地払い下げの方法に精通する機会を持ったことなどから、開墾の重要性や方策について充分に認識していたのであろう(20)。ちなみに、肥後藩といえば、明治十（一八七七）年一二月、安積の開墾結社「開成社」の阿部茂兵衛らが県庁に打ち合わせなどに赴いた際の興味深いエピソードがある。阿部は安場から招かれて酒を振る舞われたが、談話が横井小楠におよんだところ、安場は「小楠先生是我師」という語を書いて阿部に与えたというのである(21)。

開成社の阿部にこうした書を与えたところをみると、安場にとって安積開墾は、小楠流の「治国の基本としての富国」の実現という意識があったのではないかと想像される。

さて安場は明治五（一八七二）年八月一三日、北海道開拓を建議していた置賜県《おきたま》（現在の山形県米沢地方）大属《だいさかん》の中条政恒《ちゅうじょうまさつね》（作家宮本百合子の祖父）を米沢出身の山吉の紹介で開墾担当として招く(22)など準備を始め、同年一〇月一〇日、山吉と連名で大蔵大輔井上馨宛に「開拓費御下渡之願書」を提出した(23)。そのなかで安場は、当県は四方に平原広野が多く、なかでも安積郡大槻原は郡山駅裏面に広がる数里の平坦で肥沃な土地であるため、「良田」に変えたいところであるが、信夫郡・伊達郡を「模擬」して桑畑を作り製糸業の基礎とすれば「実ニ開明富庶ノ一美壌」となるとし、資金七〇〇〇円の下げ渡しを願った。これに対し、二〇日、租税頭陸奥宗光名で具体的に「開拓方法等」を調査して申し立てるよう指令を受けた。

そこで、早速県は具体的調査等の作業に入り、一二月、安場の斡旋で福島県に就職していた熊本出身の安積郡郡山在勤官員本田治直から郡山・大槻などの戸長に対して、荒れ地を開いて「大ニ殖産ヲ興」す挙に従事すべきことを説諭させた。そして翌明治六（一八七三）年三月五日から、典事《てんじ》（課長級職）中条以下県官四名を開墾所在勤の開拓掛として郡山村に派遣し、大槻原の調査・測量などに当たらせた(24)。同月一二日、中条は本田を介してまず郡山の豪商阿部茂兵衛に会って開墾を説得した。そこで阿部は同志三〇余人を集め、利害を熟議したが、皆半信半疑で議論は決しなかった。そこで中条は阿部に有力者鴫原《しぎはら》弥作・橋本清左衛門を交え説得したところ、阿部らは安場の構想した桑畑化による開墾ではなく、水田を設け次いで桑畑を作るという、農家にとって取り組みやすい方法を発議した。中条はこれを了解し、ようやく阿部を始めとする豪商二五人の参加を取り付け、一七日帰庁した(25)。以後この水田と桑畑とによる方式が安積開墾の主流となっていった。

またこの間、県は明治六(一八七三)年二月付で「策問」として、県内の「平野曠野《こうや》」を放置すべきか開墾すべきかを、県下に諮問した(26)。加えて、県は四月、広く有志を募るため、大槻原開墾奨励の告諭書を県下に布達した。それによれば、「天地ノ恩」は広大無量で、土を造り人を生み、五穀等種々百般の品物を殖えて万民の生養を「自由」にするが、「人力」がこれを助けなければ巧くいかない。荒れ果て数千年を過ごしたままの「管内原野」はその例である。そこで、日本の生糸・蚕卵は世界にも稀な良品であり、「日本ノ名産第一」であるから、精を出し奮発して畑を開き桑を養う者は「末永ク幸福ヲ受」け、それぞれ「富有ノ基」を開くことは疑いない。「一尺ヲ開ケハ一尺ノ仕合《しあわせ》アリ、一寸ヲ墾スレハ一寸ノ幸アリ」である。今こそ得難い「好時機」であるから、「結社協力」して「満郊ノ桑林」を仕立てるよう強く求める、というものであった(27)。

その一方で、安場は三月初旬自ら二本松町に出張していく。そもそも二本松藩は、戊辰戦争では三三七名の戦死者を出すなど甚大な被害を受け、会津の白虎隊と並び称される二本松少年隊一四名の戦死という悲劇も生じていた。戦火で家や家産を失い、維新後石高約一〇万石を五万石に半減されて禄を減らした二本松士族の窮乏の救済・授産は、県政の大きな課題であった。安場はその士族たちを上本陣に集め、士族授産の良法である大槻原開墾に腕を振るってはどうかと直接説諭し、それに応じた立入勝易ら五人には中条宛ての手紙を書いて郡山に赴いて相談するよう命じた。中条に面会した立入らは直ちに入植の地割りを受けたという(28)。この二本松士族たちは、自力で開墾して桑畑を作り養蚕に励む方式の開墾を県に願い出た。

二本松士族の救済という問題については、安場も家禄問題などを政府に掛け合っており、たとえば明治六(一八七三)年一二月二〇日、大蔵卿大隈重信宛に二本松藩最後の藩主であった丹羽《にわ》長裕《ながひろ》および二本松士族の家禄につき伺いを提出している。それによれば、丹羽家も「活計窮迫」し、二本松士族も「非常之窮困」のため、家禄は規則のような四季分割支給ではなく、一括渡しとしたいというもので、二八日に許可を受けている(29)。さらに、同月二七日に家禄奉還の制が布告されると、安場は政府に反対を建議したという。実際、安場は明治七(一八七四)年一月二〇日付の岩倉具視宛書簡で、家禄奉還の制は地方に「一応の御諮詢《しじゅん》」もないもので、政府による「専制の弊」というべきものであると厳しく批判している(30)。なお、安場は二本松での民権家安部井磐根《あべいいわね》らの家禄奉還の動きに対しても説諭を加え、その結果多くの士族が返還に応じなかったことで、彼らは一層の困窮を免れたという(31)。こうして、安積開墾には阿部ら郡山の豪商資本による路線と、二本松の士族の授産のための路線とが生まれ、それぞれ別に展開していくこととなった。

さて、安積の調査や開墾の準備を終えた四月四日、安場は山吉と連名で、中条に原案を起草させた「自力開墾取扱方法・官費開墾取扱方法・同目論見帖」「官民合力開墾取扱方法・同目論見帖」や「曠野地図」などを揃えて大蔵省に再申請し、八月一九日、陸奥租税寮頭代理の松方権頭名で開墾地払下げと資金七〇〇〇円貸下げの許可を受けたのである(32)。ここに安積開墾は実質的に出発をみた。再申請直後の四月九日、安場は中条らと共に再び郡山村に足を運び、阿部ら開墾に参加する豪商二五人を集め、「酒肴ヲ与ヘ心ヲ国益ニ効スノ厚キヲ賞」し、今後熱心に真面目に開墾を行って決してなおざりにしないよう諄々《じゅんじゅん》と説いた(33)。安場の安積開墾にかけた期待の大きさを窺わせるエピソードであろう。

その後安場は、開墾の管轄が大蔵省から内務省に変わったことと、八月の許可の際に一部の誤りを正しての再申請を求められていたため、翌明治七（一八七四）年二月二五日に開墾資金下渡しの新たな申立書を内務卿木戸孝允宛に提出し、五月五日内務大丞林友幸名で許可を受けた。また同年三月三一日には阿部茂兵衛ら二五人の結社許可伺書を同じく木戸宛に提出し、六月一三日に内務卿大久保利通名で当面の許可を受けている(34)。この結社は開墾結社「開成社」として一一月二七日に正式に設立され、社長には阿部茂兵衛が就いた。

開成社は社則九六条を整え、各豪商から合計二万二一三八円の出資金を得た。以後安積の開墾事業は、県が指揮監督して開拓道路の建設や灌漑用水である開成沼の造営と新池の開鑿《かいさく》、多田野用水などの土木・水利事業を行い、開成社が経費・労働力を負担するという、官民の協働によって着実に進められていったのである。そして県の開拓事務所であり、行政をみる区会所でもある開成館（**図3—2**）も明治六（一八七三）年八月に完成し、翌明治七年九月には白亜の擬洋風建築（洋風の外形を摂取した日本建築）で三階建ての新たな開成館が竣工した。この建物は現存し、貴重な明治期建築として安場の開墾事業を偲ばせる偉観を今に伝えている。

図3—2　開成館

（筆者撮影）

また二本松士族は、授産のために一戸当たり宅地四四〇坪、田畑予定地一町歩を与えられ、安積入植の先頭を切って明治六（一八七三）年四月に一九戸が入植した。県から開墾手当や借家提供の援助を受けるなどの保護も得て、以後も移住者は増加を辿り、明治十二（一八七九）年には二八戸となった。さらに二本松に続き、棚倉・会津士族を始め米沢・鳥取・岡山・高知・松山・久留米といった西南士族の入植も進められていった(35)。

安場が前述のように巡察使小松彰と明治六年一一月に面会した際、安積開墾の現状を「士族往々力ヲ出シ其業ヲ営」み「現ニ三十戸程ハ其地ニ移転、稍《やや》恒産ヲ得」たと、開墾の前進を報告しているが、実際明治八（一八七五）年末までに水田七十六町歩・畑百四十町歩・宅地二十五町歩が拓かれる成果を収めたのである。

その後明治七（一八七四）年一一月五日、安場は同地を訪れ、村吏・開成社員・諸移住者を招き、開墾の勉励を称揚するとともに、一層力をこれに注ぐよう諭告し、終わって酒を振る舞った(36)。そして明治九(一八七六)年一月四日、愛知県に転任するために福島県を去る途上でも、安場は同地の護山楼で別離の宴を催し、開成社員らに酒を振る舞ったという(37)から、最後まで安場の心は安積を離れなかったのであろう。

こうして安場は安積開墾の基礎を作り、去った。離任から一〇年を経た明治十九(一八八六)年四月、かつての原野は人口約七〇〇人の桑野村に生まれ変わったから、開墾はひとまず成功したといえるであろう。ちなみに「桑野」の名は、二本松士族の桑畑に由来する。そして六月一六日、明治天皇は東北巡幸の折りに当初の予定を変えてとくに桑野村に行幸し、行在所に充てた開成館で参事山吉・権参事中条から「開墾の顛末」を聴かれ、阿部茂兵衛以下開成社員三〇人に賜謁し、金五〇円を下賜して慰労された(38)。安場は福島県着任早々の明治五(一八七二)年七月一四日、置賜県参事本田親雄らと五色温泉(現在の山形県米沢市の五色温泉か)で明治天皇の奥羽巡幸を願うことを協議している(39)から、その宿願も叶えられたわけである。その後、明治十一(一八七八)年からは士族開墾を中心とした国営事業としての安積開拓が進められ、明治十八(一八八五)年には安積疏水が完成して地域の農業が振興するとともに、郡山の産業に水力発電による電力を供給して発展を支えた。

ただし、こうした輝かしい光の側面ばかりではなかった。中条政恒の孫で桑野村を第二の故郷とする宮本百合子は、K村〔桑野村——福井注〕を舞台として大正五(一九一六)年に処女作「貧しき人々の群」を執筆し、「思うような成功ができないばかりか、前よりも、ひどい苦労」をして「昔も今も相変わらず貧しい」人々の現実を描いている。不慣れや肥料不足などによる生産力の低さから入植者の生活は困窮を極め、その結果、たとえば二本松士族においても小作人に転じたり村を去る者が相次ぐといった厳しい実態も、影の側面として伴ったことは見落とせないのである(40)。

殖産興業の推進

政府の殖産興業策は明治六(一八七三)年の内務省設置によって政策が固められ、勧業資金も貸し下げられていったが、地域での民間産業の保護育成は、地方官の熱意や創意にも大きく左右された。その意味では、安場はきわめて積極的に福島県の殖産興業化を奨励、保護育成したことで、典型的「開明派」地方官となった。その最大の事業が二本松製糸会社(**図3—3**)の設立であった。

そもそも福島県は近世以来信夫・伊達両郡の養蚕を主産業としたが、近代的器械製糸業の導入こそが次の発展の鍵であった。安場は着任間もない明治五(一八七二)年秋、早くも日本最初の器械製糸所である前橋製糸所創立に関わった速水堅曹《はやみけんぞう》、この明治初期の製糸功労者として名高い人物を群馬県より招聘する動きを積極的に始めている。この速水による日記風の手記(41)は、当時の安場の姿を生き生きと伝えてくれる。

その「手記」によれば、明治五年一〇月二六日、安場が「予ヲ迎フ」ることを申し出てきたが、福島県の基礎が固くないと考えて「志ヲ述テ辞」したというのがそもそもの出発点である。その後安場が働きかけた結果からか、群馬県庁から再三福島に赴くよう説諭があったものの謝絶していたところ、

図3―3　「二本松製糸会社」（1880年）

（『二本松市史』第2巻86頁より，東京都　山田匡通氏蔵）

明治六（一八七三）年二月二六日、福島県少属《しょうさかん》木村醇らがわざわざ群馬県に来訪し、「懇切ニ県令ノ意ヲ述」べて「予ヲ迎」えようとしたため、遂に速水は福島行きを決意した。安場の熱意に負けたというところであろう。三月一八日、福島に到着した速水は「是ヨリ県令ト、日々製糸改良ノ利害及官民執業ノ分別、地理人情ノ適否等痛論」したという。安場も県政多忙の折りにもかかわらず、多くの情熱と時間とを速水との製糸関係の議論に費やしたことが知られるのである。それだけこの事業に安場は賭けていたといえるであろう。

しかし、自負を持つ速水は安場の意見に従わず、さすがの安場も「困却」したらしい。ところが二八日、実際に安達郡二本松町に赴き城址を視察して、初めて速水に製糸所建設の意欲が生まれ、「県令大ニ悦フ」ようになった。速水は安場と、製糸所の経営形態は官営か民営かにつき「大ニ論ス」るが、速水の民営論が通り、また速水から準備中は安場の意見のみ聞き、属官の意見は聞かないことを申し出、安場は「皆承知」したという。このように、安場が速水を率先して招き、その後の立案も安場と速水との間で、速水の意見を尊重しながら進めていったことが判るのである。

速水が二本松を視察した翌三月二九日、安場は器械製糸会社の奨励を県下に布達した(42)。それによれば、福島県の「生糸名品之地位」は海外でも知られるところであるが、近年問題が生じて「品位ヲ下シ、声価ヲ減スル」ような嘆くべき状況に陥っている。品位を上げるには「器械ニ如クハナシ」であるから、「精々心ヲ用ヒ、製糸之会社ヲ取結ヒ、器械取設ケ、上品ヲ製出」して声価を引き上げるよう奨励している。

この奨励に応える形で、二本松町で生糸商等を営む安斎《あんざい》宇兵衛以下豪商六名と、福島県の為替方であった政商小野組の小野市兵衛が中心となって、二本松町に器械製紙工場を設立する願いが県に提出された。しかし、すでにみたように事前に安場が主導して早くから着々と準備がなされていたのである。また二本松での工場設立については、先にみた安積開墾と同様、二本松士族の授産の意味合いも少なくなかったといえよう。さて、安場は安斎らからの願いを受け、参事山吉と連名で同年四月一九日、工場を「地形水利方面相応」につき二本松城址に創立するため、城地と立木を会社発起人へ払い下げるよう、租税頭陸奥宛に伺いを提出したが、同月二五日、詳細を取り調べて申し出るよう指令された。そのため、五月に安場は山吉と三十六町歩の城地と約二〇〇〇本の立木の払い下げを願う再度の伺いを提出し、六月一四日に許可(43)を得、一八日、二本松製糸会社が設立されたのである。のちに社長には小野組支配人佐野理八、副社長には安斎が就いた。

　設立当日の速水の「手記」は、「二本松製糸会社開業、万事吾壱人ノ策」と、すべて速水の計画によるものと誇っている。前述の五月の安場の伺いによれば、福島県は従来製糸法が「旧慣」(旧式)であったため、安場が「赴任以来百方説諭」して有志者が設立に至り、速水堅曹を「教師」として雇い設立したと述べている。さらに、安場が山吉と連名で五月八日、大蔵大輔井上馨に宛てた上書(44)では、速水は「多年養蚕製糸」に従事して「熟達」と評判の人物ゆえ、「下人保護」のために同人を登用し、同人によって「製糸器械創立之目論見」であると、技術面で速水が中心となっていることを認めているから、「手記」は決して誇大なものでなかったことが判るし、また、それを準備し、保護したのが安場であったわけである。なお速水によれば、自身は県官になることを望まなかったが、安場から「大ニ然リ」であるが事情もあるため一旦は受けて欲しいとの「懇談」があり、止むを得ず官吏になったという。こうして速水は八月から福島県に出仕し、県官として指導にあたった。速水はその後富岡製糸場に招聘され、明治七(一八七四)年三月一四日安場に辞表を提出したが、安場は「受ケス」慰留したという。しかし、辞職が認められないまま二五日には二本松を離れ、「社中及工男女三百名余、途中迄送リ来」るなど、惜しまれて去った。速水はその後明治八(一八七五)年三月に内務省勧業寮に出仕し、立場を変えて二本松製糸会社への諸指導を行った。

　さて、二本松製糸の概要であるが、創立翌年の明治七年一二月の調(45)によれば、製糸場二棟に製糸器械九六釜、製糸検査所一棟に製糸検査器械三組、繰返し場一棟に繰返器械五つが据えられていた。

従業員は男性が役員・器械方や技術習得の「製糸生徒」など三六名、女性が二五八名で、うち工女が二五三名、工女部屋三棟に住み込みで在籍した。出身地をみると、やはり福島県が一一五人と約四五パーセントを占め、圧倒的に多かった。以下宮城県五三人、磐前県（現県東部の「浜通《はまどお》り」方面）二一名、秋田県二〇人などの東北地方や、長野・新潟県、東京府からも集まっていた。工女は主に困窮士族の夫人・娘たちであり、おそらく福島出身の工女のなかでは地元の二本松士族関係者の割合が相当高かったことが推測出来る。よって、製糸会社設立による士族授産の意味は大きかったと考えられる。

明治八（一八七五）年七月付の「会社定款」(46)をみると、前文で日本の製糸は「天賦ノ国産、宇内ニ冠タルモノ」であり、「上ハ造化ノ恩ニ報シ、下ハ互ニ公利ヲ謀」らんとして設立する旨を高らかに謳い、次いで製糸のため多数の「器械」を置いて「佳品」を製し、「国家ノ洪益ヲ謀ル」ことを目的とし（第二条）、資本金は五万五〇〇〇円と定めている（第四条）。企業としての利益金は、たとえば明治七（一八七四）年三月から一二月までに約三一三九円という大きな額を計上し、順調に出発している(47)。会社の規模をみると、官営富岡製糸場が創立時に製糸器械三百釜であったからその約三分の一、資本金ではその約四分の一であったが、もちろん当時の日本有数の器械製糸会社であった。それが福島県に、しかも製糸業の実績のない二本松に創出されたことは、安場の功績であろう。

しかし資金面では当初から資本金が充足せず、必要経費を差し引いた上の資金不足を補うため、安場は創業直後の明治六（一八七三）年八月二四日、資本金一万円の貸し下げの伺を陸奥に提出し、九月一二日に許可されている(48)。さらに明治七（一八七四）年には小野組の破綻も起きたが、県は二五〇〇円の一時拝借金などの援助を行って難局を乗り切った。

また県は同社に官員を派出して「業ノ巧拙ト、其品ノ精粗ヲ実見」し、「衆民ト共ニ懇々熟議」すると同時に、毎月一の付く日三日間に各区有志の見学者を出すよう人選を戸長に布達している(49)。まさに官民挙げての手厚い保護育成を進めたのである。その後同社は、安積同様に明治十一（一八七八）年に明治天皇の巡幸を迎えたが、デフレ等の影響もあって明治十九（一八八六）年に解散に至った。しかし二本松製糸の元支配人・副社長の山田脩《おさむ》らの手で双松館の名で再出発を遂げている。なお、現在城址は公園として整備され、全国的にも有名な「菊人形」展の会場に充てられて毎年秋に賑わいをみせるが、製糸会社を偲ばせる建物等は残されていない。

この器械製糸の奨励、保護育成と並行して、政府が明治六（一八七三）年一月、重要輸出品である蚕糸の奨励保護を本格化させるために生糸製造取締規則・生糸改会社規則を定めたことを受けて、安場は山吉と連名で同年七月一四日、生糸製造ならびにその取扱者に対し、従来の製品が不評を買っているため、良い生糸によって「利益」と「御国産ノ声価」を直すという観点から「精々《せいぜい》良品ヲ製出」するよう奨励し、官員を巡回させて説諭すると布達した(50)。また蚕種については、同年四月の蚕種取締規則等の制定前となる二月八日、安場は蚕卵紙は「御国産第一等ノ名産」であるが、最近製造乱雑になっているため、「蚕ノ豊凶」は「卵ノ良否」に関わるゆえに高値も厭わず「精良ノ品」を選ぶよう奨励し、その時期に官員を出張させて説諭すると布達した(51)。

さて前述の生糸改会社規則とは、生糸の粗悪化を防ぐために政府が指導して地方官の下に同業者組合「生糸改会社」を設け、全国的な規制を行おうとするものであった。明治六（一八七三）年五月、小野組の小野市兵衛らから県に生糸改会社設立の願いがあったため、安場は七等出仕木村矩至と連名で、五月付けで租税頭陸奥宛に会社規則許可の伺いを提出した。しかし六月一七日、陸奥代理の租税権頭松方名で、指摘された問題点を調査して再提出するよう指令を受けたため、安場は木村と七月再提出し、八月一四日、松方名で設立許可を受けたのである(52)。生糸改会社規則によれば、生糸には「福島改会社」の印を押して一括管理するとし、別紙で福島町を本社とし、社長一人・副長一人・世話役数人を置き、その他分社を設けることを定めた。社長には小野、副長には安斎小兵衛が就任し、分社は二本松・郡山・須賀川など県内各所に設けられた。

また蚕種については福島町に原紙売捌所が設けられたが、地域からも同業者組合設立の動きがあった。すなわち明治七（一八七四）年三月、伊達郡梁川村《やながわ》（現梁川町）の蚕種製造人大竹惣兵衛・八巻長右エ門らが「養蚕会社」設立を安場に願い出ている。その「養蚕会社設立序」によれば、蚕種は「国産ノ第一」であるが、最近品質が低下して「日ノ本ノ美名」を汚し家産を無くすおそれがあるゆえ、「純粋ノ良種ヲ製造」するために同業者が盟約結社し協同の飼育・販売などを行う、というものであった。安場は、明治七年四月二三日、内務卿木戸宛に養蚕の期日が切迫しているため、至急の許可を願う伺いを提出し、五月一四日、内務卿大久保利通代理の大丞林名で許可を受けた(53)。

その他、繊維関係で安場の保護育成下にあった会社として白河紡織所がある。同社は明治八（一八七五）年九月、白河町の豪商常盤彦四郎・桑名清兵衛・大森忠之助によって設立された(54)。資本金は二〇〇円で、県から勧業資金一一五〇円の貸し下げを受けている。工員も少数の小工場で、創業の明治六（一八七三）年には五十一反を織り上げるものの赤字となり、以後も充分な利益を得られなかった。その後明治十年（一八七七）には不運にも火災に遭い、数年を経て廃業したという。ちなみに、設立者桑名はのちに自由民権運動に参加して自由党の白河組幹事となり、運動の資金面での援助等に活躍するが、明治十五（一八八二）年に起きた「自由党激化事件」の福島・喜多方事件に際し、嫌疑をかけられ検挙されている（高橋哲夫『福島民権家列伝』）。

さて、福島県の南部である白河・岩瀬・安達・安積四郡では、近世に藩の保護下で農耕馬や種馬としての馬の生産＝馬産が盛んに行われた。しかし、維新後は十分な政策もなく、馬産は衰微・荒廃しつつあった。そのため安場は明治六年、白河郡の一三カ村の貧困の村々への「授産」として馬産の復興を考えて、政府にその繁殖方法について伺を提出し、課税等につき指令を得た(55)。さらに安場は、「産馬会社」を設立して旧藩時代の馬事行政を継承・発展させることを構想し、県官の今村秀栄に命じて須賀川物産方に働きかけ(56)、その結果として明治七（一八七四）年三月一六日、四郡の中心地である須賀川村（現須賀川市）に「産馬会社」が設立された。須賀川に本社が置かれたために「須賀川産馬会社」とも呼ばれる。

その趣意書である「結社演説」によれば、白河・岩瀬・安積・安達四郡は肥沃な土地ながら養蚕等の産業に乏しいものの、伝統として「畜馬」がある。馬の用は、耕作・兵事・道路・駅逓《えきてい》より養蚕・製茶、その他、「百般」馬に関せざるものはない。しかし、維新後産馬の政策はなく、馬は老い、病み、五年前の生産の三分の二を減らしたのが現状であるため、同志が協力して会社を結び、「畜馬乃産」を起こし、この四郡を「富強の郷」としようというものであった。また「結社規則」によれば「産馬ノ繁殖ヲ本務」（第一節）とし、馬の買い入れ、検査、資金貸出と、須賀川・白河など四郡の各地での馬市の開催などを行うものであった。資本金は二万円で、うち三〇〇〇円は県からの勧業資金貸し下げで、残りを有志が出資する（第四節）というもので、「役員規則」では、「産馬係主任」の県官を県庁に設け、「社中一切ノ事務ヲ監視」してもらう（第一節）というように、県の保護育成策を組織の中に取り込んでいた(57)。

産馬会社は三月一五日、橋本伝右エ門副社長以下の諸役員を定め、翌一六日を創立日と決め、同日県権大属今村秀栄、産馬係四名と橋本ら役員等が出席して会議を行い、須賀川に本社を置くなどの社則を決定している。建物は洋風の建築となり、明治十一（一八七八）年にはここも明治天皇の巡幸を迎えている。明治十二（一八七九）年一一月二五日付『朝野新聞』雑報は、須賀川で驚くこととして、「第一ハ産馬会社の美麗なる是レなり」と伝えている。同社は、明治十一年には範囲を全県に広げるなど発展したが、明治二十六（一八九三）年に解散し、事業を各郡毎の産馬組合に引き渡した。

一方、鉱山では、伊達郡の半田山（現桑折《こおり》町）に半田銀山という近世に幕府直山《じきやま》（直営鉱山）として栄えた鉱山があり、慶応二（一八六六）年に鉱石の減少や物価高騰から廃山となっていた。以後、水抜きの用達であった地元の早田伝之助が経営を引き継いだが、諸経費がかさんだことと、坑内火災などの事故により、明治四（一八七一）年には中止に至っていた(58)。明治六（一八七三）年三月、早田貢から安場と山吉宛にその再採鉱の願が出されたが、それによれば、近年金銀が格別高値であるため薄い鉱石で製造しても採算が取れるとしている。この願に安場の許可が与えられたようで、八月には早田伝之助により安場宛てに、翌年四月までの操業延長が願い出された(59)。明治七(一八七四)年五月二五日、五代友厚代理としての早田伝之助から試掘願が安場に提出され、安場は六月三日、工部卿伊藤博文宛に許可を求め、七月八日許可を得た(60)。以後、銀山は五代の経営となり、洋式技術が導入され、明治八(一八七五)年から相次いで新鉱脈が掘り当てられて日本有数の銀山として活況を呈したのである。明治十一(一八七八)年には、ここも明治天皇の巡幸を迎えている。

運輸・交通・通信の整備

殖産興業や諸近代化の動脈として、運輸・交通・通信といった基礎的な社会基盤の整備も欠かせないものであり、そこでも安場は奨励、保護育成を行った。

まず運輸では、近世の各駅に置かれた問屋が明治五(一八七二)年、政府によって陸運会社へと改編させられて輸送を担ったが、旧弊が改まらなかったため、新たに内国通運会社を中心とした輸送網の再編が図られた。こうした政府の方針を受けて、明治七(一八七四)年一二月付で白河駅の常盤彦四郎と福島駅の鈴木孝四郎とが安場に「通運会社」設立の伺いを提出した(61)。それによれば、今般の政府による通運会社開業にあたって、福島県に「分社」を設置し、「旧弊ヲ洗除」して「運便ノ大礎」を開こうというものであった。「通運分社定款」によれば、福島県は「陸羽中最モ運輸繁劇」の地であるため、「天下ノ公道」として「私利」に走らず同業で公平に議論して運輸を担えるよう福島駅に「通運分社」を設け、県内の「元社」として各駅を統括し（第一条）、各駅から資本金五〇円から一〇〇円を運輸物の多寡に応じて出金させ（第三条）、県の保護下で時々官員の「御巡回ヲ乞」う（第七条）、というものであった。これに対し、安場は一二月二五日、内務省から達しの次第もあるため、陸運会社解散にあたっては定款の通り施行するよう許可を与えた。この福島分社は明治八（一八七五）年五月一五日に開業している。

次に交通では、まず道路の整備が挙げられるが、「万世大路《ばんせいたいろ》」開削が代表的なものである。すなわち、まず明治八年九月二日、福島県上飯坂村（現飯坂町）の石渡丈七らから福島県信夫郡中野村（現飯坂町）より置賜県米沢へ抜ける新道切開の願書が地元区会所に提出された(62)。それによれば、この新道が開通すれば福島・置賜両県に「広大ノ便益」があるとし、県の事業化を求めるものであった。願書は区会所から県庁に上陳され、現地の戸長大谷知至に実地調査が命じられた。そして安場は、同年一〇月付で大谷から新道の予定行路につき報告を受けている。一方、こうした新道の必要性は置賜県側にも生じていたようで、九月二五日には、安場は置賜県権令新庄厚信から新道の調査を依頼され、これに対し安場代理の山吉は九月三〇日、調査を進めている旨の回答を行った。その上で安場は一〇月八日、大谷の報告を踏まえてであろうか、新庄に「両県官員実地立会検査」を申し入れるなど、新道開削を基本的に承認し、積極的にその事業化を推進しようとしたが、その矢先に転任となったのである。その後、置賜県廃止後に福島・山形両県で開設契約が結ばれ、福島県側では明治十（一八七七）年七月に工事に着工し、ようやく明治十四（一八八一）年に全線が竣工して、明治十五（一八八二）年に「万世大路」と大きな名が付けられたのである。

また、道路と併せて橋梁の整備も進められた。福島から山形・秋田県に抜ける新道「山形街道」は、明治三（一八七〇）年頃から開設の動きが始まり、安場県政期の明治六（一八七三）年に開削が具体化したが、それに先立つ明治五（一八七二）年七月七日、上飯坂村の熊坂惣兵衛・片平伊達一は、後に山形街道となる信夫郡上飯坂村と伊達郡湯野村（現飯坂町湯野）間の摺上《すりかみ》川の十綱《とつな》の渡しに架橋を願う「言上書」を戸長に提出し、県庁へ回付された。同書によれば、熊坂らは十綱の渡しが洪水によって牛馬の交通や商人の荷物に被害を与えたり、川の両村の往来に支障を来すために架橋を願い、県に架橋の掛を一名設けて欲しいことと、架橋の資金として両人が商いや針按摩で貯めた一五〇円を寄付するので、これが架橋の契機となって有志が続くであろう、というものであった(63)。これに対し安場は八月九日、熊坂が七十九歳という「老衰」、片平が「盲目」という境遇にありながら、年来の積金を出金して運輸往来の便を図ったことは「奇特」であるため、「人心振起開化之機」を失わないように賞与を与えたと大蔵大輔井上馨宛に事後報告し、八月二五日許可を受けている(64)。これは褒章による安場の奨励であり、賞与は破格の五円であったから、いかに安場が架橋の経緯に感激したかが判るし、美談としても広まり、寄付金も寄せられていった。なお、安場が腰の療養に飯坂の温泉に通った際の按摩が片平伊達一であり、架橋の篤志を聴いて地域で県官に寄付金を募らせたという言い伝えもある(65)。

こうして十綱橋は熊坂・片平らの寄付金を契機に着手され、明治六（一八七三）年一二月二一日、弦月型の木製釣り橋として竣工し、摺上橋と命名された。しかし、翌七（一八七四）年九月に暴風のため落橋したため、明治八（一八七五）年五月に鉄製釣り橋に再架橋され、十綱橋と命名された。同年一二月、安場は元第三区々長額田盛徳らから十綱橋維持のための備金方法につき上申を受けた(66)が、それによれば、再架橋にあたって県から二五〇円の補助金が渡され、その「洪恩」に感激して橋の永続のために地域で備金を考えたというから、安場によって県の補助金も与えられていたことが判るのである。現在の十綱橋は明治六年の架橋から三代目にあたる大正四（一九一五）年の鋼アーチ橋となっているが、その優美な姿から往時の釣り橋を偲ぶことが出来る。

さらに、十綱橋の有志による架橋の影響からか、十綱橋南西で摺上川に合流する小川に架かる小川橋も、従来板橋であったものを上飯坂村の佐藤真右エ門が私費で新橋に架け替えたため、安場は明治七年四月二七日、内務卿木戸宛に相当の賞与を与えたいとの申立書を提出し、七月三日、内務卿大久保利通名で銀盃一個を与えるよう指令されている(67)。

また、福島町南部の荒川に架かる信夫橋は落橋が頻繁であったため、明治六年に「市中ノ者共」が願って架橋に取りかかった。しかし用材が不足したため、県はとくに常光寺ほか六カ所の寺境内の杉木の使用を許可(68)し、明治七年八月に本格的橋梁として竣工したが、これも安場の区長への架橋の奨励によるものであったという(69)。

一方、通信では郵便と電信とがある。まず郵便では、明治五（一八七二）年七月から全国一般に郵便が開始されたが、安場は一二月付で、一六日から郵便の新たな取り次ぎと回数増加が行われるため、そのことを周知させる喩達《ゆたつ》を県下に布達した(70)。それによれば、「郵便ノ益」は公事から万民私用向きまで欠くべからざる「切要」なものであり、今般取扱所(郵便局)を一九カ所増やし、回数も増やすゆえ、政令が速やかに達せられ、「千里ノ隔友」も近くの友人に接するようになり、互いに交通して「歓《よろこび》ヲ報」じ「苦ヲ告」げる「公私ノ便」が生まれるように利用しなければならない、というきわめて啓蒙的なものであった。また安場は明治六(一八七三)年一一月二九日、県庁へ差しだす願書・伺い・届けは長官名や差出人住所を記し、開封か帯封によるようにという、郵便逓送規則の遵守についての布達(71)なども行っている。

また電信では、明治六年一二月六日、福島町の戸長村上清通らから電信局を設置するための地所献納願が安場に出され、安場は同月一五日、「奇特」であるため受納されるよう租税頭陸奥宛に願う伺いを提出し、翌七(一八七四)年四月二九日、内務卿大久保ならびに大蔵卿大隈代理の少輔吉田清成名で許可を受けた上、とくにお褒めにも与《あずか》っている(72)。

教育・厚生・文化の振興

教育については、安場赴任直後の明治五年八月の学制発布を受けて、各地でまず小学校の設置と入学の奨励が進められた。安場は明治六年二月には福島町に福島小学校を設け、たとえば八月二九日には福島町の正副戸長に対し、小学校入校日は毎月二の日と定め、子弟のある保護者に洩れなく知らせることを布達する(73)など、入学を奨励した。

そこで次に小学校教員の養成が急務となった。安場は山吉と連名で、明治六年七月三日、文部省三等出仕田中不二麿宛に小学校教員派遣を願う伺いを提出している(74)。それによれば、県下には学制に応えるような適当な小学校教員がいないため、「教授の手順」を示すことが出来る指導的小学教師二名を文部省が選んで派出してほしいというものであったが、同日、師範学校卒業生が出るに従い順次派出させるという保留に相当する回答を受けた。そのため、安場は県の学務主任である少属《しょうさかん》杉本正徳に命じ、福島小学校教員門馬尚経《もんまたかつね》・二宮直躬・岡舎巳らを選抜し、一一月四日に上京させて東京師範学校の教則・校則等を研究させた(75)。上京中、杉本は師範学校得業生一名の招聘を文部省に直接請願したが叶えられなかったため、門馬らを東京府小学講習所に委託し、授業方法を学ばせている。一方安場は自身で一〇月二二日、特別に卒業生一名を派出されるよう文部省五等出仕中島永光宛に願う伺いを提出したが、二三日、困難である旨の回答を得た(76)。

しかしこうした安場の尽力の結果、明治六（一八七三）年に東京師範学校に得業生が出たことを聞いて再度一名の派遣を申請したところ、四月、東京師範学校上等学科得業生である久米由太郎《よしたろう》（作家久米正雄の父）が派出されて三等訓導兼教場監事に就き、ようやく安場の宿願が実現したのである。当時、かつて仮県庁が設けられた常光寺に福島小学校が移されていたが、ここに四月六日、久米を実質的な中心として仮講習所が付設された。次いで福島城内に福島小学校が新築され、同所に福島中学校も設立されると、九月に仮講習所はそこに移転し、小学教則講習所として正式に設立された。安場代理の山吉は九月二二日、福島学校（小・中学校の総称）内に「教員搆習所」を取り設け、生徒三〇人の入校を許すので、一〇月五日までに出願するよう県下に布達している(77)。明治八(一八七五)年一月一三日、最初の生徒四三人を迎えての開校式が挙行され、安場は山吉らを率いて式典に臨んだのである。同月付で制定された「講習所教則」によれば、当校は「管内小学校ノ教師タル可キ者ヲ養成」する所で、年齢十六歳から三十五歳までの者に和・漢・洋書と算術を学ばせ、四級制で各級一カ月半の修業課程を設けるものであった。初代校長は県学務課員の安東周蔵が兼任し、同年四月に最初の卒業生二一人が生まれている。その後、同校は明治十一(一八七八)年三月、福島県師範学校に発展し、現在の福島大学教育学部に続いている。なお、福島学校には講習所と同時期、洋学課や外国語学校も設けられた。

ちなみに、久米由太郎は明治十五(一八八二)年に病により辞職して郷里の長野県に帰り、その後上田町(現上田市)の上田尋常高等小学校々長を務めるが、明治三十一(一八九八)年三月に火災によって校舎と御真影を焼失させた責任をとって自殺するという悲劇の人となった。当時八歳であった久米正雄は母の郷里である桑野村に移って少年期を過ごし、後年由太郎の事件を処女作「父の死」として発表している。また、福島小学校の門馬尚経は、のちに県官のまま自由民権運動に参加し、明治十一(一八七八)年、石川郡石川村において東京を代表する民権結社である嚶鳴《おうめい》社の支社として第二嚶鳴社を結成している(庄司吉之助『日本政社政党発達史』)。その後門馬は上京し、明治十三(一八八〇)年の文部省による「改正教育令」制定に省内の島田三郎ら嚶鳴社員が参画したことを受けて文部省に出仕し、また嚶鳴社・立憲改進党に参加。教育面では東京専門学校(現早稲田大学)創立時の会計委員を務めた(78)。久米が亡くなった明治三十一(一八九八)年三月には福島県から衆議院議員に選出されている。安場と関わった二人の後半生は明暗を分けたといえよう。

また厚生面では、須賀川病院の開設がある。そもそも明治四（一八七一）年七月、当時福島県に隣接していた白河県では、権知事清岡公張《ごんたかとも》の指導で大学東校（東京大学医学部の源流）中助教であった横川正臣を院長に招聘し、全国でも数少ない洋式の「仮病院」を白河町に設立し、院内に医術講義所も設置した(79)。しかし同年一一月に白河県が福島県になると、県は病院の新たな候補地を横川に視察させ、横川は宮原権令に土地が広く病院への理解があり、県央に位置する須賀川村を推薦した。そこで宮原は明治五（一八七二）年二月、高操で空気が清澄でもある須賀川の旧本陣に同院を移転させた。しかし宮原は施設の新築費や運営費の県負担を認めず、四月には廃院を決定したため、病院は須賀川の有志が引き受けて維持するところとなった。折りから新たに権令となった安場が福島町へ赴任の途中の六月二四日、同病院に立ち寄り、横川および有志から新築と県の援助の請願を受けた。安場はこれを認め、一〇月、県立須賀川病院としたのである。また院内に医学所（のち医学校）も設置された。そして、橋本伝右エ門（前述のように明治七年に産馬会社々長）ら有志により約二四〇〇円の新築費全額が醵金され、七月八日、院長は安場に病院新築絵図・仕様帳を示すことが出来た。こうして病院は洋風に新築され、一一月一九日、開院式が行われたのである。なお、安場は建築にあたり、官許を得る前から急ぎ官有樹木を伐採させて用材としたという(80)。

安場は病院の開院にあたり、一一月付で布告を県下に布達した。それによれば、これまで県下に病院を設けてきたのは、「広ク衆庶ノ疾病ヲ医治」して健康を「保全」せしめる趣旨であり、今般さらに

「一層盛大ニ隆興」させるゆえ、一同は篤《あつ》く其理を弁《わきま》えて有志は協力し、永く県内人民がこの「幸福」を受けられるよう「維持」しなければならないとし、そのため院長として東京から塩谷退蔵を雇ったので、「遠近之患者」も疑念無く来院して治療を受けるように、というものであった(81)。塩谷は大学東校に学んだ気鋭の医師であったようで、明治六(一八七三)年九月には「福島県　病院　塩谷退蔵」名で、人民の「保護」のために病院に「種痘課」を置き、各所に出張所を設けて毎月定日に広く予防接種を行うことを布達している(82)。なお、明治十二(一八七九)年一月三一日付『郵便報知新聞』の「諸県報知」欄中「岩代国須賀川の近況」は同病院について、「福島県本病院は洋風の構造にて、山水の佳景を眺望する良地に在り、患者の入院する者は薬価賄料共一日金二十銭なり」と伝えている。

その後、明治七(一八七四)年に福島支病院が設立されたのを始め、各地に支院が置かれたが、県の方針で明治十五(一八八二)年に県立病院は福島のみ残されて須賀川は廃止となった。しかし、岩瀬郡長の尽力で岩瀬郡公立病院として再出発し、現在の公立岩瀬病院に続いている。また須賀川医学校は、明治六(一八七三)年から九(一八七六)年まで岩手県水沢出身の後藤新平が学んだことで知られるが、明治十四(一八八一)年に福島に移転され、明治二十(一八八七)年に廃校となった。ちなみに、後藤は胆沢県時代の安場の書生であり、安場から将来を期待され、安場腹心の阿川光裕に預けられた。福島に安場が移るとともに阿川も従い、後藤も阿川に招かれて福島学校に転じ、さらに須賀川医学校に移ったという(鶴見祐輔『〈決定版〉正伝 後藤新平』第一巻)。後藤はその後愛知県医学校長となり、明治十五(一八八二)年に自由党総理板垣退助が岐阜で遭難した際に診察し、のちに官界に入って内務省衛生局長・

満鉄総裁・東京市長・内務大臣などを歴任したことは良く知られている。なお、公立岩瀬病院正門脇には、大正五（一九一六）年に郡会の決議によって建てられた、小此木《おこのぎ》信六郎（二本松出身の医学者）撰で後藤新平の「開創恵沢深」（開創の恵沢は深し）の篆額のある「岩瀬郡立病院沿革記」碑（図3―4）があり、安場が陳情を容れて病院の「復興」を許し「新築」させた功績も記されている。福島県にある戦前期の碑のうち、安場の事績が記された代表的な碑であろう。

図3―4　「岩瀬郡立病院沿革記」碑（1916年）

（須賀川市・公立岩瀬病院内，筆者撮影）

一方、文化面では信夫《しのぶ》公園の開設や新聞・出版の奨励などがある。まず公園では、明治六（一八七三）年一月、政府から府県宛に景勝地や旧跡の場所を万人偕楽の「公園」と定めるよう太政官布告が出され、これを受けて福島県でも公園候補地の調査が行われた。その結果、安場は山吉と連名で同年四月二四日、大蔵大輔井上馨宛に福島町北方の御山村（現福島市）に位置する信夫山《しのぶやま》を公園に定められるよう願う伺いを提出している[83]。それによれば、福島県の名勝といえば「信夫山ニ若《し》クモノナシ」であり、同山は山麓に式内社の黒沼神社、山頂に信夫郡・伊達郡総社の葉久呂（羽黒）神社が鎮座し、修験道の霊山として、また古来詩や歌に詠まれた名所であるため、永く公園と定めるにふさわしい所としている。これに対し五月一四日、租税頭陸奥名で許可を受け、総面積十七町六畝二歩におよぶ広大な信夫山公園が誕生したのである。公園は当初地域の公園組合が管理したが、県営を経て福島町の管理となり、現在も緑豊かな憩いの場として親しまれている。

次に新聞では、安場赴任直前の明治六（一八七三）年四月に県の新聞局から公報的性格の『福島新聞』が創刊され、翌七（一八七四）年五月まで月刊で発刊された。しかしその廃刊後、県は民間有志による新聞の育成を計画したようで、福島町の稲荷神社宮司丹治経雄に県の印刷機を使用させ、明治七年二月一六日、丹治の設けた「開明社」から第二次の『福島新聞』第一号を発行させた(84)。これは安場の在任期のことでもあるが、安場と創刊の具体的な関わりは定かではない。しかし少なくとも安場県政の事績の一つに数えることは出来るであろう。創刊の辞として、「文明ノ域」に至るために「天下ノ形勢、四海ノ風俗」を知らねばならず、それには新聞を見ることが必要であり、切磋琢磨して「開化進歩ノ一助」としたい、と謳っている。丹治は同年三月には県に官員姓名を附録として発行することや、県政便覧の発行を願ったが、許可されなかった(85)。同紙は翌年廃刊となったらしいが、丹治は明治八（一八七五）年八月、さらに『信夫新聞』を発行したという。なお、丹治の義弟には民権家である写真師田村鉄三郎がおり、のちの福島・喜多方事件では自由党同調者として検挙されている。田村は丹治とともに新聞発行を行ったという（前掲『福島民権家列伝』）が、詳細は明らかではない。

出版では、明治七（一八七四）年に『東京新繁昌記』初編刊行によって名声を博する文学者・ジャーナリストの服部誠一が二本松士族であり、明治六（一八七三）年九月二四日、深間内《ふかまうち》基《もとい》翻訳の『西国美談抄』前編二冊・後編二冊の出版を県に願い出ている。安場は九月三〇日、文部省三等出仕田中不二麿宛に出版許可の伺いを提出し、一〇月三日、許可を受けた[86]。その他、同じ頃に同じく二本松士族の浅岡一《はじめ》（のち信濃教育会初代会長）からの『仏蘭西《フランス》盛衰記』一三冊の出版、同じく二本松士族岡本敬之助（作家岡本綺堂の父。純《きよし》の名で政治小説などを執筆）からの『小学日本文典』四巻などの啓蒙書の出版が県に願い出されており、いずれも安場によって文部省の許可を得たのである。

また出版といえば、政府の布告を県下に伝える際の活版印刷の採用にも触れておきたい。安場は明治六（一八七三）年六月付で、文部省三等出仕田中宛に布告を活版とする伺いを提出した[87]。それによれば、政府の布告はすべて「人民肝要」の内容であるが、県下に伝えるために写すのに時間を要するのみならず、誤字脱字があっては済まないゆえ、以後は活版印刷に変え、仮名を付して「児女子」にも見やすいようにしたいという啓蒙的なものであった。これに対し、六月一三日に許可を受けている。その後九月に「活版規則」が定められ、同月二五日から県の布告は印刷に付された。実際に当時の県の布告類をみていくと、従来の毛筆の墨書から端正な活版印刷に改まっており、安場の発議が実行に移されたことが見て取れるのである。

生活・娯楽の改革

政府の開化政策は民衆の生活の隅々にまで「改革」を迫ったが、安場もこれを受けて県下の改革を進めた。たとえば太陽暦は政府により明治五（一八七二）年一二月三日から施行されたが、安場はほぼ一年後の明治六年一二月二〇日、県内が未だ旧暦に馴染み、祭事・取引証文から日用交際にまで旧暦が使用されているのは実に「不都合」であるとして、翌年一月からは「断然」これを改めるようにと厳しく布達している(88)。また、明治六（一八七三）年七月に現在の軽犯罪法に近い違式詿違《いしきかいい》条例が政府により公布・施行されたが、安場はこれを受けて同年八月三一日、今般福島市中に「番人」を置き警視するとし、老若男女に拘わらず「裸体」その他「見苦シキ風体」はもちろん、用水や道路が「不潔」にならないよう注意すべきことを布達している(89)。これらは、安場が政府の生活レベルの施策を福島で徹底させせようとしたものに他ならなかった。

なかでも安場は、芸能の興業に対する改革に積極的であった。政府は明治五（一八七二）年八月、能狂言・演劇の内容が天皇を扱うことを禁じ、勧善懲悪を内容とするものに限ることを布達しているが、これは諸興業を国民教化の手段とするものであった。安場はこれを受けて翌六年四月、芝居・浄瑠璃の類はもっぱら勧善懲悪を主とし、加えて興業は日数を取り決めて事前に伺いを出すこと、また芝居は一日一五銭、相撲は一〇銭、寄席・見世物は一日または一夜五銭を事前に納税することを義務付け、違反者は税額の五倍の科料とすると布達した(90)。さらに一〇月二七日には、安場は山吉と連名で戸長らへ歌舞伎その他興業は農繁期には「散財」や「懶惰《らんだ》」を生じさせるため、「時限ヲ斟酌」して願い出すよう布達し(91)、次いで一一月一九日には、安場は戸長らへ県内の興業を白河・須賀川・開成山・二本松・福島・上飯坂など一九カ所に限定することを布達した(92)。この一一月の布達は、安積開墾事業への着手のための引き締めという意味もあったことが指摘されているが、興業地の制限令としては全国でも早い時期に属するものであった(93)。

こうした安場の方針は、政府の開化方針を地域でより積極的に推進する「改革」であった。ただし、民衆や芸能者は、生活を抑圧する性急な「統制」「取締り」であると厳しく受け止めたことも見落としてはならないのである。

三　国政への意見と第一回地方官会議への出席

国政への意見

安場は福島での在任中、地方の立場から建白や国政意見の具申を行っている。すなわち、まず安場は明治六（一八七三）年五月付で、長崎県令宮川房之・鹿児島県権令大山綱良・福島県参事山吉ら、県令・権令・参事・権参事計一二名の地方官連名で政府に建白書を提出している(94)。それによれば、租税は「全国保護ノ経費」であるが、今回大蔵省予算に一〇〇〇万円の不足が生じたと聞き、今速やかに政府は各省使および地方官と会議し、すべての事務の優先順位を確定し、「冗費」を省き「冗員」を淘汰して再建策を講じるべきであり、予算の不足は「邦国ノ興廃」に関係すると政府の決断を求めるものであった。顔触れからみて、安場が音頭を取った可能性が高い。

また、たとえば同年一二月一五日に大判事佐佐木高行に宛てた書翰(95)では、内務省設置に触れ、参議大久保利通が卿を兼任したことは「国家隆盛、蒼生《そうせい》愛養」の実が挙がると喜び、一方陸奥宗光の大蔵大輔専任は信じがたい「失策」と批判している。安場の人脈が判るくだりであろう。なお、安場は二伸で福島の天候に触れ、「当節は存外天気平和、山々は真白に積」っているが里方は一両日中に「降雪」がありそうなくらいで、来月から「雪中」に封じ込められそうであると伝えている。情景が目に浮かぶようなくだりである。そして、いずれ雪が溶けたなら、県事を取りまとめ上京して具状したいと述べている。さらに末尾には「別啓」を付し、政府の基本方針である「憲法約束」として、「内外国債を興すこと」「外国と盟約を立及改正すること」「各省の定額金を定むること」「租税を改革すること」など六カ条を挙げて、各省府県の長らが協議して確定してはどうかと迫っている。

さらに、明治七（一八七四）年一月二〇日に岩倉に宛てた書翰(96)では、まず内務省の殖産興業策を司る勧業寮の長官の専任は最も「大事」であるとして、「法制は人を待て行はる」と忠言している。次いで征韓論政変に触れ、政府が将来の方針として「束縛専断の弊」を一洗し、全国人民の「智識と財力」を考慮して広く「衆議」を尽くし、普《あまね》く「公議」を求めていかなくては「不平頑陋《がんろう》之輩《やから》」は納得しないとしている。そして前述のように、政府が地方に諮詢なく発表した家禄奉還の制は「専制の弊」であると批判した。福島県政については、小松の巡視以来「県治一層進歩せしめ申度、県官専ら熟議中」であると述べ、「全国人心の方向未定」の今日、政府が「愛民」の精神を「確乎不抜」のものとして「各地の情願」に耳を傾け、「公議衆論」を採用していくことが急務であるとしている。人民の智識と財力を考慮して公議を求めるというくだりには、安場の殖産興業等の施策の基本方針が垣間見える感がある。

第一回地方官会議への出席

明治七(一八七四)年五月二日、明治天皇は「地方官会議」開催の勅諭を発した。これは漸次「代議人」が集まって「公議輿論」を持って法律を定め、「全国人民」が業に安んじて「国家ノ重」を担当出来るようにするために、まず地方官が人民に代わって「協同公議」しようというもので、同年一月の板垣退助らによる民撰議院設立建白提出以降の状況に対応したものであった。しかし、九月開催を予定したものの台湾出兵などによって延期され、翌八(一八七五)年二月の大阪会議において征韓論政変で下野していた木戸孝允・板垣退助の政府復帰条件の一つとなったことから急展開し、四月、明治天皇の漸次立憲政体の詔書において召集が宣言された。そして六月二〇日から七月一七日まで、東京で第一回地方官会議が木戸孝允を議長として開催され、安場も出席したのである。

さて、安場はまず会議の開催に関して、中島信行ら地方官と共同で活発に政府に建白を行っている。すなわち、安場は明治七(一八七四)年六月付で、新潟県令楠本正隆・神奈川県令中島信行ら県令・権令・参事・権参事計一四名の地方官連名で、三条に建白書を提出し、地方官会議の日程が天皇の告諭以降二カ月を経ても発表にならないため速やかに「会同ノ時日ヲ定」め、目下の「邦国ノ大事」解決のための方針を議論・決定することを求めている(97)。その後六月二二日に会議期日が九月と布達されたため、安場は七月五日付で、神奈川県令中島信行・佐賀県権令岩村高俊ら県令・権令・参事・権参事計一二名の地方官連名で、三条に「明治七年五月二日ノ布達議院憲法及ヒ規則ヲ改正スルノ議」という、会議憲法・規則改正の建白書を提出した(98)が、八月一七日、会議開催は台湾出兵問題で延期された。そこでその翌一八日、安場は大分県権令森下景端《けいたん》ら権令・参事・権参事計七名の地方官連名で、三条に「上言」という建白書を提出し、政府は出兵問題につき各省使・地方の実情に応じて「全国人民之智識財力」を量って「人心を一」にして対応すべきことなどを求めた(99)。

なお、この上言には、八月二六日付の「袖控」と題された文章が付された別の一綴がある。その作成経緯は明らかではないが、袖控(100)は、安場と神奈川県令中島信行・鳥取県権令三吉周亮の三名連名で、政府の「約束」として速やかな決定を希望する「内外国債を興す事」「外国と盟約を結ひ及ひ改正する事」など六カ条を挙げ、憲法全備の時期に至るまで当面各省・府県の長官で協議することを求めた建白である。その六カ条とは、前項で紹介した明治六（一八七三）年一二月に佐佐木高行に宛てた書簡の別啓の憲法約束とほぼ同文であるから、おそらく安場が主導して起草したものであろう。

明治八（一八七五）年五月五日、ようやく地方官会議の実施が布達されるが、その前の三月三日、安場が岩倉に宛てた書簡(101)には、安場が「地方会同」の議題などを岩倉に提言していたような内容があり、周到に会議に備えて準備を進めていたことが窺える。なお安場は会議直前の六月五日、五等判事兼務に任じられた。しかし、安場は六月一二日付で、若松県令沢簡徳ら兼務となった県令・権令・参事・権参事計一四名の地方官連名で三条に上申書を提出し、兼任を止めて「速ニ裁判所ヲ設置」することを求めるとともに、八月二日、単独で再び三条に上申し、八月八日に兼官を免じられている(102)。

さて、会議にあたり各地方官は様々な建議を用意したが、安場は六月付で議長木戸宛に「権衡《けんこう》（つり合い）平正之議」を提出した(103)。それによれば、統治においては「内外軽重ノ権衡ヲ平」にすることが肝要であるにもかかわらず、現状は吏員において政府が多く地方が少ない「冠履顛倒」（本末転倒）に近い状態で、予算も同様で血液が頭にのみ充溢し、四肢が「枯乾」した状態である。「民ハ邦ノ本」で「邦ハ民ヲ合スルノ称」にして「民富テ邦富マサルナク、民強クシテ邦強カラサルナシ」であるゆえ、地方の権限を強化し、官吏と予算とを増加させて委ねることを求める、という民政重視を求めるものであった。

六月二〇日、地方官会議は浅草東本願寺別院の議院で開会式(104)が行われた。明治天皇は臨席して「衆庶ノ為ニ公益ヲ図」ることを目指すようにという勅語を発し、太政大臣三条以下、各参議・元老院副議長・各省長官も列席した。この日幹事の投票が行われたが、兵庫県令神田孝平《たかひら》が三九票、神奈川県令中島信行が二一票、千葉県令柴原和が一七票で選ばれ、安場は一二票で六位となって選に漏れた。安場の議員番号は四番で、議長から見て右手奥の方の前列の席に座った。なお、会議は傍聴が認められたため、民権家河野広中《こうのひろなか》も傍聴人となっており、同じく傍聴人となった民権家たちと民会開催の建議を会議や元老院に提出している（中山義助編『河野磐州伝』上巻）。

会議の議論は二二日から始められた。以下、安場の主な発言をみていこう。二二日の最初の検討は地方警察の費用についてであった(105)。安場は、警察は「人民ニ於テ緊要ナル関係」があるため、各員の「熟考」を経てから議員の審議会である第二次会を開くよう発言したが、議長から午後の第二次会は動かせないとして斥けられた。第二次会では「警察費の三分の二を官費支出とする」旨の原案の、官費・民費の割合について議論が白熱し、新潟県令楠本正隆や神奈川県令中島は原案に賛成した。しかし安場は、警察のみならず道路・堤防・橋梁といった全体の民費負担が決まらなければ警察費は論じられないと、大局的見地に立つことを求める発言を行ったものの、議員の賛同は得られず、原案通りの支出配分で議決された。翌二三日は「警察官の配置は人口に対応する」旨の原案が議論され、賛否が出されたが、安場は人口のみに「偏倚」せず、人口と反別とを折半して決めるべきであると発言した。これに対し、山形権令関口隆吉《たかよし》は現時点で日本全国の反別を知ることは出来ないと難色をしめしたが、宮城権令宮城時亮は賛同している。結局、これも原案通りの配置で議決された。

二七日からは道路・橋梁の議論が始められ、二九日には、「道路の種類や工事の軽重に応じて経費の国費・県費・区費の区別を付けるが、税制が定まっていないため、後年の議論に廻す」旨の原案が検討された(106)。安場は国道は国費、県道は県費、里道は区費と定め、費用の負担方法は後年審議することとしてまずは適当に施行すべきであると、ほぼ原案に沿って発言した。その後負担方法の先送りを否とする発言もあって、安場も、費用の出所が定まらなければ「百般ノ障碍」が生じるため原案を改正するよう発言した。結局、議論は中島が提案した、道路の区別と負担とを別けた条に改正するということで決着し、起草委員の投票が行われ、安場が京都府参事槇村正直《まきむらまさただ》と関口と共に選ばれた。

七月に入ると四日、「堤防の防禦工事を行う地方の民産の薄いところには国庫助成する」旨の原案が検討された(107)。安場は地租改正を待って助成するという条文に反対し、「士族ノ禄税」をしばらく工費に供し、地租改正後法制化することを提案したが、この日は議論は時間切れで結論は出されなかった。七日、四日の議論を踏まえて議長が新たに条文を三節に起草し直したものを再検討することとなり、まず「工費の出所は地租改正に従って改定する」旨の節が検討された(108)。栃木県令鍋島幹《みき》は地租改正と関係付けない方がよいとして、地租改正後という文章にするよう動議を出したが、安場はこれに対し、そもそも地租改正の方法に問題があるという根本的問題を提起する発言を行った。しかし、議論は広がらず、議長の原案通りの内容で議決された。同日午後、議長による「工費はその流域地方が負担する」という節が検討された。安場は冒頭で動議を起こし、実に「民力」に堪えない案であるとして、民政に配慮する観点から廃案を提起した。しかし議論は原案賛成が相次ぎ、中島が人民と協議する意を盛り込むなど若干修正することを動議して、議決された。

八日、地方民会を公選制とするか、区戸長を議員とするかの議論が始められた(109)が、これこそ地方官会議最大の山場であった。その第二次会で中島信行が「今日ノ急務」として「公選民会ヲ起スニ在ルノミ」と発言したことはあまりにも有名である。中島はこうした主張の延長線上でやがて自由民権運動に転じ、自由党副総理などを務める。また岡山県権参事西毅一も公選を主張したが、やはり民権運動に転じ、国会開設建白などで活躍していく。しかし一方で、柴原和・楠本正隆といった名だたる「開明派」県令は、民選は時期尚早であって区戸長会を民会に充てるべきであると発言した。そこで安場であるが、安場は四月の明治天皇の漸次立憲政体樹立の詔を挙げて、天皇の意志は「公選民会ノ正理」の挙行にあるとし、「圧制ノ慣習」を廃し、「民権ノ張伸」を望むのが大綱領であり、各地の実情の違いはあるにせよ「天下一般ノ正則」は「公選ノ外ニ正則アルヘキ理ナシ」と明言し、今年のうちに選挙規則・会議規則等を起草して全国に頒布して前途の目的を示し、来年議することを望むと発言した。これは「開明的」である以上に、堂々たる民権派の主張であると評価出来る。また具体的な作業や日程を示したことでは中島よりも優れていた。さて、議論は賛否両論で白熱し、第三次会で議決されたが、区戸長を用いる者三九人、区戸長と公選の混合二人、民会反対一人、そして公選を可とする者二一人などとなり、安場や中島らの公選論は否決されたのである。

しかし、一〇日付で、安場は中島ら公選論者一一人、および区戸長と公選の混合を発言した神田孝平の計一二人の連名で、すでに公選議員をもって開会している場合や公選議員と区戸長が混合している場合、また、ただ今公選議員をもって開会のつもりで「人民協議」中の場合や区戸長で開会した際に公選の願いを人民が申し出た場合の対応について、指揮の伺いを議長木戸に提出した(110)。これは伺いではあるが、安場等の婉曲な抗議という性格も込められていたことは否定出来ない。この伺いは木戸から三条に上げられ、安場らは二〇日、すでに公選や混合で開催している「地方民会」は「従前之通施行」して構わず、公選を協議中であったり、今後公選の申し出があった場合は、町村会で施行するよう三条から指令を受けたのである(111)。

いずれにせよ、安場の公選民会論は第一回地方官会議での地方官の発言中の白眉であったといえよう。安場が明治七(一八七四)年一一月に開設した県会議は公選制ではなかったが、安場の発言通りに解釈するなら、安場は明治天皇の漸次立憲政体樹立の詔を民政重視に最大限に読み込むなかで、自由民権的な発想に到達したと考えられる。しかし、残念ながら当時の安場の具体的な民権運動観を知ることは出来ないし、また安場は同じ地方官の中島信行・西毅一らのように民権運動に転じるということもなかった。

当時の福島県においては、自由民権運動は二本松に萌芽がみられた。すなわち、明治八（一八七五）年一〇月二七日、二本松士族安部井磐根らは真行寺で明八《めいはち》会を発会させている(112)。明八会は、漸次立憲政体の詔書に刺激されて生まれた「温和な政治結社」（大石嘉一郎『日本地方財行政史序説』）であり、安部井を会頭に「国憲法律ヲ講習」（「明八会法則」）するために定期的に演説会・討論会を行い、一二月二五日、安部井以下四人の士族の連名で正式に「明八会設立願書」を区長に提出している。翌年三月には改めて安部井以下三七人の連名で「明八会設立願い」を県参事山吉に提出したが、その顔触れをみると士族が二〇人、豪農商が一七人という結社に発展している。その後も活動は続けられるが、河野広中の石陽《せきよう》社や全国組織の愛国社からの連合の呼びかけに応じることはなかった。安部井は明治十一（一八七八）年には初代福島県議会議長となり、安達郡長を経て衆議院議員になり、副議長も務めている。すでにみたように、家禄奉還問題では安場と安部井との間に対立があったとされる。しかし、民権運動に関して両者間に接点があったか否かは明らかではない。安場による民権運動関連の県布達なども、運動がようやく誕生したばかりの初期段階ということもあって、とくに見出せないのである。なお、河野広中は明八会より若干早く明治八（一八七五）年八月一六日に、磐前県石川村で有志会を結成（福島県立会津高等学校古文書研究会編『会津嶺吹雪』）し、明治十（一八七七）年には石陽社に発展させて全国豪農層の民権運動を主導するようになるが、その河野は前述の通り安場が出席した第一回地方官会議を傍聴していた。しかし、安場と河野との間に交流があったか否かは、これも明らかではない。

地方官会議後の暮れも押し詰まった一二月二七日、安場は愛知県令への転任を任じられた。その安場が愛知に向かう途上に安積で宴を開いたことは前述した。安積で安場の胸に去来したのは、志し半ばという無念であったろうか、あるいは満足の念であったろうか。

以上、安場は福島県において、廃藩置県後の新たな中央集権的県行政機構の整備、地租制度の改正、安積の開墾、二本松製糸会社設立などの殖産興業策の推進を始め、運輸・交通・通信・教育・厚生・文化・生活・娯楽など、ほとんど民政のすべての面において、基本的には政府の政策に沿いながら、しかし相当自律的に、かつ大きな指導力を発揮して奨励、保護育成を行った。また一方、中央政界の三条実美・岩倉具視・大久保利通らとの強固な人脈を通じ、政治力によって豊富な勧業資金を獲得し、県に導入した。任期の都合で仕上げられなかった地租改正、安積開墾、万世大路などの大事業もあるものの、福島県の近代化の基礎を創出することに尽力し、大きな功績を残したと評価出来よう。とりわけ安積開墾や二本松製糸会社創出での陣頭指揮振りは印象深いものがある。

また、福島にあって国政に対し発言する姿には、一地方官であるに留まらず、あくまでも政府の一員であるという安場の強い自負が窺えるし、その発言を通じて政治力も確保し得たといえよう。そして地方官会議での発言も、大局的に、あるいは根本的に民政重視の視点から思考することで、民権派的な公選民会論などが導き出されたと理解出来る。しかし、「近代」が孕んだ影の部分として、安積入植者の困窮や、生活・娯楽といった日常の場面での抑圧が伴ったことも、今日の視点からは見てとれるといえよう。

注

（1）非不能斎主人「咬菜軒逸事」、「小楠横井先生手翰」（熊本大学所蔵「永青文庫」草稿本の部、一八五二年）。
（2）「機密御下問ニ謹答其他」（宮内庁書陵部所蔵「元田男爵家文書」一一、明九三四）。
（3）（1）に同じ。
（4）「諸官省願伺　其ノ他」明治五—十一年（福島県歴史資料館所蔵「福島県庁文書」F二七五）。
（5）高橋哲夫『ふくしま知事列伝』福島民報社、一九八八年、七一頁。
（6）「申牒」明治六年（福島県歴史資料館所蔵「福島県庁文書」F二九六）。
（7）「詞令録　其他」明治二—十三年（福島県歴史資料館所蔵「福島県庁文書」F一四九）。
（8）「今泉久三郎日記」（郡山市歴史資料館所蔵）。今泉家は郡山の旧家で、明治初年には久右衛門・久次郎、別家の久三郎が交互に町政を担当した（山崎義人『今泉久次郎小伝—郡山近代水道の創設者』）。
（9）「戸長幷区分改正之義ニ付伺」、「区画改正　其他」明治七—九年（福島県歴史資料館所蔵「福島県庁文書」F二八二）。
（10）「地方順廻報知書類」（独立行政法人国立公文書館所蔵　二A—三三—八・単九三八）。これについては鈴木しづ子「明治六年巡察使報告書にみる福島県」（『福島史学研究』第七〇号、福島県史学会、二〇〇〇年三月）が詳しい。また、七四年一月二〇付安場保和書簡（岩倉具視宛）（『岩倉具視関係文書』第五、日本史籍協会、一九三一年、四六八頁）はこれに触れている。
（11）大石嘉一郎編『福島県の百年』（県民百年史七）山川出版社、一九九二年、三一頁、三四頁、五四頁。
（12）「当県布達」明治七年（福島県歴史資料館所蔵「福島県庁文書」F一六三）。
（13）『福島市史』第一〇巻、福島市教育委員会、一九七二年、九頁。
（14）「申牒」明治六年（福島県歴史資料館所蔵「福島県庁文書」F二九七）。
（15）同右。
（16）同右。
（17）同右。
（18）八重野範三郎「咬菜・安場保和先生伝」、村田保定編『安場咬菜・父母の追憶』安場保健発行、私家本、一九三八年、二九頁。
(19) 山吉盛典書簡(宮島誠一郎宛)一八七二年六月三日・八日(国立国会図書館憲政資料室所蔵「宮島誠一郎関係文書」書類の部一〇一五―七、山吉事件一件)。この書簡については、矢部洋三『安積開墾政策史――明治一〇年代の殖産興業政策の一環として』(日本経済評論社、一九九七年)、鈴木しづ子『明治天皇行幸と地方政治』(日本経済評論社、二〇〇二年)と立岩寧「中條政恒と山吉盛典―山吉の宮島誠一郎宛て書簡を巡って」(『福島史学研究』第七〇号、二〇〇〇年三月)・同「同(承前)」(同第七一号、同年八月)・同『大久保利通と安積開拓――開拓者の群像』(青史出版、二〇〇四年)が詳しい。なお矢部氏の業績は、安場の安積開墾全般についての最も実証的な研究として参考になる。
(20) 前掲『安積開墾政策史』八四―八五頁。
(21) 御代田豊編集「開成社記録」自巻一至巻六 上(郡山市歴史資料館所蔵「複製」)巻之二。
(22) (7)に同じ。中条招聘については、前掲『安積開墾政策史』、『明治天皇行幸と地方政治』および「中條政恒と山吉盛典」を参照。
(23) 「開拓沿革誌」明治六―十六年(福島県歴史資料館所蔵「福島県庁文書」F二七一三)。
(24) 「福島県開墾誌」上、明治六年(福島県歴史資料館所蔵「福島県庁文書」F二七〇九)。
(25) 前掲「開成社記録」巻之壱。
(26) 「明治初年 福島県郡村規則 全」(福島県立図書館所蔵L三一八・一―F二一)。
(27) (24)に同じ。
(28) 松山伝三郎著・刊『安積開墾大観』一九二六年、一五頁。
(29) (14)に同じ。
(30) 『岩倉具視関係文書』第五、日本史籍協会、一九三一年、四六九頁。
(31) 前掲、八重野範三郎「咬菜・安場保和先生伝」二八頁。
(32) (24)に同じ。
(33) 同右。
(34) 「桑野村開拓事業誌」巻之一、明治五―九年(福島県歴史資料館所蔵「福島県庁文書」F二七一〇)。
(35) 高橋哲夫『明治の士族――福島県における士族の動向』(歴史春秋社、一九八〇年、一五〇―一七三頁)。
(36) (21)に同じ。

(37)前掲「開成社記録」巻之四。
(38)宮内庁『明治天皇紀』第三、吉川弘文館、一九六九年、六三三―六三五頁。
(39)「山形県史料十　置賜県歴史 政治部」(独立行政法人国立公文書館所蔵「内閣文庫」)。
(40)前掲『明治の士族』一五三―一五五、一五九―一六二頁。
(41)「速水堅曹履歴抜萃　甲号　自記」(群馬県立文書館寄託「埼玉県越谷市　速水益男家文書」P八三一五―一)。
(42)「明治六年二月佐場野村御達書扣帳」、『福島市史資料叢書』第二五輯・明治初期御用状書留帳、一九七一年、一二〇頁。
(43)(6)に同じ。
(44)(14)に同じ。
(45)「二本松製糸」明治六―九年(福島県歴史資料館所蔵「福島県庁文書」F三二九八)。なお、七六年以降の会社の動向は、工場長秋月弘弥の「日誌」(二本松市歴史資料館所蔵。『二本松市史』第七巻　近代・現代　資料編五、一九九七年に抄録)が詳しい。同「日誌」の研究には氏家麻夫『最初に株式会社を創った人たち――二本松製糸会社在勤中我輩見聞文之日誌』(日本労働研究機構、一九九三年)がある。
(46)「諸会社規則」明治六年(福島県歴史資料館所蔵「福島県庁文書」F三二七七)。
(47)『二本松市史』第二巻　近代・現代　通史編二、二本松市、二〇〇二年、九三頁。
(48)(6)に同じ。
(49)(26)に同じ。
(50)同右。
(51)同右。
(52)(6)に同じ。
(53)「諸官省願伺」明治五―十一年(福島県歴史資料館所蔵「福島県庁文書」F二七五)。
(54)『白河市史』近代・現代　資料編五、福島県白河市、一九九六年、一一六―一二〇、一二六―一二七頁。
(55)(14)に同じ。
(56)『須賀川市史』近代・現代一――明治より昭和戦前まで、須賀川市教育委員会、七五年、五二―五三頁。
(57)「産馬会社書類」明治七―十六年(福島県歴史資料館所蔵「福島県庁文書」F三三〇二)。
(58)佐藤次郎「半田銀山の歴史」(『桑折町史叢書　第七集　半田銀山調査報告書』桑折町史編纂委員会、一九九三年、一一―一三頁）。

(59)『庄司吉之助著作集二　半田銀山史』（歴史春秋社、一九八二年、三四五―三四八頁）。

(60)（4）に同じ。

(61)（12）に同じ。

(62)「万世大路事業誌」明治七―十四年（福島県歴史資料館所蔵「福島県庁文書」F一九六一）。

(63)「明治五年　飯坂湯野十綱渡架橋発起記録」（福島県立図書館所蔵　L二一一―I一―一）。十綱橋架橋については、野地一二「飯坂十綱架橋筆頭発起人熊坂惣兵衛と県庁文書」（『福島史学研究』第四九号、一九八七年一〇月）が参考になる。

(64)「県申牒外五件」明治五―六年（福島県歴史資料館所蔵「福島県庁文書」F二九五）。

(65)前掲、八重野範三郎「咬菜・安場保和先生伝」三三頁。こうした安場と片平との出会いは、古くは新妻掬浪著・刊の郷土案内『湯野温泉』一九一六年（福島県立図書館所蔵）二七―二九頁などにも記されている。「湯野温泉」は現在の飯坂温泉の一部。同書では、舞台は飯坂温泉の上流にある穴原温泉で、馬で負傷した脚部の療養の際の話となっている。

(66)「諸願伺届」明治八年（福島県歴史資料館所蔵「福島県庁文書」F一八七四）。

(67)（4）に同じ。

(68)（26）に同じ。

(69)前掲、八重野範三郎「咬菜・安場保和先生伝」三二頁。

(70)（12）に同じ。

(71)（26）に同じ。

(72)（14）に同じ。

(73)（26）に同じ。

(74)（64）に同じ。

(75)「届書」（福島県立図書館所蔵「福島県学校起原記録」L三七二―F二―一）、および『福島県師範学校沿革略志』福島県師範学校、一九一三年、三―四頁。なお、上京の月日は門馬らの届書に拠った。

(76)（64）に同じ。

(77)(12)に同じ。
(78)福井淳「嚶鳴社の構造的研究」(『歴史評論』第四〇五号、一九八四年一月)、同「嚶鳴社員官吏と『改正教育令』――島田三郎を中心にして」(『歴史学研究』第五三五号、一九八四年一一月)、同「嚶鳴社と私立法律学校――明治法律学校を中心として」(『明治大学史紀要』第四号、一九八四年三月)を参照。
(79)前掲『須賀川市史』近代・現代一、一九―二〇、五〇―五一頁。その他、渡辺䂖編・著『公立岩瀬病院史』(公立岩瀬病院組合、一九六二年)が参考になる。
(80)前掲、八重野範三郎「咬菜・安場保和先生伝」三七頁。
(81)(26)に同じ。
(82)同右。
(83)(14)に同じ。
(84)『福島県史』第二〇巻・各論編六・文化一、福島県、一九六五年、一一〇〇―一一〇四頁。
(85)「諸願伺届」明治七年(福島県歴史資料館所蔵「福島県庁文書」F九三七)。
(86)(14)に同じ。
(87)同右。
(88)(26)に同じ。
(89)同右。
(90)前掲「明治六年二月佐場野村御達書扣帳」、一二二―一二三頁。
(91)「明治六年五月佐場野村御回章控帳」、『福島市史資料叢書』第二五輯・明治初期御用状書留帳、一九七一年、一三九頁。
(92)「村々達章」明治七年(福島県歴史資料館所蔵「福島県庁文書」F八九八)。
(93)橋本今祐「明治期の芸能取締りの変遷」(上)―「旧福島県」・福島県を中心に、(『福島史学研究』第七三号、二〇〇一年九月)六四頁。
(94)「上書建白書・諸建白書　明治六年四月～明治六年十二月」(独立行政法人国立公文書館所蔵　二A―三二―八・建一六)。
(95)『保古飛呂比　佐佐木高行日記』五、東京大学出版会、七四年、四二〇―四二三頁。
(96)前掲『岩倉具視関係文書』第五、四六八―四七〇頁。
(97)「上書建白書・諸建白書(二)　明治七年五月～明治七年八月」(独立行政法人国立公文書館所蔵　二A―三二―八・建

一二)。
(98)「公文録」明治七年七月　諸県伺(独立行政法人国立公文書館所蔵　二A―九・公一二八八)。
(99)「三条実美関係文書」二二―七(国立国会図書館憲政資料室所蔵)。
(100)同右「三条実美関係文書」四五―四。
(101)前掲『岩倉具視関係文書』第六、二七一―二七二頁。
(102)「公文録」明治八年八月　太政官(独立行政法人国立公文書館所蔵　二A―九・公一六六八)。
(103)「建議及所見陳述書類」(独立行政法人国立公文書館所蔵　二A―三三―九・単一一七三)。
(104)「地方官会議日誌」四(独立行政法人国立公文書館所蔵　二A―三一―六・誌一一六)。
(105)同右「地方官会議日誌」五　二A―三一―六・誌一一七。
(106)同右「地方官会議日誌」六　二A―三一―六・誌一一八。
(107)同右「地方官会議日誌」七　二A―三一―六・誌一一九。
(108)同右。「地方官会議日誌」八　二A―三一―六・誌一二〇。
(109)同右。
(110)同右。
(111)同右「地方官会議日誌」九　二A―三一―六・誌一二一。
(112)前掲『二本松市史』第二巻、三六―三九頁。明八会の諸史料は二本松市歴史資料館所蔵で、前掲『二本松市史』第七巻、九七―一一七頁に主要なものが収録されている。結成の日付はそれに拠った。

第四章　愛知県令時代　1875-1880

住友陽文

一　難治県にいどむ

愛知県令就任

槇村《まきむら》正直・楠本正隆とともに明治前期の三大県令と呼ばれたのは、安場保和であった。

県令とは、府県職制（明治八［一八七五］年一一月三〇日公布、太政官第二〇三号達）によれば、「憲法・典令を遵奉《じゅんぽう》・施行し、部内の安寧、部民の保護、徴税・勧業・教育等の事を掌る」ことがつとめとされる(1)。県令は、中央政府の幹部クラスよりも格下の身分であり、政府から使命を帯びて派遣され、その厳しい監督下に置かれた官僚であった。なぜ安場は三大県令と評されたのか。

明治初年の愛知県は、とくに地租改正事業の遅れから「難治県」と呼ばれ、県庁内部でも、権参事《ごん》生田純貞《いくたすみさだ》が安場の前任者である鷲尾隆聚《わしおたかつむ》県令を「蔑視」して専断的な県政を行ない、また県官の「奸策」や「収賄」などの悪弊がはびこっていた。鷲尾県令と生田権参事との確執が深刻となり、鷲尾県令は病気を理由に引きこもってしまうという事態まで生じていた。ついに明治八（一八七五）年六月三〇日、鷲尾は病気を理由に辞表を提出したのである(2)。

これでは当然地租改正事業が進むわけがなく、政府はとうとう積極的な介入にのりだし、九月には県令の後任が内定するまで事態は進行した(3)。一〇月一五日、ついに鷲尾県令が罷免された。

その「難治県」である愛知県の県令に安場が任命されたのが、一二月二七日のことであった。県令罷免後二カ月以上たって後任県令が就任するのは県令人事では異例であった。しかも辞表提出後から半年近くたっているのである。おそらく九月の後任内定も安場ではなかったと想像される。いかにこの人事が「難産」のすえ行なわれたかが想像されよう。安場は、いわば火中の栗をひろう役を負わされるかっこうとなったのである。

さらに、西日本を中心に地租改正反対一揆や士族反乱が起きるなか地方統治の重要性が高まり、大久保利通内務卿の周辺を含めて、地方長官に人材を集める必要性が認識されてきた。したがって、安場は中央政府から大きな期待を寄せられて愛知県令として赴任していったと思われる。

また安場は県内からも、相当に大きな期待をもって県令に迎えられた。三河の自由民権運動の担い手である内藤魯一《ろいち》からは、特に勧業政策や士族授産を期待されていたようである。

内藤魯一は旧重原《しげはら》藩大参事であり、明治十二（一八七九）年には民権結社である三河交親社を設立し、のちには愛国社の幹事になる人物である。彼は安場が愛知県令に任命される直前の明治八年一一月一八日に大久保内務卿に進言して、輸入超過問題をとりあげ、「輸出の物産を興」すためには勧業政策を推進し、人材養成にもつながる士族授産を活性化させる必要性を訴えた(4)。さらに、その後「勧業寮の市庁」を各県に設置するように大久保に建言する(5)。そして安場が赴任するや、安場県令に対して物産試験場の開設などを始めとする勧業政策の実施を訴えた。内藤によれば、それまでの愛知県政はほとんど勧業政策に注意を払ってこなかったという(6)。

また、ローカル・メディアからは地方行政の刷新を図るべく「公議輿論《よろん》」の実行者として迎えられる。反対に鷲尾県政に対するメディアの評価は、「明治七年八月、前の明府鷲尾君に書を呈して民会を興立せん事を切に企望すと雖も、爾来一紙の令文を得ず」と逆に厳しかった。そして、「明良の名ある賢令安場公の入県に会し」、「同志諸彦《しょげん》協同し以て一議会を開ん事を」要望するのであった(7)。さらに、後に触れる第一回地方官会議で安場が公選民会を主張した点を高く評価して、「歓《よろこば》しい哉《かな》、此《かく》の如き賢明良善の保護官を得たるは誠に県下同胞百二十余万の為には思ひ掛けなき無限の僥倖《ぎょうこう》にして、合声同音して賀すべく祝すべきの佳事と云ふべきなり」(8)と最大の賛辞を与えるのである。公議輿論の実践と立憲制へ向けて、愛知県はあたかも強力な援護者を得たかのようであった。

このように、安場の経歴や政治的立場が彼への期待を相当大きなものにしていった。安場県政のすべりだしは、メディアを含め内藤魯一をはじめとする県内民権派の大きな後押しもあり、かなり好調なものであったと思われる。

地租改正事業と政治姿勢

愛知県では、壬申《じんしん》地券の交付の遅れもあって、地租改正事業はその後も遅々として進まなかった。明治七（一八七四）年三月に「地租改正に付告諭」が出されるが、それは法令の簡略な説明でしかなく、県の方針が未確定であることを露呈していた。翌年九月にいたっても土地の丈量作業すらほとんど進まなかった。さかのぼって七月には政府は、地租改正条例細目をうちだし、土地の「実地価」を地主の申立を基準に決定しようとする従来の立場を完全に否定していた。県は従来の方針に変更を加えていなかったから、その方針と新たな政府との方針とはまったく食い違うものとなっていたのである(9)。

そのような混乱のなか、安場が県令に任命される。安場は名古屋に向かう前に、彼が最も信用をおく内務卿の大久保利通宅をたびたび訪問する（明治九〔一八七六〕年一月一一日と三〇日。三〇日は県参事に就任した国貞廉平《くにさだれんぺい》も訪問）(10)。政府の忠実な実行者として愛知県令に任命された観のある安場が入県したのは、明治九年二月七日のことであった。翌日には安場の片腕となって働く国貞廉平が参事として赴任する。一五日には生田前権参事から引継事務を完了した(11)。

安場新県令は、入県の三日後の二月一〇日地租改正係官員三一名全員、警察課官員二九名全員を免職にし、翌年二月にかけて県庁官員の総入れ替えを断行した(12)。

三月一〇日には「着手の順序は前後に段に大別して、反別丈量を先にし地価の査定を後にすへし」と、地租改正再着手のための愛知県の綱領、すなわち新県令・新参事の事業方針が定められた。さらに、「従来の（愛知県の）処置適実ならす」と従来の県の姿勢を批判し、これからは「改租の障碍《しょうがい》となる者」は「一切之を芟除《さんじょ》し」ていくと、明治七（一八七四）年一一月に県が制定した地租改正心得書を「訂正」して事業を推進していくことを宣言する(13)。ここに、安場県令らのなみならぬ決意が表れているといえよう。

さらに、明治九年の三月と四月には県の地租改正係官などが安場県令に対して、大区小区制のもとでの正副区長の「怠慢」を指摘し、大区小区制の「区画改正」と区戸長の「精選」の必要性を訴える。そのなかで係官たちは愛知県下の区戸長についてふれ、区戸長は改租事業を村惣代《そうだい》人に依託し、自らは「空手傍観の弊習多く」、また「公務多端を口実」にして「不勉強の者」が多かったと非難している。そこで、国家から委任を受けた重要な事業以外の「普通の公務」については正副区戸長は「代理」に委任するよう勧奨する達案を、同年四月に安場県令名で出すことになった(14)。これは、「普通の公務」を村の私的業務に位置づけ、それを「代理」するものとして村惣代を位置づけるものであった。こうして、地方行政機構のなかで、公私の分離の必要性が自覚されていくのである。

しかし、安場県政のもとでの地租改正事業は決して平坦な道のりを歩んだわけではなかった。本腰を入れて地租改正事業に取り組み始めた矢先に、一二月一九日三重県で起きた地租改正反対一揆が二一日には愛知県にも波及し、二七日には大久保内務卿が政府に地租減額を建議しなければならない事態になった。

さらに二年後の明治十一(一八七八)年一〇月二五日には春日井《かすがい》郡和爾良《かにら》村など県下四三カ村が地租減額を求めて反対運動を起こした。この反対運動の原因は、改租事業の遅れを取り戻し、事業の速成を安場県政が優先させたことにあった。

そのことは、明治九(一八七六)年六月三〇日に定められた地位等級の銓評《せんぴょう》の進め方によく表れていた。その地位銓評の進め方については、まず村内の地主から村議員を公選して地位銓評を行ない、次に部落(旧小区)内の村議員から部議員を互選して部内の地位を銓評し、さらに郡内の部議員から郡議員を互選して郡内の地位銓評を行なわせ、最後に県内の郡議員から県議員を互選して県内の地位銓評を行なわせるというものであった。しかし、この順序は三河には適応させるが、尾張には適応させないというものであった。それは、三河より尾張の方が旧藩時代は「甘租《かんそ》」であり、改租後は逆に相当に増租になるという見込みがあったからである。それに何より、尾張と三河の間には「不斉《ひとしからざ》」る「地勢人情」があったからであった(15)。それゆえ尾張国について、「村部内地位銓評の成否に拘《かかわ》らす、郡議員をして村位を達観評定せしむる」(16)こととしたのである。つまり、下から地位銓評の結果を積み上げていって管内の地位を確定するのではなく、管内の地位を郡レベルでまず「達観」しておいて、現実的にはそれを郡内の村落単位に割り振っていくという方式が県によってめざされたのである。

事業完遂という現実的課題と民意の接点を模索した結果が、郡議員による達観銓評の優先という措置であった。これに地域社会の側が反発したのである。その時のリーダーが第三大区（春日井郡）区長林金兵衛《きんべえ》であり、とくに強硬な姿勢で反対運動にのぞんだのが春日井郡の村々であった。

春日井郡の反対運動、とりわけ町村の地位銓評の「達観」にあたらなければならなかった郡議員は、県側の目には、「全郡を達観するの本務を欠き、唯自己の利害得失に拘泥《こうでい》し、私論喋々《ちょうちょう》として数旬を経ると雖とも、決定し能《あた》はさる」もののように映じていた。県側の論理としては、郡会による「達観」の結果がそれぞれの村落に割り振られた「村位」なのであって、それを否定して村々が減租を述べ立てるのはまったくの「公論」を無視した「私論」であった(17)。その意味で、県側は主観的にはまったく民意を無視したわけではなかった。むしろ郡会の「公論」、すなわち郡議員（＝地方名望家）の地域社会における「指導者原理」に委任しただけであった。

しかし、これは農民側からいえば、近藤哲生の言うように「県みずからさだめた『銓評順序』を無視し、ふみにじるもの」として理解された(18)。さらに、近藤によれば「その村位は、郡議員の民主的な銓評によるものではなくて、県があらかじめ『達観庁議し』た『見込之村位』であること、そして、その村位は露骨な強制・脅迫をもっておしつけられた」ものであった(19)。

県側はさらに反対運動の切り崩しを図った。明治十二（一八七九）年二月には、県の方針にしたがわない村を八カ村ないし一〇カ村ずつ県に召喚し、「命令を遵奉《じゅんぽう》せざるゆへんの手続書を為差出《さしださせ》たる上、是を本県警察課に相廻し、該課に於て尚能《よ》く行政警察主義を以て其顚末」を「取糺《とりただ》」させることとした。そのことによって、「自《おのず》から事ならさるの感触を民心に与へ」、「分離する村落も多少可有之《これあるべし》と」考えられたからであった(20)。これらは従来「非民主的」「強圧的」と評された安場県政の側面であった。

ただ、地位銓評の方法に見られる「非民主的」「強圧的」側面ばかりが安場県政の特徴ではなかった。「犬牙《けんが》錯乱《さくらん》の地所を組替、或は甲乙村界錯雑甚《はなはだ》しきものは合併して村界を明瞭ならしめ、一地一筆毎《ごと》に地押丈量調査を為し」(21)と、地租改正事務局山形修人に県が報告したように、錯雑に入り組んだ区画を整理して、必要な町村合併を行ない、土地丈量を円滑に進める方法をとった。これは、星散していた新田の小村を合併して村域を明確にし、町村名を改称したうえで改租事業に便宜を与えることを目的としたものであった。そのため、明治九（一八七六）年に県下で多くの小村が合併され、明治二十二（一八八九）年の町村制施行時の合併基準（三〇〇―五〇〇戸）を越える規模の町村が明治初年の愛知県下で多く誕生することになった(22)。政府の側でも、測量検査・村位銓評さらに収穫地価の分賦などについて、町村を分合した姿を前提に調査・報告するように命じていた。

ところが、この改租事業を円滑にするための町村分合と町村名改称を求める上申は、明治十一（一八七八）年五月に内務卿が大久保から伊藤博文に代わっても裁可が下らず、このままでは明治十（一八七七）年九月一八日の内務省乙第八三号達を根拠に内務省は町村分合を認めず、分合を前提としないで地価算定するように命じてくるようになるのではないかと安場は懸念するようになった。内務省乙第八三号達では「一般御達之有之《ごたっしのこれある》迄は何等《なんら》之事情有之共《これあるとも》区画の改正及ひ郡村町の分合等は不相成候条《あいならざるそうろう》」と内務省の許可なく郡町村を分合することを禁止していた(23)。

そこで、元来「伊藤も嫌ひ松方も大隈も嫌ひ」と言っていたという安場(24)は、六月二六日に愛知県官総勢約九〇〇人(25)の頂点に立つ者として、伊藤内務卿に対して疑念と憤懣をぶつけた。安場は、万一「御省議より再調を命せらるゝ如き事あらは、是か為め数年間官民とも非常の労費を尽し、稍《やや》整頓に逮《およ》びたる改租の事業も忽《たちま》ち水泡に帰せしむる義と甚た懸念に堪えす」と訴える。さらにまた、次のように続ける。

再調の挙あらは、各町村に於ては改租測量の当初に逆り、犬牙雑飛地・量散地の経界等を更正し、地引帳・地図・地価帳及ひ其他之諸帳簿を再調し、県庁に在ては之を再査し、其上台帳及ひ数百万枚の券状再写授与を為さゝるを得す、〔略〕町村へは分合の姿を以て調理せよと明言して為さしめたる改租の事業も、今亦之に反対の命令を下すに於ては此に至て人民の向背如何《いかが》有る可きやと甚《はなはだ》痛心に堪へさるか故に、此に其事情を委《さしだ》し閣下に内申す(26)

重要なのは、「人民の向背」がないがしろにされることへの懸念であった。ここには民主制や輿論重視の政治論などによって粉飾された文章はなく、改租事業に費やされた「数百万枚の券状」やそれに関わった無数の「人民の向背」といった具体的な現実が示されていた。そのような現実を政府に訴える硬骨・豪気の側面も見せるのである。なお、この後の伊藤内務卿からの回答は不明である。

そして、地租改正反対運動が起きた原因が、あらかじめ国位収穫予算額を決定しておいて、トップダウン式に各村位を決定していく方法にあったことを安場自身が認める。すなわち、「一目以て確認し難き一国の収穫を唯た官吏の達観に予定し、断固公示し」た地租改正事務局＝政府の「内達」にこそ、「改租上百端の苦情を生」じせしめた「原因」があったことを指摘するのである(27)。

また、尾張についての米一反の収穫高を愛知県側では一石六斗と見積もっていたのに対して地租改正事務局側は一石八斗を主張したので、安場はそれでは「到底実行し能《あた》はさる」旨を述べて明治九（一八七六）年一二月に上京し、大久保内務卿らに実状を説明した。その結果、両者の間をとって一石七斗に決着した(28)。ただ近藤哲生によれば、最終的には愛知県の言い分通り、一石六斗となったようである(29)。

県令としての安場は、政府の行政課題を忠実に実行していくという目標を持ちながらも、それをいかに円滑に、そして現実に遂行していくことができるかという観点から、地域社会の「実状」にふさわしい方法を探っていくということを最大限重視していたように思われる。したがってその姿勢は、当然専制的でもなく、また民主的とも言うことができなかった。彼の姿勢を規定していたものは、むしろ原理・原則ではなく、「事実」であったように思われる。

二　安場県政と地方制度改革

府県行政改革構想

地方長官としての安場が果たした役割として、地方制度改革への重要な提言を行ない、次節でみるように、そのための公議輿論の場をリードしていったことであった。

安場の愛知県赴任期間の明治十一（一八七八）年七月には郡区町村編制法・府県会規則・地方税規則の三新法が制定されるが、これに先だって作成された、有名な大久保の「地方之体制等改正之儀上申」というものがある(30)。これは内務大書記官松田道之が大久保内務卿の指揮のもとに主任となって立案し、三月一一日に三条実美《さねとみ》太政大臣に提出したものであった。三新法はこの大久保の意見書を踏まえたうえで井上毅《こわし》法制官の修正を経て立法化されたもので、その意味でも注目されてきた意見書であった。

この大久保の意見書と安場の構想には少なからず共通性があった。大久保は国家の強力な誘導のもとで物産の繁殖と工業の勃興を促し、輸入超過を防いで財用の充足を行ない、またそのための人材保護と担い手養成を進めようとした。その人材として重視されたのが、「無気無力」の人民を指導するべき、かつての統治身分であった士族であった。だから士族救済と地域開発を一挙に進める士族授産策には熱心であった。この士族授産を強力に推進する機関として期待されたものこそ、府知事・県令なのであった。

そのためには府知事・県令の権限を高めなければならなかったし、その限りでの府県への分権を断行していくことが必要であった。そして「官」が負うべき任務・責任と「民」に委ねて放任する分野との明確な分離が不可欠であった。これを明示したことこそが大久保意見書の重要な意図であった。この意見書のキーワードである「行政の区画」と「住民社会独立の区画」の分離とは実は、以上の官民の責任所在の分離の問題として理解すべきものであった。

たとえば大久保意見書では、「旧制は其行政の区画たると其住民社会独立の区画たるとの主義混淆《こんこう》明かならす、随《したがっ》て官民互に権利を犯すのみならす、歳出入の事即ち官民費用の事に就《つい》ても頗《すこぶ》る混雑して、往々地方の物議を来す」と述べられていた(31)。「住民社会独立の区画」とは、住民によって構成される一定区画内の地域社会のことで、「行政の区画」とは国家から公権を付与され(地方分権)、行政を執行しうる団体のことであった。府県郡市はこの二様の性質を持ち、町村は「住民社会独立の区画」としての性質のみを持つとされた。重要なのは、「行政の区画」なのかどうかにあった。したがって、町村は地方分権の対象とならず、公権も付与されないものとされた。町村は、いわば国家委任の行政を担任する地方自治体ではなく、住民固有の共同事務を独立して遂行する私的団体と位置づけられた。だから町村には官吏が置かれず、「行事人」＝惣代が置かれるものとされた。

大久保はその点に関して、「[地方において「凶徒蜂起し其地方の安寧を妨害」するのは]凡《およ》そ地方の事、其行政権と其独立権とを分たす、皆中央政権内に在て、随て瑣々《ささ》たる一小官吏、即ち戸長の為したる処分の錯誤も或は中央政権によりてするを以てなり、若《も》し地方会議の法を設立するときは、其地方独立権の事に於ては利害得失皆其会議の責、即ち其住民共同の責にして、中央政権に対しては小怨たも懐くなく」(32)と述べている。つまり、地租改正反対一揆などの相次ぐ反政府騒擾《そうじょう》が惹起する責任を「民」の範囲内に押しとどめ、農民たちに中央政府へのうらみをいだかせないようにして、「官」の責任を免除しようという意図があったのである。だから、国家は府県郡市については公権を付与して地方分権し、それに監督・指導を行なう責任を持つが、町村については純粋な「住民社会」の団体として、そこで執り行なわれる共同事務は町村固有の「私事」として関与しないこととした。戸長の位置づけが不明確（官民二様の性質を具有）ゆえ地方の騒擾が起きたことにかんがみて町村には官吏は置かず、町村を純然たる「住民社会」の領域に押し込めることによって、むしろ国家統治の領域から町村を切り離してしまったのである。「官」の領域と「民」の領域とを明確に区別しようとした意図が、ここでは重要であると思われる。府県郡市はそのような意味での地方自治体と措定されたが、町村は地方自治体として公認されたわけではなかった（むしろ町村というレベルを地方分権の次元から排除した）。これが大久保意見書の趣旨であった。したがって、町村は地方自治体として公認されたとする既往の研究の解釈にしたがうことはできない(33)。

では、これらの大久保構想と安場構想との関係はどのようなものであったのだろうか。

安場は、大久保の意見書が上申される九カ月も前の明治十（一八七七）年六月に右大臣岩倉具視《ともみ》と内務卿大久保に自らの地方制度改革構想を提出している。それは「府県治改正意見」と題されたものであり、大区小区制廃止、府県区機構改革などを含む地方自治に関わる大胆な改革案・新制度構想案であった。

安場はそこで、「県政御釐正《ごりせい》之義は実に今日の急務」であり、なかでも「区戸長を本官にし、月俸を官給し、大に権限を与《あたえ》候《そうろう》義《ぎ》」は重要であると述べている。区戸長を官吏として位置づけ、その権限を強化せよと主張しているのである。なぜ区戸長を官吏化し、権限を強化しなければならなかったのであろうか。さらに、安場は府県行政で重要なことは、緩急を区別して、あまり重要でない「枝葉の措置に奔走」しないことであり、「煩を略く」ことであると述べる。では「煩」をはぶくにはどうすればよいか。それは、「権を分つ」こと、すなわち分権することである。府県知事・県令の統治機能を高めようと思えば地方分権を積極的に行ない、「煩」を「末節」、すなわち町村に委任することが大切だというのである(34)。すなわち、行政権の一定の分権・委任のためには区戸長を官吏身分として位置づけ、その限りでの区戸長の権限強化がめざされなければならなかったのである。

「戸長を官吏として位置づけるということでは、安場と同郷の井上毅の構想も同様である。井上は「戸長は人民に直接するの官吏なり、今其給料を民費にして独《ひと》り其撰挙を官権にす、頗《すこぶ》る地方争議の種子たり、改めて官給となし、〔戸長を〕等内官に列」すべしと述べていた(35)。安場と井上毅が同様に戸長を官吏身分とするように主張していたのに対して、大久保意見書では町村レベルでは官吏身分をおくのではなく、町村の私的な惣代にせよと述べていたので、その点は異なっていた。

ただし安場構想にとって重要なのは、区戸長とは別に町村に人民惣代を置き、その給与は人民協議に任せるという点であった。いわく、「区吏員を本官となすに於ては各町村に人民惣代なるものを置き、其給料を初め諸雑費の如きは都《すべ》て人民の協議を以て定めしむへし」と(36)。つまり、町村における行政機能と惣代機能の分離ということが意図されていたのである。大久保構想の主眼点の一つが「官」と「民」の責任領域の分離という点にあったとするなら、行政機能と惣代機能の分離をめざす安場構想と大久保構想との間にも共通点を認めてもよいように思われる。ただし、大久保構想が「官」と「民」の境界線を郡と町村の間に設けたのに対し、安場構想では、それは町村内部に設定されていた。大久保構想の方が、「官」領域、すなわち地方分権の対象として町村を完全に切り離したという点において、「官」「民」の分離の在り方においては、大胆であり徹底していた。

府県行政機構については、従来の六課制を廃止して四課制にするという点が重要である。まず、第五課（学務）と第一課（庶務）を統合し、さらに第六課（出納）と第三課（租税）を統合する。それまでの第二課（勧業）と第四課（警保）はそのままにしておく。

これは、府県行政機構のスリム化と官員を半減させるという構想(37)で、その財政的余力で勧業や警察に力を注ぎ、その他はできるかぎり区吏員に分権委任していくというものであった(38)。しかし大区小区制の廃止は三新法制定と同時に実現したが、この四課制は実施されなかった。

以上の安場構想以前に、実際に愛知県下では地方制度の改変がある程度進行していた。愛知県下では明治九（一八七六）年八月二一日に独自に大区小区制を廃止した。これは、数字によって区画を表示する地方制度は「人民にとって不便」であるという理由からであった。そして愛知県では大区小区制の廃止とともに、町村代表の位置づけが改変されていく。愛知県では明治五（一八七二）年の大区小区制の実施にあたって、県内を一五大区（大区はほぼ郡に相当）、一四八小区（小区は数カ町村から二〇数カ町村に相当）に区画し、大区に正副区長、二、三小区に権《ごん》区長、五、六カ町村に戸長、一カ町村に副戸長を置いた。正副区長・権区長・戸長は官選であったが、副戸長は町村内の公選であった。町村単位に置かれていた副戸長は一方で官吏であって、他方では町村惣代でもあったという二様の性質を有していた。それは副戸長の取扱事務に表れていた。布達の公布や違反者の取締、戸籍事務、勧業・開墾などの施行に関して県庁へ具状することなどは国家のための官吏としての側面を示し、困窮民救助や祭礼の施行などは村の惣代としての一面を示していた(39)。

さらに県は明治九（一八七六）年一〇月に愛知県布達乙第三四号を公布し、町村内の土木事務の取扱を「不動産所有之者協議」に任せ、その代表者として「土工惣代」を各町村二人以上「協議」のうえ「人撰」させることにした。すなわち、「官」と「民」の両様の性質を持っていた副戸長から惣代機能を分離させていくことがめざされていったのである(40)。土地所有者の利益に直接関わる土木事務については、「官」の領域がその責任を負うのではなく「民」の領域が負い、諸問題が生じたときには「民」の領域で「自己責任」で処理されるという体制が作られていったといえよう。

このように安場県政のもとで明治九年八月から一〇月にかけて県下の地方制度は大きく変容していくことになり、区長—戸長—副戸長という行政機能を担う「官」の領域と町村の惣代機能を担う「民」の領域とが分離していったのである。

第二回地方官会議での主張

明治初年の府県長官による地方官会議の開設が、明治七（一八七四）年の太政官布達を経て、明治八（一八七五）年の大阪会議での審議を踏まえ、同年六月に開設されたものであったことはよく知られているが、実は安場ら当時の地方長官が地方官会議の開設を要望していたことはあまり周知されていることではない。地方官会議が開設される前、新潟県令であった楠本正隆は、まだ福島県令であった安場と神奈川県令であった中島信行らと協議して、「下情《かじょう》を疎通せしむる為め地方官会議を開く可きを献策して、政府に容《い》れられ、三人幹事となりて互に斡旋」することとなったという(41)。井上馨や木戸孝允が、「人」（の主観）というものに政治の根拠を置くのではなく、私情の介入を許さないザッハリッヒな「法律」を立ててそれに政治の根拠を置くことを本気で考えるようになりだした頃(42)、「代議院の雛児を作れる」(43)ことを目的として開設されたのが地方官会議であった。

安場は福島県令として第一回地方官会議（明治八年六―七月）に出席し、居眠りが多いと揶揄されたこの会議で(44)、比較的熱心に議論に参加していた一人であった（ちなみにこの時の愛知県令鷲尾《わしお》隆聚《たかつむ》は代理を立てて欠席）。その後台湾出兵などで地方官会議は開催されなかったため、明治十一（一八七八）年三月、愛知県令に就任していた安場は、次のような上申書を三条実美太政大臣に送った(45)。

第二号

〔略〕是〔地方官会議のこと〕即ち人民の幸福を拡充するの端緒にして、漸次其《その》基礎を立玉《たてたま》はんとするものなり、然るに不得已《やむをえざる》の事故ありて中止せらるゝ、茲《ここ》に数歳漸く本年に至り開院の令あるに遇《あ》ふ、何の歓か之に如《しか》ん、保和竊《ひそか》に考るに地方官民の此挙を渇望するや既に久し、随《したがっ》て議す可《べ》きの事項亦多端なるへし、然るに開場の日数限あるを以て殊に其法方《ほうほう》宜きを得るに非されは必す功を見ること尠《すくな》からむ、因《よっ》て先つ何等の事を取て之を前にし之を後にす可きや、願くは各地方官の意見を問ひ之をして会議に附し、寛急軽重の順序を決定せしめ、此議目を以て逐次施行せられんことを、是等の儀は勿論《もちろん》完全の御計画も可被為在候得共《あらせらるべくそうらえども》、苟《いやし》くも錯雑不整を生し、空論・徒労に渉るの弊なからしめんことを企望し、不顧愚管《ぐかんをかえりみず》、此段上申仕　候《つかまつりそうろう》、恐懼再拝

明治十一年三月七日

愛知県令　安場保和　㊞

太政大臣三条実美殿

安場はここで、各地方長官から府県の実状についての意見を聞き、その上で事の「寛急軽重の順序」を定めるのが地方官会議の意義であると述べている。安場は、各府県の実状を訴える代弁者として地方長官を位置づけたのである。この上申書は、三月一一日に三条実美から地方官会議議長伊藤博文へ回覧された。

この上申書の一カ月後の四月、第二回地方官会議が開催され、郡区町村編制法・府県会規則・地方

税規則について中心的に審議された（安場は楠本正隆・松田道之とともに投票により幹事に選ばれた）。そこで安場県令はおよそ次の諸点を主張した。①戸長の位置づけについて、②府県会議員の選挙権について、③府知事・県令の権限強化について、④地方税費目について。ここでは順次それらを見ていこう。

第一に、町村単位に置かれる戸長を官吏として扱わず、戸長という呼称をやめて町村総代という名称にすべきだと主張する。

安場は、「戸長を官吏と見るときは、租税其余都《すべ》て戸長の手元に納めたる時、天災にて之を消滅することあるも、人民は早《もはや》官に納めたるものとなして之を償はさるへし、故に戸長の字を省き町村総代となし」と述べて、町村レベルには官吏は置かず、町村は完全に「民」の領域とみなして町村総代を置くことを提唱する[46]。地域社会における紛擾に国家を巻き込まないために、ここでも「官」「民」の別を明確にしようとしたのである。戸長と町村総代の分離によって、町村内での「官」「民」の分業を以前は明示していた安場も、地方官会議では町村レベルを完全に「民」の領域と措定することによって、府県郡市＝「官」と町村＝「民」という分業化をねらおうとしたと思われる。

このような見解は、先に見た大久保意見書を起草した松田道之（政府委員として地方官会議に出席）の見解と当然共通するものであった。松田は次のように述べていた[47]。

人民に於て戸長の言は県令の言の如く之を重んするに至れり、而《しこう》して県庁にては此《この》官吏部内の戸長を以て、或る場合に於ては町村人民の総代視し、土木を起工する等の時、戸長の承認を以て人民一般之を承認したる者とし、之を責むる等其弊百出せり、斯《かく》の如き弊害を矯《た》むるには官民の別を判然と分ち、町村をして従来の如く独立せしめさる可からす

すなわち、府県側は戸長を町村総代とみなし、町村住民側は逆に戸長を官吏とみなすという事態が地域社会の紛擾の原因になっているという認識であり、それゆえこの「官」「民」混同の状態を改善して、両者を分離しなければならないとする認識である。これこそが郡区町村編制法立法化にこめられた、政府と安場をはじめとする、地域紛擾を経験した地方長官共通の最大公約数的な意図であった。

ところが、戸長の位置づけは、大久保の新地方制度構想を契機に、明治十一（一八七八）年四月の地方官会議を経て以上のように「民」に属すものとされていったのが、同年七月二二日に郡区町村編制法と同時に公布された「郡区町村編制・府県会・地方税両規則施行順序」（太政官無号達）では、戸長は「行政事務に従事すると其町村の理事者たると二様の性質の者」と位置づけられ、戸長の性質が「官」と「民」にまたがるものとされた(48)。大久保にせよ、明治十（一八七七）年頃の安場や井上毅にせよ、「官」「民」の分離を主眼においていたものが、地方官会議の後、元老院での修正を受けて、結局戸長の身分はあいまいなものとされてしまったのである。

第二に安場は、府県会議員の資格要件を緩和すべきだと主張した。

制定された府県会規則によると、府県会議員となるためには地租一〇円以上の納税資格が必要であったが、安場はこの法案に対して「民情」に適さないとして反対した。その理由は、地租一〇円以上を

納める者は県内では少なく、またそれら少数の者は「所謂《いわゆる》農家門閥にして愚物」が多いからであった。人材を得ようと思えば、「中産以上の者」を含めるように議員要件を緩和しなければならないと安場は考えた。さらに安場は、地租一〇円以上という要件だと士族が議員資格を失うということを危惧した。そこで要件を不動産所有者（納税地租の額は問わない）ということにせよと、主張するのである。

しかし、結局この修正案は認められなかった(49)。いわゆる「空論家」や「士族民権家」の府県会への参入を警戒して選挙権資格に一定の財産要件を設定した明治政府に対して、安場は極力選挙権資格上の財産要件を緩和しようと試みたのである。逆に、一般的に民権運動においては府県会議員選挙権の緩和については、ほとんど目立った関心が払われなかった。ここでも安場が、旧統治身分である士族を政治的叡知をかねそなえたものと認識し、それを改めて政治的中間層として位置づけようとしていることがわかる。

第三に、府県会議員の資格要件を緩和してできるだけ多くの人材に府県会の構成メンバーの門戸を開こうとした安場は、いっぽうで府知事・県令の権限強化をねらおうとした。

地方税規則案の第一九条では、地方税で施行すべき事柄についての府県会の議決を府知事・県令が認可すべきでないと認めた場合、それを内務卿に具状して裁決を仰がなければならないと規定されていた。安場は、その原案について修正意見を加え、内務卿に具状するのではなく、府県会に対して再審議するよう勧告できる権限を府知事・県令に与えるべきであると主張したのである(50)。

実は、安場は第二回地方官会議の前年の六月二〇日に大久保利通に、府知事・県令に有能な人物を登用するよう建白書を提出していた。そこでは、地方長官に「地方実際の状況」や「下情《かじょう》」にうとい人物が多いことが内務地方行政の欠点であると指摘し、「地方ノ真情」に通じた人物を地方長官に登用して、「民心を収め、民力を養ふの基《もとい》を立る」ことが重要だと主張していた(51)。

要するに安場は、府知事・県令という地方行政の長官が地域社会の実情に通じながらも、制度的にも府県会に対して優位に立つことができると同時に、内務省からの介入を極力防いで、府県自治を確保することができるように意図したのである。そしてこの考えが、原則論的な民主制から機械的に導き出されたものでも、単純に専制をめざそうとしたものでもなく、「議会に決したる事とても悉《ことごと》く可となすへからさることあり」と安場自身が言うように(52)、議会での多数＝輿論《よろん》を〃多数だから〃という理由で安易に容認しないという立場からのものであったという点は重要である。その意味で安場にとっては、府知事・県令は中央政府から一定自立しながらも、ひるがえって輿論からも超然としていなければならない存在であったのである。オプティミスティックな原則論ではなく、リアリズムを踏まえた、保守にして気骨ある地方官僚としての姿がここには浮かび上がっているといってよい。

では、社会の多数の意思＝輿論から拘束されずに、また時には国家に対して一定自立性を保持しながらも、遂行されなければならなかった府県行政とは、安場にとって何だったのか。それは次にみる勧業政策であった。

第四に勧業費を地方税費目として府県財政に組み込もうとした。

政府委員の松田道之の、たかだか一三〇万円ほどの勧業費で勧業が遂行されるはずがないという意見をしりぞけ、安場は「日本全国、今日の民力にて、少しも補助の力なくては其智識財力を以て業《なりわい》を起すに足るものなし」と反論する(53)。そして勧業費を地方税から捻出することほど、安場によれば「府知事県令独断」で処理するのに適当なものはないのであった(54)。安場の建議により勧業費が地方税費目の一項として追加される修正案が審議され、裁決の結果二二名の起立(三六名中)をもって可決された(55)。

逆に安場は、地方税費目から郡長・区長・郡区庁費を削除し、それらを国費支弁とするようにも主張した。安場は言う。「郡長以上の行政区域の費用に加へたり、斯《かく》の如く行政部分の入費まで地方税を以て支弁すへしと云《い》ふは前後不釣合《ふつりあい》」と。郡は行政の領域なので、「官民の区域を確立」するという原則からいえば、「郡区長は純粋の行政官吏」であり、したがって地方税費目としては認められないというわけであった(56)。この安場の修正案は、裁決でわずか四名の同意者しか得られず、否決された(57)。

この修正案をめぐって、政府委員(松田道之)との議論の応酬のなかで、安場は興味深い自身の政治姿勢を示していた。松田が安場の意見に対して、郡区長・郡区庁費は行政部分に関わる費用であっても、全国に関わる費用ではなく地方に関わる費用なので、それは地方税費目によって支弁すべきものだし、政府の考えとは異なるが、「或る学者の考へ」によれば府知事・県令の俸給でさえも地方税費目となるべきだと論駁した(58)。これに対して、安場は次のようにやや強弁にも似た主張を展開させる(59)。

今般地方より特に地方官を召寄られ、法律家ならさるものに此法案を議せしめらるゝは全く地方の事情に通し、実際に適せんことを要するか為なるへしと信す、故に議員たるものは之を内外に考へ、之を古今に徴し、人民適度・財力運用・前途如何と飽《あく》まて地方の実際を開陳し、徒《いたずら》に学者論に陥らさらんことを務め、斯《かく》の如く実地の論を発したるなり〔傍点住友〕

地方官会議とは、学者の理論をぶつけあって議論する場ではなく、「地方の事情」や「実際」はどうかといった「実地の論」を審議すべき場であるとの安場の信念がここに示されている。「道理」のみによって法律を定めるのなら、法律家だけを集めればよいのであって、地方官を召集するのであれば「地方の実際」を「尋問」し、議員も「実際の論」を発せざるべからずとも安場は説く。他章でも指摘があるように、学者の「空理空論」を嫌い、「実状」「実際」に適した議論を一貫して重視する点にこそ、安場の政治姿勢中の要諦がある(60)。

ところが、逆にこのような「実地」「実際」を重視し、「学者の理論」を嫌う政治姿勢は、財政通の井上馨やその側近でもあった渋沢栄一からは、経済・財政について「素養も能力も無い人」と眼下に見られることにもなる(61)。

さて、安場の修正案は否決されたが、明治十二(一八七九)年六月の愛知県会で、春日井郡地租改正反対運動のリーダーでもあった林金兵衛県会議員らがそれと同様の提案を行なうこととなった。林議員らは、郡区吏員を国費支弁にせよ、あるいはそれができなければ郡区吏員を民選にせよと訴え、その趣旨を内務卿伊藤博文に建議することを主張した。林は「郡区吏員」は「府県行政官吏と聊《いささ》か異なる所なき」と述べ、「官民の分界を截然明劃《せつぜんめいかく》」にする観点からは「郡区吏員給料・旅費及ひ庁中諸費」は「国費を以て支給せらる可《べ》」しと主張した。そしてもし財政上それができないならば、行政の領域を府県までにとどめ、郡区以下の吏員から町村の戸長までは「人民の公撰」にするべきだと訴えた(62)。

この建議の方は、安場の提案にくらべややや一貫性に欠けるが、「官」「民」両者の領域を分離するという方向性を出している点は、先に見たように大久保(あるいは井上毅などの法制局)から安場などの地方長官にいたるまで共通しているところで、そう考えると「官」「民」分離の意図は国家と地域社会双方にとっての大きな共通課題であったことがわかる。

県会では、内務卿へ建議することが全会一致で可決されることとなったが、この建議が政府で容認され、郡区吏員などの給料が国費支弁となるか、あるいは郡区長が公選されるという制度が作られることはなかった。

三　殖産興業の終焉と県令辞任

県庁舎の移築

大久保政権の殖産興業政策のもと、インフラ整備、産業育成、人材養成に安場県政は積極的に取り組んだ。

安場が地方県政確立への、なみなみならぬ意気込みを見せたことは、県庁舎を移築したことにも表れている。明治維新以後、愛知県としては名古屋下茶屋町東掛所本願寺別院を仮庁舎にあててきたのみで、本格的な庁舎を持たなかった。安場は明治十（一八七七）年に名古屋市内の南久屋町に庁舎を新築し、仮庁舎から県庁機能を移転させた(63)。

文物の急速な近代化とめまぐるしい制度改変の過程で愛知県令に就任した安場は、そのような時代の変化のなかで教育と文化を重視し、理性ある公論を県政に供給すべき「市民」の内面性を作ろうともした。

明治初期の愛知県の状況は、「嗚呼《ああ》歌舞音曲の盛なる県下の如きは日本全国未だ其の比敵あるを聞かず、如斯《かくのごとき》民俗を紊乱《びんらん》し、淫風を煽動する弊害は一洗し、全く教育の行れんこと、我輩の企望する所也」と言われ(64)、女子教育も含め教育が重視されていた。そのこともあって安場県令時代になって、明治九（一八七六）年五月には女範学校が設置された(65)。

さらに、「尾張は旧藩以来士民驕怠《きょうたい》に流れ、風俗の頽廃《たいはい》甚《はなは》しきものあり」と言われ(66)、これを刷新するためには小学教育の振興が重視され、そのためには師範教育の改善が焦眉の課題とされた。そこで県では文部省督学官山中立蔵や安場と同郷の熊本県士族境野熊蔵を愛知県師範学校へ登用した。同校は、明治九年八月一〇日愛知県養成学校が改称されたものである(67)。

名古屋城金鯱の復帰

安場は、愛知県政の中心たる名古屋を文化的にも中心たらしめようとすることにも熱心であった。それが名物保存の問題であり、その代表的なものが明治十一（一八七八）年六月一〇日から展開された名古屋城金鯱《きんしやち》取戻嘆願運動であった(68)。明治維新後の「旧物破壊の風」のなかで、金鯱は「無用の長物として之を東京博物館に交附し、更に転じて欧洲の博覧会に出品」されるという事態をまねいていた。しかし安場は、「濫《みだ》りに歴史上の遺物を廃却するが如きは、徒《いたず》らに人心をして軽躁《けいそう》新を衒《てら》ふ風〔軽々しく新しいものを見せびらかす風潮のこと〕を長じ、旧城の美観を損する外、何等《なんら》益するところなし」として政府に建議し(69)、翌年二月六日宮内省から八年ぶりに金鯱は天守閣に復帰した。大都市名古屋の文化的象徴として、ここに金鯱が位置づけられることとなったのである。

勧業政策

勧業政策については、勧業政策を重視する大久保の地方官人事で安場が愛知県令を命ぜられたこと、地方官会議で地方税費目に勧業費を追加させたことなどを考えても、安場県令の最も重視する地方政策であったことがわかる。

県では、明治八（一八七五）年一一月の府県職制で初めて規定されたように産業に関する事務を取り扱う第二課を明治十一（一八七八）年一一月に勧業課と改め、殖産興業に努めることとなった（同年七月にはすでに府県職制は廃止され、府県官職制が制定されていた）(70)。

県は、士族授産に資するため明治十（一八七七）年一〇月に愛知県職工場を設立し、幅広小倉綿フランネルや普通の結城縞などを生産させた。また翌年一月に愛知物産組が設立され、愛知県職工場の卒業者である「士族の婦女子」に賃織させた。豊橋では有志者が「無産の士族の婦女子」を募集して織物の伝習をさせようとしたのに対して県が八〇〇円の貸与を行なっている(71)。

明治用水の整備

また、大規模な灌漑用水として著名な明治用水を整備したことも見逃せない事績であった。明治用水は矢作川を水源とするもので、幕末頃から豪農・商人など地域の有志者らが計画・起工してきたが、いずれも失敗していた。愛知県令に就任した安場はこの民間計画を引きついで積極的に推進し、強力な指導のもと明治十二（一八七九）年一月に起工し、明治十七（一八八四）年に終了する大規模工事の礎をつくった。

後藤新平の登用

安場は、衛生・医療問題にも積極的に取り組んだ。

まず、後藤新平を愛知県病院の医師に抜擢した。岩手県胆沢《いさわ》郡の出身である後藤がなぜ抜擢されたかというと、安場が明治二（一八六九）年八月に胆沢県に大参事として赴任した際、後藤少年の才能を早くも見いだし、当時弱冠十二歳であった後藤を給仕として採用したという縁があったからである(72)。

明治九（一八七六）年八月二五日、後藤は愛知県病院三等医の辞令を受け取った。配属は医局であった。赴任した愛知県病院（建物は仮舎）は後藤自身によれば、「当院盛大は、福島県病院に勝さる数倍」であり、月に約八〇〇〇人近い外来患者が訪れる。安場は、すでに五月から病院の新築工事を進めており、翌明治十（一八七七）年七月一日に開院式を挙行した。名古屋一の洋風建築として著名となる愛知県病院の新築に関しては、安場が本腰を入れて取り組み、真宗が盛んな地の利を活かして東本願寺派・西本願寺派・高田派を通じて寄附金を集め、病院の建築事業を完遂させた(73)。そしてオーストリア公使館附医官として来日していたアルベルト・フォン・ローレッツを愛知県病院に招き、事実上の県医学校長として三年契約を結ばせた（実際は四年勤務）。

伝染病予防対策

その後藤が安場県政のもとで重要な役割を果たすようになったのが、伝染病対策であった。一九世紀以降世界中で猛威をふるったコレラは、日本でも大きな被害をもたらした。明治十（一八七七）年にはコレラは日本全国で大きな被害をもたらし、政府はこれに対する対策をせまられた。二等診察医に昇進していた後藤は、翌年一〇月に「健康警察医官を設く可きの建言」を安場県令に建言した。そこで後藤は、愛知県の伝染病対策について、病気の原因を探るのに不熱心で「恬乎《かっこ》として顧みざるを以て、是等の疾患の原因及び蔓延法《まんえんほう》不明にして、予防法も亦　随《したがっ》て十全ならざる」状態であったとその反省をせまり、「欧洲の医学に通暁《つうぎょう》する者」、すなわち「健康警察医官」を設けよと主張した。この健康警察医官は「人民及病院より、其給料を教頭の下命に随《したが》ひ、而《しこう》して病院内の一局に於て、一小吏《しょうり》（筆算に従事する者）と共に職を奉する者と」位置づけられた(74)。

さらに明治十二（一八七九）年春、今までで最大規模のコレラが発生し、県内では八月末までに患者一四八七人、死者八九七人をだした(75)。七月三日、県は警察課と学務課の官員から虎列刺《コレラ》病予防取締委員を組織し、愛知県病院内に同委員の事務所を設けてコレラ対策を講じていった(76)。しかし県や警察による強引な取締のため、「コレラ病死人移送押し止む」、「コレラ病患者を避病院へ送移するのに反対」、「コレラ病死人の火葬場への通行反対」といった騒動が地域社会で起こり、騒ぎを起こした住民が警察などと衝突した(77)。

ここに、内務省や各府県は本格的な伝染病予防体制を構築していくことを迫られた。まず愛知県では後藤が明治十二（一八七九）年一二月二七日に愛知県医学校長兼病院長代理に昇進する（明治十四（一八八一）年一〇月には学校長兼病院長に就任）。同日には県に衛生課が設置され、同時に地方衛生に関する議事機関である地方衛生会が組織される。地方衛生会には開業医・県会議員・県衛生課長・公立病院長・同薬局長・警察官が構成メンバーとして入り、公衆衛生のプロパーが地方衛生行政の組織に糾合された。さらに翌年四月には県下で町村衛生委員が設置され、戸長ほか地域の有力者を組織する。その上で、町村＝戸長に地方衛生に関する事務と伝染病予防事務を統轄させた(78)。県機構内での専門家の組織化と町村レベルにおける住民の組織化という事態がパラレルに進行し、「官」「民」の役割分担を明確にしていく。「官」による強圧的な予防取締が各地域で騒擾を引き起こしたことを踏まえ、地域社会に地方衛生事務に関する権限移譲を行なっていったのである。

安場県令のもとで「官」レベルにおける後藤新平ら有能な専門家の役割が高まると同時に、「民」レベルにおける地方衛生行政に対する住民参加型の取り組みが進行する。これは、あたかも三新法体制の確立と軌を一にするかたちで展開を見ることになった。そして、愛知県においては、安場県令によって登用された後藤新平を中心に愛知県病院がそのような地方衛生行政のセンターの役割を担っていくのである。明治十三（一八八〇）年二月に後藤愛知県病院長代理の肝煎りで作られた、公衆衛生に関する医師の親睦団体である愛衆社は愛知県の衛生行政に対して「緊要ノ件」を建議することとなった(79)。この愛衆社こそがのちの大日本私立衛生会の県支部となるのである。

安場県令の辞任

西南戦争（明治十〔一八七七〕年）後のインフレと財政悪化、さらには民権派の租税負担軽減要求は殖産興業政策を頓挫させ、ときに安場県政を苦しめた。第一回愛知県会が明治十二（一八七九）年五月一〇日に開会されると、たびたび議会から予算削減要求がだされた。安場県令の提案した勧業費二万一一七七円が一万一四三八円に削減されるなど、予算案が否決・修正されることもあった（前掲『愛知県の百年』四八頁）。また安場の大きなうしろだてであった大久保利通が明治十一（一八七八）年五月に暗殺された。安場の立場はいっそう苦しいものとなった。明治十三（一八八〇）年三月八日、安場保和は愛知県令を辞し、元老院議官を命ぜられた。

安場自身は愛知県令に未練があったらしい。しかし長州出身で、愛知県大書記官に就任していた国貞廉平《れんぺい》が、「其党派」の関係を利用して、しだいに「自然と安場の失策等を鳴ら」すようになり、それが「内務省へも聞へ」、「終《つい》に此度《このたび》の祭上《まつりあげ》にも逢候《あいそうろう》」などと噂された(80)。このように、詳しいことはわからないが、安場の県令辞任は伊藤内務卿＝長州閥との確執があったようである。実際に安場辞任後の愛知県令は、国貞廉平・勝間田稔《みのる》・白根専一《しらねせんいち》と長州出身者がしばらく続いた（明治二十八〔一八九五〕年五月まで）。

気骨ある明治前期の県令を代表する安場保和は、以上見てきたように「専制と弾圧」というイメージでは計ることができない。帝国議会開設の翌年にあたる明治二十四（一八九一）年、安場は、草稿した「立憲政治に関する意見書」のなかで、「立憲政治」とは「衆智を集め、公議を尽し、民情の趨勢《すうせい》を詳《つまびらか》にして、為政の方針を定め、以て国家の隆盛を計画するに外ならさるなり」と述べている。「立憲政治」とは安場にとっては、公議輿論一般から捉えられる絶対普遍の原理ではなく、まさに、「実地」の観点を見すえながら行政課題と民意の接点を模索していくことで導きだされるものであった。

政府による激しい選挙干渉があったことで有名な明治二十五（一八九二）年二月の第二回総選挙のあと、自由党系の県会議員などから非難をあびた愛知県知事千田貞暁《せんださだあき》は七月二〇日に京都府知事に転出となり、即日後任には安場保和が任命された。しかし安場は、それを不服として着任せず、任命されてから一三日後の八月二日に免職となった。安場の再度の愛知県赴任は実体のともなわないものとなった。

注

（1）山中永之佑他編『近代日本地方自治立法資料集成1　明治前期』弘文堂、一九九一年、二七一頁。
（2）「愛知県令鷲尾隆聚県治状況探索書」（『大隈文書』国立国会図書館憲政資料室所蔵マイクロフィルム）。
（3）同右。

(4) 一八七五年一一月一八日付大久保利通宛内藤魯一建言書(知立市歴史民俗資料館編『内藤魯一自由民権運動資料集』知立市教育委員会、二〇〇〇年)一五―六頁。
(5) 一八七五年大久保利通宛内藤魯一建言書(同右)一七頁。
(6) 一八七五年五月二五日付安場保和愛知県令宛内藤魯一建言書(同右)一八―九頁。
(7) 「愛知県下会議開設之議」(『弐大学区 愛知新聞』一八七六年二月一七日付)。
(8) 『弐大学区 愛知新聞』一八七六年二月二六日付。
(9) 近藤哲生『地租改正の研究』未来社、一九六七年、七八―九頁、八四頁。
(10) 日本史籍協会編『大久保利通日記 二』北泉社、一九九七年、四六五頁、四六九頁。
(11) 「県治事務受渡済上申」(『明治九年二月 公文録 府県之部』国立公文書館所蔵)。
(12) 近藤前掲書七九―八〇頁。
(13) 愛知県史編さん委員会編『愛知県史 資料編28 近代5 農林水産業』愛知県、二〇〇〇年、三四頁。
(14) 以上、同右三七―八頁。
(15) 山形修人・桶田魯一・小山正武「愛知県出張復命書」一八七七年九月(『明治十年十二月公文録 内務省之部 六』国立公文書館所蔵)。
(16) 前掲『愛知県史 資料編28 近代5 農林水産業』二一頁。
(17) 愛知県「地租改正調査手続要領」(同右)二三頁。
(18) 近藤前掲書九二―三頁。
(19) 同右九五―六頁。
(20) 前掲『愛知県史 資料編28 近代5 農林水産業』五八頁。
(21) 地租改正事務局山形修人宛愛知県「改租事業運歩ノ概況」一八八一年四月九日(前掲『愛知県史資料編28 近代5 農林水産業』)四頁。
(22) 林由紀子「瑞穂村の成立」(愛知女子短期大学付属東海地域文化研究所『東海地域文化の諸問題』一集、一九九四年)。
(23) 前掲『近代日本地方自治立法資料集成1』三七六頁。
(24) 村田保定編『安場咬菜・父母の追憶』安場保健発行、私家本、一九三八年、一九一頁。
(25) 愛知県『愛知県史 第三巻』愛知県、一九三九年、一三六―七頁によると、一八七九年度の県官の総計は九二六人であった。

(26) 一八七八年六月二六日付伊藤博文宛安場保和書翰（『憲政史編纂会収集文書』国立国会図書館憲政資料室所蔵）。

(27) 愛知県「地租改正調査手続要領」（前掲『愛知県史　資料編28　近代5　農林水産業』）二二一―三頁。

(28) 同右二二頁。

(29) 近藤哲生「解説」（前掲『愛知県史　資料編28　近代5　農林水産業』）九八五頁。

(30) 大久保利通「地方之体制等改正之儀上申」（『大久保利通文書』第一〇、日本史籍協会、一九二九年）。

(31) 同右一一四―五頁。

(32) 同右一一七―八頁。

(33) 勝田政治『内務省と明治国家形成』吉川弘文館、二〇〇二年、二三〇頁、同『〈政事家〉大久保利通』講談社選書メチエ、二〇〇三年、二一〇―一頁。近年の研究である両著でも、町村に公権を付与し、地方自治体化しようとしたという理解を示す。しかし、町村を放任するということとそれを地方自治体として公認することとは違う。言うまでもなく大久保意見書では町村を地方自治体として公認しない。内藤正中は、大久保の「地方会議法」は「地方における紛乱を中央政府に波及させまいとする防波堤としての地方議会であった」と述べている（『自由民権運動の研究』青木書店、一九六四年、一九九頁）。当を得た評価である。他に小路田泰直「明治憲法体制確立期の地域と『官僚制』についての覚書」（『日本史研究』二八九号、一九八六年九月）九三―五頁も参照。

(34) 前掲『近代日本地方自治立法資料集成1』三六四―五頁。

(35) 『井上毅伝』史料篇第一、國學院大學図書館、一九六六年、九九頁。

(36) 前掲『近代日本地方自治立法資料集成1』三六四―五頁。

(37) 安場は、内務省の指令に反して判任官の増員・増給を据えおいたというかどで半月分の減俸処分を明治十一（一八七八）年六月一九日に受けたことがある（大島美津子『明治国家と地域社会』岩波書店、一九九四年、四一頁）。

(38) 前掲『近代日本地方自治立法資料集成1』三六五頁。以上は、茂木陽一・鶴巻孝雄編『明治建白集成』第五巻、筑摩書房、一九九六年、三一八―三二六頁にも掲載されている。

(39) 神谷力『家と村の法史研究』御茶の水書房、一九七六年、三一三頁。

(40) 同右三一八頁。

(41) 「楠本正隆男ノ談話」（『小楠横井先生手翰』熊本大学文学部永青文庫所蔵）。ただし、楠本の記憶では東京府知事に転じたあとに「献策」したことになっているが、それでは第一回地方官会議が終了したあとになってしまうので、楠本がまだ新潟県令時代に「献策」したものと推測した。
(42) 稲田正次『明治憲法成立史』上巻、有斐閣、一九六〇年、二三〇頁。
(43) 前島密談話「夢平閑話」(『大久保利通文書』第九、日本史籍協会、一九二九年)一三八―九頁。
(44) 「地方官会議の裏面」(『明治文化全集』第四巻・憲政篇、日本評論社、一九二八年)三四〇頁。
(45) 我部政男・広瀬順晧・西川誠編『明治前期地方官会議史料集成　第二期・第六巻』柏書房、一九九七年、二三九―二四〇頁。
(46) 「明治十一年地方官会議議事筆記　乾」(我部政男・広瀬順晧・西川誠編『明治前期地方官会議史料集成　第二期・第四巻』柏書房、一九九七年)五八頁。
(47) 同右三九―四一頁。
(48) 前掲『近代日本地方自治立法資料集成1』四四七頁。
(49) 前掲「明治十一年地方官会議議事筆記　乾」九一―二頁、九八頁。
(50) 「明治十一年地方官会議議事筆記　坤」(前掲『明治前期地方官会議史料集成　第二期・第四巻』)一五六頁。
(51) 明治十(一八七七)年六月二〇日付大久保利通宛安場保和建白書(『後藤新平文書』国立国会図書館憲政資料室マイクロフィルム)。
(52) 前掲「明治十一年地方官会議議事筆記　坤」一五六頁。
(53) 同右二六二頁。
(54) 同右二六三頁。
(55) 同右三一六頁。
(56) 同右二八七―二八八頁。
(57) 同右二九四頁。
(58) 同右二九〇頁。
(59) 同右二九三頁。
(60) 安場の唯一の伝記でも、「徒らに理論に泥み、形式に拘はるは甚だ好まざるところにして、専ら実践躬行を以て部属を率ゐる」と指摘されている(前掲、村田保定編『安場咬菜・父母の追憶』三九頁)。

(61) 前掲『内務省と明治国家形成』一四頁。
(62) 河地清「林金兵衛と「愛知県議会第一回通常県会」について」(『東海近代史研究』五号、一九八三年)三六―七頁。河地は林の意見を「地方分権論の考えをもった斬新な思想」と高く評価するが、一年前に同様の建議を安場県令が地方官会議で行なっていたことを考えると、県令対県会という単純な対抗図式では地方政治構造を捉えることができないことがわかる。
(63) 新修名古屋市史編集委員会編『新修　名古屋市史　第一〇巻　年表・索引』名古屋市、二〇〇一年、年表一一五頁。ただし前掲、村田保定編『安場咬菜・父母の追憶』四一頁では、一八七八年に元七間町に移転とある。
(64) 『第二大学区新聞』一八七五年一一月二二日付。
(65) 前掲『新修　名古屋市史　第一〇巻』年表一一四頁。
(66) 前掲、村田保定編『安場咬菜・父母の追憶』五三頁。
(67) 前掲『新修　名古屋市史　第一〇巻』年表一一四頁。
(68) 同右一一五頁。
(69) 前掲、村田保定編『安場咬菜・父母の追憶』五四頁。
(70) 前掲『愛知県史　第三巻』三六五頁。
(71) 塩澤君夫・斎藤勇・近藤哲生『愛知県の百年』山川出版社、一九九三年、三七頁、前掲『愛知県史　第三巻』一五―六頁。
(72) 鶴見祐輔『後藤新平　第一巻』勁草書房、一九六五年、八一頁。
(73) 同右一六七―八頁。
(74) 同右二四八―九頁。
(75) 尾﨑耕司「一八七九年コレラと地方衛生政策の転換」(『日本史研究』四一八号、一九九七年六月)二五頁。
(76) 同右二六頁。
(77) 青木虹二『明治農民騒擾の年次的研究』新生社、一九六七年、五三―六頁。
(78) 前掲尾﨑論文参照。
(79) 前掲『後藤新平　第一巻』二六六頁。
(80) 沼田哲・元田竹彦編『元田永孚関係文書』山川出版社、一九八五年、一五四頁。

第五章 日本鉄道会社の創設へ 1869-1906

中村尚史

一　日本鉄道構想の源流

鉄道創業と民営鉄道構想

明治二（一八六九）年一二月、明治政府は東西両京間を幹線、東京―横浜間、京都―神戸間、琵琶湖近傍―敦賀間を支線とする鉄道の建設を廟議決定した。その第一着手として東京―横浜間、大阪―神戸間の鉄道が、資金・資材のイギリスからの導入と外国人技術者の直接雇用による政府直轄方式で着工される。そして明治五（一八七二）年一〇月には新橋―横浜間が開業し、日本で最初の鉄道が産声を上げた。

しかしその後、政府による鉄道建設は、高賃金のお雇い外国人への全面的な依存による建設コスト高や、財政難による資金不足もあって、遅々として進まなかった。そのため一八七〇年代前半には、様々な勢力によって、民間の資力を用いて速やかに鉄道を建設しようという計画が持ち上がっている。例えば関西では、明治五年―明治六（一八七三）年に、三井家をはじめとする旧御用商人が出資して鉄道会社を設立し、大阪―京都―敦賀間鉄道を敷設しようという動きがあった(1)。一方、関東では請負業者として京浜間鉄道建設に関わった高島嘉右衛門が、明治四（一八七一）年―明治五年に東京―青森間鉄道の建設を計画している（**表5―1**［章末参照］）。

さらに明治五年一一月、イギリス留学中の旧徳島藩主・蜂須賀茂韶《もちあき》が、華士族の共同出資による東京―青森間ないし東京―新潟間の鉄道創設を政府に建議した。この建議提出の経緯について、当時、欧米使節団の特命全権大使としてロンドンに滞在していた岩倉具視は、太政大臣・三条実美に宛てた意見書において、次のように述べている。

臣倫敦《ロンドン》に到着し蜂須賀に邂逅し談話此件〔鉄道敷設の件〕に及ぶ。其後蜂須賀は小室少議官を以て臣に説き、華族の財本を以て陸羽より東京までの鉄道を築造せんと欲するの目的を述べ且曰く、蜂須賀家の財本を集めば百万円を得へし、先づ此財本を以て鉄道資金を募り始めとし、其工事を起さば必ず他の華族も此社員に加入するもの有るべし、政府に於て其起工を許可し且相当の保護を与ふるや否と。臣其言を聴き其容を見るに決して虚喝に非らざるを信じ、深く臣が宿望する所に応ずるを欣ぶ。〔中略〕臣が親しく語る所の者〔旧米沢藩士・千坂、旧金沢藩士・堀嘉久馬〕同意を表すること此の如し。顧うに此機会失う可からず。又此〔華族の〕財本散ぜしむ可らず。幸に蜂須賀が請を許可し東北の一鉄道を布設するの会社を興さしめば、華族有財力の者は之に応ぜんこと必然なりと信ぜり(2)。

〔現代語訳・要旨〕私がロンドンに到着し、蜂須賀とめぐりあった際、この〔鉄道敷設の〕話になった。その後、蜂須賀は小室少議官を遣わして、私に華族財産を利用して陸羽から東京まで鉄道を建設する計画について以下のように説明した。「蜂須賀家の財産を集めると一〇〇万円は確保できます。まずその財産を鉄道資金の元金として鉄道工事に着手すれば、他の華族のなかにも株主になるものが必ずいるはずです。政府はその起工を許可し、また一定の保護を与えてくれるでしょうか。」私は、その言葉を聞き、彼の様子を見て、それが決して虚言ではないと確信し、自分の宿望と合致することを喜んだ。〔中略〕その後、側近にこの話をしたところ、彼らもまた計画に同意した。そこで私はこの機を逃さず、華族の財産を散逸しないようにする必要があると考えた。もし幸いに蜂須賀の申請をうけて東北での一大鉄道会社の設立を許可していただけるのであれば、財産がある華族は必ずこの計画に参加するであろうと確信している。

明治四（一八七一）年一二月、横浜を出航した岩倉使節団は、翌年一月、サンフランシスコに上陸し、大陸横断鉄道でアメリカ西海岸から東海岸へと移動した。その後、アメリカから欧州に向かい、八月、ロンドンに到着している(3)。この間、ワシントンＤＣから引き返した安場保和を含め、使節団の中では「公利を起すの源は運輸を便にするに在り而て運輸を便にするは鉄道より速かなるはなく、又大なるはなし」(4)というように、鉄道の評価が著しく高まっていた。加えて「欧州の豪商」がこぞって「鉄道の株主」になっていることから、「我が国をして欧米二洲の如く鉄道の株あらば華族をして其財本を以て鉄道の株を所有せしめば坐して其利を獲て衣食することを得て今日の如く方向に迷はざるべし」(5)と、鉄道は華族の授産事業としても有望であると認識されていた。そのため岩倉は、華族の手で鉄道会社を設立したいという蜂須賀の意向を積極的に支持し、これに対する政府の支援を要請したのである。

また蜂須賀の構想で注目すべきもう一つの点は、予定線路が当初から東京―陸羽間という東北鉄道構想になっていた点である。旧徳島藩主であり、東北地方には縁もゆかりもない蜂須賀が、なぜ敢えて東北鉄道に「蜂須賀家の財本」を注ぎ込もうとしたのであろうか。政府から家禄・賞典禄を受けている華族たちにとって、その財産を用いて「報国の実効を立て」ることとは、「戸位素餐の誹議《そしり》を免れ名利雙全」するためにも重要であった(6)。その意味では、東京と青森を繋ぐ路線が単に東北開発に役立つだけでなく、当該期における最重要課題の一つであった北海道の開拓と防衛にも裨益し得るという点が、蜂須賀に止まらず華族全体にとって魅力的であったと思われる。裏を返せば、華族の資本を広く動員したい蜂須賀らにとって、個々の旧領国から離れたとしても出資の大義名分が立つ東北鉄道は、最適の路線であった。

華族の鉄道構想

この建議をうけて、翌明治六(一八七三)年三月に徳川慶勝他九名の華族が、蜂須賀の構想に賛同する意志を表明した。そこで蜂須賀は小室信夫(左院少議官、旧徳島藩士)を代理として帰国させ、政府や華族への働きかけを行った。その結果、明治七(一八七四)年九月、太政官から蜂須賀らに「其方法委詳書載工部省へ可差出」という指令が出た(7)。そのため彼らは鉄道組合を結成し、前島密《ひそか》(資本主総代)、渋沢栄一(会計担当)、高島嘉右衛門(建築担当)と相談しながら、鉄道事業に着手しようとした(表5―1)。明治七年三月二七日、浅草の徳川慶勝《よしかつ》邸で開かれた第一回の鉄道組合会議には、徳川慶勝(旧尾張藩主)、松平慶永(旧福井藩主)、伊達宗城《むねなり》・宗徳《むねえ》(旧宇和島藩主)、池田慶徳《よしのり》(旧鳥取藩主)、池田茂政《もちまさ》・章政《あきまさ》

（旧岡山藩主、章政代・河原信可）、毛利元徳《もとのり》（旧山口藩主）、亀井茲監《これみ》（旧津和野藩主）、山内豊範《とよのり》（旧高知藩主）、蜂須賀茂韶（旧徳島藩主、茂韶代・小室信夫）という「麝香《じゃこう》間同列」の華族と前島密が出席し、第一着手予定線路を東京―福島間とすることが議論された(8)。その後、鉄道組合は第二回会議（同年四月六日）で創立時の資本金を七五〇万円と定め、家禄を抵当にして資金を調達することにし、さらに第三回会議（四月一六日）では資金が不足する場合、株式会社組織を導入することを決めた。しかし明治八（一八七五）年四月二三日に開催された第四回会議で、員外として出席した井上馨から、「鉄道建築の方向を転し、既成の新橋横浜間の鉄道を政府より買下くるを以て適宜の方法と為すべき」という提案があり、華族らもこれに同意したため、東北鉄道構想はあえなく潰えることになった(9)。なお華族組合による京浜間鉄道払下の請願は、同年五月、正式に提出され、政府に許可された。しかし、翌九（一八七六）年八月の金禄公債証書発行条例公布によって資金源である家禄が激減し、資金調達が困難になったため、明治十一（一八七八）年三月、鉄道組合は解散を余儀なくされる。その結果、鉄道払い下げもまた、頓挫することになった(10)。

一方、欧米歴訪以来、華族による東北鉄道建設を強く支持してきた岩倉具視は、明治九（一八七六）年一二月、自ら以下のような東京―青森間鉄道構想を提起した。

国益を謀るは鉄道より大なるはなし。既に明治六年中、蜂須賀茂韶の発意を以て徳川慶勝以下数名より鉄道築造の儀別紙第一号の通建言有之。惟《おも》ふに方今我国富強の基は則ち運輸の便を開くより先なるはなし。而して同族保家の計も亦《また》鉄道を以て不動産と為すより優れるはなし。夫《そ》れ鉄道の用たるや独り物産の繁殖を増すのみならず、千鈞《せんきん》の重きも一毛の軽きが如く、万里の遠きも比隣の近きが如し。政府の命令、朝に発し夕に辺陲に達す。警戒東に起て西より救応す。未開の民以て文明の域に進み、不毛の地以て膏腴《こうゆ》の域に変す。貨幣の流通、物価の平均、皆其効に依さるはなし。是れ欧米各国の富強を致す所以なり。仍て蜂須賀氏の前議を拡め、是亦金禄公債証書的鑵の金額を資本とし鉄道築造に従事せば、以て全国の鉄道を布くに足る(11)。

〔現代語訳・要旨〕国益増進をもくろむ際に鉄道は大きな役割を果たす。すでに蜂須賀茂韶の発起で、徳川慶勝ほか数名から、別紙第一号の通り鉄道建設が建言されている。私が考えるに、現在の我が国が富強の基礎を築くためには、まず運輸を便利にする必要がある。そして華族財産を保持するための最良の方法もまた鉄道を基本財産とすることである。鉄道はただ単に産業を振興するだけでなく、重いものを軽く、遠いところを近くに感じせしめ、朝に発令した政府の命令を夕方には辺境に到達するようにできる。もし東で警戒すべきことが起きたら、すぐに西から救援に行くことが可能になり、未開の人民を文明の域に進め、不毛の地を豊かな土地にすることができる。また貨幣の流通や物価の平均など、すべては鉄道の効用といえる。これこそ欧米各国が富強を達成した要因である。よって蜂須賀氏の提案を拡張し、金禄公債証書の償還金を資本として鉄道に投資する。そうすれば全国に鉄道を建設することができるであろう。

その具体的内容は、①華族に下付される金禄公債（三〇〇〇万円）を基金として発券銀行を設立する、②その紙幣一五〇〇万円を大蔵省に貸し付け、鉄道建設と外債償還に充てる、③鉄道建設・運営は工部省に委託する、④金禄公債償還後、鉄道を完全に華族組合の所有とするというものであった(12)。この構想の一部が、第十五国立銀行の設立に結びつくことはよく知られている(13)。しかし鉄道の方は、計画を具体化する前に西南戦争がはじまり、その混乱によって立ち消えになってしまった。

東山社の鉄道構想

ところで、一八七〇年代後半になると、秩禄処分の影響もあり、華族だけでなく士族層による鉄道構想も活性化しはじめた。その代表が、東山社による東京—高崎間鉄道構想である。東山社は林賢徳《けんとく》（旧金沢藩士）らによって、明治十一（一八七八）年四月、東京府下日吉町に設立された。林らは、東京—高崎間鉄道の調査が起業公債事業の一環として始まったことをうけて、この鉄道を金禄公債を担保に資金を調達することで「新築」しようと考えた(14)。そして同年五月、政府に東京—高崎間鉄道の民設許可を出願し、あわせて高崎正風《まさかぜ》(15)、伊藤博文、大隈重信といった政府の要人に対して、この計画への賛同を働きかけた。その際、林は高崎から肥田《ひだ》浜五郎（欧米使節団で岩倉に随行）の紹介をうけ、また太田黒惟信（旧熊本藩士）に協力を求めている(16)。しかし東山社の構想に対する行政側の反応は鈍く、早急な民設許可は覚束ない状況であった。そこで明治十一年七月、東山社は方向を転換し、鉄道組合の解散で宙に浮いた形になっていた京浜間鉄道の払い下げを、政府に請願することにした。ところが士族結社である東山社に、有力華族から構成されていた鉄道組合を上回る資金調達力があるとは考えられず、同年九月、この請願は早々に却下されてしまう(17)。こうして東山社の鉄道会社設立構想もまた、一旦、挫折してしまったのである。

以上のように、一八七〇年代に発起された民営鉄道の設立構想は、いずれも実を結ばなかった。しかし、岩倉具視を中心とする華族グループと東山社に結集した士族グループという、のちの日本鉄道会社の源流をなす人々が、すでにこの段階において、東北鉄道や東京—高崎間鉄道を構想していた点は、注目に値する。そして高崎正風のような岩倉使節団に参加した在官有志が、この両者を繋ぐ「環」として登場してくる。その意味で安場保和もまた、同じ横井小楠門下で実学党の仲間であった太田黒惟信を媒介に東山社と脈を通じ、一方で岩倉具視とも緊密な関係を保つという具合に、両グループの繋ぎ役として最適であった。後述するように、安場の登場によって、日本鉄道創設の動きが一気に加速する理由の一端は、まさにこの点に求めることが出来よう。

二　日本鉄道設立運動と安場保和

民営鉄道構想の再燃

西南戦争後、不換紙幣の増発などにより生じた激しいインフレーションは、明治十三（一八八〇）年から翌十四（一八八一）年にかけてピークを迎えた。表5—2（章末参照）の①、②からわかるように、明治十（一八七七）年からはじまる米価の上昇にともない、地価にリンクして固定的であった地租の、米の販売代金に対する割合は低下し、明治十三年（一八八〇）には一〇％にまで落ち込む。この状況は、地租収入の実質上の目減りによって政府財政を逼迫させる一方で、地主や豪商に大きなインフレ所得をもたらした。そのため、同表の③、④、⑤の指標(18)からわかるように、明治十二（一八七九）年から同十五（一八八二）年初頭にかけて、一種の投資ブームが発生する(19)。そしてさらにこのブームは、政府の財政難による官営鉄道の建設停滞と相まって、民間における鉄道事業熱を再燃させることになった。

明治十三（一八八〇）年六月、旧東山社の林賢徳、太田黒惟信らが、政府に対して土地書入兌換《だかん》証券の発行による東京—高崎間鉄道建設を請願した。前述したように東山社グループは、明治十一（一八七八）年以来、士族授産の一環として金禄公債を利用した既成鉄道の払い下げを企ててきたが、これが政府に拒絶されたこともあって、資金計画を練り直し、主たる資金源をインフレ所得により富裕化している地主に求めたものと思われる(20)。また一旦、官設が決定し、測量に取りかかっていた東京—高崎間鉄道も、この年の初めに建設中止という噂が流れたことから(21)、彼らは同鉄道の民設を再度企画したのである。

在官有志の登場

さらに同年八月には、安場保和（元老院議官）、中村弘毅《こうき》（同）、高崎正風（宮内省御用掛）、安川繁成（工部省大書記官）といった在官有志が、華族の出資による東北鉄道会社の設立構想を立ち上げた。その経緯について、「日本鉄道濫觴《らんしょう》概記」(22)は次のように述べている。

明治十一年より同十二年の交に当り、紙幣は日々に低落し正貨と物価は之に反して騰貴する為め、富豪の者は紙幣或は公債証書を以て正貨に換え、之を貯蔵する等の勢に至りしに、同十三年に際して国家の財政益々困難を極めたり、其之を救済するの方法に至ては当局者の在るありと雖も、恬然として看過するは固より其素志に非さるを以て、倩《つらつ》ら之を考えるに、吾人民中資金に富むもの華族の外又有る可からす、因て之を慫慂《しょうよう》して事業を企て、一は各自に安全なる財産を所有し、一は国家の公益を起さば、各方に沈滞隠匿する所の正貨は活動して、始めて貨幣の功用を為すべく、而して之に適するの要具は蓋《けだ》し鉄道の右に出るもの無るべしと、安川繁成窃《ひそ》かに之を断定し、一二の人に告て曰く、若し華族にして之に賛するも、或は其事務に従事するの人なきを患へは、繁成為に官を辞して之に当らん〔中略〕、高崎正風此言を聞き繁成を訪ふて共に事を談じ、即時安場保和に至りて之を諮りしに、保和直ちに感激同意せり、是明治十三年八月十一日なり、爾後保和之を中村弘毅に議す、弘毅亦之に同意せり(23)。

〔現代語訳・要旨〕明治十一〔一八七八〕年から同十二〔一八七九〕年にかけて紙幣は日々低落し、これに反して正貨と物価は騰貴するため、富豪は紙幣や公債証書を正貨に交換し、これを貯蔵するようになった。同十三〔一八八〇〕年になると国家財政は益々逼迫してきた。その対策を考えるのは当局者の仕事ではあるが、それをただ傍観するのは我々の志に反する。そこで、よくよく対策を考えてみたところ、我人民のなかで資金を豊富に有しているのは華族に他ならない。従って彼らを動員して事業を企画し、一方では彼らに安全な財産を所有させ、もう一方で国家の公益に寄与せしめたら、各所に退蔵されている正貨が活動しはじめ、貨幣としての役割を果たすようになるであろう。その事業に最も適するのはやはり鉄道である。安川繁成は自らこのように考え、一、二の人に向かって、「もしこの事業に賛成する華族が、その事務を担当する人がいないことを心配したら、私がそのために官を辞してこれを担当しよう」と語った。〔中略〕高崎正風はこの話を聞き、安川を訪ねて一緒に事業のことを相談した。そしてすぐに安場保和にこの事業について相談したところ、安場は感激して直ちにこれに同意した。それは明治十三年八月一一日のことであった。その後、安場はこれを中村弘毅に相談し、弘毅もまたこの事業に賛成した。

傍線部分からわかるように、安川は、西南戦後の銀紙格差の急速な拡大が、資産家の正貨退蔵によってもたらされたという認識に基づき、鉄道事業を興すことで正貨の流動性を高めて銀紙格差をなくし、インフレ抑制と財政危機の打開を図ろうとした。西南戦後インフレの原因が、不換紙幣の過剰発行によるものか、それとも正貨の不足ないし退蔵によるものかという問題については、当時の財政担当者であった大隈重信と、次に財政を担当する松方正義の間で、意見の相違がみられた。のちに松方が前者の立場に立ち、紙幣の直接消却というデフレ政策を行うのに対して、大隈は後者の立場から産業振興による積極財政を展開していた(24)。当時、工部省大書記官（会計局）として勧業政策の資金面の担当者であった安川は、基本的には大隈の政策基調に即して、華族資本を鉄道事業に誘導することを計画したのである。その意味で、前述した華族の鉄道組合や東山社が、自らの「恒産」獲得を最大の目的としていたのと違い、彼らは明らかに「国家の公益」を最大の目的とし、鉄道会社の設立を経済政策の一環と捉えていた。

このような安川、高崎、安場の鉄道構想を考える際、彼らがいずれも岩倉使節団に随行し、富国の必要性を痛感した人々であった点にも留意が必要である。例えば安場保和は、帰国後、福島県令、愛知県令を歴任した折に、用水、開墾事業や製糸工場、織物工場設立、運河開削等の殖産興業事業を精力的に推進し、その実現に努めた。そして鉄道敷設もまた、安場にとって富国構想の中核に位置するものであった。この点について、彼は翌明治十四（一八八一）年一月、岩倉具視に東北鉄道の計画を持ちかけた時、次のように述べている。

今日三人〔安場保和、安川繁成、高崎正風〕相携へて閣下を訪ふ所以のものは東奥殖産の事に属す。抑も富国の策たる一に殖産に竣たずんばあるべからざるは、閣下亦欧米巡航以来生等と所見を同じくせらるる所なり。而して其の所謂殖産興業は交通機関の発達に由るにあらずんば、之を他に求むべからさるなり。故に生等身官辺に在るに拘らず、一大私立鉄道の敷設を企てんと欲す。是れ固より豪も私家を利せんとする目的にあらず。唯富国策の一端として文明の利器を応用し、且今日経済界の不振を救はんが為、空しく篋底《きょうてい》に蔵する、大華族の資本を出さしめんとするに在り。然れども今日民間事業の幼稚なる、此の大事業を成立せしめんこと、実に容易にあらず。故に発企創立の事、政府先づ宜しく之に干渉して其の大成を謀る外途なかるべし(25)。

〔現代語訳・要旨〕今日三人が一緒に閣下を訪問したのは東北開発のことについて相談するためです。そもそも富国の第一歩が殖産にあるべきであることは、欧米巡航以来、閣下が我々と意見を同じくされているところです。そしてその殖産興業は交通機関の発達無くして、これを達成することができません。そのため我々は政府内部にいるにもかかわらず、一大鉄道会社の設立を計画したいと考えています。これはもとより少しも自分で儲けることを目的としていません。ただ富国政策の一環として文明の利器を応用し、かつ今日の経済界の不振を救うため、むなしく退蔵されている大華族の資金を引き出そうとしているのです。しかし今日、民間の事業は未発達で、この大事業を成功させるのは容易ではありません。故に鉄道会社の設立に際しては、政府がそれに積極的に関与して事業の成功を目指すほか、方法はありません。

傍線部分が示すように、安場らは欧米視察の経験から、交通機関、とくに鉄道の発達が産業振興の重要な鍵を握ることを認識した。しかし政府の財政難で官営鉄道の建設が中断したため、鉄道速成の担い手を民間に求めざるを得なくなった。ところが民間の力はまだ「幼稚」と思われることから、彼らは、「此の大事業」を成功させるためには、政府の直接的な指導や補助金交付といった「干渉」が不可欠であると考えた。

日本鉄道設立構想

しかしながら、実際の会社設立業務を誰が担当するかという問題は、やはり簡単には解決しなかった。当初、官を辞してそれに専念すると言っていた安川にしても、民間企業の資金調達や経営に経験があるわけではなく、「相共に頗る苦心焦慮せり」という状態であった(26)。そのため高崎正風や安場保和らは、旧知の林賢徳や太田黒惟信と相談し、彼らの東京—高崎鉄道計画についても議論した。その結果、取りあえず両者が合同して発起人となり、政府に鉄道民設の建議を行うことになった(27)。これを受けて安場、安川、高崎の三名が、明治十三(一八八〇)年一一月二九日、内務卿・松方正義を訪ね、鉄道会社発起の件を相談したところ、松方はこれに賛意を示し、さらに政府保護の可能性を示唆した。そこで、同年一二月五日、安場邸に発起人が集まり、①東京—高崎間鉄道から建設をはじめる、②政府に利益保証を請願する、③沿線の地方官にも協力を要請するという三点が合意された。その上で、請願書は安川が工部省の属官に立案してもらい、地方官については同月二一日、中村邸に福島、宮城、岩手、青森といった沿線各県の県令を招いて相談したところ、「皆驚喜同意ヲ表」した(23)。

このように計画の大枠を定めた安場らは、翌明治十四(一八八一)年一月一二日、①華族の投資先の創出、②士族授産、③細民保護、④東北及び北海道の開発を目的とする鉄道会社設立計画書(「鉄道会社条例案〕を岩倉具視に建議し、華族の協力を要請する。これに対して岩倉は、次のように述べて、鉄道会社設立構想への全面的な協力を約束した。

此事曩《さき》に大久保、藤波、万里小路《までのこうじ》等の請求並に奥羽地方官の懇願ありしも、時尚早きを以て深く心に留めざりしに、今卿等の請ふ所を聞くに、彼此皆吻合せり、是れ施すべきの機会已に熟するものと謂ふべし。思はざりき卿等の熱心、一に此に至らんとは。今より予誓て励精尽力すべし。然れども線路をして青森に達せしめざれば国家に益なし。卿等一己の利益を計る勿れ。総て徳義を重んじ軽躁に走る勿れ。夫れ大政維新は多少の苦辛を経て今日の偉業を致せり。今民間に鉄道を起すは其事至難なり。卿等以て第二の維新と為し、努力怠る勿れ。予は廟謨を定むるに従事すべし、卿等は規則編製、株金募集の事に関すべし。而して是を経理するや最も其人を得るを要とす。宜く肥田浜五郎に謀る所あるべし(29)。

〔現代語訳・要旨〕このこと〔東北鉄道のこと〕については以前、大久保、藤波、万里小路らの請願や奥羽の地方官の要請もあったが、時期尚早と考えてあまり心に留めていなかった。しかし今度、諸君の願いを聞いてみると、それらみんなと一致する。これは会社設立の時機が到来したということだろう。諸君の熱意がここに集中するとは想像していなかった。私はこれから一生懸命、この事業に尽力することを誓う。しかし鉄道の線路は、青森まで延伸しなければ国家の利益にならない。諸君は自己の利益を顧みず、徳義を重んじ、軽薄に行動しないようにする必要がある。明治維新は多少の苦労を重ねて、今日の偉業を達成した。今、民間で鉄道会社を設立することは至難の業である。諸君はこれを第二の維新と考え、怠りなく努力することが必要である。私は政府内部への働きかけを行う。諸君は規則の編成や株式募集に従事してもらいたい。とくに経理は最も人材を要するので、肥田浜五郎に相談してみなさい。

ここで岩倉は、安場らの計画が時機を得たるものであるとした上で、①東京―青森間鉄道の完成を期すべきこと、②私利を捨て慎重に事業を推進すべきこと、③岩倉が政府への請願をサポートすること、④実務担当者として肥田浜五郎が適任であることなどを示唆した。そして鉄道会社の設立を「第二の維新」と呼び、それに従事することの重要性を強調している。

設立準備の進展

これを受けて、安場らは肥田浜五郎に協力を要請し、その承諾を得るとともに、大久保利和邸で鉄道会社設立の準備をはじめた。具体的には明治十四（一八八一）年二月六日、同所で会合を開き、肥田と林、太田黒が創立規則の作成にあたり、岩倉の仲介で新たに加わった小野義真《よしざね》（三菱）と熊谷武五郎（第十五国立銀行）らが株式募集計画を立案するという、実務レベルでの役割分担を定めた。その活動に必要な資金は、当初、安場らが共同で出資していたが、二月一七日には、岩倉が創立費として三百円を支出し、その出納を安川が担当することになった(30)。そして翌一八日には、大久保邸で安場ら在官有志、林ら東山社グループと、蜂須賀茂韶、伊達宗城、藤波言忠《ことただ》、万里小路通房《みちふさ》ら華族が一堂に会し、協力して鉄道会社の設立を目指すことを約した(31)。これを機会に、創立事務所を岩倉邸内に設置（二月二〇日）し、首唱発起人一六名を確定する。なお首唱発起人の構成は、以下の通りである(32)。

岩倉具視、蜂須賀茂韶、伊達宗城、大久保利和、藤波言忠、万里小路通房、武者小路実世《さねよ》（以上、華族）、安場保和、中村弘毅、安川繁成、高崎正風（以上、在官有志）、太田黒惟信、林賢徳（以上、旧東山社）、西村貞陽《さだあき》（開拓使代表）、小野義真（三菱代表）、肥田浜五郎（岩倉推薦）

ここから岩倉を中心に、華族、東山社グループ、在官有志が参集し、これに北海道開拓との関係で開拓使関係者が、また有力株主候補として三菱関係者がそれぞれ加わって設立運動の核が形成されたことがわかる。以後、肥田、林、太田黒らは、創立事務所において、創立規則の作成など、創立事務を遂行することになった。

一方、安場ら在官有志は、この間、岩倉と連絡を取りながら、創立願書の取りまとめや政府各方面への協力要請を行っていた。その模様について、安場は、二月二〇日付けの岩倉宛書簡で以下のように述べている。

前筆奉拝見候。二六日は御時宜次第翌日に御繰合等之御表示奉承候。いずれ二二日二時早々参館万事可奉伺候。

一　栃木県令より内務省へ鉄道建設之義出願之書面、直様御閑所へ御下げ之趣奉拝承候。昨日は元老院より暫時御閑所へ参候筈に付、一見可仕と存候。

一　両参議御談示一条国家の為実に恐悦之至奉存候。いずれ二十二日有之参館候万事奉伺候。

一　御建言書は中村へ差廻置候間、二十二日には必可奉返上と奉存候。

右精々不取扱御請申上候。恐々謹言

二月二十日　　安場保和

右府公閣下(33)

この手紙が示すように、安場と岩倉は互いに情報を交換しつつ、鉄道会社の創設について、「両参議(34)」といった政府要人の支持を取り付けていった。このような政府首脳の取り込みは、当時、官営論と民営論の狭間で揺れ動いていた政府の幹線鉄道政策を、自らに有利な方向へ、つまり東北鉄道の民営許可方針へと誘導するために、極めて有効であったと思われる(35)。

三　日本鉄道の成立

設立運動の展開

以上のような経緯でスタートした日本鉄道会社の設立運動は、これ以降、以下のような展開をみせる。

明治十四年三月三日　五〇〇〇円以上出資者を発起株主とする。
　三月九日　創立規則案が完成。
四月四日　創立事務所を第十五国立銀行内に移転。
四月一六日　創立規則の議定を行うため首唱発起人集会を開催。
※株金募集の方法をめぐり議論が紛糾。一八日、一九日と議論を続け、二三日に原案を修正のうえ、ようやく妥結。
五月二一日　創立願書提出。
七月一三日　仮免許状下付。
九月二五日　発起人総会開催。定款を確定。
一一月一一日　特許条約書の下付(36)。

一見、順調に見えた設立運動も、明治十四（一八八一）年四月半以降、株式の分割払込の期限をめぐって、なるべく早い時期に株金の払込を完了したい首唱発起人側と、実際の資金調達を担当する地方官との間での意見対立が表面化した。その経緯について、太田黒の推挙で当時創立事務を手伝っていた白杉政愛《せいあい》（旧熊本藩士）は、のちに以下のように述べている。

発起人会〔四月十六日—二十三日〕におきまして多数の人の見込と肥田の議論とが往々衝突したことがいくつもありましたが、就中主なる事はつまり株金払込について各県知事と意見を異にした為で、詳しくいえば肥田の方では米国にも行って来て、金融界の変動という事なども心得ている。それで肥田の言い分は、株金は成るべく早く払込せてしまわねばならぬ、少くとも二カ年位に金を此方の手に入れてしまわねば危険である。事業を始めた暁、金融の変動のために株金の払込を怠るものが続出する様な事があるとそれこそ大変であると言うのであった。然るに一方各県知事は又我々が勧誘して出させる金は今現にある金ではない、農民がそんな金を持って居るのではない。これは今後勤倹貯蓄によって儲け出させるものであるから、その払込完了期限に鉄道の竣功期即ち今より七年後でなければならぬ。今後七年間に支出すべき金を今茲で二カ年間に取立てる必要はないではないかと言い、〔中略〕双方共に固く取って下らぬ。それで遂に多数で満六カ年の払込という事になったから肥田は退いてしまった(37)。

巨額の初期投資を必要とする鉄道会社にとって、建設資金の調達を如何に円滑に行うかは、その設立の成否を分ける極めて重要な要素となる。その意味で、西南戦後インフレによって富裕化している地主層から、早期に資金を調達しておくことは、的確な経営判断であった。一方、新奇な事業である鉄道会社への出資を地方資産家に説得しなければならない地方官たちは、初期の資金負担が少しでも少ない方が、彼らに株を引き受けてもらえる可能性が高いと考えた。現在の視点からみれば、前者の方が合理的と考えられるものの、本格的な工業化の開始以前で、かつ他に鉄道会社が存在していなかった当該期においては、後者の意見が多数を占めたこともやむを得ないと思われる。ただし結果的には、明治十五（一八八二）年以降、松方デフレの進行とともに地方の景気が急速に後退し、建設工事をはじめたばかりの日本鉄道は資金調達難に苦しめられることになる(38)。

なお、この内部対立によって、創立規則の実質的な起草者であった肥田浜五郎が首唱発起人を辞退することになり、以後、林賢徳や太田黒惟信と白杉政愛が設立事務を担当することになった。白杉の回顧によると、肥田以外の首唱発起人は「素人許《ばか》りでほとほと当惑した」という(39)。日本鉄道は、日本で最初の鉄道会社であったこともあり、実際の経営を担いうる人的資源の調達に苦労したことがうかがえる。

また同年五月に入ると、建設工事の方法をめぐって、発起人の間で、「起業工事を会社自身に担するを可とする」意見と、これを「官に依頼する」を得策とする意見が真っ向から対立し、「甲是乙非其論底止する所を知らざるが如し」という状況になった(40)。これは日本鉄道の企業形態を、民設民営という完全な民間企業にするか、それとも官設民営の混合形態にするかという問題を含んでおり、旧東山社グループが前者を提起したのに対して(41)、安川繁成をはじめとする在官有志が後者を強く主張した。この点は、東山社グループや華族が鉄道会社を「恒産」とすることを目的に活動を開始したのに対して、在官有志は「国家ノ公益」を最大の目的としていたことから生じた対立であった。ちなみに当時、安川が所属していた工部省では、財政難による官営鉄道工事の中断によって、鉄道技術者集団が崩壊の危機に瀕していた(42)。そのため安川にとって、政府＝工部省鉄道局への工事委託は、日本鉄道の初期リスクを軽減するとともに、工部省の鉄道技術者集団に仕事を与え得るという一石二鳥の妙案であった。彼が強硬に官設を主張したのも、単に会社の利益のためだけでなく、官僚組織の維持という当時における「公益」のためであったといえよう。結局、この対立は、岩倉具視の裁定に任せられることになり、明治十四(一八八一)年六月、鉄道局への建設、保線、汽車運転一切の委託が決定した。

日本鉄道の成立

以上のような内部対立を乗り越えて、明治十四年七月に仮免許状が、そして同年一一月には特許条約書が下付され、日本鉄道会社が正式に発足する。それは日本で最初の民営鉄道の成立であった。この時点における日本鉄道会社の事業形態を、**表5―3**(章末参照)を用いて整理すると、以下のようになる。まず、所有と経営については、制度的に概ね株式会社としての要件を満たしており、またその担い手の面でも、政府利子保証とそれに伴う会計監査官の存在があるものの、民間での株式募集や経営権の掌握といった点で民有、民営の要件をクリアしていた。ここでとくに注目したいのは、営業(運輸・会計・倉庫業務）の自社管轄である。この民営決定の経緯について、鉄道局長官井上勝は、次のように述べている。

会社に於て営業担当之儀は、下官思惟仕候処に由れば会社之線と京浜間之線と其営業は彼此相依りて一体を成すものに候得ば〔中略〕官私を隔てず一団に措置致候方便宜にも可有之と信用せし処〔中略〕豈図らんや会社に於て紛転の異議有之、不折合之様子に付、強て下官の意見主張致すにも不及儀故別々に営業担当致候事に決着致候(43)。

〔現代語訳・要旨〕会社〔日本鉄道〕で営業を担当する件について、私は会社線と京浜線〔官営鉄道〕の営業は相互に一体となっているものなので、〔中略〕官私を区別せず一緒に営業したほうが好都合であると考えていた。〔中略〕ところが会社の方でこれに異議を唱える紛議が起き、意見が折り合わないようなので、私の意見を強く主張するわけにもいかず、結局、別々に営業を担当することになった。

傍線部分のように、鉄道局の反対を押し切って、営業自社管轄の要求を貫いた点は、創立期における日本鉄道会社が、経営体としての主体性を確保しようと試みたことを示している。ここに東山社グループや華族といった人々の、企業経営に対する強い意欲を読み取ることが出来る。事実、華族銀行である第十五国立銀行関係者と、東山社系の林、太田黒、白杉らは、創業後一七年間、重役や専門経営者として、日本鉄道の経営に深く携わることになった(44)。

これとは対照的に、日本鉄道の設立に重要な役割を果たした安場、高崎ら在官有志は、以後、日本鉄道と直接的な関係を持つことはなかった(45)。それは「是れ固より豪も私家を利せんとする目的にあらず、唯富国策の一端として文明の利器を応用(46)」するのみという安場保和の言葉を、実践した結果といえる。この点において、次に掲げる岩倉具視の比喩は真実味をもつ。

岩倉公嘗《か》つて人に語って曰く、戊辰の戦役は兵器を以てせる第一の維新なり。鉄道の敷設は経済界の第二維新なり。而して第一維新の勲功は西郷、木戸、大久保等に帰すべく、第二維新の勲功は安場も其の一人たるに相違なしと。

「第二維新」の結果、民営鉄道の急速な発達が促され、それが日本における本格的な工業化の始動に大きな役割を果たしたことは、周知のことである(47)。

日本鉄道の発展

さて以上の経緯を経て、成立した日本鉄道は、その後、どのような展開を遂げたのであろうか。前述したように、明治十四（一八八一）年一一月、日本鉄道は政府から開業まで年利八%の利子保証（開業

建設形態	経営形態	備考	出典
民設（高島自ら行う）	民営（収支・営業報告の義務付け）	政府補助金は開業後益金中より返却	大隈文書 A2855
民設（高島の請負）	官営（利益は出金高に応じ官民で分配）	元金返済後または99カ年後国有化	日本鉄道史 上巻
		明治6年3月に徳川慶勝ほか9名の華族から、蜂須賀構想翼賛の意見書が提出される。	日本鉄道史 上巻
独自にアメリカ技術を導入	政府の保護の下での民営	華族資本の「恒産」獲得要求の一環	岩倉公実記
入札による建築請負	民営（会社が経営全般を取り扱う）、準備金制度あり	株主総会を最高議決機関とする。三野村は明治7年に同様の計画を再出願。	大隈文書 A2861、A2894
民設（高島の請負）	民営	建設担当・高島嘉右衛門、会計担当・渋沢栄一、株主総代・前島密	日本鉄道史 上巻
既設	当面は官営、払下完了後（7年後）会社が運営	年賦完了迄は上納金を政府貸上金とする払下許可、但利子は年6%。明治10年12月に払下取消願	大隈文書 A2868
工部省委託	大蔵省委託	金禄公債（3000万円）を基金に発券銀行を設立、鉄道建設と外債償還を行う	日本鉄道沿革史　第1篇
	民営	金禄公債を使った士族授産の一環、東山社につながる動きか。	大隈文書 A2871、A2898
当初民設、のち既設払下	民営（旧士族を社員へ登用）	士族授産の一環、7月には京浜間鉄道の払下請願に移行。	日本鉄道史 上巻
既設払下と民設	民営		日本鉄道沿革史　第1篇
民設	民営		同上
官設（建設・保線・運転）	民営（運輸・営業・会計）	日本鉄道会社	工部省記録 鉄道之部

表5—1　日本鉄道会社設立構想の推移

計画年月	路線	計画主体	所有形態	資本源泉・規模
明治4（1871）年10月、同5年4月	東京・青森間	高島嘉右衛門	民有（開業迄年10%の利子保証）	株式募集、1000万両
明治5（1872）年6月	東京・青森間	高島嘉右衛門	官民混合（華族と政府の共同出資）	旧藩主の資金を年利7%で政府が借上、その利息分が政府出資
11月	東京・奥羽間または新潟間	蜂須賀茂韶	民有（華族・士族の共同出資）	華族を中心に株式を募集して調達
12月	東京・奥羽間	岩倉具視	民有（有力華族の共同出資）	華族を中心に株式を募集して調達
明治6（1873）年2月	京都・東京・青森間	三野村利左衛門	官民混合（商人と政府の共同出資、開業迄年5%の利子保証）	株式募集（商人・華族ら）、資本金2000万円。政府出資は補助金。
明治7（1874）年9月	東京・青森間	徳川他華族	民有（有力華族の共同出資）	華族を中心に株式を募集して調達、資本金250万円
明治8（1875）年5月	新橋・横浜間	鉄道組合	民有（官鉄の7カ年賦払下）	株式募集（華族27名）、資本金300万円
明治9（1876）年12月	東京・青森間	岩倉具視他	官民混合（開業から30年後に完全な民有に移行）	大蔵省に預けた紙幣で支出。なお出納は大蔵省が管理。
明治11（1878）年2月	東京・高崎間		民有（士族の金禄公債による出資）	①政府からの借入②鉄道紙幣発行③社債発行（公債抵当）、資本金300万円
5月	東京・高崎間	東山社（林賢徳、紅林員方ら）	民有（士族の金禄公債による出資）	金禄公債を担保とした資金調達
明治13（1880）年6月	京浜間、東京・高崎間	旧東山社（林賢徳、太田黒惟信ら）	民有	土地書入兌換証券の発行
8月	東京・青森間	安場保和、中村弘毅、高崎正風、安川繁成	民有	華族の出資
明治14（1881）年5月	東京・高崎、青森間他	安場保和他、岩倉具視他華族	民有（株式会社形態）	資本金2000万円、華族資本及び沿線における募集

表5―2　明治10年代の経済状況

年	①全国平均米価（円／石）	②米販売代金に対する地租の割合（%）	③銀行自己資本（百万円）	④諸会社資本金（百万円）	⑤東京及び大阪・京都の商人数（千人）
明治10	4.09	15.3	226	0.5	
明治11	4.70	13.3	268	0.9	
明治12	5.78	10.8	454	11.1	111
明治13	6.28	10.0	562	1.1	135
明治14	5.36	11.7	674	28.8	198
明治15	4.86	12.9	781	51.7	
明治16	4.34	14.4	851	36.4	
明治17	4.33	14.4	900	35.2	
明治18	5.55	11.3	903	63.7	
明治19	5.08	12.3	899	63.8	
明治20	4.71	13.3	943	72.5	

出典は寺西重郎「松方デフレのマクロ経済学的分析」（梅村又次・中村隆英編『松方財政と殖産興業政策』国際連合大学、1983年）161頁、原資料は①②が「貨幣制度調査会報告」『日本金融史資料　明治大正編』第16巻、③が寺西重郎『日本の経済発展と金融』（岩波書店、1982年）、④が東洋経済新報社『金融六十年史』、⑤が滝沢直七『稿本日本金融史論』（有斐閣書房、1921年）。

後十―十五年間は八％までの利益補塡）を受け、鉄道局に建設・運行を全面的に委託するという内容の特許条約書を下付された。その初代社長には、元老院議官兼工部大輔・吉井友実《ともざね》が官を辞して就任し、重役である理事委員や検査委員には林、太田黒ら東山社関係者、池田章政ら華族に加え沿線地域の資産家が名を連ねた。また創立時における主要な株主は、第十五国立銀行とその関係者（華族）、三菱関係者であった。さらに日本鉄道の首唱発起人たちは、地方官の協力を得て沿線地域での株主募集を行い、明治十五（一八八二）年六月以降、第一区（上野―高崎―前橋間）の建設に取りかかる。

　鉄道局への業務委託もあって、同社の建設工事は順調に進み、明治十六（一八八三）年七月には早くも上野―熊谷間の仮営業にこぎ着

表5―3　日本鉄道会社の事業形態

		特許条約書（明治14年11月）段階
所有	資本金	2000万円（総額）
	補助金	開業まで年8%の利子保証。開業後10-15年間は8%までの利益補填。
	責任制	有限責任
	出資形態	譲渡性のある株式（1株50円）で募集
	発起人	華族を中心に、三菱社や沿線各県の資本家が参加。
経営	管理権	総会及び理事委員会にある
	運輸	自社で担当
	倉庫	〃
	会計	〃　　但し政府から会計監査官を派遣
技術	工事	東京・前橋間の工事は鉄道局に全面委託。
	保線	鉄道局へ委託
	運転	〃

けた。そして翌明治十七（一八八四）八月には第一区が全通を果たす。開業直後の日本鉄道は、第一区の好調な営業成績をうけて、明治十六年下期から同十七年下期にかけて三期連続で一割配当を実現した。その結果、日本鉄道株に対する市場の評価は急速に高まり、株式払込が円滑化する。そして明治十八（一八八五）年以降、線路延長にあわせて順次、株主割当による株式の追加募集を行い、それが毎回、確実に消化された。具体的には第二区（大宮―白河間）、第三区（白河―塩竈間）建設費として明治十八年一月に五八六万三八〇〇円、第四区（岩切―盛岡間）建設費として明治二十一（一八八八）年二月に四一七万五〇〇〇円、第五区（盛岡―青森間）建設費として明治二十三（一八九〇）年一一月に二〇〇万円、明治二十五（一八九二）年四月に二〇〇万円、それぞれ追加募集を行い、当初の予定資本金である二〇〇〇万円に達した。一方、線路は明治二十（一八八七）年に仙台、同二十三（一八九〇）年に盛岡へと伸び、同二十四（一八

九二）年には青森までの全線が開通する。この間、品川線、日光線、秋葉原線といった支線の建設も進み、明治二十五（一八九二）年には水戸鉄道を買収した。さらに予定線路の全線開通以降も、引き続き土浦線、隅田川線、磐城線といった貨物輸送を重視した支線建設を行い、明治三十（一八九七）年には両毛鉄道を合併するなど規模の拡大を続ける。こうして日本鉄道は、明治三十九（一九〇六）年一一月の鉄道国有化まで、日本で最大の鉄道企業として発展することになった。

注

（1）中村尚史「明治初期の鉄道事業構想」『社会科学研究』第四七巻第一号、一九九五年、一八三―一八七頁。
（2）多田好問編『岩倉公実記　下巻』書肆澤井復刻版、一九九五年、一〇二二―一〇二三頁。
（3）田中彰『岩倉使節団「米欧回覧実記」』岩波書店、一九九四年、二二八頁。
（4）前掲『岩倉公実記　下巻』一〇〇八頁。
（5）同右、一〇一二頁。
（6）同右、一〇一四頁。
（7）鉄道省編『日本鉄道史　上巻』一九二一年、三四七頁。
（8）なお鉄道組合の当初の計画では、東京―青森間鉄道の第一次着手区間は、東京―宇都宮間になっていた。渋沢青淵記念財団竜門社編『渋沢栄一伝記資料　第八巻』渋沢栄一伝記資料刊行会、一九五六年、三五七―三五八頁。
（9）同右、三七三頁。
（10）以上、中村尚史『日本鉄道業の形成』一九九八年、日本経済評論社、一九八〇年、第一章を参照。
（11）明治九（一八七六）年一二月岩倉具視「趣意書」『日本鉄道株式会社沿革史　第一篇』日本経済評論社復刻版、一九〇八年、一二―一三頁。
（12）同右、一三―一七頁。
（13）星野誉夫「日本鉄道会社と第十五国立銀行（1）」『武蔵大学論集』第一七巻第二―六号、一九七〇年、八〇―八一頁。
（14）前掲『日本鉄道株式会社沿革史 第一篇』二〇頁。

(15)旧鹿児島藩士。当時、宮内省御用掛。安川繁成とともに左院視察団の一員として岩倉使節団に随行。

(16)前掲『日本鉄道株式会社沿革史　第一篇』二二—二三頁。なお太田黒はこれを機会に東山社に加入した。

(17)同右、二六頁。

(18)「④諸会社資本金」(原典は東洋経済新報社『金融六十年史』)の明治十三(一八八〇)年の数値には疑問が残る。ただし、「④諸会社資本金」における同十二(一八七九)年及び同十四(一八八一)年、同十五(一八八二)年の数値や、「⑤三都商人の数」の増加その他から趨勢としては、当該期における景気上昇と投資ブームの存在が指摘できる。

(19)以上、寺西重郎「松方デフレのマクロ経済学的分析」(梅村又次・中村隆英編『松方財政と殖産興業政策』東京大学出版会、一九八三年)一六〇頁を参照。

(20)東山社の鉄道事業構想については、前掲『日本鉄道株式会社沿革史　第一篇』一九—二七頁、及び前掲星野「日本鉄道会社と第十五国立銀行(1)」を参照。

(21)鉄道局に与えられていた東京—高崎間の着工許可が、財政難を理由に正式に取り消されたのは、明治十三(一八八〇)年一一月であった。前掲中村『日本鉄道業の形成』七七頁。

(22)明治十七(一八八四)年七月二五日の日本鉄道開業式に行幸した明治天皇に対して、安場保和、中村弘毅、安川繁成、高崎正風、藤波言忠、武者小路実世の六名が連署して提出したもの。前掲『渋沢栄一伝記資料　第八巻』所収。

(23)前掲『渋沢栄一伝記資料　第八巻』五六一—五六二頁。

(24)神山恒雄『明治経済政策史の研究』塙書房、一九九五年、一四—一五頁。

(25)村田保定編『安場咬菜・父母の追憶』安場保健発行、私家本、一九三八年、一二八頁。

(26)前掲『渋沢栄一伝記資料　第八巻』五六二頁。

(27)以上、前掲『日本鉄道株式会社沿革史　第一篇』二七—二八頁。

(28)前掲『渋沢栄一伝記資料　第八巻』五六二頁。

(29)同右、五六二—五六三頁。

(30)実際には工部省属官・鈴木知言、松崎憲(いずれも、のち日本鉄道会社に入社)が出納事務を遂行した。

(31)以上、前掲『渋沢栄一伝記資料　第八巻』五六三頁。

(32)前掲『日本鉄道株式会社沿革史　第一篇』三六頁。

(33)明治十四年二月二〇日付岩倉具視宛安場保和書簡(「明治十三年、同十四年書簡七」『岩倉文書』五六—九九)

(34) 明治十四（一八八一）年五月以降、大蔵卿・大隈重信、工部卿・伊藤博文の両参議が岩倉の勧誘で鉄道会社の創立事務に関与することになり、実際に同月一〇日には発起人集会に参加している（前掲『渋沢栄一伝記資料　第八巻』五六四頁）。従ってここで言う「両参議」とは大隈と伊藤のことと思われる。
(35) 前掲『日本鉄道業の形成』第一、二章を参照。
(36) 以上、前掲『日本鉄道株式会社沿革史　第一篇』及び前掲星野「日本鉄道会社と第十五国立銀行（1）」を参照。
(37) 白杉政愛「日本鉄道株式会社の創立」『鉄道時報』三四八号（一九〇六年五月二〇日付）。
(38) 前掲『日本鉄道業の形成』第二章第二節を参照。
(39) 前掲「日本鉄道株式会社の創立」。
(40) 前掲『渋沢栄一伝記資料　第八巻』五六四頁。
(41) 肥田、林、太田黒らが作成した特許請願書の原案は、政府の監督の下での民設民営となっていた（前掲中村『日本鉄道業の形成』七七頁）。
(42) 同右。
(43) 明治十六（一八八三）年三月岩倉具視宛井上勝「返答書」前掲『日本鉄道株式会社沿革史　第一篇』一三二―一三三頁および「日本鉄道会社営業之義ニ付太政官江伺案」『工部省記録　鉄道之部』第七巻、鳳文書館復刻版、一九八九年、三七〇頁も参照。
(44) 中村尚史「解題―日本鉄道会社」老川慶喜・中村尚史編『明治期私鉄営業報告書集成（I）日本鉄道会社』（日本経済評論社、二〇〇四年）iii―xvi頁。
(45) 例外は安川繁成で、官を辞した後、明治三十一（一八九八）年から同三十九（一九〇六）年まで日本鉄道の監査役を勤めた。
(46) 前掲、村田保定編『安場咬菜・父母の追憶』一二八頁。
(47) 前掲『日本鉄道業の形成』第一部を参照。

第六章

元老院議官・参事院議官時代

1880-1886

中野目 徹

はじめに

明治十三（一八八〇）年三月八日、赤坂仮御所に隣接する太政官において、それまで愛知県令を務めていた安場保和は、元老院議官に任命される。年俸は三五〇〇円。これは、上を四〇〇〇円、下を三〇〇〇円とする元老院議官の第二位に位置し、各省の次官（大輔・少輔）に相当するポストであった[1]。

本章では、このときから、翌年一〇月三一日の参事院議官転任を経て、明治十八（一八八五）年一二月二二日に再び元老院議官に復帰し、翌年二月二五日、福岡県令に任命されるまでのおよそ六年間、すなわち中央政界にあって活躍した時期の安場保和を取り上げる。

ところが、唯一の伝記『安場咬菜・父母の追憶』では、その間に関する記述は一頁にも満たない。元老院議官としての安場については、「先生在仕（任）中表面其の功績として、掲ぐべきものなきを遺憾とす」[2]とされ、また参事院議官としての彼についても、「議政の府にして、表面上其の功績を記すべきものなし」[3]と述べられるだけである。はたして、そのような評価で充分だろうか。

安場と同じ時期に参事院議官や元老院議官を務め交際も深かった尾崎三良《さぶろう》は、自伝のなかで「当時勅任官の待遇は中々鄭重のものにて、今（自伝の書かれた大正年代）の親任官よりも遥かに優れり」[4]と述懐している。つまり、明治十年代の勅任官である元老院議官や参事院議官というものは、大正期の親任官である国務大臣などよりも鄭重な待遇を受ける存在であったというのである。安場保和を政治家として評価しようとするとき、この両院議官時代は、前後する地方官時代より以上に重要になってくるのではないだろうか。

政論家・史論家として知られる山路愛山《やまじあいざん》は、明治十年代を「政論の春」(5)とみて、「政府と人民とは正に両壁相対立するの状況に至れり」(6)と回想している。当時は一般に、明治十四（一八八一）年の政変によって中枢部を薩長出身の参議が占有するようになった政府と、高揚期を迎えた自由民権運動との対決が先鋭化した時代として理解されている。明治二十三（一八九〇）年の議会開設を睨んで、内閣制度が創始され、憲法制定の具体的準備が開始されたのも、安場が元老院と参事院の議官を務めていたこの期間である。したがって以下の叙述は、伊藤博文を中心として立憲制導入の最終仕上げを急ぐ政府のなかにあって、安場はいかに行動し、どのような役割を果したのか、さらに、それらの背景にあって彼を支えていた政治理念とはいかなるものだったのかという点に注目して、進めていくことにしたい。

一　「議法」機関の一員

安場保和が議官に就任した元老院は、明治八（一八七五）年四月一四日、漸次立憲政体樹立の詔に基づき、同日付太政官布告第五九号によって大審院とともに新設された「議法」機関であった。詔書の一節には、「元老院ヲ設ケ以テ立法ノ源ヲ広メ〔中略〕漸次ニ国家立憲ノ政体ヲ立テ汝《なんじ》衆庶ト倶ニ其慶ニ頼ント欲ス」(7)とあり、当初は天皇の直管する「立法」機関を指向していた。したがって当時の新聞でも、「聖意ハ明カニ立法行政裁判ノ三権ヲ分画シテ偏重偏軽ノ弊無ラン事ヲ望マセ玉フニ在ル」(8)

と解釈され、「政体上転移ノ一大期会」(9)あるいは「我日本ノ国是定マルノ日」(10)と受けとめられたのである。しかし、同年一一月二五日制定の改正章程では権限を大幅に縮小され、「立法」の発議権を持たない「議法」機関として太政官制のなかに定着することになった。

元老院の基本的性格が、右のように曖昧なまま出発した理由は、そもそもこの時の機構改革が大阪会議の政治的妥協の産物だったからである。結果として元老院は、「一箇の養老院」(11)もしくは「老朽官吏ノ隠居所」(12)と見なされることになった。さらに、角田茂氏によれば、ちょうど安場が議官に就任した明治十三(一八八〇)年二、三月の人事により、太政官「内閣」主導の元老院体制が確立し、行政功労者の優遇処置としての議官転任、とくに地方官の中央政界での受け皿として機能するようになったという(13)。なるほど安場の場合も、その指摘に合致するように思われるが、実際の彼の行動と発言はそのような枠組みに納まるものだったろうか。

まず検討を要するのは、安場の元老院内部における議官としての活動である。前述の改正章程によれば、元老院は、太政官「内閣」から交付を受けた議案を審議するとともに、意見書を上奏することができるほか、「立法」に関する建白書の受理機関とされた。元老院の議案審議は、三回の読会方式により行なわれる。この間、議案は数名の議官からなる委員会に精査が付託されることもあり、最終的には全体会議で決定する。そのほか、急施を要するため太政官が便宜施行した法令を検視する検視会もある。一日のうちに読会と検視会が連続して開かれることもあり、議官は相応に多忙であったと思われる。

表6—1　安場保和の元老院会議出席

	明治13年	明治14年
1月	—日	2日
2月	—日	5日
3月	0日	2日
4月	17日	5日
5月	7日	2日
6月	1日	3日
7月	4日	5日
8月	0日	0日
9月	13日	0日
10月	3日	0日
11月	10日	—
12月	6日	—
計	61日	24日

明治18年を除く。明治13年3月は職務引継のため愛知県出張。両年とも8月は賜暇休会。『元老院会議筆記』による。

こうした元老院議官としての職務に、安場が熱心かつ忠実であったことは、**表6—1**によって明らかであろう。議官であった全期間を通して欠席や遅刻、早退は稀であり、いくつかの議案に対しては積極的に発言している。したがって、各議案の審議における発言内容から、この時代の安場が政治家として把持していた基本的な姿勢や態度をうかがい知ることができると考えられる。

その一つは、安場の同時代認識と元老院議官としての役割認識である。明治十三（一八八〇）年四月一〇日、第一八〇号議案（東京府地方税取扱方布告按）第二読会の席上、安場は地方税徴収並びに支出の分別に関して「府会ノ決議」(14)を重視する発言をしている。愛知県令時代の安場が、自由民権運動に対しても一定の理解を示していたことは知られているが、元老院転任後は建白書の受理機関としての同院の役割を強く意識することになる。

同年一一月一〇日の第二〇七号議案（願望書取扱規則）審議のなかで、議官の楠本正隆が「建白ハ所謂《いわゆる》一般ノ公益ニ就キ上陳スル者ナレハ、宜ク其法ヲ緩《ゆるやか》ニシ防カス拒マス、以テ言路ノ洞開ヲ要スヘシ」（『元筆』九―七〇二）と意見を述べたのに対して、安場は「最モ其当ヲ得タリトス」（同上）と支持を表明し、政府案にあった戸長奥書の必要などに反対する。翌一一日の第二読会でも、「言路壅塞《ようさい》（言論制限）ノ害」（『元筆』九―七一五）を強調し、さらに一七日の第三読会でも発言して、元老院の建白書受付を重視する立場から、政府案では「管轄庁ヲ経テ元老院ニ差出スヘシ」（『元筆』九―七三八）となっていたのを、直ちに元老院に差出す修正案を提案して、「其進路ヲ束縛セス、胸襟ヲ開テ之ヲ受ルヲ可トスルナリ」（『元筆』九―七三九）と陳述している。したがって安場は、元老院議官の役割を人民との関係から自覚することになる。同年九月一七日、第一九九号議案（酒造税則ほか布告按）第三読会では、「元来議政官ト行政官トハ自《おのずか》ラ其趣ヲ異ニスル所アリ、行政官ハ動《やや》モスレハ自己一方ノ都合ノミヲ計ルト雖《いえど》モ、議政官ハ又他ノ人民ノ地位ヲ察セサル可ラス」（『元筆』九―五七九）と発言している。

もう一つは、右のような時代認識と役割認識をもった安場の政治家としての課題意識に関してである。元老院での審議を通観する限り、実学の徒である安場は議論の根拠を常に「実地」「実際」に置き、「理論」「道理」に偏頗することを嫌っている。明治十三（一八八〇）年九月六日、第一九九号議案第一読会では、酒の害を一般に認めながらも、何事も「一得一失」があり、例えば「農人工夫ノ事ニ服スルヤ晩酌ニ一飲シテ終日ノ疲労ヲ慰シ、且之ヲ楽ンテ一日ノ労役ニ従フ」（『元筆』九―四九八）ような酒の益もあるのだから、「理論ノ一偏」によって取り締まることには反対だと主張する。あるいは、同十四（一八八一）年二月三日の第二二六号議案（府県会規則追加及び地方税規則中削除布告按）第三読会においては、審議冒頭に発言して「本按ノ如キハ実際施行ニ妨ケアリ、而シテ前会ノ修正諸説モ皆能ク実際ヲ斟酌シタルモノト雖《いえ》トモ猶《なお》一得一失ヲ免レス」（『元筆』一〇―四〇）と述べているほか、多くの発言に認められる論拠が「実地」や「実際」である。

このような基本的姿勢で元老院の審議に臨んでいた安場が、積極的な発言を試みるのは教育に関する議案が提出されたときである。明治十三（一八八〇）年一二月二二日、第二一七号議案（教育令改正布告按）第一読会にて、安場は「政府既ニ茲《ここ》ニ見ル所アリテ自由教育令ヲ布《し》クト雖《いえど》モ、一利一害ハ事物ニ免ル可ラサル者ニシテ、復《ま》タ遂ニ本按ヲ創スルニ至リシナリ、然レトモ本按尚《な》ホ憂《うれ》フヘキコトアリ」と述べ、「何ソヤ、即チ三千五百万人民ノ同心一致ヲ期スルハ国家ノ一大要点ナリト雖モ、本按果シテ如何ナル結果ヲ見ルヘキヤ」（『元筆』九―七七七―七七八）と疑問を呈して、改正案のさらなる改正を迫る。

このときの彼の論拠も「実際ヲ尊ムノ論」（同上）である。具体的な改正方法としては、「読書中ニ愛国殖産等ノ事ヲ知ラシメ、修身学ニテ人ノ人タル理《ことわり》ヲ悟ラシメハ、決シテ下等卑屈ノ人ヲ生スルニアラサルナリ」（同上）と論断され、さらに当日午後の審議では、「教育ヲ普及セントスレハ文武共ニ訓練セサルヲ得サルナリ」（『元筆』九―七八〇）との理由から、体操科目に代わって「武技」を導入すべきだと主張する。

以上のような元老院の審議における発言からうかがえる安場の姿は、的確な問題認識と特色ある解決策をもった颯爽たる政治家としてのそれである。そうした彼の姿勢や態度を支えていたのは、世界文明のなかで日本の開化を構想しようとする広い視野であったと思われる。そのような視野をもつことで獲得された識見の一端は、明治十三年九月九日、前掲の第一九九号議案第二読会の席上の発言、「凡ソ天下ノ事皆順序アリ、目下本邦開化ノ地位ハ欧米文明ノ比ニアラス、故ニ彼ノ各国人員ノ比例ヲ以テ我ニ対シ、或ハ其習慣ヲ移シテ直《ただち》ニ分頭割等ヲ為サントスルハ、順序其当ヲ得サル者トス」(『元筆』九―五一三)などから、うかがうことができるであろう。

さて、次に検討しなければならないのは、同じ時期の議院外における安場保和の活動である。このとき第一に注目されるのは、日本鉄道会社創立の中心に立って活動していることだが、これに関しては、別に前章で詳述しているのであえて繰り返さない。ただ一つだけ、発起者として安場とともに名を列ねた安川繁成(太政官大書記官)、高崎正風《まさかぜ》(元老院議官)、中村弘毅(太政官大書記官)の三人は、次節で明らかにするように彼の政治活動上の同志でもあったことを記憶しておきたい。

第二に注目したいのは、安場は藤田一郎が代表を務める勧農義社の活動に積極的に関係していることである。明治十三(一八八〇)年五月二二日付の佐々木高行宛元田永孚書簡には、「明日ハ安場・藤島〔田〕ノ発起ニテ老台・土方氏ヲ御招会」(15)とあり、ついで同年九月八日付の新聞によれば、同月五日に日本橋区役所で開催された勧農義社の規則制定会議に、安場は佐々木のほか谷干城、品川弥二郎らとともに出席している(16)。このような関係は翌十四年まで続き、二月九日、安場保和・中村弘毅・藤田一郎が佐々木高行邸に会し、政府から資金を引き出すための願書を提出する件で協議している(『保古』一〇―八八)。

では、この勧農義社とはどのような団体なのだろうか。『〔勧農義社趣意書〕』に収録されている明治十三年制定の「勧農義社概則」によって、その目的と活動内容を見ておこう。

勧農義社概則

第一章　社ノ主義

第一条　本社ハ農事振興ノ勧奨ヲ本旨トス

第二条　本社ハ直接ノ事業ヲナサズ起業者ノ資力ヲ補成スベキ貸付金ヲナス(17)

同社の目的は、右のように農事振興のための資金貸付事業の実施である。第二、三章では、この事業の年限をとりあえず一五年とすること、本社を東京に、支社を各地に置くことが定められ、ついで第四、五章において、資本金は有志者の義捐金及び義集金によるものとし、五円以上の義捐金を投じた者を社員とすることが規定されている。第六―八章では、役員並びに職員選挙、会議並びに議院選挙、社員の権利責任が列挙され、第九章では同社の業務内容が次のように列挙されている。

第一部

第一類　荒地起復原野開墾／第二類　牧畜／第三類　種子苗木ノ選択及配付／第四類　桑茶及有益大ナル植物ノ栽培／第五類　溝洫《こうきょ》〔みぞ〕樋堰溜池ノ修理／第六類　農法ノ改良肥料ノ製造

／第七類　肥料及農牛馬買入／第八類　製茶製糖絹綿ノ紡績並ニ機織／第九類　養魚植貝捕魚採藻／第十類　山木栽植

第二部

第一類　農学生徒教育／第二類　内外農事通信／第三類　農業雑誌及報告／第四類　農具製作／第五類　農学舎蜜《セイミ》〔化学〕／第六類　農談会及共進会／第七類　精農賞与[18]

なお、貸付金の金利は三朱から一割の間で、事業によっては無利子で貸付を行なうとされたが、いずれも不動産を抵当に取ることになっている。主唱者は藤田一郎、賛成者には副島種臣、佐々木高行、伊地知正治、品川弥二郎に続いて安場保和の名前が挙がっている（図6―1）。

こうして、元老院議官転任後の安場は、同院における審議に精励する一方で、鉄道事業の中心に

図6―1　勧農義社の賛成者名簿（冒頭部分）

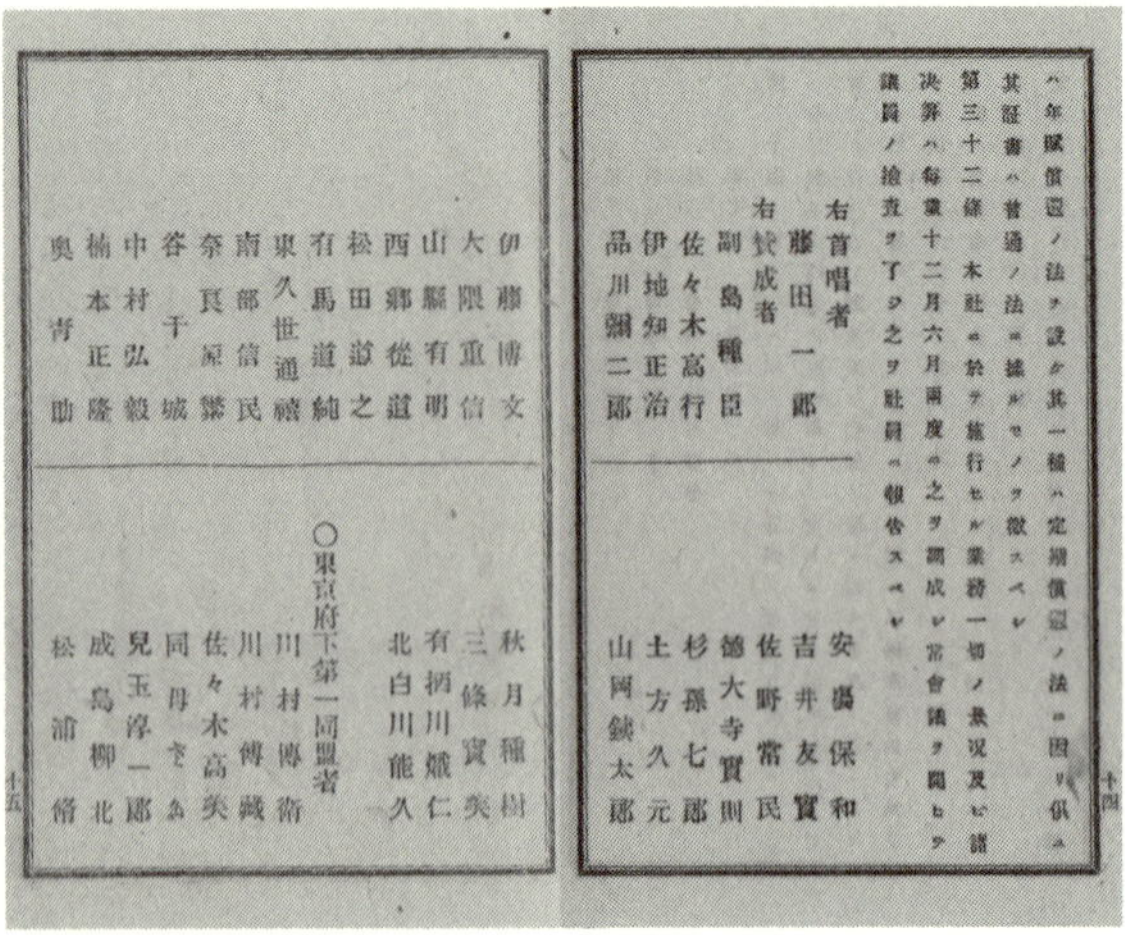

ハ年賦償還ノ法ヲ設ケ其一種ハ定期償還ノ法ニ因リ供ス
其証書ハ普通ノ法ニ據ルモノヲ徴スベシ
第三十二條　本社ニ於テ施行セル業務一切ノ景況及ビ諸
決算ハ毎歳十二月六月兩度ニ之ヲ調成シ常會議ヲ開キテ
議員ノ檢査ヲ了シ之ヲ社員ニ報告スベシ
右首唱者
藤田一郎
右賛成者
副島種臣
佐々木高行
伊地知正治
品川彌二郎
安場保和
吉井友實
佐野常民
徳大寺實則
杉孫七郎
土方久元
山岡鉄太郎
十四

伊藤博文
大隈重信
山縣有明
西郷従道
松田道之
有馬道純
東久世通禧
南部信民
奈良原繁
谷干城
中村弘毅
楠本正隆
奥青助
秋月種樹
三條實美
有栖川熾仁
北白川能久
○東京府下第一同盟者
川村傳衛
川村傳藏
佐々木高英
同母きゑ
兒玉淳一郎
成島柳北
松浦脩
十五

立ち、他方で勧農事業を支援するなど、特色ある一人の政治家として立ち現われてくる。そのような安場が、政府全体を揺るがす一大政変劇と深く関わり、国家像をめぐる競合に直接参画するようになるのは、明治十四（一八八一）年秋のことである。

二　明治十四年政変と中正党

明治十四年、安場保和の政治的な活動は、元老院という「議法」機関の一員であることを越えて活発化する。

一月一四日、この日は玉川亭で、佐々木高行の招待により、安場保和のほか土方久元《ひじかたひさもと》、三浦安《みうらやすし》、高崎正風らが集会し、「一同ニ奮発シテ、大ニ風俗ヲ糺《ただ》シ、維新ノ時ノ節義ヲ養ヒ、国是ヲ定ムル事急務ナル事ヲ誓フ」（『保古』一〇—二九）。当時佐々木は、元老院の書記官であった金子堅太郎にエドモンド・バークの翻訳を依頼しており、彼ら「一同」の懐抱《かいほう》する「国是」確定の方途とは「漸進主義」という一語に集約される。

周知のように、明治十四年の政局は、「国憲」すなわち憲法構想をめぐって政府内に亀裂が生じ、それが北海道開拓使官有物払下事件によって官民の対立に発展するなか、筆頭参議大隈重信とその政治的同調者及び開拓長官黒田清隆の罷免を招来する政変、世に言う明治十四年の政変となって展開する。その間、国会期成同盟に集合していた民間有志者は一〇月一八日から自由党結成会議を開催し、同月二九日に至って板垣退助を総理に選出、一方、下野した大隈を中心に、翌年四月一六日、立憲改進党も結党式を挙行する。

安場は、右のような政局の推移に、従来知られている以上に深くコミットし、政局の重要な一面を担っていた。そのような彼の活動の一つは、地元熊本における紫溟《しめい》会結成の中心的な役割を果したことである。

明治十四（一八八一）年八月一日、安場は熊本へ向けて出立する（『元日』二一―六八四）。到着は二三日のことであった（『保古』一〇―三五五）。安場はともに帰熊した内務省御用掛古荘嘉門、在熊の佐々友房らと県内の各派（敬神党、実学党、学校党、相愛社など）を糾合し、早くも一週間後の九月一日には、熊本区の忘吾会舎で紫溟会の結成式を挙げている。この紫溟会の結成こそ、地元熊本で安場の有する求心力を示すものであろう。当日採択された「綱領」によれば、同会設立の目的は「第一、皇室を奉戴し、立憲の政体を賛立し、以て国権を拡張す」「第二、教育を敦《あつ》くし、人倫を正し、以て社会の開明を進む」「第三、厚生の道を勉《つと》め、吾人の独立を全し、以て国家の富強を図る」[19]とされた。結成式には数百名もの出席者があったという。

だが、それからわずか二日後の九月三日、民権派の相愛社は紫溟会を脱会している。相愛社から結成式に出席していた徳富蘇峰は、後年回想して「学校党が保守党であり、実学党が漸進党であり、相愛社が急進党であつた」[20]と述べ、「熊本県の先輩の一人、安場保和男は、岩倉公等と相談の上、熊本県に於て、所謂《いわゆ》る紫溟会なるものを作るべく、その主意書を携へて下向した。（中略）これは勿論熊本県下を統一して、当時の民権論の狂瀾を支ふる積りであつたらう」[21]と推測している。結成式の様子は、

「最初に主意書を読み、次に安場男が一通りの演説をなし、斯《か》くて賛成、不賛成を表すべく、列席の人名を読みあげた」(22)と伝えているが、相愛社から出席していた蘇峰らは態度を保留したという。

九月五日に、相愛社から東京の国会期成同盟本部に宛てられた報告の一節には、「過日安場保和・古荘嘉門ノ両人帰県以来、頻《しき》リニ政党ヲ団結シテ国家ノ危急ヲ救ハンコトヲ主張セリ。同意者已ニ数百人ノ多キニ及ヒ、余程盛大ニ運フノ景況ナリ」とあり、これら報告を受けた国会期成同盟本部では、「今回故《ことさ》ラニ安場議官ヲシテ先《ま》ツ其謀《はかりごと》ニ着手セシメタルモノナリ。是内閣参議ノ決議ニ出テタリト言フニハ非サレトモ、数輩ノ参議書記官等ノ企望ニ出ルヤ掩《おお》フ可カラス」(23)と観測していた。要するに、紫溟会として結実した安場を中心とする熊本の政党合同運動は、民権派からの賛同が得られなかったのである。後に『自由党史』は、「明治十四年八月の交《こう》、時の元老院議官安場保和、熊本に帰省し、政府党を造らんとするに当り、〔中略〕実学、学校の二派は之に賛同したるも、民権主義を抱持せる一派は復《ま》た来り加はるを肯《がえん》ぜず、是に於て実学、学校二派相合して紫溟会なるものを創立せり」(24)と書いている。

さらに、残った実学党の人々も、間もなく紫溟会と袂を分かつことになる。そもそも幕末の横井小楠に発し、安場もその有力な一党員であった実学党は、西南戦争に巻き込まれることなく勢力を保ち、明治十年代には言論機関として『熊本新聞』を擁して民権派に近い立場を維持していた。折しも一〇月一二日、熊本区の阿弥陀寺において組織会を開催していた紫溟会に、東京における政変の第一報が伝えられ以後、紫溟会のなかでは、国会開設後の主権の所在に関する議論の対立が顕在化することになる(25)。「中正」の立場から日本の主権は天皇にありとする紫溟会に対して、「君民同治」を主張する実学党の山田武甫や嘉悦氏房らは、一一月一三日、脱退を通告する。同日付、紫溟会本部委員から佐々友房ら四名に宛てて発せられた長文の書簡では次のように述べられている。

〔前略〕然ルニ、本会否《いな》天下ノ為ニ一大不幸ト称スヘキ珍事出来《しゅったい》、在京諸君ニ対シテモ何共申訳ナキ次第ニ御座候。夫ハ余ノ義ニ無之《これなく》、即チ別紙〔欠く——中野目補注〕書類之通会員中ニ議論相起候ヨリ、其余波遂ニ本部委員ニ及ヒ、山田嘉悦岩男諸老先生始メ別紙名前之通本日退会ニ相成リ、実ニ遺憾ニ堪《た》ヘ不申《もうさず》。如是《かくのごとく》御分袖《ぶんしゅう》後僅々二十日之間ニ紛議ヲ生シ遂ニ分離ト迄相運《はこび》候ハ、畢《ひっ》竟《きょう》我輩不徳之致ス所ニ相違有之《これある》間敷《まじく》、今更不肖之身ヲ以テ委員之大任ヲ汚シタルコトヲ後悔致候ヘ共、跡事ニ相成リ致方無之《これなく》只管《ひたすら》慚愧窮リナキ耳《のみ》ニ御座候。〔中略〕併シ男児タル者カ折角国事ヲ負担シ、最初ニ主義ニ起リ主義ニ斃《たお》ルト迄誓ヒタルコトナレハ、仮令《たとい》如何ナル難事ニ遭遇スルトモ其精神ハ凛乎《りんこ》トシテ屈撓《くっとう》〔挫折〕スル所ナク、益々志気ヲ励マシ心力ヲ尽シ大中至正ノ主義ヲ獲執シ、本会ト共ニ進退生死スルノ覚悟ニ御座候。〔後略〕

こうして、安場が実学党と訣別することになったことを、花立三郎氏は、「安場の変心は、つづまるところ官職にあることが最大の原因であろう」とみて、「このときの安場の行動は私には不可解である」(27)と結論する。当時の民権派新聞は、「一時世人の耳目を驚動したる御用政党紫溟会は、〔中略〕近来政論の主義に付き、議論紛然として起り、或いは改新主義を主張し、或いは保守主義を称道し、追々分離したるより、一時十二万人と称したる紫溟会も今はわずか二万人にすぎず、〔中略〕曖昧模稜〔糊〕の手段を以ってみだりに世人を瞞着せんと欲したる結果は、かくのごときものあるかと或る人より申し越さる」[28]と伝えている。安場の態度と行動が郷党の支持を得られなかったことは確かである。

では、安場はその後いかに行動し、その背景に捧持された政治理念はいかなるものであったのか。時間を少し戻し、九月二七日、彼が帰京したところから辿ってみよう。

帰京の翌二八日、谷干城邸に佐々木高行、河田景与《かげとも》、伊丹重賢、中村弘毅ら一五名と安場保和が会合し、以後彼らは「中正党」を名乗ることになる[29]。当日の佐々木の日記に、「中正党ニテ行政官ノ不当ノ施行ヲ論弁シテ、政府ヲ輔翼シ、急激論者ヲ抑制シテ、各《おのおの》其ノ中庸ヲ得セシムルヲ以テ任トスルノ論趣也」(『保古』一〇―四〇〇)とあり、彼らは、行政官の政策と民権派の行動をともに抑制しながら、あくまでも政府内部の立場から「中庸」の施策に導こうとしている。

「中正」の意味ついては、すでに沼田哲氏が、『楽記』の「中正無邪、礼之質也」、あるいは『管子』の「為㆓人君㆒者、中正而無㆑私、為㆓人臣㆒者、忠信而不㆑党」などに典拠を求めたものかという推論を提示しているが[30]、『伝習録』上の「大中至正」を意識していた節もある。当時の政界で「中正」のもつ意味はいかなるものだったのか。一〇月一日、元老院にて安場保和と佐々木高行、楠本正隆、河田景与、柴原和《やわら》の四議官の会議がもたれ、明治天皇の還幸を待って三大臣に「吾党ノ主義」である「中正論」を申し入れることを確認している(『保古』一〇―四一九)。翌二日、谷邸で開かれた中正党の集会では、運動の方針について議論がなされる。すなわち、「安場ト高行ハ、只《た》ダ覚書位ニシテ差出ス方可然」と主張し、とくに安場は「連署建白不可然《しかるべからず》、〔中略〕穏当ノ方可然《しかるべし》」（『保古』一〇—四二四）と発言したという。この日の会議は午後二時から六時に及び議論紛々としたが、「中正不偏ノ主義」と「内閣ノ組織ヲ更革」という二つの方針が確認され、覚書の提出時期に関しては、佐々木、谷、安場、中村、河田に委託することに決し、それには一同の名前を記すことが合意されて終了する。ここでは、内閣の組織論にまで議論が及んでいる点に注目しておきたい。安場たちの「中正論」は単なる精神論ではなかったのである。

　このとき安場は、佐々木や谷とともに中正党の中心に立っていたのである。一〇月六日付の佐々木宛書簡では、明日はいよいよ右大臣岩倉具視と会合するが、「対二天人一、一点憚《はばか》ル所ハ無之《これなし》」（『保古』一〇—四四〇）という心境を記している。翌七日に岩倉と面会したときの模様は、「今般ノ事件大隈ノ云々残ラズ申入候〔中略〕〔岩倉は——中野目補注〕大ニ合点セリ」（『保古』一〇—四四二）と佐々木に伝えている。ついで一〇日には、「過日来ノ趣旨、尚又、書面ニ認メ、岩公迄差出シ置キ度」（『保古』一〇—四四六—四四三）という安場の考えに、やはり佐々木は同意を示している。

　右の史料中に触れられている「書面」と考えられるのが、同日付で安場保和から「右府殿下」宛に書かれた書簡形式の覚書[31]である。この覚書ではまず、「今日全国之形勢実ニ維新以来ノ難所」という現状認識を示したあと、自分たちの党与と立場を「佐々木、谷、土方、河田と相謀リ中正至当之御措置振リ反復熟慮仕リ候」と述べている。長文の覚書の核心は、内閣組織に変更を迫り、開拓使処分の再議と立憲政体樹立の詔勅の実行を促している次の部分かと思われる。

〔前略〕今ヤ断然（平出）宸衷ヲ以参議ヲ度せられ、更ニ内閣ニ行政顧問局ヲ仮設せられ将来参議院ヲ設ラル、階梯トナル是迄之参議並外ニ可成《なるべく》藩閥無之《これなき》県之出身之勅任官ヨリ忠直公平之人物五、六名ヲ御精選ニテ之カ委員ト命せられ、天下人心ノ耳目一新して後奸ヲ除ク処置ヲ始メ、開拓使処分之如キ新ニ之ヲ公議ニ付ラレ、万機多数ニ拠リ御宸断在られ候ハヽ、天下始テ（平出）聖旨之英明ナルヲ仰《あおぎ》、明治政府之私議情実ノ朝ニあらざるを覚リ、玉石分離し人心ノ帰向スル所ヲ定めん。此時機ヲ失ハス立憲之聖詔御実行之事徐々歩を進メ、所謂緩急順序ヲ誤ラサル様御運ひ出ニ相成候ハヽ、急激徒恐ルヽニ足ラス浮躁論者自然沈深ノ向ハサルヲ得スシテ、不平ヲ抱キ禍心を抱臓スルノ徒も亦面目ヲ改ムルハ現然と奉存《ぞんじたてまつり》候之他ナシ。

二伸に言う「夜半来眠ラス相認《したため》時機既ニ迫る、文章乱毫ヲ改ムル間合無御座《ござなく》候」というのは事実であったろう。事態は切迫していた。

一一日に明治天皇は北海道・東北巡幸から還幸、この晩に薩長参議らによって大隈の罷免が上奏裁可され、翌一二日には国会開設の詔勅が煥発される。そのようなかで安場らの内閣改組論はどうなったのか。その情報は天皇側近の侍講である元田永孚によって伝えられる。それによれば、「組織法云々ニテ言上候処、甚ダ六ケ敷コトナリト、御内沙汰ノ由ナリ」（『保古』一〇―四五七）、つまり中正党の内閣改組論の実現は困難だというのである。翌朝佐々木邸に赴いた安場は、次のように語ったという。

> 組織改正ノ事、速ニ御運ビナク、〔中略〕最早中正論ノ吾々共ハ、冠ヲ掛ケ、人民トナリテ、中正党ヲ弥益《いやまし》団結シテ国家ニ尽サン（『保古』一〇—四五八—四五九）

安場はすでに、政治的敗北を悟っている。しかし、一五日朝、政変によって文字通り政権の中枢に立った伊藤博文の許を安場は訪ねる。土方の佐々木への内話によれば、そこで安場は、内閣組織改正のことを申し入れ、薩長にて政権を専横しないよう希望したが、これに対して伊藤は甚だ「不満ノ色」であったという（『保古』一〇—四七二）。このときの安場の組織改正案は、内閣に「言責官」を置くことだったらしい（『保古』一〇—四八二）。対する伊藤は不可を唱え、元老院の強化でそれに応じた。一八日になると、中正党の面々にも、参議を廃止して新たに「参議院」を設ける改組案が伝えられる。この時点で安場は二等参議院議官に擬せられていた（『保古』一〇—四八六）。結局この「参議院」が参事院となり、参議は廃止されず、一九日早天に土方を訪ねた佐々木は、最早致し方なく「安場モ其辺ニテ泣ヲ止メ可申《もうすべき》筈ナリ」（『保古』一〇—四九一）と語り合う。官制改正が公布されたのは二一日、安場の参事院入りは、二八日の伊藤宛岩倉書簡に「安場登用転任之事は御談し可申入《もうしいるべく》存居候所に而《て》重畳と存候次第有之《これあり》候」[32]とあることによって、最終的に決定したことがうかがわれる。議官発令は一〇月三一日のことであった。

これまでの研究でも、明治十四（一八八一）年の政変における中正党のメンバーの一人として安場保和の名前が見え隠れすることはあった。本節でみたように、憲法制定や議会開設をめぐって薩長藩閥政府と自由民権派が厳しく対立するなかで、安場が選択したのはいわば第三の路線といえる中正党であった。安場をはじめ中正党の面々は、政変の最終面で猛烈な運動を試みる。結果、安場の求めた「言責官」あるいは「行政顧問局」が新設されることはなかったけれども、彼自身は新設された政権中枢の一角である参事院の議官に就任することになる。この人事が、単に不平派の体制内への抱き込みなのか、あるいは政権内の第二極として安場をはじめとする中正党のメンバーは一定の影響力を保持できたのか、引き続き参事院議官としての安場の行動を追跡してみよう。

三　参事院議官転任と地方巡察

明治十四年の政変によって新設された参事院は、従来の太政官六部（法制局と調査局を廃止して明治十三［一八八〇］年三月三日に設置）と審理局の権限を引き継ぐもので、章程によればその目的は次のように定められていた。

第一条　参事院ハ、太政官ニ属シ、内閣ノ命ニ依リ、法律規則ノ草定審査ニ参与スルノ所トス

具体的な職務内容は、章程第七条から第一〇条にわたって、①本院発議又は内閣下命により法律規

則案を起草・内閣へ上申、②各省上稟の法律規則案を審案（意見・修正）して内閣へ上申、③元老院議決法案の審査・同院との協議、④院省使庁府県上稟文書への意見・上申、⑤各省年報報告の勘査、⑥行政官と司法官、地方議会と地方官の権限争いの審理、⑦法律規則に関する省使庁府県の質問に対する説明、⑧内閣における意見の上陳（「時宜ニ依リ、特旨ヲ以テ議官ヲ内閣ニ召シ、各別ニ意見ヲ上陳セシムルコトアルヘシ」）、⑨内閣委員として元老院で議案を説明、の九項目に分けられる。参事院は、右の職務を分掌するため、庶務を担当する内局のほか、外務部、内務部、軍事部、財務部、司法部、法制部の六部から構成されていた。議事は、各部ごとの部会議と総会議の二種類からなる。

参事院の職制は、議長（一等官相当）、副議長（同）、議官（一等―三等同）、議官補（四等―七等同）、書記官（議官補から充当）、書記生（八等―十七等）に分けられる。議官は勅任官、議官補は奏任官ということになる。議長には伊藤博文、副議長には田中不二麿《ふじまろ》、議官一等官相当には山尾庸三、福羽《ふくば》美静《びせい》、山口尚芳《なおよし》、二等官相当には鶴田晧《あきら》、水本成美、渡辺昇、三等官相当には井上毅、中村弘毅、田中光顕らが就任した。議官補には、西園寺公望、伊東巳代治、尾崎三良、清浦奎吾、曾《そ》禰《ね》荒助《あらすけ》などの俊秀が蝟集していたほか、各省の書記官クラス（辻新次、三好退蔵、白根専一、河島醇、浜尾新ら）が員外議官補として控えていた。参事院については、以上のような広範な権限と人材の集積により、従来から「権力＝官僚制の核心的位置を占め、重要な機能を果たした」[33]という評価がなされてきた。もっとも、明治十七（一八八四）年四月二二日の章程改正により、①のうち参事院による法律規則案の発議権と、⑥のうち行政官と司法官の権限争いの審理が削除され、権限は縮小されてしまう。同年三月一七日には、宮中に制度取調局が設置され、伊藤博文が長官に就任し憲法制定準備を担当することになる。

安場保和は、このような参事院の二等官相当の議官に就任し、内務部に所属することになった。安場の参事院における最初の仕事はおそらく、一一月八日の元老院会議に内閣委員として出席し、議案の説明を行なったことであろう。この日は、第二七三号議案すなわち西洋形船船長運転手機関手免状規則改定布告按の第一読会であった。会議冒頭、法案の趣旨説明に当たった安場は、箕作麟祥《みつくりりんしょう》元老院議官からの質問に対して、「本員モ亦惑《またまど》ヒナキ能《あた》ハサレハ、一応起草者ニ就テ其意義ヲ問究シ、第二読会ノ初ニ於テ之ヲ確答セン」(『元筆』一〇—三二三)と返答している。安場の真摯な人柄がうかがえるものの、内閣委員の答弁としてはいささか拙劣と言わざるをえない。元老院から参事院への転任は、いわば攻守所を換えるようなものであり、彼の立場は太政官「内閣」からの掣肘と古巣である元老院からの批判を受けざるをえない、その意味では非常に困難なものであった。

年が改まって明治十五(一八八二)年に入ると、参事院と元老院の議官による地方巡回視察が太政官の施策として浮上する。両院議官による地方巡回視察という提案は、憲法調査のためヨーロッパへ旅立つ伊藤博文の後任として参事院議長が予定されていた参議山県有朋の採用するところとなり、その目的は次のように「被治者ノ民情ヲ体察スル」ことだとされていた。

〔前略〕議法ノ職ニ在ル者議場ニ立ツトキハ、理ノ当否ヲ思フニ専ラニシテ、被治者ノ民情ヲ体察スルニ厚カラサルハ自《おのずか》ラ免レ難キ所ナリ。惟《おも》フニ法律ト実際ノ情況ト相背馳《はいち》スルヲ致ス所以ノ者、主トシテ此ニ原因セルカ如シ。加之《しかのみならず》今日各地方ノ形勢ヲ察スルニ、一般ノ気風漸《ようや》ク政治上ノ思想ニ傾向シ、到ル処政談演説ヲ為シ、或ハ団結シテ党ヲ為スアリ。利害ノ影響スル所甚《はなは》タ軽シトセス。又府県会ノ状況、地方税ノ収支等ノ如キモ亦大ニ世治ニ関繫《かんけい》アリ。凡《およ》ソ此等ノ事、殊《こと》ニ詳ニ視察ヲ加ヘサルヘカラス。依テハ元老院、参事院議官ヲシテ本務ノ余ヲ以テ時々地方ニ巡回セシメ、普《あまね》ク政績を視《み》、民情ヲ察セシメハ、其収ムル所ノ益甚タ多クシテ、前陳ノ弊従テ脱《まぬか》ルヽヲ得ルニ幾《ち》カヽラン歟《か》〔後略〕(34)

視察すべき項目としては、県治一般の状況、府県会の状況、警察の事、教育の事、新聞著書の事、演説集会結社の事、政党団結の事、士族の状況が挙げられている。これらを見ると、この巡回視察の目的は折から極点に達しつつある自由民権運動の状況を探ることに主眼が置かれていたといえよう。安場の同志で政変後参議となっていた佐々木高行も、「蓋《けだ》シ民間政論一時ニ勃興シ、新聞ニ演説ニ激烈ノ説ヲ唱フ、政府之ヲ慮《おもんぱか》リテナリ」(『保古』一一―一一六)と日記に記した。我部政男氏は、明治十五(一八八二)年の巡回視察と翌十六(一八八三)年の巡回視察を合わせて、「地方巡察使の派遣は、参事院を中心として、自由民権運動の高揚という最大の政治的危機に臨んで、支配体制の再編・強化の一環としてなされたものであった」(35)と評価している。

安場は、四月六日、東山東海地方の巡回を命じられる。彼の巡回行程は、各地から東京の太政官宛に発信された巡回済上申及び帰京後に提出された復命書その他(36)によれば、四月一一日に東京出発、神奈川県、静岡県、愛知県、岐阜県、福井県、石川県、長野県、群馬県、埼玉県、山梨県の合計一〇県下を巡視し、六月に東京に戻るというものであった。九月一五日には、太政大臣三条実美に宛てて復命書が提出される。さらに一九日付で、同じく三条宛の副申として、「皇室御財産ヲ定ムルノ建議」「士族授産ノ義ニ付意見書」「賭博取締ノ義ニ付意見書」「地租改正ノ義ニ付意見書」「分県及ヒ管轄区域変更之義ニ付意見書」「町村戸長ノ義ニ付意見書」という六件の建議又は意見書が提出される。この復命書及び副申によって、同時期における安場の現状認識を知ることができるであろう。

たとえば、復命書の「県治ノ概況」に関する項目では、「将来県治実際上ノ一大患トスルモノアリ。各地郡区長ノ公選論是ナリ」として、「郡区長ハ地方官職制上ニ於テ其行政官ノ正系ニ連ル要職ニシテ、之ヲ官選スヘキノ理由アルノミナラス、政略上決シテ公選ノ利アルヲ見ス」との見解が述べられ、「甚シキハ府知事県令ヲ公撰スルノ議ヲナスニ至レリ」という状況を憂えている。また、「民情ノ概況」という項目では、全体的に見て農家には余裕が生じつつあるのに比して、士族の生活は常職を解かれてから漸次衰微に向かっていると述べている。とくに石川県金沢城下では、士族中不平を抱く者が多く、「挙動不穏ノ状」が認められるという。「教育ノ概況」という項目では、「民度未タ自由教育ニ放任スルノ域ニ達セサル」段階であり、「明治十三年教育令ノ改正ニ依リ紀綱再ヒ張リ曩《さき》ニ逡巡振ハサルノ学歩モ稍《やや》恢復」の様子だと報じている。

総じて、この段階における安場の見解が、自由民権運動の影響を受けた地方自治の要求に対しては否定的であり、また、自由教育令に対しても冷淡であるのは、愛知県令―元老院議官当時の政治的立場からの明らかな変容を示しているが、各地における士族の状況とその授産方法に深い関心を寄せていることは相変わらずである。

安場は、以上のような巡回視察によって得られた成果を、「緊急」の二点に絞った「建言」(37)として、一〇月五日付で太政大臣三条実美に提出する。この建言からは、同時期において安場の意識していた政治的課題を看取することができる。建言では冒頭まず、「政治ノ要ハ力ヲ根本ニ用フルニ在リ」という彼の政治観が示される。ついで、現下の諸問題を「一方ヲ顧レハ環海ノ国ニシテ海軍未タ整頓セス、沃饒《よくじょう》ノ地ニシテ山林未タ繁茂セス、外債ノ償《つぐな》ハサルアリ、楮幣《ちょへい》〔紙幣〕ノ換ヘサルアリ、政党崛起《くっき》シ、処士横議シ、民情日ニ軽薄ニ趨《おもむ》キ、法令亦従テ煩砕《はんさい》ニ傾クカ如キ、是当路者ノ深ク慮《おもんぱか》ラサルヘカラサルモノナリ」と危機感をもって捉える。そのうえで、緊急の解決策として、第一に府県会規則及び地方税規則の改正と、第二に士族授産の方法の確定を挙げているのである。

同じ時期における安場の政治姿勢を示す好個の事例として、地方議会と地方官の権限裁定をめぐる審理を挙げることができる。

その一つは、明治十五(一八八二)年一〇月二七日の裁定(38)で、福島県令三島通庸《みちつね》と同県会(議長河野広中)との間における福島病院費に関する事件であるが、田中不二麿を委員長とし、安場も加わってこの日下された結論は、参事院裁定の限りにあらず、といういわば門前払いであった。当時は全国各地で地方官と議会の間で見解の対立が生じており、福島事件が発生したのは同年一二月一日、右大臣岩倉具視は同月七日、府県会停止の意見書(39)を提出しているほどである。もう一つは、翌十六(一八八三）年四月二六日の裁定(40)で、山形県令と同県議会との間における地方税不足補充をめぐる事件であるが、このときはやはり田中を委員長として安場が加わって下された結論は、県令に有利なものであった。いずれも審理経過のなかで安場が果した役割は詳らかにはできないけれども、内務部所属で審理委員筆頭の彼の意見には重みがあったと考えるべきであろう。

四　鹿鳴館時代のなかで

明治十六（一八八三）年の夏から秋にかけて、安場の身辺は忙しい。七月二〇日、安場が頼みとしていた岩倉具視が死去、八月三日に伊藤博文がヨーロッパから帰国する。九月には二女カツ（のちに和子）が、内務省御用掛後藤新平と結婚した（図6—2）。

同年一月二二日、まだヨーロッパに滞在していた伊藤へ向けて宛てられた書簡のなかで山県は、「本朝今日の形勢は内憂外患〔中略〕目下の情勢にては政党処分は一刀両断の措置無之《これなく》ては我帝国の独立を永遠に維持する目的は無覚束《おぼつかなし》と痛心此事に候」(41)と書いている。参事院議長として伊藤の後事を任されていた山県は「内憂外患」を痛感していたが、このうち「内患」は民権派の政党運動と激化事件を、「外患」は朝鮮半島をめぐる緊張を指すものであろう。「内憂外患」の克服を意識しながら国家の制度設計を遂行する政治力がいよいよ要請されるのである。このとき、卓越した政治力を発揮して近代国家形成の仕上げを成し遂げたのは、周知のように伊藤博文であった(42)。同年一一月二八日には鹿鳴館が落成し、以後は伊藤による政治指導を中心に「欧化主義」を基調とする鹿鳴館時代が現出するので

図6—2　結婚当時の後藤新平と和子

ある。

この鹿鳴館時代に、安場保和は元老院の審議で大きな蹉跌を味わう。明治十七（一八八四）年二月一九日に提出された第四二八号議案（地方税規則第三条第十五項改正ノ儀）、第四二九号議案（区町村会法改正ノ儀）、第四三〇号議案（区町村会規則制定ノ儀）の一括審議において、安場は内閣委員の筆頭者として説明・弁明に努めるが、元老院側の反発を受け、四月五日にとうとう廃案に追い込まれてしまうのである。そもそもこれらの法案は、前年一二月一二日に内務卿に就任した山県有朋の地方制度改革構想の一環として準備されたもので、基礎的自治体である町村を内務省が主導する地方自治の末端に位置づけ、明治二十一（一八八八）年に制定される市制・町村制への過渡的性格を有するものであった(43)。

開会冒頭、安場は次のように三案提出の理由を説明する。従来町村に置かれる戸長は「所謂半官半民ノ性質ヲ有シ、即チ人民ニ対シテハ行政事務ノ施行ニ任シ、政府ニ対シテハ人民総代ノ地位ニ立ツ」ものであったが、地方税規則の一部を改正して戸長及び戸長役場書記の給料と旅費を地方税から、役場費及び町村用掛の給料と旅費は区町村費から支弁することにすれば、「下付セル三案ハ、或ハ従前ノ法律ヲ改正シ、或ハ従前町村ニ放任セシ者ヲ検束スルニ在リテ、共ニ行政上ノ便益ヲ図ルニ外ナラス」（『元筆』二〇—二七三）とし、さらに説明を追加して、「地方人民ノ智識漸《ようや》ク進ムニ随ヒ従前ノ法律以テ之ヲ管制スルニ足ラス、是レ本案ノ頒布ヲ要スル所以ナリ」（『元筆』二〇—二七六）と述べ、このような提案をする理由については、「論者或ハ曰ン、此《かく》ノ如キハ厳酷ニ失スト、是レ一理ナキニ非サルモ、一得一失ハ数ノ免レサル所ナリ、因《より》テ請フ、各議官今日実際ノ弊害如何ヲ照較《しょうかく》シ以テ本案ヲ賛成センコトヲ」（同上）と結んでいる。ここでも安場の論拠の核心には「実際」の視点がある。

同日午後の発言で安場は、「町村公共ノ利益ハ何ニ在ル乎ト問ハハ、各自ノ意思ヲ集メテ公共ノ事件ヲ整理スルニ在リ」（『元筆』二〇—二九二）と述べ、地方自治の問題点を「現行法ハ放任ニ過《す》クルカ故ニ、軽躁浮薄ノ徒因テ以テ我意ヲ逞《たくまし》ウシ、老実者為《た》メニ会場ニ列スルヲ嫌フニ至ル、例ヘハ町村会ニ中止解散ヲ命スル如キ、今日ハ戸長ノ権ニ属セス」（『元筆』二〇—二九三）と指摘する。しかし、安場をはじめ内閣委員の説得も、元老院議官たちの廃案の空気を払拭するのには功を奏さない。結局、初日の審議（第一読会）は、全部付託調査委員を設ける建議すら否決されて終了する。

その後の経過を簡単に整理しておこう。

二月二九日　（第二読会）全部付託調査委員選出

三月　七日　調査報告案（修正案）提出

同月一二日（第二読会続会）修正案否決、原案審議
同月一三日（第二読会続会）全部付託再調査委員選出
同月一九日　再調査報告案（廃案説）提出
同月二一日（第二読会続会）実質未審議
同月二二日（第二読会続会）実質未審議
同月二四日（第二読会続会）廃案説否決
同月二五日（第二読会続会）議長・副議長欠席、全部付託修正委員選出
同月二七日　修正報告案提出
同月二九日（第二読会続会）修正案否決、原案審議
同月三一日（第二読会続会）原案否決
四月　四日（第三読会）原案廃棄
四月　五日（第三読会続会）原案廃棄

こうして、安場が中心となって提案した地方税規則等の改正案は、元老院の審議が二転三転した挙句、一カ月を超す時日を費やして原案廃棄となってしまう。この間における安場の徒労感は量り知れない。一方で、地方制度改革を目指す山県から見て、安場の元老院に対する対応は不手際に映らなかったか。

なお、廃案となった三議案は、およそ一週間後の四月一二日、一部の条文を修正し二つの議案にまとめられて元老院の再議に付される。今回は順調に審議が進み、一部削除修正の上、四月二三日に議了する。

それから一カ月半後の六月六日、安場に北海道巡視の命が下される。

議官　安場保和

御用有之《これあり》北海道へ巡回被　仰付候事

明治十七年六月六日(44)

このときの北海道巡視団は、天皇巡幸を除けば、最も規模の大きなものである。すなわち、安場のほかに、太政官からは大書記官の西徳次郎、内務省からは少輔の芳川顕正《あきまさ》、陸軍省からは同じく少輔の小沢武雄、海軍少佐鮫島員規、外務省准奏任御用掛磯部物外、工部大書記官石井忠亮、農商務大書記官塚原周造らによって構成されていた。安場は官等からいって、この視察団の団長格となる。巡回の目的は複数で、北千島占守（シュムシュ）島在住のアイヌ人を南千島に移住させることを主要任務に、電信架設の準備のほか、開拓使廃止後の北海道経営全般に関して方針を得ることなどが挙げられる。安場には、参事院書記生の田口政五郎と後に養子となる末喜《すえき》が随従する。

彼らの乗った便船が横浜を解纜《かいらん》したのは、同年六月一三日である。行程を保和と末喜の日記及び随員

図6—3　安場保和の北海道・千島巡視行程

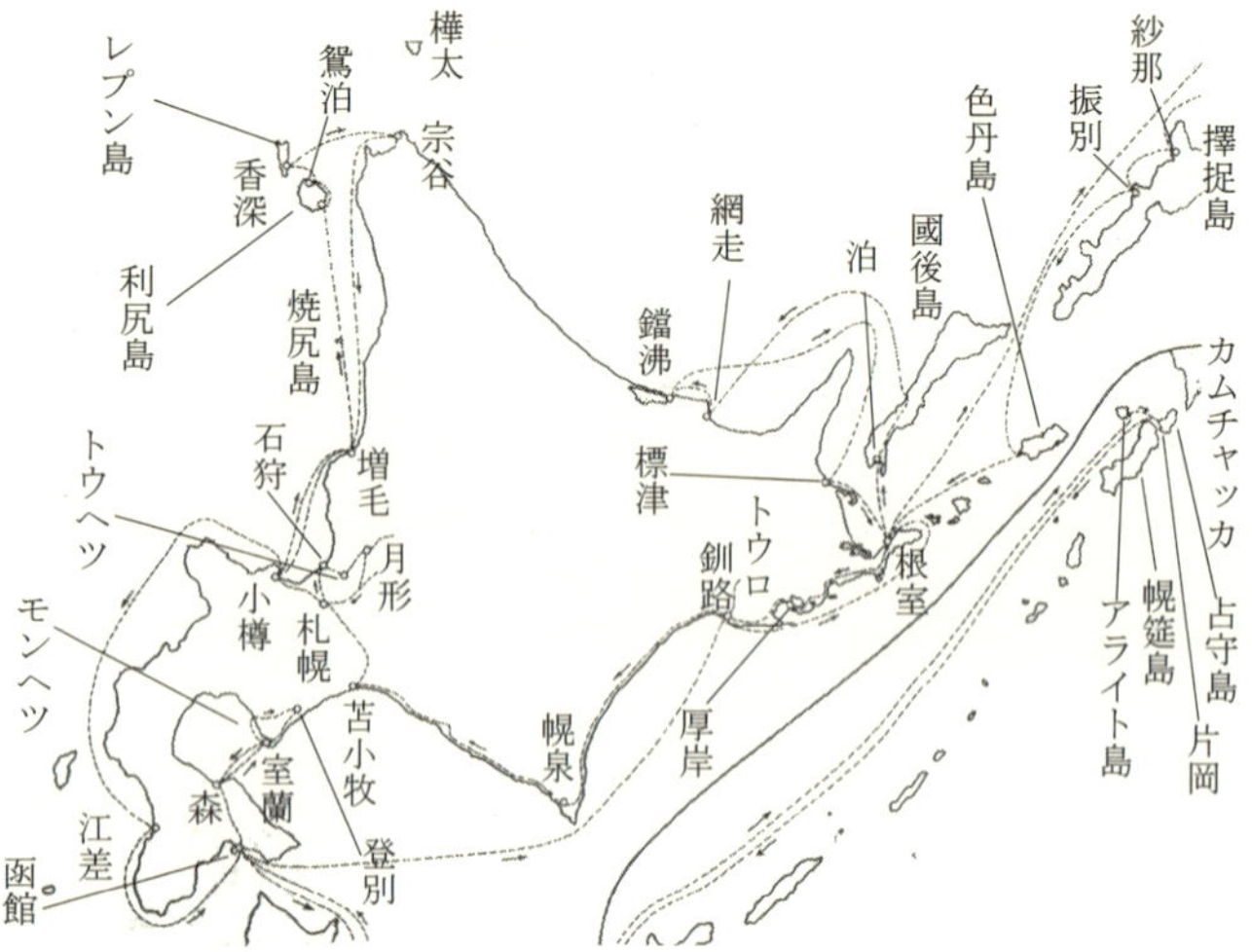

清野謙次編『明治初年北海紀聞』所収の地図より作成

の田口の手になる報告書「北海道紀行」[45]によって簡単にまとめると、一六日函館着、二三日同地発、二五日根室着、二六日同地発、七月一日占守島着、五日同地発、九日択捉《えとろふ》島着、一二日根室着、北見、網走、紋別巡視の後、二二日根室発、二六日釧路着、八月一日浦河着、四日札幌着、一八日利尻島着、二〇日小樽着、二二日函館着、室蘭巡視の後、九月一日函館発、三日横浜着となり、出発から帰京まで八〇日に及んでいる(図6—3)。

明治十四(一八八一)年の政変によって北海道開拓使が廃止されたあと、函館・札幌・根室の三県が置かれたが、この三県制は必ずしも順調に機能していたわけではなく、新たな北海道経営の方法が模索されていたときである。帰京後の安場は、「北海道殖民ノ措置ヲ改正スルノ議」と題する意見書[46]を提出する。このなかで安場は、開拓使による事業を北地開拓の「第一期」と位置づけ、「第二期」に入ったいまこそ「前途永遠ノ策講究セサルヘカラス」と述べる。その基本方針については、次のように言う。

何ヲカ改良ノ要トナス、各省直轄ノ事業ハ現行ノ侭《まま》据置キ、三県分管ノ事務ヲ一轄《いっかつ》ニ帰セシメ、更ニ内地ト其制ヲ殊ニスルヲ得ルノ活法ヲ設ケ、内地画一ノ制ニ検束セラルヽノ患《うれい》ヲ免レシメ、其施設ノ大綱ヲ一ニシ、又各地適応ノ措置ヲ為サシメ、主任官ヲシテ専ラ民ヲ殖シ、地ヲ闢《ひら》キ物産工業ヲ盛大ニスルノ目的ヲ達セシメ、人民各自ニ於テモ之ヲ大ニシテハ北門ノ鎖鑰《さやく》〔外敵の侵入をくいとめる要所〕トナリ、之ヲ小ニシテハ私家永遠ノ産ニ就クノ基ヲ謀ラシムルトキハ、人心自《おのずか》ラ之ニ趨キ、制規宜キヲ得テ現今三県分立ノ制ニ比スル、其得失果シテ如何ソヤ。

右のような基本方針のもと、具体策としては、三県制に代わって札幌に内務省管轄の北海道殖民局を置き、内地とは異なった法令の制定を認め、開墾資金・渡道旅費の給貸を廃止する代わりに開墾地の地租を最大一〇〇年間免除し、さらに土木事業の実施や物産の販路を拡張するなど一七項目を列挙している。これら安場の提案の一部は、明治十九（一八八六）年に北海道庁制が施行されることで、実現されることになる。

おわりに

明治十八（一八八五）年一二月二二日、内閣制度の創始にともなって参事院は廃止となり、安場は再び元老院議官に就任する。一等官相当で年俸四〇〇〇円（『元日』四—六二四）。このとき同時に議官に就任したのは、中村弘毅、田中光顕、尾崎三良らである。しかし、安場の元老院議官再任は当面の便宜的な措置だったようで、翌年二月二五日には福岡県令に任命されている。以後、憲法制定や議会開設が実現する重要な時期に、安場は中央政界から遠ざかることになる。

本章では、明治十三（一八八〇）年から同十九（一八八六）年に至る元老院議官・参事院議官時代の安場保和の行動をたどり、その背景にあった政治理念を解明することに努めてきた。それによれば、この時期の安場は、両院の議官としての職務を忠実に果しながら、地方制度、殖産興業（日本鉄道、勧農義社）、教育制度、士族授産などに邁進する、独特の国家像をもった特色ある政治家として描きだすことができる。また、佐々木や谷、土方、元田らとともに中正党の一員として終始した点が重要であろうと思われる。明治十四（一八八一）年の政変で大隈派が下野したあと、中正党は中央政界の第二極を形づくり、とくに宮中に足場をもっていた。だが、伊藤を中心とする薩長派の主流が宮中・府中の別を標榜して内閣制度を導入したとき、彼らの政治資産はその足場を失ったのだと考えられる。

安場の場合、宮中にも足場をもたず、井上毅のように法令作成技術があるわけでなく、肥後実学党の一員で熊本出身者の代表格であることと、地方官としての比較的長期にわたる経験が、彼の政治資産となっていた。しかし、大久保と岩倉没後は中央政界にはもはや庇護者がなく、政権の中心に立つことになった伊藤と肌合いが合わないとすれば、地位や栄爵に恵まれないことになる。明治十四（一八八二）年政変後の参事院入りも、かえって特色ある政治家としての驥足《きそく》を伸ばせないことにつながってしまった。内閣制度下においても、大臣候補として何度か新聞紙面を賑わしたことはあるが、事実としてそれが実現することはなかった。尾崎の回想によれば、安場は鹿鳴館の舞踏会や仮装会に一度も案内を受けたことのない「連中」の一人だったという(47)。その尾崎は安場の死に際して次のように語っている。

安場氏の如き、若し藩閥家たらしめば、疾《と》くに参議又は大臣になりしならん、然れども同氏の気象として之に迎合すべき人にあらず、予等と同じく僅かに参事院、元老院の議官か又は地方長官位に止りしは、如何にも気の毒に堪へず。(48)

後章に見るとおり、明治二十年代の安場保和は政治的抱負を実現する機会に必ずしも恵まれたとはいえないが、その岐路は本章で検討した元老院議官・参事院議官時代にあったのではないだろうか。

注

（1）このときの宣旨と辞令については、大日方純夫・我部政男編『元老院日誌』第一巻、三一書房、一九八一年、三四五頁。同日誌の原本は、国立公文書館所蔵。以下、同日誌からの引用はこの複製版により、本文の該当箇所に「(『元日』一—三四五)」のように注記する。

(2)村田保定編『安場咬菜・父母の追憶』安場保健発行、私家本、一九三八年、五五頁。
(3)同右。
(4)尾崎三良『尾崎三良自叙略伝』中巻、中央公論社、一九七七年。引用は、中公文庫版(中)、一九八〇年、一九頁。
(5)山路愛山『基督教評論』警醒社書店、一九〇六年。引用は、『基督教評論・日本人民史』岩波文庫、一九六六年、五八頁。
(6)同右、六四頁。
(7)内閣官報局編刊『法令全書』明治八年、八一頁。以下、『法令全書』からの引用の場合は、とくに出典箇所を明示しない。
(8)『東京日日新聞』明治八年四月一六日付。
(9)同右。
(10)『横浜毎日新聞』明治八年四月一六日付。
(11)板垣退助監修『自由党史』上巻、五車楼、一九一〇年。引用は、岩波文庫版上、一九五七年、一七六頁。
(12)前掲尾崎『尾崎三良自叙略伝』(中)、一一二頁。
(13)角田茂「太政官制・内閣制下の元老院」(明治維新史学会編『明治維新の政治と権力』一九九二年、吉川弘文館)参照。また、同氏による「元老院の成立」(『中央史学』第九号、一九八六年)も参照のこと。
(14)明治法制経済史研究所編『元老院会議筆記』第八巻(元老院会議筆記刊行会、一九六四年)二九四頁。以下、同会議筆記からの引用はこの復刻版により、本文の該当箇所に「(『元筆』八―二九四)」のように注記する。ちなみに第九巻は一九六五年、第一〇巻は一九六四年の刊行。
(15)東京大学史料編纂所編『保古飛呂比　佐佐木高行日記』九、東京大学出版会、一九七七年、一一三頁。以下、同書からの引用は、本文の該当箇所に「(『保古』九―一一三)」のように注記する。ちなみに、同書十は一九七八年、十一は一九七九年の刊行。
(16)『読売新聞』明治十三年九月八日付。
(17)『[勧農義社趣意書]』(著者蔵)三―四頁。
(18)同右、一一―一三頁。
(19)新熊本市史編纂委員会編『新熊本市史』通史編、第五巻、熊本市、二〇〇一年、七九四頁。

(20) 徳富猪一郎『蘇峰自伝』中央公論社、一九三五年、一四二頁。
(21) 同右、一五五―一五六頁。
(22) 同右。
(23) 前掲『新熊本市史』第五巻、七九七―七九八頁所引。
(24) 前掲『自由党史』下（一九五八年）三七四頁。
(25) このいわゆる「主権論争」に関しては、前掲『新熊本市史』第五巻、八〇三頁以下参照。
(26)（明治十四年）一一月一三日付佐々友房ほか宛紫溟会本部委員書簡（国立国会図書館憲政資料室所蔵「佐々友房関係文書」七〇―一）。
(27) 花立三郎「安場保和」、『近代の黎明と展開』熊本近代史研究会、二〇〇〇年、九五頁。
(28)『朝野新聞』明治十四年一二月三日付。
(29) 宮内庁『明治天皇紀』第五、吉川弘文館、一九七一年、四五三頁。もっとも、前掲『自由党史』中（一九五八年）によれば、中正党は「一種の官権党」（七三頁）ということになる。
(30) 沼田哲「幕末・明治初年の佐々木高行」、国学院大学文学部史学科編『日本史学論集』下巻、吉川弘文館、一九八三年、三三三頁。
(31)「〔安場保和建言〕」（宮内庁書陵部所蔵「岩倉家文書」明治十年第五冊）。ただし写である。同内容の「意見」は、『岩倉公実記』下巻、宮内省皇后職、一九〇六年、七六九―七七二頁にも所収されている。なお、この覚書に対する岩倉の返信と思われる一〇月一〇日付の書簡が、安場保雅家所蔵文書のなかに存在する。それによれば、岩倉は「御忠告深ク肝銘致候。尚両大臣可及密談候。寔不容易形勢、当今如何之《(平出)》叡旨ニ哉。兎角還幸之上ナラデハ意見難申入事ニ候得共、尚熟考尽シ可申と存候」と述べている。
(32) 明治十四年一〇月二八日付伊藤博文宛岩倉具視書簡（伊藤博文関係文書研究会編『伊藤博文関係文書』三、一九七五年、塙書房、一二九頁）。
(33) 山中永之佑『日本近代国家の形成と官僚制』弘文堂、一九七四年、二三六頁。参事院に関してはほかに、西川誠「参事院の創設」（『書陵部紀要』第四八号、一九九七年）及び拙著『近代史料学の射程』弘文堂、二〇〇〇年、第二章参照。
(34)「元老院及参事院議官の地方政情視察方建議」、大山梓編『山県有朋意見書』原書房、一九六六年、一三三頁。

(35) 我部政男「解題」、『明治十五年明治十六年地方巡察視復命書』上巻、三一書房、一九八〇年、一〇〇頁。

(36) 同右、一〇九頁以降。原本は、自明治十一年至同十六年『上書建言録』二（国立公文書館所蔵、別／五五）。

(37)「建言」、色川大吉・我部政男監修『明治建白書集成』第六巻、筑摩書房、一九八七年、九四七―九五〇頁。原本は、同右『上書建言録』二所収。

(38) 明治十五年『公文録』太政官十月全（国立公文書館所蔵、公／三三一七）。

(39) 前掲『岩倉公実記』下巻九四四―九五三頁。

(40) 明治十六年『公文録』太政官四月五月全（国立公文書館所蔵、公／三四五二）。

(41)（明治十六年）一月二二日付伊藤博文宛山県有朋書簡、前掲『伊藤博文関係文書』八、一九八〇年、一〇九頁。

(42) この時期の伊藤の政治指導に関しては、坂本一登『伊藤博文と明治国家形成』吉川弘文館、一九九一年参照。

(43) 山中永之佑『日本近代地方自治制と国家』弘文堂、一九九九年参照。

(44) 明治十七年一〇月、田口政五郎編「北海道紀行」上（東京大学法学部附属近代日本法政史料センター所蔵「安場保和関係文書」R一―一五）。

(45) 清野謙次編『明治初年北海紀聞』岡書院、一九三一年所収。

(46) 同右、一三三―一三七頁。

(47) 前掲尾崎『尾崎三良自叙略伝』（中）、四〇頁。

(48) 同右、（下）、九四頁。

第七章　福岡県令・県知事時代

1886-1892

東條　正

はじめに

明治十八（一八九五）年一二月に、伊藤博文を初代の内閣総理大臣とする新しい内閣制度が発足すると共に、翌十九（一八八六）年にかけてそれに伴う諸官衙の改変や人事が次々と発令されていたが、それら一連の動きのなかで、明治十九年二月二五日付けで福岡県の新県令に安場保和が任命された。安場は県令としては福島、愛知に次ぐ三度目の着任であった。安場の福岡県知事（着任後に制度改革により初代福岡県知事に就任）在任期間は明治二十五（一八九二）年七月二〇日までの六年六カ月で、明治期の福岡県の県令・県知事の在任期間としては、渡辺清《わたなべきよし》県令の在任期間六年一一カ月（明治七［一八七四］年九月八日任命、同十四［一八八一］年七月二九日離任）に次ぐものであった。しかし、渡辺清県令着任時の福岡県は筑前地方だけで、小倉県（豊前《ぶぜん》地方）、三潴《みづま》県（筑後地方）はまだ福岡県に編入されておらず、現在の福岡県の県域になったのは明治九（一八七六）年八月二一日以降であった。このため、渡辺県令の場合、現在の福岡県の県域になってからの在任期間は五年余であった。このような経緯から安場知事が現在の県域になってからの明治期の福岡県知事（県令）としては最も長期の在任者であった。しかし、安場が福岡県に残したのは単なる在任期間の長さだけではなかった。安場の逝去時、安場県令・知事時代の治世を振り返って『九州日報』の記事は次のように記している(1)。

安場男を除きて以上の諸県令諸知事は如何なる勁績をか存したる、流風余韻を今に仰かしむるものは吁唯《ああただ》男一人のみにあらずや男が天下の俊傑としての遺事は既に本号に連載し、又九州鉄道興業鉄道の創立の如き、筑豊炭鉱振作の如き、林政改革の如き水産発達の如き、我が福岡県の福利を増進し其の功、誠に赫々《かくかく》たるもの亦県民の普《あま》ねく知る所吾人は今に於いて一々之を贅せざるべし只一事の最も男の一生を領知するに足るべきものを挙げ以て世人に告知せんとするものあり何ぞや男は寧ろ平民主義に依りて与衆の公論に聴き而て之を行ふに武断的方針を猛取し敢て一歩も私党の専横に仮借するなかりしことなり曾て筑後川洪水善後《ママ》に関する費額を県会に提するや県会は多数を頼みて之を否決せしも男は決して之に譲らず一身を以て済民の衝《しょう》に当り断然として之を否認し竟に原案を執行せしめたりき〔後略〕

〔現代語訳・要旨〕 歴代の県令、知事の中で安場男爵を除いた他の県令、県知事はいかなる功績を残したであろうか。遺風や余韻を今に残すのは安場男爵一人ではないのか。安場男爵の天下の俊傑としての遺事は既に本号に連載しているが、九州鉄道会社、筑豊興業鉄道会社の創立、筑豊の諸炭鉱の振興、林政改革、水産業の発達など福岡県の福利を増進した赫々たる功績は県民皆が広く知るところで、今さら一々言い連ねるまでもないことである。しかし、ただ一つ、安場男爵の一生を実感させる例を挙げて世の人々に知らせたいことがある。それは何かというと、安場男爵は、平民主義をとって世論を聞き、しかもこれを行うときは断固として一歩も私党の専横を許さなかったことである。かつて筑後川の治水に関する費用を県会に提案したおり、県会は多数を頼んでこれを否決したが、安場男爵はこれに怯むことなく、ついに原案を執行した。

『九州日報』は国権派の機関新聞であり、しかも、その前身である『福陵《ふくりょう》新報』の創刊に安場知事が深く関わっていたことを考えると、この『九州日報』の記述に関しては党派的な偏りを考慮しなければならないとしても、安場知事が明治期の福岡県において残した足跡の大きさ及び印象の強烈さを示していると考えられる。

また、安場の福岡県令発令の背景について、明治三十二（一八九九）年一〇月二四日付の『九州日報』は以下のように報じていた。

君既に福岡《ママ》愛知の二県知事を経て元老院に入り参議院に入る、其再び出でゝ地方官となる豈《あに》尋常一様の牧民官を以て任ぜんや、君が福岡に赴任せんとする時は即ち今の伊藤侯が立憲制度の下拵《したごし》らへに汲々たりし際にして山県内相亦一に地方自治制の実施準備に尽力せり而して福岡県下の民論常に県官に抵抗し九州改進党の跋扈《ばっこ》甚しく県会常置委員の勢力常に県治の事を左右し時の県令岸良俊介氏亦常に之れが為めに掣肘《せいちゅう》され自治制の実施大に憂ふ可きものあり内相即ち之を看破し特に君を抜て其の任に当らんことを勧誘す、君既に勅任議官の上席にあり而して出でゝ地方官となる固《もと》より慊焉《けんき》たるなきを得ず況んや平生国家的経営を以て任ずるもの安んぞ単に一地方官を以て満足せん、君即ち内相の意を受け更に要求して曰く九州の民論頑固にして制し難きもの要するに交通の機関備はらずして文明の要を解せざるに由る、其の地を拓《ひ》らき其人を導くは鉄道の布設より急なるはなし予をして進んで此の任に当たらしむるを内約せば其名儀の如き又問ふ所にあらず一県知事と雖当に之に満足すべしと内相却って之を喜び互に相約して任に就く

〔現代語訳・要旨〕君〔安場〕は既に福岡〔島〕、愛知二県の県令を経て、元老院議員、参事院議員を歴任した経歴を持っており、再び単なる一地方官で満足するものではない。君〔安場〕が福岡県令に任命された際は、伊藤博文が立憲制度の準備に汲々とし、山県有朋内務大臣が地方自治の実施準備のため尽力している時期であった。ところが、福岡県下の民論は常に県官僚に抵抗して、九州改進党の跋扈が甚だしく、県会の常置委員が常に県の治世を左右し、時の県令岸良俊介はこのため掣肘され、自治制の実施において憂うべき状態にあった。内相はこの状況を見抜いて、特に君〔安場〕を選んでその任に当たることを勧誘した。しかし、元老院の勅任議官という地位にあった君〔安場〕が地方官への任命を好むはずがなく、いわんや平常から自らの任を国家経営としていた安場が一地方官で満足するはずがなかった。そこで、このような内相の意を受けた君〔安場〕が、内相に要求したのは、九州の民論が頑固で制御しがたいのは、要するに交通機関が備わっていないため文明の要点を理解しないからである。地域を開拓し人を導くには鉄道の敷設より急を要するものはない。自分〔安場〕をして鉄道敷設の任に当たらせることを内約するなら、その官職の名称など問題とせず、一県令と雖も満足である。〔これを聞いて〕内相もこれを喜び、互いに鉄道敷設

の件を内約して〔安場は福岡県令の〕任に就いた。

これらの記事でも示されているように、これまでの福岡県令・県知事時代の安場のイメージは、県会や国政選挙において民権派と全面的に対決した知事といった印象が強い。開明的な横井小楠門下出身である安場になぜこのようなイメージが定着したのか。以下、本章では、このような視点から福岡県令・県知事時代の安場保和の足跡を可能な限り実証的に見ていくこととしたい。

具体的には、『九州日報』の記事で、民権派県会議員との対立の中で安場知事の神髄を最も示したものとされている筑後川改修工事問題、および安場が県令受諾の条件としたとされている九州鉄道会社の創立問題を中心に安場保和の福岡県令・県知事時代を振り返ってみたい。この二つを中心に取り上げるのは、後に見るように、この二つは根底の部分で深く関わっていると考えられるからである。

一 県会における筑後川改修工事案件の審議

筑後川改修工事問題とは、安場知事の提案した筑後川改修工事予算案をめぐって所謂《いわゆる》民権派県会議員と知事が県会で全面的に対決した事件で、先に見たように逝去時の追悼記事文中で最も安場知事の治世の本質を示す事跡ともされている。以下、この問題について具体的に見ていきたい。

安場知事就任後、最初の県会の普通会が明治十九（一八八六）年一一月一八日に開始された(2)。この県会における最大の懸案は県側から提案された翌二十（一八八七）年度予算案中の筑後川改修工事費の審議だった。筑後川改修工事とは、明治二十（一八八七）年度から二十八（一八九五）年度までの九カ年で工費総額一一五万余円をかけて筑後川の改修を行う予定で、この工費のうち六〇万余円を国費で、残り五五万余円を福岡、佐賀両県が負担する予定であった。このため福岡県は九カ年間で総計三八万九〇〇〇余円を、初年度の二十年度には二万二八六六円五〇銭を分担することが予定されていた(3)。

この頃の府県会では、府県庁からの提出案件に対して、まず常置委員会で事前審議が行われていた。この常置委員会とは、政府の指令により明治十三（一八八〇）年に太政官布告第四九号で府県会規則に追加された制度で、府県会議員中から選出される五名から七名の常置委員で構成されていた(4)。常置委員は府県会開催時だけ参集する一般の府県会議員と異なり、府県庁所在地に常勤し、常時、知事の諮問に答える仕組みになっていた。また、福岡県の場合、県会メンバーの多数を旧自由党系の九州における有力組織であった旧九州改進党系議員が占めていたため、そこから選出される常置委員はこの時期、全員が旧九州改進党系の、いわゆる民権派議員によって占められていた。

一一月二二日の筑後川改修計画予算案の質問会において、旧九州改進党系議員の藤金作《とうきんさく》（常置委員、後の衆議院議員）が、事前の常置委員会における審議で、番外席（県庁執行部席）に、この工事計画に関する内務大臣の通達の精神を尋ねたところ、それは知事本人でないと確認できないとの答弁であったとして、安場知事の県会への出席と答弁を求めた(5)。

このため同月二四日に至って、安場知事の県会における初めての答弁説明が行われることとなった。当日は安場知事就任後の県会初答弁ということで議員や傍聴者も多く詰めかけ、議場の通路に立ち見の傍聴者が出る状況であった(6)。

安場知事は、答弁の中で、この計画は、明治十六(一八八三)年から筑後川を内務省の直轄河川とした上で数年間詳細に調査した結果、決定されたもので、今年上京の際(後に見るように、安場県令は同年五月に上京、七月まで滞京していた)、山県内務大臣から訓令された。工事は、平常の河身の改修疎通を図る平水工事と、洪水防御を図る工事とに分別し、平水工事は国費で、洪水防御工事は地方負担でおこなう。筑後川は福岡県と佐賀県に跨って流れているので、地方負担は福岡県と佐賀県で分担するが、福岡県分の負担の内訳は地方官の見込みに任せるということなので、自分としては、従来の慣行も勘案して、半額を地方税(当該期の地方税は府県が徴収、支出するもののみを指した)、半額を筑後川沿岸の関係町村に負荷することとした。また、筑後川以外の政府直轄河川も同様の計画であると説明した(7)。

さらに、安場知事は、筑後川は三国(筑前、筑後、豊前)のみならず九州全体に関係する河川なので、政府や自分としては地方負担部分の全額を県の地方税で負担しても不適当とは思わないが、本県は県内の五大川(筑後川、遠賀川《おんががわ》、矢部川、山国川、今川)の治水費すら県が支出する地方税は補助に止めている現状なので、地方負担部分を県と筑後川流域町村に二分したものであると答弁した。その後、二時間半にわたって安場知事と県会の主に常置委員との間で議論の応酬が続くが、その中心は地方負担部分をどうするかについての質疑で、議員達の質問は、関係町村の負担が地方民費負担の限度とされている地租七分の一を越えた場合や佐賀県が負担を拒否した場合の対応など、実施に否定的なニュアンスが多くを占めた(8)。

その後、一二月一二日に至って県会における筑後川改修工事予算案の一次会審議が行われ、まずこの案件に対する常置委員会報告があった。常置委員会報告書は、本年度は同予算を延期すべきで、予算案としては否であるとしていた(9)。

この常置委員会報告に対して、賛成派の議員である田中新吾(筑後川流域選出)から、この計画そのものの否が主であるのか、それとも今年度の実施の否を主とするのか、との質問があった。

これに対し常置委員会を代表して、多田作兵衛(福岡県における旧九州改進党系の代表的な論客の一人で、後に衆議院議員)が、この計画そのものを否とするのではなく、調査が間に合わないので今年度の実施を否とするものであると答弁した。さらに常置委員の一人である藤金作が補足して、通常、土木費なども多額のものは常置委員会で実地調査の上、議会に報告してきたが、今回のこの工事については本県未曾有の大工事で、しかも既に五月に内務大臣から安場知事に通達されていたにもかかわらず、知事帰県後もその話はなく、一一月になって知事から筑後川改修工事説明のため内務省の技師が佐賀に出張するので常置委員は全員来会せよと通告された。知事は五月に通達されたのなら、遅くとも開会の二、三カ月前には県会の臨時会を開くとか、常置委員会に諮問するとかの処置をとるべきであったのに、そのような処置はなく、県会の通常会の数日前に至って初めて佐賀に連れていくとは無理なやり方で、このような状況では調査が間に合わないので今年度予算としては否とすると説明した。さらに藤金作は、東北地方の野蒜《のびる》築港や中山道鉄道などの事例を挙げ、政府原案の工事でも失敗例が多いとして慎重審議の必要性を強調していた。結局、同日の審議の結果、出席議員六四名中四五名の多数で原案を一次会で廃案とすることを決議した。

これに対して安場知事は直ちにこの案を再議に付した。これは明治十四（一八八一）年に府県会規則第五条に追加された、府県会が議決した案件で府知事、県令が許可すべきではないと考えた案件は時宜に依り府知事、県令に府県会で再議させる権限を与えるという条項による処置であった(10)。

翌々日の一四日の県会において同案が再議された。筑後川流域選出の議員は、改修工事に支出する県費を上回る工事費が地元に還元される利点や、水害の惨状を述べて原案への賛成を求めたが、反対派議員達はあくまでも慎重審議を唱え、結局、出席議員六六名中三九名の賛成で再否決された(11)。これを不服とした安場県令は、明治十四（一八八一）年二月の太政官布告第四号で改正された(12)、府県会が否決した案件も内務大臣の裁決により原案を執行できると規定した府県会規則第五条に基づき、内務大臣の裁決を仰ぎ、最終的に原案を施行した。

以上の経緯から、反対派県会議員は、この案件に反対する主要な理由として、知事が早めにこの計画を常置委員会に諮らなかったため調査が間に合わないことを挙げていたことが判明する。しかし、賛成派議員からはそれは否決するための口実であるとの指摘もなされていた。では、反対派議員が常置委員会への諮問の遅れにこだわったのは単なる口実だったのか、それともそれにこだわる理由があったのであろうか。また口実であったとすれば反対派議員達の本当の反対理由は何だったか。以下、それらを見ていきたい。

二　安場知事と県会

筑後川改修工事予算案審議に先立ち、一一月二六日に同県会の明治二十（一八八七）年度地方税予算案全体に関する第一次会審議が行われた。その討論の中で多田作兵衛は、安場知事の赴任後、「官民ノ間大ニ隔絶ノ姿アルヲ覚フ」(13)と発言した。その理由として、本年の予算案が前年予算決定額より一二万余円の大幅な増額となっており、一方、地方税が払えずに公売処分となる者も非常に多いという状況を指摘して、「民力ノ耐否」の点で官民の認識に齟齬があると主張した。事実、当該期の福岡県の予算額は五〇万円内外であったが、二十年度予算原案は六五万余円で、前年に比すれば四分の一近い大幅な増額となっていた(14)。このように、旧九州改進党系県会議員は明治十四（一八八一）年以降の松方デフレの中で疲弊している県民の大幅な負担増加を危惧する主張を行っていた。

さらに、多田作兵衛は、知事と常置委員会の関係に触れ、前県令は些細と思われることまでも常置委員会に諮問したが、安場知事になってからは当然諮問されるべきだと思われることも諮問が無く、また常置委員会の会議所も知事室に接近した場所から階下の窮屈な場所に移転されたことに遺憾の意を示した上で、知事の職権と議会の議権が対決しても無益であるとして、県会や常置委員会は薄弱な権限の中でも許された範囲内であくまでも議論したいと主張した。

この多田議員の発言に対して、当日番外一番として答弁席にいた広橋賢光書記官（当該期、府県では知事が長官で、書記官は次官の立場にあった）はおおよそ次のように反論した。

多田作兵衛の発言は、二十（一八八七）年度の予算案が意外な増額であるとして、まるで何か安場知事が物好きで予算額を増額したような物言いであるが、決してそうではなく、土木も、警察も、教育も政府の方針が変化して増額となったもので、民力が耐えられるか否かを考えないわけではないが、止むを得ずに増額したものである。また、常置委員への諮問が少なくなったと言うが、もともと府県会の権限が非常に狭小なもので、その中から選出された常置委員への諮問が少ないのは当然で、いわば知事の相談相手に過ぎない。法律の改正でもしなければ、このように限られた権限の中であれこれ言っても無駄である。

広橋書記官は公家出身で伯爵の爵位を持つ若手の内務官僚であったが、この県会や常置委員会の権限を矮小化する発言に旧九州改進党系議員達は当然ながら強く反発した。庄野金十郎議員は広橋書記官の発言に即座におおよそ次のように反論した。

番外一番（広橋書記官）によると、府県会の権限は狭小で、その代理者たる常置委員会は単に知事の諮問に止まるもので、知事の権限で処理するのは当然であるとしているが、その薄弱な権限の常置委員会も知事のやり方次第で、一層薄弱にもなるし、あるいは広大にもなるのではないか。広橋書記官が言うように政府の趣意に従うというならば、常置委員会も政府が命令して作られたものなので、あくまで活用すべきであろう。また、政府の旨趣も議会主義をとろうとしていると思われるので、その地方における代表者である知事は、一県の世論を代表する常置委員会を単に諮問機関に過ぎないから知事の勝手次第であるとして、常置委員会の意見を用いずに直接に施行するのは果たして妥当なことであろうか。自分は世論の帰趨に従って取捨選択するべきではないかと思う。でなければ、常置委員会は死物になってしまう。このような点から考えると番外一番の意見は賛成できない。また、番外一番は知事の物好きで予算案を増額したのではなく、止むを得ず、と言われたが、土木費は政府の判断ではなく、今年にするか来年にするかは、知事の判断によるので、県民が耐えられるか否かを考えて判断すべきである。この点から考えると今年の予算額を一〇万余円増額するのは至当の処置とは思われない。

このように、この年の県会通常会の審議における民権派議員の反発の背景には常置委員会の権限をめぐる県執行部と県会側の認識の差が存在したと考えられる。そこで、以下、議論の焦点となっている常置委員会の権限の変遷について見てみたい。

府県会に常置委員会の設置を定めたのは先に見たように明治十三（一八八〇）年の太政官布告四九号であった。このおり追加された府県会規則の第三七条は「常置委員ハ府県会ノ議定ニ依リ地方税ヲ以テ支弁スベキ事業ヲ執行スルノ方法順序ニ付毎ニ府知事県令ノ諮問ヲ受ケ其意見ヲ述ヘ……」〔常置委員は府県会の議決により地方税をもって支弁すべき事業を執行する方法、順序について府知事、県令の諮問を受けその意見を述べ〕と、また、三八条では「……通常会ト臨時会トヲ論セス府知事県令ヨリ発スヘキ議案ヲ前以テ請取リ会議ニ向テ其意見ヲ報告スヘシ」〔通常会と臨時会とを問わず府県知事、県令より発すべき議案を前もって受け取り、県会に対してその意見を報告すべし〕と規定していた(15)。しかも、この太政官布告四九号は、西南戦後の不換紙幣の増発による銀紙格差の拡大の中で、地方税負担の上限を地租五分の一から三分の一に拡大し、同時に府県庁舎建築修繕費、府県監獄費、府県監獄建築修繕費等を国税から地方税負担に移転した有名な太政官布告第四八条と同時に公布されたもので(16)、地方税の大幅な負担増大の見返りに、地方税を審議する府県会に行政参与を部分的に認める性格のものであったと考えられる(17)。つまり、常置委員会の設置は三新法以降、府県が国家財政から分離された地方財政の中核と位置付けられ、しかも、明治十三(一八八〇)年四八号太政官布告によって、府県に関する支出のほとんどが府県税賦課となる中で、その徴収を決定する議決機関である府県会とその執行機関である府県令の協調体制作りの一環であったと考えられる。

なお、三新法を審議した明治十一(一八七八)年の地方官会議において、安場愛知県令は、「第一号第二号并ニ第三号マデ分権ヲ主義トシテ経済ヲ別途ニ立ツルノ精神ハ飽《あく》マデモ本案ヲ賛成」と府県への分権を、府県に経済的基盤を与えることによって図ることを高く評価していた(18)。

そもそも、この常置委員会制度は、明治四(一八七一)年のフランス県会法に範を取ったもので、フランスのそれは県知事の後見監督権と県会の権限拡大との妥協の産物であったとされている(19)。このためわが国においても府県会側がこの常置委員会を行政参与のための重要機関と見なしていたのは当然であったと推察される。

しかし、既に明治十二(一八七九)年の常置委員制度の検討時点で、政府側は、「仏国県会常置委員ハ県令ノ側ニ常設シテ其事務ヲ監視センカ為メナリ而テ自ラ常置委員ノ権ヲ以テ県令ノ行務ニ侵入スル事アラン従テ『行ハ独ヲ尚フ』ノ原則ニ違フカ如シ蓋《けだ》シ此制度ハ共和政体ノ主義ニ出ツルモノナレハ立憲王政ノ邦《くに》ニハ施スヘキモノニ非ルカ如シ如何」(20)と、常置委員が共和主義に発する制度で、県令の行政権を侵し、立憲王政に適合しないのではないかという疑念を、導入に関わった内務省法律顧問の仏人ボアソナード（一八二五―一九一〇）に発していた。これに対して、ボアソナードは「県会常置委員ヲ設置スルトキハ必ス県会ノ行務上ニ於テ其特立ノ権ヲ減殺スルヤ明《あきら》カナリ蓋《けだ》シ該委員ノ設置ノ自由主義ニ在リト云フ即チ之カ為メナリ」と、常置委員制度が県令の行政権を減殺し、その意味で自由主義的制度であることを認めていた。しかし、ボアソナードは続けて「然レトモ民主共和政体ノ国ニ限リ該員ヲ設置シ得ヘキモノトスルハ誤リナリ立憲王政ノ邦《くに》ニ於テモ亦該委員ヲ設置スルニ適当ナルハ言ヲ待タスシテ明カナリ蓋《けだ》シ県会ノ制タル亦已《またすで》ニ立憲王政ニテ議院政体ノ制度ニ属スレハナリ」と、民主共和政体のみで常置委員を設置できるとの考えは誤りで、立憲王政の国でも常置委員を設置することは適当であり、それは県会制度自体が既に立憲王政の議院政体の制度であるからであると述べていた。さらに、ボアソナードは「今既ニ政府及行政官ハ国民ノ為メニ存シ国民ハ政府及行政官ノ為メニ存スル者ニ非ルヲ認知セル以上ハ政策並ニ施治ノ事務ヲ以テ人民ノ監視ニ付スルハ理ノ当然ナリ」とも述べていた。つまり、ボアソナードは、政府や行政官は国民のために存在するので、その逆ではないことを国民が認知した以上は、政策や施治を国民の監視に付するのは当然のことであると回答していた。さらに「今ヤ日本ニ於テハ公選議会ノ開設ヲ許容セルヲ以テ已ニ代議政体ノ制ニ入リタリト云フヘシ而シテ日タル猶ホ浅ク其門戸未タ狭小ナリト雖モ其日ヲ期シテ之ヲ拡張スヘキヤ必セリ」と、日本も公選議会（県会）の開設を許容した以上は既に代議制に入っており、まだ日が浅くその門戸は狭小であるが、日を期して拡張すべきは必然であるとも述べていた。もっとも、付加すればボアソナードは引き続いて、日本においては常置委員を設置しなくても不可ではなく、常置委員を設置してその権限を制限することも可能であるとの意見も述べていた。

その後、明治十五（一八八二）年一二月に至って、太政官布告第六八号で、府県会規則三七条を「常置委員ハ府県会ノ議定ニ依リ事業ヲ執行スルノ方法順序及予備費ノ支出ニ付府知事県令ヨリ諮問アルトキハ其意見ヲ述フ……(21)」と改正した。この改正条文を明治十三（一八八〇）年の元の条項と比較すると、明治十三年の元の条項が「事業ヲ執行スルノ方法順序ニ付毎ニ府知事県令ノ諮問ヲ受ケ其意見ヲ述ヘ」となっていたのに較べて、意見具申が府知事県令より諮問がある場合により限定するとも取れる表現に改正されていた。さらに、この太政官布告六八号は七〇号と同時に布告されたものであった。よく知られているように七〇号布告は府県会議員が他の府県会議員と連合集会、往復通信することを禁じたもので、当該期における民権運動の高揚の中で、土木堤防費の一部に国庫補助を復活する一方、府県会規則を改正して統制を強化するという岩倉具視右大臣の同年八月の「府県会中止意見書」、同年一一月の「租税増徴ニ関スル意見書」などに沿って実行された府県会規制措置の一環として府県会及び同議員の権限の抑制を図ったものであった(22)。これらのことを考え合わせると、太政官布告六八号中の府県会規則第三七条の改正も、民権運動の高揚の中で、当初から常置委員会の県令行政執行権への介入を危惧していた政府が、常置委員会の権限の縮小を目指したものと推察される。

一方、福岡県における明治十五（一八八二）年の府県会規則三七条改正時の県令は岸良俊介《きしらしゅんすけ》であったが、岸良県令は民権派が優勢な福岡県会において、その後も改正以前の常置委員会の権限を尊重して県会の行政執行への参与を従来通り認めることにより県会との協調を図ろうとしたものと推察される。それに対して後任の安場知事は改正三七条に基づいて行政執行に対する常置委員会の関与を制限する姿勢を見せたものと考えられる。このように県会における筑後川改修工事予算案に関する民権派議員と安場知事との対立の一つの要因には、常置委員会ひいては県会の権限をめぐる両者の対立があったと考えられる。

では、果たして安場知事は基本的に議会軽視あるいは無視の姿勢を持っていたのであろうか。以下、この点を検証していきたい。

先に見た明治八（一八七五）年の地方官会議における地方民会設置の論議で、民会の議員を民選にするか、区戸長を充てるかが議論となったが、福島県令として出席していた安場は民会議員の公選を強く主張していた(23)。結局、民選論は少数派で会議は区戸長を地方民会の議員とする案を採用したが、この段階から安場が議会の民選を主張する少数派の地方長官であったことが判明する。

また、明治十一（一八七八）年の地方官会議における第二号議案（府県会規則）第一六条の審議において、原案が「通常会臨時会ヲ論セス会議ノ議案ハ総テ府知事県令ヨリ之ヲ発ス」と府知事、県令のみに議案提出権を認めていたのに対して、宮城県権令代理大書記官成川尚義が議会にも立則権を与える修正案を提案した。この間の論議において、安場愛知県令も、議会側にも建議権を認めるべきだと主張していたが(24)、結局、これらの修正提案は賛成少数で否決された。

さらに、明治十一（一八七八）年の三新法審議において、原案の、府県会が議決した案件について府知事、県令が認可すべきではないと考えた場合は内務卿に具申して指揮を仰ぐという条項の審議過程で、当時、愛知県令であった安場が、内務卿に具申して指揮を仰ぐより府知事、県令にその案件を府県会で再議させる権限を与えた方が良いのではと主張していた。その理由として、安場愛知県令は府知事、県令と議会との間で意見が異なるときは、府知事や県令の意見を付して議会に再三審議させるほうが、人民の気持ちに背くことがないと信じるからであると論じていた(25)。この提案は同時点では少数意見として採用されなかったが、これが後に、先に見たような明治十四（一八八一）年の同条項の府知事、県令の再議提案権に関する項目の追加に繋がったものと推察される。

これらの主張を総合して考えると、明治八（一八七五）年から十一年にかけての福島、愛知両県の県令在任時代、安場が民選の地方議会の重要性を強く認識していたこと、また、その地方議会の権利を出来るだけ拡大する意思を所有していたこと、さらに、地方議会と地方長官の意見が異なったときは、再三議論を尽くして意見を集約させる制度を希求していたことが判明するであろう。

では、なぜその安場が明治十九（一八八六）年時点では県会議員の一部と強く対立することになったのか。その点について以下考えていきたい。

三　福岡県治水問題の経緯

筑後川改修工事をめぐる予算案に対する意見対立が深刻化したもう一つの背景には、県会議員側には福岡県の治水費をめぐる長年の地域対立の経緯があり、一方、安場知事にも長年に亘る治水費是正についての信念があったためと推察される。そこで、以下、明治維新後のわが国および福岡地方の治水問題の経緯を遡ってみたい。

明治四（一八七一）年の廃藩置県後、新政府は、明治六（一八七三）年に至って、初めて地方の土木費に関する規定である「河港道路修築工事規則」を定めた。この規則の中で河港道路の費用分担については、各府県の過去三年乃至《ないし》五年間の平均額を官費、民費に区別して算出して提出させた(26)。これに基づいて以後の官費支給定額（政府補助金）を定め、定額以外の費用は関係地区の住民に出費させることとした。この際、福岡県（旧福岡藩など）や小倉県（旧小倉藩、旧中津藩など）には官費定額金の支給が認められたが、三潴県《みずまけん》（旧久留米藩、旧柳川《やながわ》藩など）には定額金支給が全く認められず(27)、この結果、筑後川の治水費用などは全額沿岸地域の住民の負担とされた。

なぜ、三潴県には国の官費定額金の下付が全く認められなかったのかであるが、これは旧藩時代の河川の堤防橋梁《きょうりょう》費用は、旧福岡藩では治水費は治水に必要な作業人員を差し出す夫役が建前で、資材費や不足人夫賃金は藩が支出する形を取っていたのに対して、筑後川を抱える旧久留米藩や旧柳川藩では夫役負担であったものが金納化されて、石高に応じ藩に納入され、それが治水費に充てられており、このような費用負担形式は地租改正以前の明治期においても藩政時代とほぼ同様な形で受け継がれていた(28)。このため、官費、民費の負担区分の算出に際して、三潴県の場合は藩政時代からの治水費が全額民費負担で行われていたと見なされたためと考えられる。これは従来から藩から費用が支給されていたことが明白な場合にのみ国費の支給を認めるという基準でこれらの算定が行われたためであった(29)。このように治水費に関して、旧福岡県、旧小倉県などには国費の補助が認められ、筑後川や矢部川を抱え最も多額の治水費を要する旧三潴県には全く認められなかったことが、旧三県統合後の新福岡県において治水問題をより複雑なものとすることとなった。

その後、明治八(一八七五)年に開催された地方官会議でも「堤防法案」が審議され、治水に関して、予防は内務省が担当し、防御は各地方庁が担当するという分担区分は規定されたが、その費用に関しては国の定額支給以外を関係地域の住民の負担とするという構造に変化は見られなかった。具体的には、堤防法案の第三条で工費負担について定めていた。その条文は、地租改正の進行に伴って漸次これを改正するが、大河といっても全国に跨るようなものはないので、その工費の負担もその地方ごとに割合を定めるのが当然であり、民間の負担だけでは耐え得ない場合には国庫から補助する、との抽象的なもので、基本的には該当地域の負担として、具体的な費用負担方法については示していなかった。

ところで、当時、福島県令であった安場保和は、当然、この地方官会議の堤防法案審議に加わっていた。安場はこの三条の条文審議の中で、地租改正の規定では国税は地価の三分の一、民費(地方の自治体費用)は地価の一〇〇分の一を超えて賦課してはならないと定められているので、地域の負担が一〇〇分の一を超える場合に、治水費を国庫補助すると具体的に規定してはどうか(30)、また、地租改正の結果を待つといっても両三年を費やすであろうから、当面は士族への禄税を治水費に充ててはどうかとも発言していた(31)。

さらに安場は、今日進めようとしている地租改正では、名目は地価の一〇〇分の三となっているが、実際には収穫から一五％の種肥代と利子を差し引いたものから地価を定めており、納税者の負担としては収穫の四〇％くらいを税として国庫に納めることになる。このような重い課税の中では、堤防費用の負担までは住民はとても堪えられないであろう。だから、当面、臨時に国庫が補助するといっても、実際には名前ばかりの臨時で、実は今後も国庫補助を常態とせざるを得ないのではないか。現在進行中の地租改正の算定において種肥代を差し引いているように、堤防工事費を差し引くように変更するならば別だが、そうでなければ、治水費を基本的に地域住民に課すという負担原則を改正するべきであると主張していた(32)。

その後、同法案第三条の二次会審議で、安場は、一次会の審議において地租改正は収穫に基づいて地価を決定しているが、堤防費用などはその算定費用に含まれていないとの答弁であった。そうであるとしたら、第二節の流域の地域に治水費を負担させるという条項は、民力の堪えるところとは思われないので、廃棄すべきであるとの動議を提出した(33)。しかし、この安場の動議は賛成者少数で否決された(34)。

安場は県令として福島、愛知で地租改正事業を現場で指揮し、特に安場県令時代の愛知県下では地租改正をめぐって過重な課税に抵抗する農民達と県官が強く対峙したことが知られているが(35)、この地方官会議の発言から、安場自身が地租改正による農民の過重な負担を気遣い、特に河川流域住民のこれ以上の過重な負担を何とか避けようとしている姿勢が窺える。また、地租改正の算定基準である、収穫から掛かった費用を差し引くという原則からいっても、治水費を住民に負担させるならば、地租の算定で治水費を差し引かなければ不合理であるという主張は、合理主義者としての安場の面目躍如といった趣がある。

結局、この地方官会議では、安場と同様に、治水費の国庫負担部分を増額する要望が強く、費用負担を定めた第三条に、従来からの藩費支給の確証が無くても住民が負担に耐え得ない場合には国庫補助を認めるという、第四条を新たに追加することを決議した(36)。しかし、政府はこの地方官会議の「堤防法案」を公認することなく(37)、その後も、一部に認められた政府補助を除いて、基本的に治水費の負担は流域住民が担うという状況が続くこととなった。

このため旧福岡県、旧小倉県の一部、旧三潴県の一部が合同して明治九(一八七六)年に発足した新福岡県においても、旧三潴県に属する筑後川については、県内最大の河川であるにも拘わらず、その治水費に関して政府補助が一切支給されず、流域住民のみが治水費用を負担するという状況が継続した。

その後、明治十一(一八七八)年に三新法の一つとして「地方税規則」が制定された。この「地方税規則」の最大の特徴は、それまでの県は財政的にはいわば名目的な存在で、実質的には国と区(大・小)の二層から成っていたものを、実質的に初めて県を地方の課税と支出の中心単位として構築したことにあったと考えられる。具体的には、従来の民費(国から下付される以外の府県、区、町村の費用)を府県の地方税と町村の協議費に分割した。この府県が支出する地方税の費目の一つとして「河港道路堤防橋梁建築修繕費」が規定された。これは、これまで河川流域地域だけが負担していた土木費が、県全体に賦課される地方税の支出対象となることを意味しており、これによって、筑後川の場合も治水費用の負担が、沿岸住民のみから県全体へ平準化して課税される可能性が与えられた。これに関してこの三新法を審議した明治十一（一八七八）年の「地方官会議」においては、複数の県令から関係地域以外に土木費を賦課することへの危惧が表明された。

たとえば、当時、福岡県令であった渡辺清は、土木費はこれまで地域によって非常に負担に差があるので、これを府県会で一律に県全体に課すという議論になれば、これまで課税されてこなかった地方に突然課税を広げることになり非常な問題となる。たとえば、自分が県令である福岡県全体では土木費に一三万円の費用を要しているが、その内、筑後地方で半額以上の七万円を要している。ところが、筑前地方に七〇〇〇円、豊前地方に二〇〇〇円の国費が与えられる一方、筑後地方には一銭の国費も下付されていない。しかも、このような状況で今回の地方税規則案にあるように、土木費用を県全体の地方税に賦課するということになれば、これまで課税されていなかった地方に新たに課税することになる。つまり、筑後地方の負担分を筑前地方にも負担させることになる。これはとても纏まらない話である。筑後川などを抱え一番土木費用を要する筑後地方に全く国の補助金が無いという不公平は、決定時の地方官の不手際によるもので、この不公平を今、県全体に平均することになれば、人民にとっては甚だ迷惑至極ということになろうと述べていた(38)。つまり、この法案の案文では、一地方の土木費用を県全体に賦課することになりかねないとして、その不公平を是正するように求めていた。

この渡辺清福岡県令の意見に対して、安場愛知県令は賛意を示し、「但シ本条全管（全管とは県内全体

――東條注〕ノ利害得失ニ拘ハラサルモノハ一郡ニ賦課スヘキモノトス」(39)との但し書きを加えることを提案していた。安場は、この但し書きを加える理由として、土木費用を県全体に平均賦課することにして県の議会に付せば、直接関係ない地域の議員は必要性を認めず、大いに不都合が発生するであろう。だから、県全体に関係ない一部地方に関する事案は一地方だけの協議で施行してよい、という文言を但し書きとして追加しておきたい。なぜなら、今日の実状を考えれば、一県が二国、三国、あるいは五国から構成されている場合があるので、なるべく公平に処理するためにこのような但し書きを追加する所以である、と説明していた(40)。

つまり、安場は、福岡県のように複数の旧国から構成されている県においては、明治十九(一八八六)年の筑後川改修工事費用負担問題のような事案で、当該地域以外(筑前、豊前地方)の県会議員が、自分達の地域外のこととして反対することを、既に明治十一(一八七八)年の「地方税規則」案の審議段階で危惧していたことが判明する。

このような安場愛知県令、渡辺福岡県令らの危惧にも拘わらず、地方官会議はこの条文について賛成多数で原案通りに可決した。しかし、安場らの現状に熟達した県令が危惧したように、この地方税規則は、多分に概念的なものであった。特に旧来の慣習が錯綜する土木費については実状への対策まで考えたものではなかったため、財政的にはすぐには実行不可能なもので、施行時の内務卿であった伊藤博文の意向もあって(41)、結局、土木費に関しては府県会の議決によって旧来の慣習を受け継ぐことも認められた。このため福岡県でも、「河港堤防費」は県の地方税や町村の協議費とは別に郡区単位で協議して徴収することとなった(42)。その場合、国からの土木補助金は旧来の慣習に基づいて筑前、豊前の両地方にのみ配分されることとされた。

その後、明治十三(一八八〇)年五月の福岡県会の通常会に渡辺清県令は、河川はその利害が特定できない「地方一般の利益」に関わるもので、利害関係の明らかな用水施設とは異なるとして、「河港堤防費」を地方税から支出する予算案を提出した。しかし、県会はこれに賛成する筑後川、矢部川、遠賀川流域地域選出の議員とそれに反対するそれ以外の地域選出の議員が賛否両論に別れ、結局、反対多数で否決された(43)。否決に賛成した大河川流域以外から選出されている県会議員の主張の根本は、筑後川に国費補助がないのは不公平であるが、その不公平の是正は国に求めるべきであり、それによる筑後川流域住民の過剰な負担部分を、県内の筑後川流域以外の住民に求めるのは筋違いであるという論理であった。このように県レベルでの負担軽減を拒否された筑後川流域住民は、その後、筑後川への国費補助を請願する動きを開始した(44)。

ところが、明治十三年一一月、西南戦争以降の不換紙幣の乱発による紙幣価値の下落による財政危機を受けて、紙幣銷却《しょうきゃく》原資蓄積のため、それまでの国費負担部分をも地方の負担に移行する太政官布告四十八号が布告され(45)、明治十四(一八八一)年度から実施された。このため政府から各県に下付されていた治水費の補助金も廃止された。つまり、福岡県においては筑前地方や豊前地方に下付されていた治水費の国庫補助が廃止され、従来から国庫補助のなかった筑後地方と同じ状況となった。

このような変化を受けて、福岡県側は、五大川(筑後川、遠賀川、矢部川、山国川、今川)の堤防修繕費の地方税からの支出を求めたが、県会ではやはり大河川の堤防修繕費を地方税負担とすることには大河川流域以外の議員の異論が強く、郡区旧慣土木費への補助を認めるに止まった(46)。

このような状況に業を煮やした筑後川流域住民は、遂に明治十五（一八八二）年から筑後地方の福岡県からの分県を求める運動を開始した。この運動は筑後川の上流地域である大分県の日田地方を含めて分県しようという動きであった。その理由として挙げられているのは、地方最大の問題である土木費について共有できないのなら、豊前、筑前、筑後の三地方は経済を共有できない、経済を共有できないのなら地方が一県に属しているのはおかしい、というものであった(47)。

このように筑後川の治水費負担問題は、筑後地方の福岡県からの分離問題にまで発展した。しかし、政府はこの分離を認めず、一方で、明治十六（一八八三）年以降、筑後川が内務省直轄河川となったため、筑後川の治水費の地方税負担問題に起因する地域対立は一旦小康状態になった。このような状況の下で、明治十九（一八八六）年の県会通常会において、改めて筑後川改修工事への地方税負担問題が発生した。

以上の経緯から、安場知事は、明治八（一八七五）年の地方官会議での堤防法案審議時から、地租改正で費用に算定されていない治水費を流域住民に負担させる政府原案に対して強くその不当を主張していた。しかも、明治十一（一八七八）年の三新法の地方税規則審議においては、「河港道路堤防橋梁建築修繕費」を県民全体に賦課する地方税負担とする政府原案に対して、そのような急激な負担主体の変革は複数の旧国から成る府県の場合、地方議会において混乱の要因となることを指摘していた。このように政府の治水政策の問題点を早くから痛感していた安場知事にとって、福岡県に着任後、筑後川改修工事に関して作成した県の予算原案は、工費全体の半額を国の負担とし、残りの地方負担分の半額を県民全体に賦課する地方税負担とし、残りの半額を流域住民の負担とする、まさにすべての負担者への公平に配慮したものと認識していたと推察される。しかし、従来から、治水費は流域住民が負担すべきとして、県民全体の負担となる地方税で支出することを強く拒否してきた河川流域外選出の県会議員にとって、国の直轄河川である筑後川の治水問題は国と流域住民の問題であり、その問題に巻き込まれることに強い反発を示した。

このような対立の背景には当該期における地域共同体の認識の問題があったと推察される。つまり、反対派議員にとって地域共同体として意識できる最大のものは旧国であり、同じ県内でも旧国以外の地はまさに他国であったと考えられる。新県成立後、約十年に過ぎない福岡県においては、共同体意識が存続するのは旧藩領域(旧国)であって、県全体の共同体意識は希薄であったと推察される。

これに関連して明治十五(一八八二)年時点で、福井県関係の意見書は、府県会が開かれて以来、府県議会と地方庁の間の意見対立が激しいとして、その原因と根本解決策を次のように述べていた(48)。

県は中央政府の政令を地方に施行するために、便宜的に適宜区画したものなので、県内の人民に真の団結がない。団結がないから自治の精神が生まれてこない。自治の精神が生じなければ地方財政の代議制に適さない。このため地方府県会が創設されて地方税を審議するようになって以来、数州を併合した府県では、管内の各州の慣例や利害を異にするので一つとして紛議を生じないものはなく、ややもすれば各州が府県の分離を出願するものがある。これこそ、人民の団結がないものは地方財政が代議制に適さない実例で、地方の施政上に種々の不便が生じる根源である。だから、県を廃して州制を導入する改革が不可欠である。

この文章中の「州」とは長州、薩州、信州、九州と言った表現に見られるように筑前、筑後、豊前といった旧国を指すものと推察される。この文章の旨趣は、旧国を併合した府県では、住民の連帯意識が存在しないので、本当の自治を行うためには幕藩時代からの人民の連帯意識が存在する旧国を地方自治の単位とすることが不可欠であることを主張していることが判明しよう。

同じように、明治十六（一八八三）年一二月時点で岩手県令島惟精《しまいせい》も、現在の府県の区域内には数個の旧藩を包含するため全府県が一体となって府県政を考えることができないとして、これを適当に分割して三、四郡ないし五、六郡に一県を置くことを、三条実美太政大臣に上申していた(49)。

これらの意見書は、新たに設立された府県が地方自治体としての実態を保有していないとして、住民の連帯意識が存在する旧国単位での地方自治体の再編成を提案しているが、一方、近代的な中央集権国家の醸成を目指す立場から言えば、新たな府県を住民自治団体として定着させていくことこそが緊要な課題であったと推察される。

安場知事は後者の立場をとったと考えられる。しかし先に見てきたように安場知事は急激な変革は混乱を呼ぶことを早くから認識しており、そのため地方負担部分の半額のみを県の地方費負担とする妥協案を作成したものと推察される。しかし、明治九（一八七六）年に旧藩領域を中心とした旧県を合併して成立した新福岡県においては、早くから現在の県域が一つの県として設定されていた府県以上に住民の連帯意識は希薄であった。

具体的には、小型汽船や和船による水運が大量輸送の交通手段の中心であった当該期、北部九州の人員・物資の交通路に関しては、筑後地方が最短で直結していたのは同じ福岡県の筑前地方や豊前地方ではなく、肥前長崎で、そこからさらに神戸・大阪に直接結びついていた。さらに、筑後地方は有明海を横切る航路で肥前諫早《いさはや》とも直結していた。また筑後地方は、筑後川によって結ばれた日田地方と物資や人の交流の一体性をもっていた。つまり、筑後地方は、筑前地方や豊前地方より、水路で直結した肥前地方や日田地方と物資・人員の交流で一体性を持っていたと考えられる(50)。当該期、内務省が全国の分県候補地の一つとして小倉県と三瀦県を挙げているのは(51)、当該期の福岡県が筑前地方、筑後地方、豊前地方に分立して社会的、経済的に統一性を欠いており、その背景には河川や海上の水運を中心としていた当該期における福岡県各地方間の人員・物資の輸送における一体性の欠如があったとも考えられよう。

安場知事の立場から言えば、福岡県における民権派の県会議員の意識はまさに封建時代の旧弊や意識を引きずったもので、近代的な国家や地方自治団体の認識を欠くものと映ったであろう。

では、自治団体としての福岡県において県民の連帯意識を育んでいくにはどうすればいいのか。それは筑前・筑後・豊前間の人員・物資の交流を密接にして連帯感を醸成することが不可欠である。その具体策は鉄道を敷設し筑後・筑前・豊前を縦貫していくことである。鉄路で筑後・筑前・豊前が数時間で結ばれれば、三国間の人員・物資の交流は飛躍的に密接化することが予想された。

安場知事は、筑後川改修工事と同時にこの鉄道敷設への動きも開始していた。以下、その経過についてみていきたい。

四　九州鉄道会社の発起(52)

安場が福岡県に着任したのは、県令発令後一カ月近くたった三月一八日であった(53)。安場は着任後しばらくは県内各郡の巡視を続けていたが(54)、着任後二カ月余の明治十九（一八八六）年五月二三日午後に博多港を出港した大阪商船会社の大龍丸で(55)随行員四名を従えて上京の途に就いた(56)。当該期、東西を結ぶ鉄道は中山道鉄道が建設中で、東海道線もまだ建設決定以前の段階であったから、安場県令一行は大阪で汽船を乗り換えて上京したと推察されるが、安場県令自身は福岡出発四日後の同月二七日には東京の麻布材木町の自邸へ到着した(57)。

安場が伊藤内閣総理大臣宛に「九州鉄道布設之義上申」と題する上申書を提出したのは、それから三週間後の同年六月一七日のことであった(58)。

この上申書の中で、安場県令は、明治十五（一八八二）年以来の福岡県における鉄道民設申請の経過を述べ、改めて鉄道民設の可否を問い、民設が許可されるなら九州各県と協議し、門司《もじ》港・三角《みすみ》港（三角港は熊本県の将来の中心港として築港中であった）間の路線を第一着手とし、佐賀を経て長崎に至る路線を第二着手として、九州鉄道会社の創立を更に具申したいとしている。さらに、この上申書の中で、安場県令は、現時点を金融緩慢の極点と見なして、大事業である鉄道建設を民間の資金で行う好機であると主張していた。事実、この上申書が提出された一週間前の六月一二日には海軍公債条例が発布されて総計一七〇〇万円の海軍公債の募集が布告され(59)、上申書提出日の前日の一六日付で同公債の第一回分として年利五分で五〇〇万円分の募集が行われていたが(60)、既発行の公債より低利であったにもかかわらず、募集額の三倍以上の応募を集めていた(61)。これは同年に入って駅逓局貯金や日銀の利下げが連続して行われ、金融緩慢が進行して、余裕資金は少しでも有利な投資先を求めて動き始めていた状況を示していると推察される。これらの状況を考え合わせると、安場県令のこの上申書における、現時点が金融緩慢の極致で起業の好機と見なす、経済状況の認識は正鵠《せいこく》を得たものであったと考えられる。

この上申書を受けた内閣は、わずか五日目の二二日には伊藤博文内閣総理大臣名で鉄道管理の実務責任者である井上勝《まさる》鉄道局長官に対して認可を前提として意見具申を求めた(62)。さらに同年七月六日付で「九州鉄道民設ノ儀ハ発起人等見込相立願出ツル節ハ其筋ニ於テ調査ヲ遂ケ不都合無之ニ於テハ許可スヘシ但利息保証ノ儀ハ願出《ねがいい》ツルト雖《いえど》モ聞届《ききとど》ケサル儀ト心得ヘシ」(63)として、正式願書提出後調査して不都合がなく、しかも配当保証は認めないという前提付きではあったが、九州鉄道の民設許可が閣議決定された(64)。

政府の民設許可指令を受けた安場県令は翌々日の七月八日には東京を出立して帰途に就き(65)、同月一三日には福岡に帰着した(66)。帰県した安場県令は旧熊本藩士で旧知の間柄であった鎌田景弼《かまたかげすけ》佐賀県令らと協議を開始した(67)。

また七月一九日付けで安場福岡県令は福岡県知事に叙任されていたが(68)、これは同月一二日付けで「地方官官制」が公布され、各県県令が県知事と改称されたためであった(69)。

九月二八日に至って九州鉄道会社創立会が博多祇園町の萬行寺で開催された。出席者は各郡区有志者一九三名、県会常置委員六名、新聞記者四名（福岡、熊本合わせて）、その他二名、郡区長一三名、県庁奏任官以上五名、属官一〇名の計二四〇余名であった。開会の始めに呼びかけ人の安場知事が次のような演説をおこなっていた(70)。

拙者今春当県に赴任してより熟々九州民間の情勢を察するに金融の非常に閉塞し細民衣食に窮し財産家も空しく金を庫中に納め為すべきの業なく働くべきの事なし徒手遊食日一日より甚《はなはだ》し今日に当りて之を救済せすんば民間の困窮は倍す甚たしく遂には惨憺《さんたん》たる悲場を演するに至るも知るべからず夫《それ》然り而して之を救済するの策は九州鉄道敷設に勝るものなしと信ずるなり九州鉄道の大工事起る細民も其業を得、財産家も其金を働かせ金融随ひて通じ細民随ひて遊食せず其直接の利益云ふべからざる程之れあるべし況《いわん》や先年まては我政府は九州に鉄道を私設することを許されざるの事情これありしも今日に至りては其敷設の方法計画宜《よろ》しきを得るに当りては政

府も之を許可せらるゝの好機会なるに於てをや

此示談会に於て最も討議を要するの事項は九州鉄道会社は民設にするか或は資本利子の保証を政府に請ふかの一点と会社株主は九州に限りて之を募るかの点にあるなり本県下の議論既に一定して鉄道敷設せざるべからず大工事起すべしと確定したる以上は九州各県の相談にかゝり各県の相談一決したる後は政府の出願するの運びに至るべし云々

〔現代語訳・要旨〕 私が、今春、当県に赴任してから、よくよく九州の民間の情勢を考えてみると、金融が非常に閉塞し、貧しい人々は衣食にも困り、財産家も空しく資金を金庫の中に納めるだけで、行うべき事業がなく、働くべき仕事もなく、何もしないで職に就かずに遊んで過ごすことが日一日ひどくなっている。今、これを救済しないなら民間の困窮の増加は甚だしく、遂には惨憺たる悲惨な状況になるかもしれない。これを救済する方策としては九州鉄道敷設に勝るものはないと信じる。

〔なぜなら〕九州鉄道の大工事が起工されれば、貧しい人々も職を得られるし、財産家もその資金を働かせ、金融も従って活発になり、貧しい人々は遊んで暮らさずに済むようになり、その直接の利益は言うまでもないことであろう。況や、先年までは九州に鉄道を私設することを許さなかった政府が、今日に至ってはその敷設の方法や計画がよければ、これを許可するという折角の良い機会であるからには〔余計のことである〕。

この示談会において最も討議を要する事項は、九州鉄道会社を（純然たる）民設にするか、或いは資本の配当の保証を政府に要請するかという点と、会社の株主を九州に限定して募集するかという点にある。本県下の議論が決定して、鉄道を敷設すべきである、大工事を起こすべきであると確定した後は、九州各県間の相談に取り掛かり、各県の相談が決定した後は、政府に出願する段取りに進むべきである。

この演説から、安場知事が、松方デフレ下で投資先が無く民間で滞留している資本の投資先として九州鉄道会社を設立し、鉄道敷設工事という大規模事業による原材料の購買や労働者の雇用で不足している需要を喚起して、深刻な不況から脱却しようという現実的な経済政策の立場から九州鉄道の敷設を企図していたことが窺える。これは現代風にいえば有効需要を喚起して不況を脱するという一種のケインズ理論的発想と見ることもできるであろう。

一方、安場知事は、一〇月二四日、熊本に赴き、九州鉄道事業に関する富岡敬明《とみおかけいめい》熊本県知事及び鎌田景弼佐賀県知事との三県知事会同に臨んでいた(71)。

その後、熊本、佐賀両県でも鉄道敷設への動きがさらに進行したが、佐賀県では佐賀から武雄《たけお》さらには佐世保までの路線延長への要望が強まっていた(72)。また、熊本県では、鹿児島への連絡の端緒となり、球磨郡《くまぐん》及び宮崎県山間部の産物を球磨川《くまがわ》で八代《やつしろ》に吸収できるとして、宇土《うと》から八代までの線路延長を求める意見が八代郡、球磨郡などの南部の郡から発生した(73)。このように他県との鉄道計画の合同が進行する中で、佐賀、熊本両県では、九州鉄道の路線構想が、従来福岡県で想定されていた門司港・三角港間のルート外へ拡大されつつあった。

三県合同の鉄道委員会合が近づく中で、福岡、熊本、佐賀の三県属官各二名、計六名が一二月一二日から福岡県庁内で会合し、同月二〇日からの三県合同鉄道委員会合の定款の草案作成を本格的に開始した(74)。この会合で作成された定款草案で、路線は、南は八代まで、西は早岐《はいき》まで、東は豊前行事（行橋《ゆくはし》）までとされた。これに伴って資本金も三〇〇万円から五〇〇万円に増加された(75)。

このような状況を受けて、一八日から福岡県の鉄道創立委員を招集して委員会が開催された(76)。この福岡県の鉄道創立委員会は翌一九日、さらには三県合同鉄道員会の開催日である二〇日にかけて連続して開催され、県庁から下付された会議案について討議を重ねていたが(77)、従来の構想と異なる路線延長案に福岡県委員の間では強い反発が生じていた。

このような経緯の中で、本来は一二月二〇日から天神町の県会議事堂で開催の予定であった三県合同の鉄道委員会は(78)、二〇日には開催されず延引されていた。翌二一日、安場知事は福岡県の鉄道委員を召喚して(79)、線路延長の理由を説明し、三県合同の鉄道委員会を開会すべき旨の説諭をおこなった。これに対して鉄道委員側は、線路延長、資本金増額のことは、安場知事が九月に萬行寺で門司・三角間を第一区とし、その他の路線は二区、三区と区別して収支も別にすると説明された元来の福岡県の案の基本と異なる議案であり、我々は委員として選出された際、このような組織変換の大事項まで株主から委任されていないので、一応株主と協議の上でなければ意見を確定できないとして、熊本、佐賀両県知事と協議し、実質的に三県合同の鉄道委員会議を延会することを求めた。

結局、翌二二日にも三県連合の会議は開催されず、二三日午後に至って福岡県の鉄道委員は萬行寺で安場知事を交えて協議を続行していた(80)。安場知事は、昨夜三県知事で協議したが、延会して何も議決しないというのでは、わざわざ福岡まで参集した他の二県に対して甚だ申し訳ないので、どうにかできないであろうかと委員達に再考を求めた。

福岡県の委員の中からも安場知事に同感して、委員各自の個人的責任で田代（鳥栖《とす》）から早岐までの佐賀県内の路線のうち、田代から佐賀までの路線は収益の見込みがあるので延長を仮に認め、その後、株主と熟議した上で確定すべきとの説や、鉄道委員の責任で田代より佐賀までの路線はこれを認めて、後日、鉄道委員として株主に責任を果たすとの説も提案された。

しかし、安場知事は、これらの案はすべて同じ佐賀までの延長案で、前に熊本県の委員から同じ佐賀までの延長を提案したおり、佐賀県の委員が拒否した案であるから、福岡県の委員から提案しても成功する見込みは到底ないので、自分としてはこの案を佐賀、熊本両県に取り次ぐつもりはないと申し渡した。

このため、これらの案は消滅して、安場知事を通じて、改めて、次のような新しい提案を他の二県に申し入れることに決定した。その新しい提案とは、門司・三角間の鉄道線路は最初からの目的であり、しかも三県のいずれもが異論がない路線なので、今回の会議ではこの路線のみを確定して、田代・早岐間やその他の路線はすべて実地に調査委員を派遣して旅客・物産数を調査した上で、後の会議で可否を決定してはどうであろうかというものであった。

一方、二三日は午後一時より三県の鉄道委員が萬行寺に集会する予定だったので、福岡県の鉄道委員達がこの議決をおこなった頃には、既に佐賀、熊本両県の二県の鉄道委員は萬行寺に集まっていた。

そこで安場知事より佐賀、熊本両県知事を経て前記の申し入れの照会をおこなったところ、両県からは、門司より三角まで、田代より早岐まで、宇土から八代まで、小倉から行事までの路線は、一次会（今次の会議）で可決し、その上で三県から若干名の委員を出して実際の物産調査をおこなった上で、今後の第二次の会議、第三次の会議で確定するものとするという回答があった。

この両県の回答の文面では、今回の第一次会で路線延長という議案を審議することは、福岡県委員としては権限外であるのみならず、一旦、今回の一次会でこの案を可決してしまえば、後の二次会、三次会で審査の結果、福岡県の委員が不可と認定しても、他の佐賀、熊本両県の委員でこれを可と認める者が多数であれば、これに従わざるを得ない義務がある。このように考えると、福岡県委員としてはこの佐賀、熊本両県の案を受け入れられないとの結論となった。そこで福岡県委員側は再び次のような案を、安場知事を通じて佐賀、熊本両県に照会することとなった。

その新しい提案とは、門司より三角まで、田代より早岐まで、宇土より八代まで、小倉より行事（行橋）までの路線の可否を、今回の第一次会で三県から若干名の委員を選出してさらに実際に調査し、後に開く第二次会で議決することに決定するというものであった。ところが、この新しい提案を決定した時は、時刻は既に午後一〇時で、佐賀、熊本両県の委員は既に散会してしまっていたので、安場知事はこの新しい福岡県の提案を携えて直ちに佐賀、熊本両県知事の旅宿を訪れた。

このように二三日は、終日三県の妥協点をめぐって、再三の提案のやり取りが繰り返されて深夜に及んでいたことが判明する。なお、この二三日中の佐賀、熊本両県委員より提案された、一応、すべての路線を今回の会議で可決し、その後、三県から選出した委員の調査の上で確定するという案は、実は熊本県委員からの提案で、佐賀県委員は多少の異議があったが、結局、佐賀県委員が妥協して、両県の提案の形となったものであったと伝えられている(81)。

翌二四日、安場知事は福岡県の鉄道委員一同を召喚して、昨夜、佐賀、熊本両県知事の旅館を訪問して福岡県鉄道委員会の決議の通りに照会したところ、今朝、両県知事より書翰で福岡県の照会は承諾できないので今から帰県すると通告してきた。この上は、本県でも路線延長の議決権がある委員を選出せざるを得ないので、県庁よりその手続を行うと通告した(82)。

このようにして、二〇日から開催が予定されていた第一回目の福岡、佐賀、熊本三県合同の鉄道委員会議は、路線問題の対立から三県の委員が合同で協議する場面のないままに流会の運びとなった。

これらの経緯から、何とか田代・早岐間の路線延長を承認させようとする佐賀県、従来の門司・三角間以外への不採算路線への、特に佐賀・早岐間の路線延長に、強い疑義を抱く福岡県委員、その両県を妥協させ、八代までの延長を図ろうとする熊本県という三県の利害の思惑が錯綜した構図が見えてくる。

これまで佐賀県や熊本県に働きかけて主導的な立場で九州鉄道建設を押し進めていた安場福岡県知

事にとって、何とか三県委員の妥協を図ろうと腐心したにも関わらず、三県合同鉄道委員会の流会という結果は由々しい出来事であったと推察される。このため安場知事は即日行動に移り、路線延長に反対した福岡県の鉄道委員の中心を占める旧九州改進党系の県会議員らと対立する関係にあった玄洋《げんよう》社《しゃ》の頭山満《とうやまみつる》らを同夜のうちに招いて善後策を協議すると共に(83)、年末にもかかわらず電報や飛脚を走らせて各郡長らを急遽召集し、翌明治二十（一八八七）年一月八日までに路線延長の権限を持った新鉄道委員を選出する手続を開始した。これに対して、路線延長反対陣営は、鉄道委員で、明治十年代半ばからの福岡県における鉄道敷設計画に当初から関わっていた福岡県会副議長岡田孤鹿《ころく》（旧柳川藩士、旧九州改進党系県会議員のリーダー格の一人で、当時、県会常置委員、後に福岡県会議長、衆議院議員）を中心に強い反発を見せた。

一月八日に開催された新鉄道委員選出の会合では、安場知事側は、利益の見込みに疑問のある路線延長などの中身に踏み込むことなく、路線延長権限を持った新委員の選出のみに論点を限定する作戦に出た。これに対して岡田孤鹿らの路線延長反対陣営は、旧来の鉄道委員の権限は消滅しておらず、延長権限を持った委員を選出する前に、まず路線延長の可否を問うべきであるという論法を採用したが、結果的には安場知事側が多数の支持を得て、路線延長そのものの可否はこの場では問わずに三県合同の会議で論じることとし、委員をすべて改選して、この委員に線路の延長権限も付与することが決定された(84)。この改選された新鉄道委員は旧九州改進党系が半減し、代わって安場知事を支持した反改進党系のメンバーが増加していた。このように福岡県内において路線延長絶対阻止派が少数派に転落したのは、このような大事業達成のためには佐賀や熊本に若干譲歩して路線延長するのも止むを得ないという雰囲気が醸成されていたためと推察される(85)。

新鉄道委員は選出されたものの、続く佐賀県における三県合同鉄道委員会議の直前まで、福岡県内での路線延長論議は繰り返されていた。同会議に向けて安場知事や延長反対論のリーダー格の岡田孤鹿は共に佐賀県入りし、安場知事は佐賀県きっての資産家で銀行家でもあった伊丹文右衛門宅を宿所としていたが、岡田孤鹿は同所を訪れ、安場知事に向かって、再度、佐賀線が不利益であること、また政府の利益保証は徒に政府の干渉を招き民業の発達を阻害することを痛烈に論じた。これに対して安場知事は諄々とこれをなだめて、佐賀県開発の必要性と佐世保鎮守府および貿易港長崎との連絡の必要性を説き、長時間反覆して論駁したが、岡田孤鹿もまた頑固に安場知事の説得に応じようとしなかった。このため安場知事も奮然として「汝曽テ名護屋〔名古屋――東條注〕ニ於テ我レニ負ムク（岡田氏曽テ愛知県ニ一等属トシテ君ガ配下ニ在リ故アツテ免職セラル）而シテ今又此ノ如シ汝ハ所謂《いわゆる》謀反人ノミ咄々謀反人汝何ヲカ云為スル」(86)と一喝したとされている。この議論は夜を徹しておこなわれていた。

明治二十（一八八七）年一月二一日、佐賀県の迎賓館である協和館において安場福岡県知事、富岡熊本県知事、鎌田佐賀県知事及び各県鉄道委員四五名が参加して三県合同の鉄道委員会が開催された(87)。この日の会合では、福岡県委員の一部から行事（行橋）線、八代線への路線延長を見合わせる意見が出たが、八代出身の委員からの強い反論もあって、結局、原案通りに本来の門司・八代間に加えて、南は八代まで、西は早岐まで、東は行橋までの路線が決定された。また、社名は九州鉄道会社とし、社長は政府からの指名を要請することなどが決定された。

五　九州鉄道会社への配当保証請願

佐賀での三県合同鉄道委員会の結論を受けて、明治二十（一八八七）年一月二五日付で「九州鉄道創立願」が福岡、熊本、佐賀の三県知事宛に出願された[88]。また、この九州鉄道会社の願書には政府に求める特許事項及び会社の遵守事項が添付された。この特許事項には官有地の無償払い下げ、諸税の免除などの要望が列挙された。これらの特許請願の最大目的は政府の配当保証条項で、会社創立後その募集株金額に対してその払い込んだ翌月から年五％の利子を下附されることは勿論、開業後配当金年五％以上でないときは毎季（一季は六カ月）政府よりその不足額を補給されること、その補給年限は一五カ年とすることを求めている。ところで、当該期、鉄道会社への政府配当保証の唯一の先例は日本鉄道会社に対するものであった。日本鉄道会社の場合、創立時の要請配当保証は年率八％で保証年限を路線によって一〇年から二〇年としていた。

この特許請願のため、安場県知事は二月六日朝に随行員及び九州鉄道会社の特許請願委員同道で福岡を出発し、小倉まで陸路を取り、馬関《ばかん》（現・下関）から海路を取るルートで上京の途に就いた[89]。また、これに先立つ同月四日、富岡熊本県知事も長崎から日本郵船の英国製の新鋭大型汽船薩摩丸に乗船して上京の途に就いており[90]、この薩摩丸に、下関から安場知事ら福岡県一行が乗船して合流する予定であった。この上京には佐賀県の鎌田知事も同道する筈であったが、旧佐賀藩主で式部長官であった鍋島直大《なおひろ》侯爵が墓参に帰郷したため、鎌田知事は遅れて上京することとなった(91)。

一方、福岡、熊本、佐賀三県の鉄道敷設計画の進行に触発されて、長崎県でも明治十九（一八八六）年一一月に長崎・佐世保間の鉄道敷設計画の動きが進行していた。具体的には、佐賀協和館での三県合同鉄道委員会合直後の一月二六日に、東の渋沢栄一、西の松田源五郎と並び称されて、西日本の金融界のリーダー格でもあった長崎の第十八国立銀行頭取の松田源五郎が同会議へ参加するため佐賀を訪れ、会議には間に合わなかったものの、長崎から大村湾に沿って三県鉄道計画の西の起点である早岐までの二〇里の鉄道敷設計画を九州鉄道会社計画に加える構想を鎌田佐賀県知事に強く申し入れていた(92)。

その後、松田源五郎は、上京途上の安場知事及び特許請願委員一行の跡を追って、二月七日に大阪商船会社の汽船吉野川丸で下関に到着し、同地で安場知事、富岡熊本県知事や上京委員らと会合、その結果、神戸に直航していた熊本県の特許請願委員らと神戸で協議の上、結論を出すことになって、松田源五郎は一旦長崎に帰還した(93)。

安場、富岡両県知事一行の乗船した薩摩丸は二月九日に神戸に入港、ここで一行は下船し、両県知事は翌一〇日京都へ向かった(94)。これは、この時期、明治天皇が先帝孝明天皇の二十年祭で京都に行幸中であったため、天機伺いのための京都行きであった。なお、安場知事と富岡知事は、神戸で、やはり関西出張中であった井上勝鉄道局長官と九州鉄道会社出願の件で面談し、さらに、京都では、天皇に随行していた内閣総理大臣伊藤博文ともこの件で協議をおこなっていた(95)。

この頃、伊藤博文は、滞在中の京都で同府の府会議員らと会談し、私設鉄道の設立は基本的には認可する方針であるが、配当保証については政府としては断固認めない方針であり、利益は見込めないが、国にとってもどうしても必要な路線だけは、特に配当保証を与える場合もあるが、これは例外であると述べていた。この伊藤の所見は中央、地方の各新聞に掲載され、私設鉄道会社の配当補助申請の実現は困難ではないかとの観測もなされていた。

一二日午後、安場知事ら請願委員一行は四日市から日本郵船の瓊浦《たまうら》丸に乗船し、横浜に向かい(96)、翌一三日安場知事は麻布区材木町の自邸へ到着した。なお、一一日には鎌田佐賀県知事が博多港から出航して一六日に着京、さらに、一七日には長崎の松田源五郎も横浜に到着した。

また、一六日には、在京中の安場ら三県知事及び請願委員らが東京に残留していた松方大蔵大臣を訪れ、配当保証を請願していた。これに対して松方は、この件は自分一人では断言できないので、天皇に随行して京都滞在中の他の政府首脳一行が還幸の上で協議したいとし、さらに、純益が多くなったときに保証分を返還するならいつでも保証できると発言したと報じられていた(97)。

こうした状況のなか同月二四日には明治天皇も京都より還幸し、供奉していた伊藤内閣総理大臣も東京に帰還した。

この頃、長崎・佐世保線の鉄道委員として上京中の松田源五郎から長崎宛に、福岡、熊本、佐賀三県の計画とは、合同して出願する予定であったが、三県知事、鉄道委員との会議の結果、長崎線は別に出願することに決したとの電文が到達した。

これらの動きを受けて、福岡、熊本、佐賀の三県知事は二月二六日付で上申書を内閣総理大臣伊藤博文宛に進達した(98)。この上申書は実質上、安場知事の手になると考えられるが、上申書の要点を纏めると、熊本の外港である三角港や海軍の拠点である佐世保鎮守府が建設され、しかも商工業が沈滞してデフレ状況にあり投資家が投資先に困っている今こそが鉄道建設の千載一遇の好機である。しかし、鉄道は大事業であるから、それを確実にするために政府の保護、とりわけ配当保証を求めるもので、それがないと出資者が萎縮して千載一遇の好機も逃す恐れがある。また、横須賀鎮守府と東京鎮台の間に官設鉄道が敷設されると聞く。これは一旦緩急があったときのためであろうが、それは佐世保鎮守府と熊本鎮台の間でも同様である。いま民設鉄道でこの間を結べば、国の費用の節約でき、しかもその利益をすぐに享受できて、政府の利益も大きいはずなので配当保証を認可されたいと主張していた。この上申書で注目されるのは、九州鉄道会社の路線構想に長崎線を加えることによってもたらされる佐世保鎮守府と熊本鎮台間の陸海軍の連絡を、配当保証の理由として挙げていることである。

一方、この頃、地元九州では、多くの株主が争って応募したのは配当保証を前提としてのことなので、配当保証されるか否かがこの事業の成否を決しかねないが、政府が誘導、鼓舞しなければならなかったかつてならいざ知らず、全国各地で鉄道会社の起業計画がおこなわれてレールウェイ・マニア(鉄道狂)に冒されているともいわれている現況では、政府にとって別に特例で配当保証をしなければならない必要はなく、また、配当保証を各地の鉄道会社にすることは政府にとって困難であろうとの観測もなされていた(99)。

また、九州鉄道会社に対する配当保証についての報道として、政府内でも種々の論議があり、ある大臣は九州鉄道会社に配当保証を認めると、他の鉄道会社からも続々配当保証を要求してきた場合、到底、国庫が負担に堪え得ないであろうと主張し、また、別の大臣はこの鉄道は国としても敷設したい路線なので一時幾分の保護を与えても構わないのではないかと主張、さらに、別の大臣は二年間だけ四％の配当保証を与えるべきという意見であり、閣議は二年間、四％配当保証の説に傾きつつある。しかし、発起人側は二年間、四％配当保証では厳しいとして、請願通りの一五年間、五％保証にしてほしいと、さらに請願を重ねていると報じていた(100)。

このような状況下、三月二二日付で次のような閣議案が内閣書記官室で作成されていた(101)。

一　福岡佐賀熊本三県知事連署稟請九州鉄道布設ノ件
一　長崎県知事稟請長崎鉄道布設ノ件
別紙福岡熊本佐賀三県知事連署並長崎県知事稟請鉄道布設ノ件ハ大蔵大臣意見書及特別保護要領取調書ノ通此際閣議内定可相成哉但三県及長崎県トモ実地測量其他詳細ノ取調書不差出不都合ニ付先以テ左ノ通指令可相成哉閣議ニ供ス
指令案
　稟請ノ趣ハ実測図面及工事ノ方法経費ノ予算并毎区布設ノ年限等取調不差出テハ何分ノ詮議ニ及ヒ難シ依テ右詳細取調更ニ出願セシムヘシ

明治二〇年五月一一日

〔現代語訳・要旨〕

一　福岡、佐賀、熊本三県知事連署稟請の九州鉄道敷設の件

一　長崎県知事稟請の長崎鉄道敷設の件

別紙、福岡、熊本、佐賀三県知事連署並びに長崎県知事稟請の鉄道敷設の件は、大蔵大臣意見書及び特別保護要領取調書の通りこの際閣議内定すべきか、ただし三県及び長崎県とも実地測量その他詳細の取調書が差し出されていないのは不都合なので、まず以て左の通り指令すべきか、（以上）閣議に提出する。

指令案

稟請の趣旨は、実測図面および工事の方法、経費の予算並びに毎区敷設の年限等を取り調べて差し出さなければ審議に及び難いので、右の詳細を取り調べてさらに出願させるべき

明治二十〔一八八七〕年五月一一日

まず、この閣議議案書中の大蔵大臣意見書とは、鉄道事業に関して、諸鉄道会社が次々と起業するに際し、等しく平等の保護を与えるべきか否かの問題に関して閣議がまだ結論に至っていない状況の中で、松方正義《まさよし》大蔵大臣が将来の国内鉄道事業に関して意見を陳述したもので、この松方大蔵大臣の

意見書は次のように述べていた(102)。

第一に、鉄道は、平時、戦時の両面において必用不可欠のもので、東京・青森間は既に日本鉄道会社に担当させ、東京・京都間の中山道線は官設鉄道で敷設しており、両線の落成は多分数年内である。いま、これに接続して神戸・下関間、小倉・熊本間の両線が建設されれば、平時、戦時の経済、軍備に関する利便性が備わるので、わが国を経営するためにこれに先立つものはない。

第二に、以上のことを前提とすれば、次の問題として、神戸以西の路線すなわち山陽鉄道や九州鉄道は、政府が自ら公債を募集してこれを敷設するか、あるいは民営鉄道を許可してこれに若干の保護金を与えるかの問題となるが、わが国の目下の現状では、神戸以西の鉄道事業は民設鉄道を許可し応分の保護を与えるほうが得策であると考えられる。つまり、中央の幹線、すなわち山陽、九州の両線路には若干の保護を与えてその事業を成功させるべきで、その他の支線に属するような鉄道路線は、国家計画上、現在、急要とするものではないから、国民の自由に任せ、政府はこれを監督して別に特別の保護を与えなくても差し支えない。このような理由から九州鉄道や山陽鉄道の特別保護の方法は株金払込の翌月から営業開始の前月まで(株式)払込金額に対して四%を与えるべきである。このようにすれば、政府は三、四年間数十万円の保護金を与えるだけで、官設鉄道にした場合、永遠に七、八〇万円乃至《ないし》一〇〇万円以上の国債利子を払う出費を省くことができ、人民もまたその希望を達して零細な資本を集めて有用な事業に用いることができ、一挙両得で少しも弊害がない。

このように松方大蔵大臣の構想は、九州鉄道会社と山陽鉄道会社に限って、株金払い込みから営業開始までの三、四年間、年四%の配当保証をすることを提言していた。つまり、鉄道業の場合、株金募集から開業までにタイム・ラグが発生し、その間、収入がないため、その期間最低限の配当を保証しようという構想であった。

また、この閣議議案書中に記述されている特別保護要領取調書とは正式には「九州鉄道ニ対スル政府特別保護ノ要領」と題されたもので、その第六項は「九州鉄道会社各区ニ対スル株金払込ノ翌月ヨリ毎区営業開始ノ前月マテ株金払込額ニ対シ政府ハ一カ年百分ノ四ヲ保助金トシテ下付スヘシ」と規定しており、九州鉄道会社の五%、一五カ年の配当保証要請とは大きく異なるものの、株金払い込みから営業開始まで年四%の配当保証が認められていた。

ところが、この閣議議案書はすぐには決裁されず、末尾にある決裁日は同年五月一一日となっている。つまり、この閣議議案書が内閣書記官室で作成されてから、閣議で決裁されるまで二カ月近い日数が経過している。なぜ、閣議決裁までこのような日数がかかったのであろうか。以下、このことを検討してみたい。

まず、閣議議案書がすぐには閣議決定されなかった理由の一つとして、私設鉄道敷設や配当保証に強い危惧を持つ、鉄道当局の最高責任者である井上勝鉄道局長官ら各方面からの異論があったためと推察される。

具体的には、三月に入って、関西に出張中であった井上勝鉄道局長官が帰京し、三月一五日付けで伊藤博文内閣総理大臣宛に内陳書を提出していた(103)。この内陳書の中で、井上鉄道局長官は、目下、私立会社を設立し鉄道布設を出願する者が続々と続いているが、これらの出願者は、近来流行の鉄道病に罹ってあたかも発熱して譫言を言うように、口先の弁論や机上の空論で鉄道敷設の計画が立案、施工できると思い込み、しかも、鉄道を敷設さえすれば必ず巨利を得ることができると妄想している。ところが、実際には条件の良い官設鉄道や日本鉄道会社でも実際の純益の平均は一カ年につき資本に対して四％から五％の間にある。さらに、株金の応募者に信用を増すために政府からの特別の補助金の下付を請願している鉄道があるが、元来、このような補助金というのは他の多くの国民から集めた税金を少数の株主に特恵として与えるもので、一般の鉄道で認めるべきものではないのはもちろんで、軍略上もしくは施政上必要なもので、営業上の収支にかかわらず政府が自ら布設すべきところを私立会社に敷設させた場合にのみ補助を認めるべきである、と主張していた。さらに井上鉄道局長官は続々出願されている私設鉄道を管理するための私設鉄道条例草案を三月二二日付けで伊藤内閣総理大臣宛に提出していた。

このように政府部内で私設鉄道認可および保護に対する意見対立が存在する中で、九州鉄道会社に関する閣議議案書が作成された同じ三月二二日、安場知事は東京を発って帰県の途に就いた(104)。これは同年二月一一日から三月二一日までの期間、福岡において九州沖縄八県連合共進会が開催されており(105)、その入賞者への褒賞授与式が三月一五日に予定されていたが、本来の褒賞授与者の谷干城《たにたてき》農商務大臣が外遊中で、しかも、その代理者となるべき安場知事まで九州鉄道会社の一件で長期滞京中のため帰県の目途がつかないため、会期を三月三一日まで延期し、褒賞授与式を同月二八日に延期することとなっていたため(106)、安場知事の帰県はこの褒賞授与式に農商務大臣代理として参列するためのものであった。

安場知事は二六日の午後六時頃に福岡へ帰着し(107)、翌々日の午前八時から九州沖縄連合共進会の褒賞授与式に農商務大臣代理として臨席し、同夜、再び上京の途に就いた(108)。この安場知事の再度の急遽の上京の理由について、当時の新聞は、熊本、佐賀両県知事の専断では判断できない事態が発生したためと報じている(109)。では、熊本、佐賀両県知事では判断できない事態とは何であったのか。

この事態について、八重野範三郎執筆の「咬菜・安場保和先生伝」は次のように伝えている(110)。九州各県連合共進会の褒賞授与式が明治二十(一八八七)年四月三〇日におこなわれ、農商務大臣西郷従道が出席できなかったため、安場知事が代理を命ぜられて帰県の途上、神戸の旅宿で在京中の富岡熊本県知事、鎌田佐賀県知事からの電報が到来し、配当保証申請却下の指令があったと報じてきた。安場知事はこの電報を受けて呆然としたが、若干の熟考の後、返電して指令の受け取り拒否を両知事に指示し、そのまま博多に帰着、その足で式場に直行し、式の終了後、取って返して上京の途に就いた。汽船が神戸に着くと、上陸せずに横浜行きの日本郵船の汽船に短艇で乗り移り、さらに横浜から汽車に乗り継ぎ新橋へ到着すると、その足で井上馨外務大臣邸に向かい、家人の案内も待たずに居室に直行して、井上馨に向かって、一マイル(約一六〇九メートル)二〇〇〇円の補給を約束しながら、閣議が配当保証を拒否したことを強く批判、自らの職を賭して再考を迫った。これを受けて井上馨が奔走して五月中旬配当補助の指令に至った。

この記述の著者の八重野範三郎は当該期、福岡県庶務課長兼学務課長などを務め、安場知事就任後は福岡師範学校長に就任していた安場知事の側近であり、当時の事情を具に知る人物ではあった。そこで、以下、この八重野の記述を検証してみたい。

まず、九州沖縄連合共進会の褒賞授与式が開催されたのは、これまで見てきたように、八重野の記述にある明治二十（一八八七）年四月三〇日ではなく同年三月二八日であった。また、八重野の記述では安場知事は福岡に帰着後、その足で直ちに褒賞授与式会場に向かい、式典終了後直ちに再び上京の途についたことになっているが、実際には、先に見たように、安場知事の福岡帰着は授与式の前々日で、授与式終了後、東京に出立している。また、安場知事が井上馨外務大臣に、一マイル二〇〇〇円を補助する約束を反古《ほご》にしたことを非難したとの記述があるが、九州鉄道会社に対する政府保護が配当保証から建設費一マイルに付き二〇〇〇円という形に変更されたのは同社設立後のことで、この時期は配当保証が議論の対象であり、建設費に対する補助が約束されていたとする記述は事実に反すると思われる。また、八重野の記述では、閣議が九州鉄道会社への配当保証を全面否認したと受け取れる表現があるが、そのような事実を示す記録は残存する公式文書の中には存在しない。

このように、この記述には事実と異なる点はあるが、この時期、同社への配当保証に各方面から強い異論が発生していた。

たとえば、三月二五日付けの『郵便報知新聞』は、九州鉄道が政府保護要請の大義名分として軍事上の便利を挙げているが、軍事上の観点からいえば福岡、佐賀、熊本を結ぶだけでは不充分で、奄美大島や沖縄のことを考えると、鹿児島まで路線を敷設しなければ、政府が保護を与える意味がないとの議論が陸海軍中にあること、また、株金を募集した後、敷設のため支出するまでには若干のタイム・ラグが発生し、その間、募集した株金を銀行に預金した場合、利子が付くはずであり、この利子分の収入を勘定に入れずに事業収入だけを見て配当保証を考慮すべきではないといった議論も発生していると報じていた。

このように、この時期、九州鉄道会社への配当保証に各方面からの異論が残存していたことがうかがえる。

また、九州沖縄連合共進会褒賞授与式の挙行された三月二八日付けの『時事新報』は、九州鉄道会社の配当保証について、その筋では種々協議の末、工事着手から開業まで年四％の配当を保証し、開業後、その利益から返却させることとなったという風説を伝えていた。

このようなことを考え合わせると、この時期、開業前に一時的に保護金を与える代わりに開業後政府からの保護金を返却させる構想が有力となっていた可能性があり、このような状況から安場知事の東京・福岡間のとんぼ返りという現象が発生したと思われる。

再度の帰京後の安場知事の動静は詳かでないが、四月下旬に至って、新聞報道は、九州鉄道請願委員が出京の後、もはや六、七〇日を経過したが、内閣でも種々評議の末、工事年限中、即ち、三年間貸付の趣旨で四％の利益保証を承認し、営業後五％の利潤を得るようになったら、漸次右の保証金を返納させると決定したが、その後、同委員より返納方について今少し寛容な指令を申出ており、政府でも多分近日中に請願の趣旨を聞届けるであろうと報じていた(111)。

このような状況下、五月一一日に至って、三月二二日に作成された九州鉄道会社に関する閣議議案書が決裁され、同月一七日には私設鉄道を管理するための私設鉄道条例が公布された。このように九州鉄道会社に関する閣議決定が遅れた理由について、私設鉄道条例を発布後、それに準拠して現在出願中の鉄道もさらに出願させるために、各鉄道の審議も遅延しており、九州鉄道会社の審査が遅れているのもそのためであるとの報道がなされていた(112)。

その後、翌二十一(一八八八)年六月二七日付けで九州鉄道会社への特別保護命令書が閣議決定され、同命令書の第二条で同鉄道会社に対して株金払込の翌月から営業開始の前月まで年四%の特別保護金の下附が認められた(113)。

以上のことを総合的に考えると、九州鉄道会社の敷設、および配当保証の審議が、三県知事や請願委員の上京後、三カ月近くも遅延したのは、配当保証への強い異論や、私設鉄道条例との関連があったものと推察される。しかし、安場知事は長崎・佐世保間の長崎線計画と合同すれば、海外への拠点長崎および海軍の拠点佐世保と、陸軍の拠点熊本を結んで、国防上も何よりも重要であることを強調し、これらが政府首脳を動かして一定の配当保証が認可されたものと推察される。

なぜなら、明治十七(一八八四)年一二月の甲申事変以降、わが国では朝鮮半島をめぐる緊張状況が存在し、海軍強化のために明治十九(一八八六)年からは海軍公債が発行され、さらに、明治二十(一八八七)年三月に布告された所得税法も課税の目的は海防費の捻出で、特に、対馬や下関の砲台建設が第一目的であろうとの観測がなされていた(114)。また、伊藤博文総理大臣が同年三月二三日に地方官諮問会のため出京中の各府県知事を鹿鳴館に集めて行った演説中で、海防の必要性を強調し、天皇からも宮中経費の残余を海防費に充てる意向が示されたとして、各府県知事にも余財を海防費として献納することがあれば、宮内省に上申することを求めていた(115)。このため四月以降、官民有志の海防費献納が先を争うように行われていた(116)。

このような朝鮮半島をめぐる緊張状況は、二月二六日付の三県知事上申書の中で、政府の配当保証要求理由として、長崎線計画を合同することによって佐世保と熊本を結べることを挙げていた九州鉄道会社計画にとって、政府の保護を求める絶好の論理を提供するものであったと推察される。つまり、九州における陸軍の拠点である熊本と新たに海軍の拠点である鎮守府が設置された佐世保、さらには大陸への出兵の場合、出兵拠点となりうる長崎を結ぶことは、当該期のわが国の国防上も最重要であって、他の一般鉄道とは異なることを政府の配当補助要請の大きな理由とすることができたと考えられる。

現に、後に安場知事も帰県後の報告会の席上で「閣議を動して此度の指令を得ることの容易ならさりしと述へ軍事上にも九州鉄道の必要なるを諭したりしか長崎鉄道と相待て其用を相為すか故に幾分か長崎鉄道は三県の上願を許可あることに力ありしか如し」(117)〔閣議を動かしてこの度の指令を得ることが容易ではなかったと述べ、軍事的にも九州鉄道が必要であることを閣僚に諭したが、九州鉄道の場合、長崎鉄道と相まって初めて軍事的にその用を為すことを考えると、長崎鉄道を付加したことが幾分かは三県の九州鉄道会社の出願が許可されたことに力があったと思われる〕と述懐していた。安場知事はこのような状況をも洞察し、長崎線計画を巧みに組み込んで、九州鉄道会社への一定の配当保証を実現していったと推察される。

この後、翌明治二十一（一八八八）年六月に長崎鉄道計画と合同した九州鉄道会社は、同月中に正式な認可を受け正式に設立された。同会社はその後、明治二十二（一八八九）年一二月に博多・千歳川（筑後川北岸）間が、翌明治二十三（一八九〇）年三月には博多・久米間が、明治二十四（一八九一）年四月には小倉、門司（現門司港）までが開通した。これによって、それまでの水路中心時代の人員・物資の移動と大きく異なり、筑後、筑前、豊前の旧三国の主要部が鉄路で直結され、福岡県という自治団体の連帯意識の醸成に大きく寄与したと考えられる。

事実、直接関連しているか否かはともかくとして、明治二十四年の福岡県会で筑後川、遠賀川、矢部川の県内三大川の治水堤防修理費は地方税の負担とすることが承認され(118)、さらに翌明治二五（一八九二）年の県会で三大川以外の県内の主要一一河川にも補助金を支給する議案が承認されて(119)、同時期、福岡県内においても県の地方税で河川の治水費用を負担または補助することが一般化していった。

その後、同鉄道会社は、路線の延長や周辺鉄道の買収や合併などで、南は熊本県の八代まで、東は行橋から大分県の宇佐まで、西は長崎県の佐世保、長崎まで、さらには筑豊炭田の石炭運搬諸線を傘下に収め、明治四十（一九〇七）年度の鉄道国有化で国に買収された時点では、資本金六二一〇〇万円、社員総数九三七八名のわが国第二位の巨大企業に成長した。

おわりに

安場はその行政官としての経歴のほとんどを地方行政に携わって過ごしたが、福岡県令・知事としては、所謂、民権派の県会議員との対立に特徴があった。ではこの対立はなぜ発生したのであろうか。明治十一（一八七八）年の三新法以前の県は、財政的には名目的存在であったが、三新法以降これまで政府の官費や区町村の民費レベルで負担されていた地方の支出が、県の地方税レベルで賦課・支出されることとなった。安場知事は、三新法審議時において県に財政的基盤が付与されることに強い支持を表明しており、福岡県に着任後、筑後川改修工事問題を契機に、財政面を中心に県の新たな行政・自治組織としての実体化を模索した。

他方、三新法以降、拡大された県の地方税を住民側の代表として審議する組織として作られた県会と地方官は当初から基本的に強い対立関係を内包していた。これは明治十四（一八八一）年以降地方税負担が増大するなかで深刻化した。しかも、複数の旧藩域の連合体である福岡県の場合、新たな共通の自治体意識を醸成することが困難で、県令・県知事と県会との対立はより深刻化する要素をはらんでいた。

具体的には、福岡県においては、所謂、民権派の県会議員達は、ある意味では守旧派で、県会の議論においても旧来の慣習、旧来の地域利害を守ることに専心した。つまり、民権派の県会議員にとっての地域共同体とは、自分達の居住する村や町や郡であり、最大の地域共同体意識でも筑前、筑後、豊前といった旧国に過ぎず、それを越えた県域全体の負担に対しては強い拒否反応を示した。しかし、安場以前の福岡県令は、県令と県会の協議機関である常置委員会を重用することによって、この衝突を緩和してきた。安場知事はこのような宥和的な立場を採用しなかったため、県会の民権派議員達も安場知事と全面的な対決を選んだ。

これらを止揚して、民権派議員の従来の幕藩時代の旧国レベルの自治体意識を県レベルに拡大するためには、交通手段の革新によって共同体意識の地域を拡大化すること、つまり鉄道の敷設が不可欠であった。安場が、頑固な民論の制御には鉄道が不可欠として、鉄道敷設の内諾を福岡県令受諾の条件としたと伝えられているのは、このような次元まで安場が包含して考察していた可能性も考えられよう。さらには、安場は、鉄道問題では政府の配当補助を受けるため、国防、貿易という県を超えた国家レベルでの論理を展開していた。ここでも地域利害を重視し、県域を超えた路線延長に反対する福岡県内の民権派グループとの対立が発生せざるを得なかったと考えられる。

また、別の視点から見ると、当該期のわが国では税収の多くの部分は中央レベルでの殖産興業費に充てられていた。一方、地租が租税の中心であり、他方、殖産興業資金の多くは都市部に投下され、その意味では農村から吸い上げられた資金は農村には還流していなかった[120]。しかし治水事業のような地方の土木事業ではその事業資金の多くが現地の農村に投下される。また、鉄道事業の敷設工事費の相当部分も当該地方に投下される。これらはいずれも地方における有効需要を喚起する。重税や松方デフレで疲弊した農村を生き返らせるためには治水などの公共事業と鉄道事業が最適である。また、鉄道や治水はいずれも長期的にはその地域の生産力を高める。安場が強く鉄道事業と治水事業を推進した根底にはこのような卓見もあったと推察される。

しかも治水問題や鉄道敷設計画においても、安場の視点は常にその根源にまで注がれていた。治水対策ではその背景にあると思われる国家レベルでの山林対策にまで遡った政策を提言していたし(121)、鉄道敷設計画においても先に述べたように国防や貿易という国家レベルの視点での対応の必要性を唱えていた。

安場県令・知事はその他、のちに九州の海運の拠点となる門司の築港、筑豊興業鉄道会社の創立、筑豊の諸炭鉱の振興、林政改革、水産業の発達、師範学校女子部の創設など、福岡県政に多くの事績を残しているが、紙面の都合により割愛せざるを得なかった。

最後に、安場福岡県令・知事の功績について一言するなら、明治九(一八七六)年に設置されたものの、行政・自治区域としては形式的な存在であった現在の福岡県を、実体化させる契機を作った。つまり、「福岡県の誕生」において生みの親の役割を果たしたことであったと考えられる。

注

(1)「雑報　既往の県治を憶ふ」『九州新報』一八九九年一〇月二二日。
(2)「福岡県通常会議事録　第壱号」一八八六年一一月一八日。
(3)「筑後川改築工費年賦調」。
(4)内閣官報局『法令全書　明治十三年』二五七―二五八頁。
(5)「福岡県会通常会議事録　第四号」一八八六年一一月二二日。
(6)「知事の説明」『福岡日日新聞』一八八六年一一月二六日。

(7)「福岡県通常会議事録　第五号」一八八六年一一月二四日。以下、同日の県会討論の状況は同史料による。
(8)県会質疑の詳細については、拙稿「明治中期における地方財政と地方官――安場県政期の福岡県会筑後川改修工費予算案審議を事例として」(『福岡県地域史研究』第二一号、福岡県地域史研究所、二〇〇四年三月)を参照されたい。
(9)「福岡県会議事録　第廿壱号」一八八六年一二月一二日。以下、同日の審議状況は同史料による。
(10)内閣官報局『法令全書　明治十四年』三頁。
(11)「福岡県会議事録　第廿三号」一八八六年一二月一四日。
(12)山中永之佑『日本近代国家の形成と官僚制』弘文堂、一九七四年、一六四頁。
(13)「福岡県通常会議事録　第七号」一八八六年一一月二六日。以下、同日の県会討論の状況は同史料による。
(14)「福岡県会議事録　第七号」一八八六年一一月二四日。
(15)前掲、『法令全書　明治十三年』二五七―二五八頁。
(16)前掲、『法令全書　明治十三年』二五七頁。
(17)この常置委員制度は、かつては府県会分裂策に過ぎないとの見方が有力であったが(有泉貞夫『明治政治史の基礎過程』吉川弘文館、一九八〇年、三六頁、内藤正中『自由民権運動の研究』、青木書店、一九六四年、二三二頁)、一方では地方官と府県会との対立を緩和し、両者の共同作業を意図していたとの指摘もなされている(御厨貴「地方制度改革と民権運動の展開」『日本歴史大系・近代Ⅰ　明治国家の成立』山川出版社、一九九六年、二八五―二八八頁)。
(18)渡邉直子「『地方税』の創出――三新法下の土木費負担」高村直助編『道と川の近代』山川出版社、一九九六年、一四三頁。
(19)山田公平『近代日本の国民国家と地方自治』名古屋大学出版会、一九九一年、三〇九頁。
(20)ボアソナード述、大森鍾一、緒方重三郎訳『議会規則質疑録』一八八二年、七四―七五丁。
(21)内閣法制局『法令全書　明治十五年』九四頁。
(22)前掲、有泉貞夫『明治政治史の基礎過程』五二頁、五九頁および御厨貴『明治国家形成と地方経営』東京大学出版会、一九八〇年、三五―三七頁。
(23)「明治八年地方官会議日誌　巻十五　七月八日」『明治文化全集　第四巻　憲政篇』一九二八年七月、日本評論社、三一七頁。
安場保和曰ク。此御垂問ニ答フルニハ、先ツ四月十四日ノ詔書ヲ拝読ス可シ。聖旨ハ明カニ公選民会ノ正理ヲ挙行セシメント翼望シ給フニ非ズヤ。苟シクモ此正理ニ基ツキ見レバ、断然公選ノ方法ヲ以テ、人民会議ノ正則ト確定セザル可カラス。……

(24)『明治十一年地方官会議議事筆記』乾五三一―五三二頁。
十八番安場保和曰　番外一番ノ弁明ニ依レハ建議ノ路ハ絶タルニ非サレトモ議会ニ対シテ建議スルノ明文ナシ従来府知事県令ニ建議スルコトハ実地ニ行ハレテ敢テ成法ノ明文ヲ要セサルモ今日法律ヲ以テ府県会ヲ設クル以上ハ議員ヨリ議会ニ建言スル時ハ議会ニテ其建議ノ議スヘキヤ否ヲ議決シ衆議半数以上議スヘシ決スルトキハ之ヲ議シ議長ヨリ之ヲ府知事県令ヘ呈シ裁ヲ乞フモ妨ケナキコトニ確定シタキモノナリ

(25)『明治十一年地方官会議議事筆記』坤五六七頁、五七七頁。
十八番安場保和曰……只地方税ノ性質混淆シテ其支払方モ官民ノ区別不明瞭ナルヨリ十番ノ論モ起リタルナレハ議会ニ付スル件ト付セサル件トヲ判然ト辨別シタタシ県令ニ議会ヲシテ再議セシムルノ権ヲ与ヘラレタラハ内務卿ヘ具状スルヨリモ都合宜シカラン……府知事県令ト議会トノ間ニ於テ見込ノ殊ナルトキ府知事県令ノ見込ヲ付シテ議会ヲシテ再三議セシムルコトヲ得ハ人民ノ情ニ背クコト無カルヘシト信スルナリ

(26)藤田武夫『日本地方財政制度の成立』岩波書店、一九四一年、四六―四七頁。

(27)大蔵省達番外（八月二日）「河港道路修築規則」内閣官報局『法令全書　明治六年』九三四―九三八頁。

(28)日比野利信「明治前期治水費負担問題の成立過程」『九州史学』一一七号、九州史学研究会、一九九七年、三四―三五頁。

(29)「明治八年地方官会議日誌　巻十三　七月七日」前掲『明治文化全集　第四巻　憲政篇』三〇五頁。

(30)「明治八年地方官会議日誌　巻十一　七月四日」前掲『明治文化全集　第四巻　憲政篇』三〇一頁。
安場保和曰。地租改正ノ法、税ハ原価ノ百分ノ三ヲ出サシメ、民費ハ百分ノ一ヲ超過ス可ラストアリ。故ニ本条民産ノ薄キ云々ヲ改テ、一分ヲ超過スレハ、国庫ヨリ助給ストナス可シ。

(31)「明治八年地方官会議日誌　巻十一　七月四日」前掲『明治文化全集　第四巻　憲政篇』三〇一頁。
安場保和又曰。前議未タ尽サス、地租改正ヲ待ツトモ、猶両三年ヲ費ス可シ、其間ノ工費ハ従来ニ従ハントスレハ、地ニ従テ甲乙アリ、偏頗ヲ免レス。今権宜ノ策アリ、士族ノ祿税ヲ暫ク河工ノ費ニ供シ、地租改正ニ及ヒテ、然ル後一定ノ則ヲ立ツ可キナリ。

(32)「明治八年地方官会議日誌　巻十三　七月七日」前掲『明治文化全集　第四巻　憲政篇』三〇五頁。

安場保和曰ク。……夫レ地租ト工費トハ、太タ緊切ナル関係アレハ、之ヲ離スヘカラス。而シテ今日ノ地租法ヲ再ヒ改正セサレハ、一局部ヲシテ此工費ニ任セシム可カラス。何トナレハ今日ノ地租改正法ハ、一割五分ノ種肥代ト利子トヲ引去ル計ニテ、都テ収穫上ヨリ地価ヲ定ムルニ依リ、名ハ地価百分ノ三ノ租税ナリト云フトモ、其実ハ四公六民位ノ比較ナレハ、中々ニ堤防工費マテハ、民力ノ堪ユヘキ所ナラス、故ニ臨時ニ国庫ヨリ助救スルトテ名ハカリノ臨時ニテ、実ハ定式ナルニ非スヤ。今日ノ種肥代ヲ収穫上ヨリ引去ル如クニ、堤防工費ヲモ引去ラハ可ナリ。若シ右ノ如クニ地租改正ノ方法ヲ改ムルニ非サレハ、工費ノ出所ヲモ亦改定スヘカラス。

(33)「明治八年地方官会議日誌　巻十三　七月七日」前掲『明治文化全集　第四巻　憲政篇』三〇八頁。
安場保和第一動議ヲ起シテ曰。前会答弁者ノ言ニ拠レハ、地租改正ハ収穫ヲ以テ地価トシ、堤防等ノ費ヲ見込ム事無シト云ヘリ。如此ナレハ、本条一局部ニ負荷スルトイフ者、実ニ民力ノ耐ユル所ニ非ス。此案ヲ廃スル可ナリ。

(34)「明治八年地方官会議日誌　巻十三　七月七日」前掲『明治文化全集　第四巻　憲政篇』三一〇頁。

(35) 林金兵衛「嘆願の始末手控記」「地租改正ニ付東京行日誌」『春日井市史　資料編』春日井市、一九六三年。

(36)「明治八年地方官会議日誌　巻十三　七月七日」前掲『明治文化全集　第四巻　憲政篇』三一一頁。

(37) 前掲、御厨貴『明治国家形成と地方経営』一三頁。

(38)『明治十一年地方官会議議事筆記　坤』一一三九―一一四〇頁。

(39)『明治十一年地方官会議議事筆記　坤』一一四一―一一四二頁。

(40)『明治十一年地方官会議議事筆記　坤』一一四一―一一四三頁。
之ヲ議会ニ付シ平均賦課トスレハ利害相関セサル地方ノ議員ハ之ヲ心配スルコト自ラ薄クシテ大ニ不都合モアルヘシ故ニ管下一般ニ関セサル地方ノ事ハ一地方限ノ協議ヲ以テ施行シテ可ナリト云フ文字ヲ掲ケ置キタシ之ヲ今日ニ照シ考フルニ或ル一県下ニハ二国三国或ハ五ヶ国ニモ跨ルモノアリ故ニ成ルヘク公平ニ処分ヲ要スルヲ以テ斯ク但書ヲ追加セントスルナリ

(41) 渡邉直子『「地方税」の創出―三新法下の土木費負担』高村直助編『道と川の近代』山川出版社、一九九六年、一四八頁。

(42) 前掲、日比野「明治前期治水費負担問題の成立過程」『九州史学』一一七号、三七頁。

(43) 前掲、日比野「明治前期治水費負担問題の成立過程」『九州史学』一一七号、四四―四五頁。

(44) 前掲、日比野「明治前期治水費負担問題の成立過程」『九州史学』一一七号、四五頁。

(45)内閣官報局『明治十三年　法令全書』二五七頁。
(46)日比野利信「福岡県における治水費負担問題の展開」『福岡県地域史研究』福岡県地域史研究所、一九九八年、七九―八一頁。
(47)前掲、日比野「福岡県における治水費負担問題の展開」『福岡県地域史研究』九〇―九一頁。
「地方最大要務タル土木費ノ経済ヲ共ニス可カラサレハ即チ一豊二筑ノ三国ハ与ニ地方ノ経済ヲ共ニス可ラサルナリ与ニ経済ヲ共ニス可ラサル地方ハ与ニ一県ノ治下ニ属ス可カラサルヤ亦明ナリ」
(48)亀卦川浩『明治地方自治制度の成立過程』東京市政調査会、一九五五年、八九頁。
(49)同右。
(50)当該期の北部九州における水上輸送の詳細については、東條正「第一一章　明治前期における小形旅客汽船の定期運航」『福岡県史　通史編　近代　産業経済（一）』（福岡県、二〇〇三年）を参照されたい。
(51)前掲「『筑後国』の分県運動」『論叢』第一二号、一〇頁。
(52)本項における九州鉄道会社の成立過程の詳細については東條正「第一三章　九州鉄道会社の成立」『福岡県史　通史編　産業経済（一）』（福岡県、二〇〇三年）を参照されたい。
(53)「雑報　安場福岡県令着県」『熊本新聞』一八八六年三月二〇日。
(54)「管内巡回中の県令にハ予定日割の通り昨六日帰福なりたり」（「安場県令帰福」『福岡日日新聞』一八八六年五月七日）、「怡土志摩早良郡へ巡回中の県令には昨十三日午前十一時過ぎ同地方より帰福せり」「安場県令帰庁」『福岡日日新聞』一八八六年五月一四日。
(55)大龍丸は大坂商船創立時、長崎・大阪間を結ぶ同社の第三本線航路に就航していた（「大阪商船会社社船出港定日改正表」『大阪商船会社五十年史』）。
(56)「県令上京出発」『福岡日日新聞』一八八六年五月二五日。
(57)「安場福岡県令」『福岡日日新聞』一八八六年六月五日。
(58)「七　九州鉄道会社ヲ創設シ鉄道私設ヲ稟請ス批シテ発起人ニ於テ意見ヲ具シ稟請スルトキハ調査ノ上許否スヘキヲ令ス」『公文類聚　第十編　明治十九年　巻之三十四　第十編　運輸門四　橋道鉄道　鉄道附二』。
九州鉄道布設之義上申
方今鉄道ノ必要タルハ申陳候迄モ無之本県人民ニ於テモ去ル明治十五年以来頻ニ之カ布設ヲ企望ス仍テ先ツ線路ノ方

針物産ノ多寡等苟モ経済ニ属スルモノ実地ノ調査ヲ為サシメ果シテ応分ノ利益アルニ於テハ着々歩ヲ進メシムルノ計画ニシテ十六年三月調査完了之ヲ本県々会ニ報告スルモノ別冊ノ通ニ有之抑モ此ノ調査ハ布設費我一里ニ付拾万円乃至拾五万円ノ予算ニシテ今仮ニ拾万円ヲ以テ比例スレハ別表ノ如ク一歳中三割九歩ノ利益トナル若シ夫レ予期ノ如ク相運ハサルモノトシ之レカ半額トナスモ壱割九歩五厘尚一歩ヲ譲リ三分ノ一ト見做モ壱割三歩ニ相当ス茲ニ於テ該業民設許可之義旧工部省ヘ屢具申セシモ当時民設御詮議難相成趣ニ付切角ノ民望モ一時中止ノ姿ト相成候然リト雖トモ此事業ハ到底官民ノ間ニ於テ早晩布設ヲ要スルハ申迄モ無之依テ去ル十七年秋熊本ニ於テ九州各県連合共進会ノ際各県令集議セシ処何レモ同案概ネ別表ノ例ニ倣ヒ調査スルコトトナレリ別表ニテハ本県下豊前国企救郡門司港ヨリ筑後国熊本県界迄ニシテ儘マ肥後国熊本迄達セシムルノ予算ニ有之候得共方今ニ於テハ肥後国三角ヘ築港出来ノコトナレハ到底該港迄接続ヲ要スヘク左スレハ我里程ニシテ凡六拾里弱ニ有之候別表ニヨレハ一里拾万円乃至拾五万円ノ予算ニ候得共該線路ハ頗ル平坦ニシテ且ツ安価ノ石炭ニ富ミ低廉ノ工夫ヲ使役シ以テ之ニ従事セハ方今物価低落ノ際ニ付蓋シ一里五万円余ニテ然ラン乎左スレハ前陳六拾里程三百万円ト予定シ大差ナキコトト信認ス依テ案スルニ其資本金ノ如キハ目下各種ノ銀行又ハ豪商ノ貸借上如何ヨリ鑑察スルモ金融ノ緩慢今日ノ如キハ未曾有ノ極点ニ達シタレハ此時機ニ投シ此大業ノ企ツルハ真ニ気運適合ノ手段ニシテ九州地方而已ニテ此ノ資本ヲ募ルモ敢テ難事ニ有之間敷ト相認候幸ニ該業着手相成候ハヽ直間両接ニ生立スル処ノ利用覧ル可ラサルハ喋々ヲ談竢サルヘク尚現在ニ照シ詳細ノ調査及政府ノ保護奨励ヲ希望スル義ハ他日ニ譲リ先ツ該布設準備上ノ眼目タル民設御許否ノ如何相伺度候条前陳ノ事状御洞察民設御許可相成候様致度左スレハ直ニ九州各県ヘ謀議シ前項ノ線路ヲ第一着トシ佐賀ヲ経テ長崎ニ達スルヲ第二着ト為ス等着手ノ順序熟議ニ及ヒ九州鉄道会社ヲ創立シ更ニ具申仕度別冊取調書及略図面相添此段致上申候也

明治十九年六月十七日

福岡県令　安場保和

内閣総理大臣伯爵伊藤博文殿

(59)「官報　勅令第四十七号海軍公債証書条例」『福岡日日新聞』一八八六年六月二二日。

(60)「東京電報　昨十六日午前十一時五分東京通信員特発」『福岡日日新聞』一八八六年六月一七日。

(61)『国債始末』大蔵省、一八八九年、二四八頁。

(62)「七　稟申　九州鉄道会社ヲ創立シ鉄道私設ヲ稟請ス批シテ発起人ニ於テ意見ヲ具シ稟請スルトキハ調査ノ上許否スヘキヲ令ス」『公文類聚　第十編　明治十九年　巻之三十四　運輸門四　橋道　鉄道附　二』。

(63)「七　稟申　九州鉄道会社ヲ創立シ鉄道私設ヲ稟請ス批シテ発起人ニ於テ意見ヲ具シ稟請スルトキハ調査ノ上諾否スヘ

キヲ令ス」『公文類聚　第十編　明治十九年　巻之三十四　運輸門四　橋道二　鉄道附』。
(64)「七　稟申　九州鉄道会社ヲ創立シ鉄道私設ヲ稟請ス批シテ発起人ニ於テ意見ヲ具シ稟請スルトキハ調査ノ上諾否スヘキヲ令ス」『公文類聚　第十編　明治十九年　巻之三十四　運輸門四　橋道二　鉄道附』。
(65)「安場県令帰県の確報」『福岡日日新聞』一八八六年七月七日。
(66)「安場県令帰着」『福岡日日新聞』一八八六年七月一四日。
(67)「懇親宴会頻繁たり」『福岡日日新聞』一八八六年七月二一日。
(68)「官報　叙任　明治十九年七月十九日」『福岡日日新聞』一八八六年七月二七日。
(69)「官報　勅令第五十四号」『福岡日日新聞』一八八六年七月二七日。
(70)「福岡特別通信（熊谷直亮発）九州鉄道敷設示談会」『紫溟新報』一八八六年一〇月二日。
(71)「九州鉄道事業に関して三県知事の打合せ」『紫溟新報』一八八六年一〇月二六日。
(72)「佐賀県の鉄道事件」『福岡日日新聞』一八八六年一一月一一日。
(73)「八代へ敷設を希望す」『福岡日日新聞』一八八六年一一月一九日（『熊本新聞』同年一一月一六日付け記事の転載）。
(74)「草案に着手」『福岡日日新聞』一八八六年一二月一二日。
(75)「三県打合会の案」『福岡日日新聞』一八八六年一二月二一日。
(76)「本県創立委員会」『福岡日日新聞』一八八六年一二月一九日。
(77)「創立委員の報道書」『福岡日日新聞』一八八六年一二月二六日。
(78)「三県鉄道創立委員会」『福岡日日新聞』一八八六年一二月一九日。
(79)「創立委員の報道書」『福岡日日新聞』一八八六年一二月二六日。
(80)「創立委員の報道書」『福岡日日新聞』一八八六年一二月二六日。
(81)「三県鉄道委員会」『福岡日日新聞』一八八六年一二月二四日。
(82)「創立委員の報道書」『福岡日日新聞』一八八六年一二月二六日。
(83)この史料は「九州鉄道創業経歴記ノ上」と題するものである（秀村選三「九州鉄道会社の創業に関する一史料（一）」『産業経済研究』第二九巻第三号、久留米大学産業経済学会、一九八八年、九二頁）。
(84)「委員改撰」『福岡日日新聞』一八八七年一月九日。
(85)山中立木（筆録）「旧福岡藩事蹟談話会筆録（承前）」（『筑紫史談』第四拾壱集、一九二七年八月三〇日、五六頁）。

(86)「九州鉄道創業経歴記ノ下」(秀村選三「九州鉄道会社の創業に関する一史料(二)」『産業経済研究』第二九巻第四号、久留米大学産業経済研究会、一九八八年三月、八—九頁)。
(87)「九州鉄道会社創立会議」『福岡日日新聞』一八八七年一月二五日。
(88)「稟申　松田和七郎等九州鉄道会社創立ヲ稟請ス実測図面工事方法等詳細調査出願セシム」『公文類聚　第十一編　明治二十年　巻之三十八　運輸門八　橋道　鉄道附五』。
(89)「知事の上京」『福岡日日新聞』一八八七年二月六日。
(90)「長崎特報　二月八日発郵　熊本県知事の一行」『福岡日日新聞』一八八七年二月一一日。
(91)「鍋島侯」『福岡日日新聞』一八八七年二月六日。
(92)「三県委員電報」『鎮西日報』一八八七年二月一五日。
(93)「三県知事委員に協議の事」『鎮西日報』一八八七年二月一一日。
(94)「二県知事、請願委員の一行」『時事新報』一八八七年二月一二日。
(95)「利子保証の事」『福岡日日新聞』一八八七年三月一日。
(96)「電報　熊本福岡両県知事　四日市二月十二日午後特発」『時事新報』一八八七年二月一四日。
(97)「九州鉄道」『毎日新聞』一八八七年二月一八日。
(98)「稟申　松田和七郎等九州鉄道会社創立ヲ稟請ス実測図面工事方法等詳細調査出願セシム」『公文類聚　第十一編　明治二十年　巻之三十八　運輸門八　橋道　鉄道附五』。
(99)「社説　九州鉄道会社ハ特典に預り得べきや」『鎮西日報』一八八七年二月二七日。
(100)「利子保証の許否如何」『毎日新聞』一八八七年三月三日。
(101)「稟申　松田和七郎等九州鉄道会社創立ヲ稟請ス実測図面工事方法等詳細調査出願セシム」『公文類聚　第十一編　明治二十年　巻之三十八　運輸門八　橋道　鉄道附五』。
(102)同右。
(103)「一　井上鉄道局長官内陳民設鉄道ノ儀ニ付意見書ノ件」『自明治十九年至大正元年　公文別録』。
(104)「知事帰県」『福岡日日新聞』一八八七年三月二三日。
(105)「共進会の開期」『福岡日日新聞』一八八七年一月二〇日。
(106)「授与式は延期」『福岡日日新聞』一八八七年三月六日。

(107)「安場知事帰県」『福岡日日新聞』一八八七年三月二七日。
(108)「知事上京」『福岡日日新聞』一八八七年三月二九日。
(109)「知事上京」『福岡日日新聞』一八八七年三月二九日。
(110)八重野範三郎「咬菜・安場保和伝」安場保定編『安場咬菜・父母の追憶』安場保健発行、私家本、一九三八年、六九―七三頁。
(111)「利子保証の請願」『時事新報』一八八七年四月二〇日。
(112)「私設鉄道条例」『毎日新聞』一八八七年四月三日。
(113)「一 免状 九州鉄道会社ヲ設立シ鉄道布設運輸ノ業ヲ営ムヲ免許シ其用地ヲ免除ス」『公文類聚 第十二編 明治二十一年 第四十四巻 運輸門七 橋道 鉄道附』。
(114)「所得税の行く先き」『毎日新聞』一八八七年三月二九日。
(115)「読東京日々新聞及伊藤総理大臣演説」『毎日新聞』一八八七年三月二七日。
(116)「豪商の献金」「海防費献金」『時事新報』一八八七年四月一日、「海防費献納」『時事新報』明治二十年四月六日。
(117)「報道会」『福岡日日新聞』一八八七年五月二六日。
(118)「甲第三〇一号伺」、福岡県知事安場保和発内務大臣品川弥二郎宛、福岡県議会事務局編『詳説福岡県議会史 明治編 下巻』一九五三年、福岡県議会、四七―四八頁。
(119)福岡県議会事務局編『詳説福岡県議会史 明治編 下巻』六七―七一頁。
(120)有泉、前掲書、一一頁。
(121)「山林制設施ノ儀ニ付意見」安場保和福岡県知事発内務大臣兼大蔵大臣松方正義宛(前掲、村田保定編『安場咬菜・父母の追憶』)。

第八章　貴族院議員時代　1892-1899

小林和幸

一　貴族院議員への勅選

貴族院時代の安場は、その硬骨ぶりを存分に発揮して、印象深い。安場が、貴族院の勅選議員に勅任されたのは、明治二十五（一八九二）年八月三日のことであった。これは、そもそもは、松方正義内閣の選挙干渉問題と、それに続く内閣の民党懐柔策を巡る混乱と対抗によって県知事を辞したことが一つの契機であった。

明治二十五年二月の第二回衆議院議員総選挙の後、福岡県知事として安場自身も関与した選挙干渉問題が政界の重大事件となった。松方正義内閣も議会対策に頭を痛める中、批判が集中した品川弥二郎内務大臣が辞職を余儀なくされ、副島種臣《そえじまたねおみ》が内務大臣となった。第三議会後、副島にかわり新たに内務大臣となった河野敏鎌《こうのとがま》の手により、さらに民党懐柔のため対民党強硬派の白根専一《しらねせんいち》内務次官や、白根の下で結束を固めていた古参の県知事や内務官僚が、相次いで転任を命ぜられたのであった。その転任者の中に安場も含まれていたのだが、これは、政府内や与党であった国民協会からも強い反発を招くこととなった。白根は抗議運動を展開し、七月二〇日付けで愛知県知事への交代を命ぜられた安場も、転任を拒否して、熊本県知事松平正直《まつだいらまさなお》らと共に上京して松方内閣に抗議している。このような状況の中で、陸海軍も態度を硬化させ高嶋鞆之助《たかしまとものすけ》・樺山資紀《かばやますけのり》両大臣は辞表を提出し、自信を失った松方内閣は、退陣を余儀なくされた。このように、安場は、内閣の民党懐柔的処置に反発して、愛知県知事への赴任を拒否し、福岡県知事の名義にて辞職することを選んだのであった(1)。

かくて、強硬な態度を崩さなかった安場は、福岡県知事辞職後、貴族院勅選議員に勅任された。松方首相が辞職を奏請したのは、七月三〇日であったが、次の第二次伊藤博文内閣の成立は、八月八日であって、安場の勅選が閣議に上ったのは七月三〇日であり(2)、勅選は松方内閣の推薦に依るものである。松方内閣では、選挙干渉への批判に対処するため安場の転任を発令する一方、安場の名誉を維持する方策として貴族院への勅選を行ったものと思われる。ただし、安場の経歴を考慮すれば、貴族院議員勅選は当然で、むしろ遅きに失したという面もある。安場は、参事院議官や元老院議官などを歴任しており、既に勅選議員の有資格者であったからである。安場には、政党抗争が激しく難治県と目された県に対する行政手腕を期待されたが故に、これまで、勅選されなかったものと考えられる。なお、松方内閣の終末期に、安場は、佐々友房《さ さ ともふさ》らの国民協会関係者や大浦兼武《おおうらかねたけ》らの内務省白根グループなどと共に伊藤内閣成立を妨げ、山県有朋政権樹立に向けた運動を展開したが(3)、それは実現しなかった。いずれにしても、安場と伊藤内閣との関係は、その政党観の相違もあり、紛議が予想されるものであった。

ただし、安場は、その反民党的な経歴から貴族院内では(4)、藩閥政府に近い院内会派「研究会」に所属すると目され、反藩閥的行動で知られた谷干城《たにたてき》や曽我祐準《そがすけのり》に率いられる「懇話会」及び近衛篤麿《このえあつまろ》・二条基弘《にじょうもとひろ》に率いられる「三曜会」と対抗するであろうことが予想されたが(5)、以下に見ていくように実際の行動は、むしろ谷干城らの会派に接近して行動し、伊藤内閣に対抗する姿勢を貫くものであった。

安場が、貴族院議員就任後臨んだ最初の議会すなわち第四議会では、「登記法改正法律案」への発言がみられるものの、活発な活躍はみられない。安場は、未だ福岡県政への関心の方が先行していたものと見え、明治二十五（一八九二）年九月に福岡県庁隣接地に邸宅を構え県政への影響力を維持していた。しかし、明治二十六（一八九三）年七月には、以前より関係が深かった国民協会の幹事長へ就任が決定した（実際の就任は八月二日）のと前後して、東京への永住を決意し、貴族院を政治的な拠点として活動することとなる。ここに、貴族院議員である安場が衆議院に基礎をおく政党の役職者となり、貴・衆両院の仲介者的役割を持ち連合して政治運動を展開することとなったのである。その運動は、第二次伊藤内閣への大きな打撃となった「対外硬」運動であった。

二　「対外硬」問題と安場――第二次伊藤博文内閣との対峙

安場が反内閣の姿勢を鮮明に打ち出すのは第五議会のことであった。第五議会では、自由党が政権担当を目指し伊藤内閣に接近をはじめ、それまでの民党連合（自由党・改進党の連合）が崩壊するという政界の大きな変化がもたらされている。これに伴い、政治的争点も「政費節減、民力休養」問題から「条約改正・対外硬」問題へと転換した。すなわち、従来の政治争点は、政府予算の削減を通じて地租軽減を行うとして、衆議院では民党対藩閥政府という対立があったのであるが、この民党連合の自由党が、政府の反対で実現できそうもない民力休養よりも地方利益実現のために鉄道建設や産業育成などの積極財政主義に転じ藩閥政府との提携の道を模索することとなった。一方で、以前の政府党であった国民協会では、自由党と政府との接近に反発して野党的な行動をとることとなり、国権拡張路線を以て「対外硬」グループを形成して政府に当たろうとする動きとなったのである。

そもそも、この「対外硬」運動は、「大日本協会」の結成を機に政府批判運動として大きな力を持つに至った。大日本協会は、「内地雑居講究会」（明治二十五［一八九二］年六月一二日組織）が発展したものである。内地雑居講究会は、条約改正交渉において軟弱な交渉を排すべきとして対外強硬論を唱え、条約改正の代償として与えられようとした外国人の「内地雑居」に対し、外国人の「内地雑居」は日本の商工業・農業の打撃となるとして、これを許すべきでないと主張とした。この会では、明治二十五（一八九二）年末から明治二十六（一八九三）年にかけて起った外交問題（千島艦事件、朝鮮防穀令問題、ポルトガル領事裁判権撤去問題等）に対する政府の外交政策への批判を機に実行団体として改組する事となり、これに熊本国権党が先導する国民協会などが結集して、大日本協会が組織されたのである(6)。

国民協会が、大日本協会に参加し「対外硬」運動に関与するのに、安場の存在は大きな意味を持った。当初、国民協会には、安場の属する外国人雑居に反対する熊本国権党のグループと実業振興を重視し外国人雑居を容認しようとする大岡育造らの中央新聞派（あるいは実業派）が存在しており、雑居問題に関して方針が一本にまとまっていなかった。ところが、安場が、同会幹事長に就任したことを契機として、国民協会の主導権を熊本国権党が握ることとなり、国民協会を非雑居論へまとめていくのに役立ったのである。安場幹事長の下、強硬な対外方針が採用される事となり、第五議会に向け「吏党」的立場を脱し伊藤内閣との対抗姿勢が決定されていった。国民協会では、安場を中心に勢力拡張をねらい、元田《もとだ》肇《はじめ》や大岡育造らが全国遊説に乗り出すが、その演説会は、名古屋で自由党の妨害にあって警官より中止解散を命ぜられている(7)。安場は、この頃より、伊藤内閣や自由党の外交方針を批判し、「大主義の上に於ては政府と同意なるも施設の方針に於ては大に反対するの覚悟あるべし」(8)と述べるごとく、公然と政府批判を口にするにいたる。

また、この前後、貴族院内の硬派（三曜会・懇話会）に対し、国民協会は、頻りに接触し協同して運動しようとする動きがあり、『国民之友』は「国民協会、東洋自由の両派貴族院議員を籠絡して三身一体となり一大政党を形成し、非内地雑居の大旆を擁して天下に呼号する」(9)と伝えている。貴族院議員の安場が、国民協会幹事長に就任したことは、貴族院内硬派と国民協会をつなぐ役割を持ったと考えられる。安場自身、貴族院に於いて第五議会までは無所属であったが、第六議会には懇話会に入会している。先に挙げた大日本協会には、国民協会の主要部分が参加しているが、明治二十六（一八九三）年一〇月一日江東中村楼で開かれたその創立大会には来賓として安場、三浦梧楼《みうらごろう》、西村茂樹《にしむらしげき》、何礼之《がのりゆき》、松平信正《まつだいらのぶまさ》などの貴族院議員が参会し、協会設立に際しては貴族院議員では、三曜会の島津忠亮《しまづただかつ》、懇話会の曽我祐準、日野西光善《ひのにしこうぜん》、松平信正、三浦安《みうらやすし》、大和倶楽部（のち懇話会に吸収される）の鳥尾小弥太《とりおこやた》、無所属の吉川重吉《きっかわじゅうきち》、加藤弘之が参加している。これは、衆議院の国民協会が中心となって創立した「大日本協会」と貴族院硬派（懇話会・三曜会）との連携が進んでいる状況を示している。さらに明治二十六年一一月には、条約改正問題を傍観していた改進党も、第五議会の方針決定にあたり、「条約励行」を標榜し、大日本協会と提携した。改進党は、政府にすり寄った自由党との提携を断念し新たな提携相手として国民協会（院外では大日本協会）を選んだのである。こうして大日本協会を中心に第五議会の衆議院に対外硬の反政府勢力の連合、すなわち衆議院内の政党である国民協会（議員数六六名以下同じ）、改進党（四二名）、同盟倶楽部（二五名）、政務調査会（二〇名）、同志倶楽部（一八名）、東洋自由党（四名）六派が連合して議員数一七五名、議席数三〇〇の過半数をこえる勢力「硬六派」が誕生したのである。なお、条約励行とは、現行の条約では外国人の日本国内の旅行・居住が厳しく制限されていたけれども、この時期には政府はそれを必ずしも取り締まらず有名無実化していたが、これを厳密に実施することにより、外国人に不便を感じさせ、条約改正の必要を外国に認識させようとするものであった。しかし、政府は、排外的色彩の濃いこの運動が、条約改正交渉の妨げとなると見て危険視した。

第五議会では、条約改正問題、政府の外交方針が、衆議院の硬六派により、厳しく追及されることが予想された。その硬六派と貴族院内の三曜会・懇話会・大和倶楽部が、提携の兆しを見せ、貴族院でも政府攻撃が準備された。安場は、佐々友房と連携して熊本国権党とともに国民協会を対外硬に向かわせたのみならず、貴族院に於いては、衆議院の運動との連携をもたらすパイプ役ともなったのである。国民協会では、第五議会の開会に向けて、党大会を開催し、行政の不整理を正す事、官紀の紊乱《びんらん》を正す事、各国条約を励行する事、真正なる対等条約を締結する事、軍備を充実する事、製鉄所を設立する事、治水及び山林の制度を確立する事、監獄費を国庫支弁に復する事、普通教育費を補助する事、海外航路を伸張する事、酒・煙草・砂糖などに輸入品の営業税を課する事、北海道拓殖の計画を定むる事、輸出税を全廃する事、蚕糸業を奨励する事、狩猟法を定むる事、裁判所構成法登記法及び執達吏規則を改正する事、質屋古物商取締条例を改正する事、輸入砂糖に課税する結果として菓子税を全廃する事、といった一八項目の決議を行った(10)。

第五議会での安場は、国民協会の決議に忠実で、特に、実業振興に重点を置いた活動が注目される。例えば、安場は「府県監獄費及び府県監獄建築修繕国庫支弁ニ関スル法律案」の提出者に名を連ねている。これの審議で、安場は演説して、「地価修正ナルモノハ御存ジノ通リ其方法ノ難キノミナラズ即チ是レハ一地方ノ利害得失ニ止ツテ決シテ全国ノ経済、人民ノ休戚、発達ノ点ニ於テハ関係ガナイ、此国庫支弁ニ於キマシテハ其点ヨリ論ジマシテモ実ニ今日ノ重且ツ急ナルモノ」と述べ「地方税ノ重キト云フモノハ実ニ天下今日ノ大患痛デアリマス、此患痛ヲ救ハズンバ地方経済ノ発達ヲ致シテ殖産興業ナリ、教育ノコトナリ、衛生ノコトナリ、決シテ発達ハ言フベクシテ行フベカラズト考ヘマス、此点ハ実ニ国家興廃ノ関スル所」として、衆議院が主張する「地価修正」は、一地方の利益に止まり国民全体の利益にならず、一方監獄費を国庫支弁にすることは地方税の軽減がもたらされ地方の経済や教育の発達に繋がると、全国的視野に立って実業振興にむけて熱弁をふるっている(11)。同様に「狩猟法案」に関してもその可決を目指した原案維持の発言がみられる。

また、安場は、渡辺清《わたなべきよし》、西村亮吉《にしむらりょうきち》、平田東助《ひらたとうすけ》などと共に「府制法案」を提出した。これは、自治制確保のために廃止が衆議院で可決された「特別市制廃止法律案」を、貴族院でも可決する前提として、制限的に自治を認めつつも、市長の公選を認めず府長官が市長や警視庁を一括して支配下におこうとするものであった。これは、「特別市制廃止法律案」と共に、衆議院解散のため審議未了となった。なお、この東京市などの特別市制廃止法案は、その後の議会でも議論され、第一二議会に至り貴族院でも可決され成立（貴族院での可決は明治三十一〔一八九八〕年六月四日）するが、安場は、代替案なしの可決に終始一貫して反対していた。

さて、第五議会の衆議院では、星議長不信任決議案の可決、それでも星が議長を辞任しなかったので、さらに天皇に星罷免を求める不信任上奏案の可決、更に星の衆議院議員除名という紛糾があり、この中で改進党、国民協会等は結束を固め、自由党と対立すると共に伊藤内閣との対決姿勢を露骨に示した。さらに、一二月一日、内閣不信任の意図を以て元田肇らの国民協会員が提出した官紀振粛《かんきしんしゅく》上奏案が可決された。重ねて、一二月八日には、安部井磐根《あべいいわね》を提出者とする現行条約励行建議案や外国条約執行障害者処罰法案、外国条約取締法案が提出された。内閣は、これらの建議案などが、交渉が大詰めを迎えていた条約改正交渉の障碍となることを恐れ、一二月一九日から一〇日間の停会を奏請した。停会中に、先に述べた硬六派による、条約励行問題や千島艦事件での連合が確立し、これが衆議院を完全に掌握した。内閣は停会後の二九日、安部井の条約励行建議案趣旨説明の途中で陸奥宗光外相からの反対演説を行い、その終了と同時に一四日間の停会、さらに三〇日衆議院解散の詔勅が発せられたのである。

この伊藤内閣の第五議会解散を非難する動きは、貴族院内でも明治二十七（一八九四）年一月二四日、近衛篤麿、谷干城らの貴族院議員三八名連署による「意見書（忠告書）」(12)の政府への提出となって結実した。この「意見書」には、その起草の段階から安場も加わっていた。「意見書」提出までの経緯は、先ず、議会解散後、明治二十七（一八九四）年一月九日谷干城、渡辺清は、伊皿子《いさらご》の伊藤邸を訪問、解散の事情を聞き、次いで一月一六日貴族院各会派（三曜会、懇話会、大和倶楽部、研究会、無所属）の代表者が衆議院解散後の政治問題を討議するために、華族会館に集会を持ち、ここで政府への忠告を行うことが決まった。その忠告は、谷干城が起草することとなり、更に一九日（或いは二〇日）に文面の修正がなされ、二二日署名者が確定、二四日付で「意見書」が送付されたのであった。

「意見書」の内容は、第五議会の衆議院について、「今や従来の慣行を改め国権の退縮を憂ひ官紀の弛緩を悲み或は上奏し或は建議せんとせり是れ大政翼賛の道に向ひ国家利弊の根源に着眼し其の蹇々《けんけん》の誠を致すもの」とし、しかるに、伊藤内閣が、「議会行動の意旨を誤認し、開国進取の国是を阻格するものなりと速断し」た事を非難した。また、特に条約励行問題については、もし条約を忠実に実践しないとすれば「縦令《たとい》所謂対等条約を訂結するも是文言上の対等にして決して国家の実権を維持すべからず」とし、また議会に「其の所論事宜に合せさるものある」ときには、内閣が「是非得失を弁明」するのが「議会の本義」であると主張して、内閣がその責任を尽くさず、停会、解散を行ったことを非難したものであった。

この「意見書」に対し、伊藤内閣は閣議を経て二月一〇日長篇にわたる復書(13)を送付した。内容は、衆議院が内閣との「和衷《わちゅう》協同」（心を一つにして力を合せる）の任を果たさないとしてその罪を列挙し、特に条約励行論は開国進取の国是に反し、政党が徒に党勢拡張の資とするもので、国家の大計を玩弄するものであると非難し、議会解散がやむを得なかった事を弁明したものであった。

「意見書」に署名した者の内、谷や近衛、安場ほか在京の貴族院議員は、伊藤の復書に対し二月一七日協議の上、更に一九日伊藤首相に「復諭に服する能はざるの理由」を送付している(14)。その内容は、立憲政治の「和衷協同」は、「行政府議院相互ニ譲歩」することにあるが、政府は「独リ譲歩ヲ議院ニノミ」求め、政府が「議院ニ求ムル所ノ和協」は議院を「行政府に屈従セシムルニ在」るとして「是レ余等ノ益々服スル能ハザル」所であると述べ、さらに衆議院の条約励行建議は条約改正のための もので「開国進取ノ大計ヲ翼賛スルノ道」であるとし、また内閣の言うように国家に不利なものとすれば、議会で論争すべきであるのにそれを行わず、議会を解散したのは、立憲的行為ではなく、和衷協同を破る罪は衆議院ではなく政府にあるとするものであった。これに対して伊藤首相は、「国家各機関ノ和衷協同ハ素ヨリ其一ヲ以テ其他ニ屈従スルノ謂ニ非ザルコト博文既ニ之ヲ言」ったと、国家の機関が心を一つにして協力するのは、もとより一機関がその他の機関を屈従させるという意味でないことは伊藤自身が既に述べていることであるとし、自分は、首相として「責任ヲ以テ憲法命ズル所ノ権能ヲ行」うとして「諸君ノ来示ニ服スル能ハ」ずとの返答を与えた(15)。

貴族院硬派は、それでも満足せず、近衛篤麿などは、雑誌『精神』に「慨世私言」や「復書弁妄」を掲載して政府を厳しく弾劾した。

さて、伊藤内閣は第五議会を解散すると同じタイミングで、一二月二九日対外硬の推進派と目されていた大日本協会を解散させ、三〇日には国民協会を政社と認定した。かつての「吏党」国民協会への敵対姿勢を明確に表したのである。さらに対外硬に同調した新聞、雑誌へも発行禁止停刊を命じている。一方、先の「意見書」に署名した懇話会、三曜会系の議員には、衆議院の硬派「前代議士」からの「相提携して運動せんとの旨」の申し込みがあったが、「単に貴院のみを以て之に当り暫く其申込を謝絶し」ている(16)。この段階では、衆議院の選挙に関与することに消極的であったと見られる。ただし、安場自身は、国民協会の幹事長という立場もあって選挙応援を行っているようである。ただ、品川弥二郎《やじろう》会頭の選挙運動の行き過ぎを諌めるところもあったようである(17)。

明治二十七（一八九四）年三月一日に行われた第三回総選挙の結果は、国民協会が六六議席から二六議席に激減し、自由党が一七、無所属が一五、中立倶楽部が三、立憲改進党が三、その他が四それぞれ議席を増やしている。国民協会の激減がひびいて衆議院の「対外硬派」の勢力は減退した。そこで、第六議会に向けて、国民協会の佐々友房は、貴族院の「対外硬派」に期待を寄せた。安場も、第六議会には貴族院の対外硬派である懇話会に加盟した。

一方、貴族院での「対外硬派」の結集すなわち内閣反対勢力の台頭が明白になる中で、伊藤内閣は、伊東巳代治《いとうみよじ》を中心に政府系勢力の再強化を図っている。院内会派「研究会」所属議員への梃子入れや、政府系新勅選議員の任命が行われたのである。第六議会に備えて研究会を政府支持に纏め、反伊藤内閣の傾向を強めていた近衛や谷に対抗させる準備を整えた。

かくして、明治二十七年五月一六日、第六議会が開会された。第六議会の貴族院では、開会劈頭《へきとう》、山川浩《やまかわひろし》（懇話会）、松平乗承《まつだいらのりつぐ》（三曜会）、米津政敏《よねづまさとし》（無所属）の三名により第五議会解散の理由が政府に質問された。質問に対する答弁として、五月二九日になって伊藤首相の演説が貴族院で行われた。伊藤の演説は、政府が解散理由につき明言する必要はないとするものであった。安場もこのとき、質問に立っている。安場の質問は、伊藤の説明では解散理由は「一向分リマセヌ」とするもので、伊藤は安場の質問は「議論」であるので「答ヘヌ」といい、議長による安場の「質問」差し止めとなった(18)。安場の政府追及の姿勢は明白であった。

この第六議会の貴族院で審議された諸議案のうち、安場の提案になるものとして「官吏恩給法中追加法律案」「沖縄県八重山島風土病駆除ニ関スル建議案」「府制法案」などがあった。「官吏恩給法中追加法律案」は、明治十六(一八八三)年以前に地方税支弁による俸給を受けて郡区長を勤めた者は法律の不備のためにその明治十六年以前の奉職年限を恩給支給に必要な在官年数に数えることができなかったものを、恩給法改正により救おうとするものであった。これは、特別委員に付託され修正、整備された上で多数を以て可決された(衆議院で解散により審議未了)。「沖縄県八重山島風土病駆除ニ関スル建議案」は、安場の発議によるものであり、その趣旨は、沖縄県八重山の風土病に関する調査を行ってその救済を求める趣旨であった。貴族院内でもその趣旨に反対するものはいなかったが、このほかにも調査を要する様々な病気があるという理由で政府に追加予算の提出を求める旨の但書が削除されるという修正を受けて可決された。この沖縄県に関わる建議案は、安場の建議としてはやや唐突な感があるのだが、この建議の背景の人脈的な繋がりを考えると得心がいく。すなわち、建議の背景には、明治二十六(一八九三)年より精力的に琉球諸島の探検・調査を行った笹森儀助の活動があると考えられるのである。青森出身の笹森は、同郷の陸羯南と親しく、その紹介により品川弥二郎と懇意であり、安場と品川の関係は、前述した様に深く、またこの建議の賛成者に名を連ねた二条基弘以下の三曜会及び懇話会所属議員は、政治傾向として陸に近かった。したがって、人脈的な繋がりを背景として笹森の琉球諸島調査の結果がこの建議に生かされたと見られるのである。笹森が、建議案可決の直後の明治二十七（一八九四）年七月に「沖縄県八重山島風土病ノ状況并駆除方法意見」を発表していることからもこの線は確認できるであろう。また「府制法案」は、前回議会よりの主張によるものであったが、解散により審議未了となった。このほか、製鉄事業が経済上、軍事上の急務として製鉄所設置を求める建議にも「熱心なる賛成」[19]をしていることが注目されるところである。

さて、六月二日に衆議院が政府を外交問題などで批難する上奏案を可決した事により第六議会は解散された。この政府の第五議会に続く、議会再解散という態度は、衆議院の反政府勢力ばかりか貴族院の硬派をもひどく憤慨させることとなった。

三曜会領袖の近衛篤麿は、六月一一日発行の『精神』号外として「非解散意見」[20]を公刊し、反政府＝対外硬派の議員を「同伴侶」と認めて積極的に応援した。

安場が所属した懇話会でも六月二二日在京の同会員により「第四回総選挙に関する懇話会檄文」[21]を議決、回付している。これは第六議会解散の非を説き「衆議院の言動に対しては悉く是認する能はずと雖も、然れども自主的外交の大本義と責任内閣の実行とに至たりては深く衆議院の言議に同情」するものであり「自主剛健なる前代議士の再選、及び之れと同主義なる新議員の選出に従はんとす」るものである事を表明したものであった。第五議会後の第三回総選挙では、貴族院の硬派は、政府批判はしたものの、衆議院議員選挙に積極的な応援をする事はなかった。しかし、この第六議会再解散では、反政府議員の応援をするほどに貴族院議員は硬化したのであった。懇話会の決議文中の「自主的外交」と「責任内閣」の実現という語は、当時対外硬を主張する政治家、ジャーナリスト等が共有したスローガンであった。

貴族院の硬派の選挙応援は、各地の対外硬派の懇親会へ出席する等その活動は活発である。「日本」は、貴族院議員が各地に衆議院対外硬派の議員の応援のために遊説する様子を報じている。近衛篤麿、鳥尾小弥太、曽我祐準、山川浩、谷干城と並んで、安場についても、「既に快馬鞭を揭げて東北の天を指せり」と伝えている(22)。彼らは選挙活動の第一線に立った。

こうした選挙運動のさ中、条約励行問題の焦点であった条約改正は、七月一六日イギリス、ロンドンで調印され、政府主導で幕末以来の懸案であった治外法権が撤廃された。これにより、条約励行運動での対外硬運動は失速していく。さらに、二十七(一八九四)年七月、日清戦争が開戦した。開戦直後、第四回総選挙の布告がなされ、激しかった対外硬の政府攻撃も鳴りやみ挙国一致体制の中で総選挙は行われた。広島で招集された第七議会も、戦時体制の下に対立もないままに終った。

三　日清戦争後の貴族院と安場

日清戦争(明治二十七〔一八九四〕—二十八〔一八九五〕年)は、我が国の勝利となったが、三国干渉による屈辱的干渉受け入れや朝鮮半島における閔妃《びんぴ》殺害事件による日韓関係の後退という一連の東アジア外交の行き詰まりという状況は、対外硬派に、格好の政府批判材料を与えることとなった。安場は、第九議会に向けて伊藤内閣に対する攻撃の準備を進めていた。その様子を伊東巳代治は、伊藤博文に対して「尤例之安場は先日某所に密会、責任派と気脈を通し運動を可試様子に有之」(23)とか、「安場は先日来奔走致居候」(24)と伝えている。このころ、安場は、伊藤内閣の特に外交問題について責任を問うという勢力(なかでも最も強硬なのは、改進党や貴族院内硬派さらにジャーナリズムでは「日本」新聞などで、軍備拡張や増税などの「戦後経営」策にも反対しようとした)と連携して、政府批判運動をしきりに行っていた。一方、佐々友房や品川弥二郎等の国民協会主流派は、自由党のみが内閣と結びついて勢力を拡張することに反対であったが「戦後経営」策には賛成であったので、安場の政府批判の行き過ぎを押さえようとしており、内閣に対する態度は「洞ケ峠」(山崎の戦での筒井順慶の故事。日和見主義)と称して支持とも不支持とも表明せず曖昧な態度をとった。

第九議会が始まると、改進党を中心とする対外硬派は内閣弾劾の上奏案を提出したが、政府と提携を宣言した自由党とそれまで態度を保留していた国民協会は、これに反対して否決せしめ、また予算案でも、対外硬派はその大幅な修正を主張したが、自由党と国民協会は基本的に政府案を支持して可決せしめたのであった。ところが、国民協会は、朝鮮に親露派政権樹立(明治二十九〔一八九六〕年二月一一日)の報に接すると、佐々友房の名をもって、二月一五日、「本院ハ現内閣カ従来内外ニ対シテ失政ノ多キヲ認メ殊ニ今回ノ朝鮮政変ニ至リテハ彼ノ炳乎《いこ》タル宣戦ノ詔勅ニ対シ其措置ヲ誤リタルモノト信ス、故ニ現内閣ハ大臣輔弼ノ大義ニ顧ミ速カニ所決アランコトヲ期シ茲ニ本院ノ意思ヲ表明ス」と、政府の外交失態の責任を糾す旨の決議案を衆議院に提出した[25]。この決議案には、国民協会の他、対外硬派も賛成していたから可決される可能性が高かった。そこで、政府は、討議に付される前に議会を停会した。二五日の停会期満了の日に、再び決議案が上程されるが、提出者の佐々は、議案の撤回を通告した。これは、国民協会会頭の品川弥二郎が決議案の撤回を、佐々に促した結果であったが、背景には、日清戦後経営を急務とする政府が山県有朋を通じて品川を動かしたこと[26]や、国民協会内にも「実業派」に見られるごとく内閣の動揺が経済界に悪影響を与えるとの理由で反対者があったことがある。しかしながら、衆議院の多くは撤回を許さず、遂に議事に供されたが、政府と提携した自由党と、国民協会の多数が、反対にまわったため、決議案は否決された。一方、もともとこの決議案の提出は、安場なども協議を遂げた事であり、安場は、このような形で佐々等が態度を翻したことを憤っている。自派が提出した決議案に、自ら反対票を投じることになったのだから、その失態は覆うべくもなく、安場の怒りも尤もというべきであろう。安場は、貴族院において一貫して「対外硬派」と連携して政府反対であったから、国民協会の態度豹変を機に、安場は、柏田盛文《かしわだもりふみ》等と共に国民協会に脱会の届けを提出した旨、諸新聞が報じている[27]（但し、この後も国民協会との一定の関係は維持している）。また、頭山満が回想して佐々と安場の喧嘩別れの原因としてこの問題をあげている[28]。実際、以後、安場と佐々の関係は急速に悪化した。

　さて、外交問題に関しては、貴族院でも伊藤内閣の外交政策を非難して、谷干城が提出者となり、安場も賛成者に名を連ねて「台湾及澎湖島《ぼうことう》ニ関スル質問」[29]すなわち「台湾島及澎湖島ヲ割取シタル上ハ其ノ海陸ノ領有固ヨリ完全ナルヲ要ス。領海ノ航通ヲ自由ニスルト否ト領土ヲ他邦ニ譲与スルト否トハ皆ナ帝国主権ニ属スヘキ全能ナルニ政府カ曩《さき》ニ露仏独ノ三国ニ向ヒテ不譲与及自由航通ヲ宣言シタリト云フハ事実ナル乎、果シテ事実ナラハ領有権ヲ不完全ニシタルモノニ非ラスト政府ハ自ラ信スル乎」との質問を行った。これは、貴族院の対外硬派、すなわち三曜会・懇話会によるもので、諸外国との約束によって台湾澎湖島の完全なる所有権を日本は有さないことになるのではないかとして、政府外交を攻撃したものである。

なお、安場は、明治二十五（一八九二）年四月に白根専一、大浦兼武、北垣国道《きたがきくにみち》、松平正直らと政党内閣を否認し、個人主義を排し国権確立につとめるという「同志誓約書」に署名し盟約を結んでいたが、明治二十八（一八九五）年一一月にはその誓約書から「政事上所感」を理由に離脱を申し出ている[30]。ただし、安場からの申し出は、同志中で同意は得られず、大浦兼武は安場の盟約からの除名につき「断然此際不同意」と伝えている[31]。この後も、安場への説得は続けられたものとみえ、実際にこの除名の申し出が容れられるのは明治二十九（一八九六）年五月になってからであった[32]。いずれにしても、明治二十八年末から明治二十九年初めにかけて、安場は、「超然主義」的な政治運営に飽きたらず、以前の政治的な立場から脱却して、新たな政治的志向を持ち始めたものと思われる。この様な姿勢は、第九議会で問題となった「新聞紙条例改正案」に対する態度にも表れている。この法案は、以前から衆議院に於いて可決され、貴族院で斥けられていたもので、政府による新聞の発行停止を全廃しようとする案である。先の誓約書に署名した人々は、藩閥政府を維持し政党に対抗するための武器として発行停止全廃に反対したのだが、安場は、他の懇話会所属議員と共に発行停止全廃を主張して、「斯ノ如キ発行停止位ノ事ヲ以テ是ガ無ケレバ治安ニ妨害ヲ与ヘ国家ノ秩序ヲ保テナイト云フ程ノ決シテ事柄デハアルマイト存ジマス、茲ニ政府ハ懐襟ヲ披イテ外各国ノ形勢ト我今日ノ日本ノ現在ノ有様ニ照シ合セテ精神ヲ披イテ公道ヲ施クト云フノ主義ヲ執ラレマシタナラバ衆ノ囂々《ごうごう》ハ忽チ消散シテ和衷協同ノ実ヲ得ルコトハ疑ハナイ、ソレヲ何ヲ苦ンデ区々新聞紙条例ノ発行ヲ止メタナラバソレガタメニ風俗ヲ害シ外交ニモ差障ハルトカ云フヤウナ小刀細工デ此政治ヲ執ラレルノハ甚ダ此明治政府ノタメニ遺憾ヲ極ムル……」[33]と演説した。

また、「登録税法案」の特別委員として法案審議に当たったが、この政府の戦後経営のための財源確保を目的にした法案について、戸籍に登記する際の登録税について「戸籍紊乱」の端緒となりまた国民の困苦を来す「苛酷ノ税」と述べてその削除を求める意見を述べている[34]。特別委員会でも安場は、削除を主張したが少数意見であった。本会議でも、谷干城らから安場への賛成演説もあったが安場の削除案は否決された。

このように、安場は、貴族院では谷干城らと政治的自由の実現や国民の過重な負担を回避する方向で政治活動を行い、「超然主義的」官僚主導の政治運営から一線を画すようになっていたのである。

さらに、同じ第九議会での「家禄賞典禄処分法案」における安場の発言も注目される。この案は、衆議院提出による法案で、衆議院で可決された後、貴族院に回付されたものであるが、その趣旨は、家禄賞典禄が未給付もしくは給付不足の者に、金禄公債証書を交付し、その救済を図ろうとする案であった。貴族院への提出に当たって政府は、取り調べの不可能を理由に反対している。貴族院で付託された特別委員会審査でも、明治政府による禄制整理はすでに終了しており、再調査は不可能であること、また、国家にその財源がないことなどから全会一致で否決すべしという結論であった。しかし、本会議おいて、安場は、各地から続々とあがってくる「士族復禄等の請願」は「由って来る所」があるのであり、それが行政の「疎漏な調」や「不当の調」によるものである場合もあるのに不服の声に耳をかさず、不公平を正さないのは「条理」において問題があり、また「士族の宿望」を達することは、政府においても「政略上」からも必要であり、その意味で財政上の負担は軽いと論じて否決に反対する演説を行った(35)。安場は、新政府成立以後一貫して士族救済を求める活動を行っており、その理念が貴族院で発露されたものである。しかしながら、この法案は、本会議でも否決されたのであった。なお、安場は、個別の士族救済にも熱心で、第八議会では、愛知県士族の復禄請願の紹介者となり、本会議でも賛成を求めて演説した(36)。

また、安場が所属した貴族院内の会派懇話会は、明治二十九(一八九六)年九月成立した第二次松方正義内閣いわゆる松隈内閣に軍備拡張の縮小や政治的自由の実現を期待した。安場自身も内閣支持をねらい、熊本国権党を支持に向かわせるべく運動したようである(37)。第一〇議会では、予算審議に際し、懇話会の領袖谷干城が、将来の緊縮を期して提出した有名な「軍備緊縮上奏案」に、安場もその賛成者として名を連ねている。「軍備緊縮上奏案」は、軍備拡張に偏り、義務教育費や殖産興業費を軽んじ民力の発達に顧慮しない戦後経営策に反対を表明したものである。ただし、この上奏案は、六九対八二を以て否決された。また、先の第九議会で問題となった議案、士族救済を趣旨とする「家禄賞典禄処分法案」が、第一〇議会でも衆議院から回付された。安場は、特別委員の一人に指名され、本案審査をリードして、委員会の結論を修正可決に導いた。本会議でも、松方正義首相による政府としては独自に救済については調査中であり、法案の成立は望まないという法案反対の演説もあったが、安場は、士族処分の不公平を正すことは維新を断行した「政府の義務」と論じて賛成を促した(38)。これに対して、谷干城の反対演説もあったが、六八対六四という僅差ではあったが可決されたのであった。安場の強い信念が、この結果をもたらしたといって良いであろう。ただし、このための予算を得ようとする「禄高整理公債法案」は、その額が一〇〇〇万円という多額であったが故に否決された。

なお、安場は、この第二次松方内閣の時に何度か大臣就任が噂された。例えば、『読売新聞』などは、明治二十九（一八九六）年九月農商務大臣候補と報じ(39)、明治三十（一八九七）年五月にも拓殖務大臣候補と(40)報じている。しかし、これらは、実現していないし、安場は、明治二十九年末頃から、台湾鉄道敷設にその発起委員長として尽力しており、安場自身入閣にはあまり積極的ではなかったようでもある(41)。しかし、同年一一月には、大隈外相兼農商務相の辞職にともない、後任の農商務大臣候補に挙げられた。これは、初め、松方首相は、品川弥二郎を希望したが、品川の峻拒により次善の候補として名が挙がったもので、松方内閣では、安場と京都府知事の山田信道を候補として天皇に上奏した。このときは実現の可能性も高かったのだが、天皇の意向は、安場は北海道長官へ任官して日が浅く「道庁官制」を改正して幾ばくもないとして、そのような事情のない山田信道がふさわしいとするものであり、結局、農商務大臣には、山田が任命された(42)。

松方内閣において、安場が大臣に擬せられたのは、安場の薩摩系の人脈(閣内の高島鞆之助陸相や樺山資紀内相と近かった)や、内閣が国民協会の主導権を握る熊本国権党の支持を得て国民協会の与党化を図ろうとしたためであろう。また、安場が、大臣たるに足る経歴や実力を備えていたことも間違いなかろう。

以上のように安場の貴族院議員時代の活動をみてきた。安場の活動は強い信念に裏打ちされたもので、政党のみならず、藩閥政府とも政治指向を異にすれば、厳しく対峙するものであったといえるであろう。特に谷干城などとともに行動した「対外硬」運動などでは、政府の意向にたいして一歩も引かず、持説を堅持し追及の手をゆるめなかった。それは正に、貴族院時代の安場が常に口にしたという「政府に対しては、古人の所謂君に仕ふる者は其の美を奨順し、其の悪を匡救すとの心を以て心となし、其の事にして苟くも善ならば進んで之を賛け、非ならば飽くまで之を匡さずんばあるべからず(43)」との言を体現する政治活動であった言うべきであろう。このような活動の中で、政党内閣に対する抵抗感は依然として有していた(44)ようだが、「超然主義」的な官僚主導政治を志向するグループからも離脱し、自由な立場による政治活動を優先させることとなった。

安場は、明治三十二(一八九九)年五月の死去に至るまで貴族院議員であったが、その直前の第一三議会終了まで貴族院において活発な言論活動を続けた。その発言は、実業の発展や国権の確立を目指すのは勿論であるが、貧窮士族や低い地位にある官吏、辺境の地に住む人々といった行政の手が行き届かない人々の救済に心を配り、新聞発行停止全廃への賛成に見るごとく政治的自由の確保にも理解を示すものであった。その活動は、明治国家の発展を願って止まない強い信念に基づくものであったと言えるのである。

注

（1）『読売新聞』一八九二年七月二七日号。
（2）「貴族院・従三位安場保和貴族院議員任命ノ件」『明治二十七年官吏進退七』所収（独立行政法人国立公文書館蔵）。
（3）佐々木隆『藩閥政府と立憲政治』吉川弘文館、一九九二年、二八三頁。
（4）これらの会派及び当該期の貴族院全般については、拙著『明治立憲政治と貴族院』（吉川弘文館、二〇〇二年）参照。
（5）『読売新聞』一八九二年九月二日号。
（6）この時期の衆議院に於ける対外硬運動については、酒田正敏『近代日本における対外硬運動の研究』（東京大学出版会、一九七八年）。また、国民協会については米谷尚子「現行条約励行をめぐる国民協会の実業派と国権派」（『史学雑誌』八六―七　一九七五年七月）参照。
（7）『読売新聞』一八九三年七月二九日号。
（8）佐々木前掲書、三四四頁。
（9）『国民之友』一三―一九七、一七頁（一八九三年七月二三日）。
（10）米谷、前掲論文。
（11）『帝国議会貴族院議事速記録』第五議会（東京大学出版会、一九七九年、三七頁以下、以下『貴・議事録』）。
（12）『谷干城遺稿』下（島内登志衛編、靖献社、一九一二年刊、一九七六年東京大学出版会復刻、一九五頁以下）。なお、以下、貴族院の運動の詳細は、前掲拙著『明治立憲政治と貴族院』参照。
（13）『近衛篤麿日記』付属文書（鹿島研究所出版会、一九六九年、八九頁以下）。
（14）『秘書類纂帝国議会資料』上（伊藤博文著、平塚篤校訂、秘書類纂刊行会、一九三五年、五七八頁以下）。
（15）前掲『秘書類纂帝国議会資料』上、五七九頁以下。
（16）『日本新聞』一八九四年一月二八日号。

(17)『読売新聞』一八九四年二月二日号。
(18)『貴・議事録』第六議会、一八九頁。
(19)『貴・議事録』第六議会、五五頁。
(20)前掲『近衛篤麿日記』付属文書、四五頁以下。
(21)前掲『近衛篤麿日記』付属文書、九二頁以下。
(22)『日本新聞』一八九四年六月九日号。
(23)一八九五年一一月二九日付書翰、『伊藤博文関係文書』二、塙書房、一九七四年、三三五頁。
(24)一八九五年一二月五日付書翰、前掲『伊藤博文関係文書』二、三三七頁。
(25)宮内庁『明治天皇紀』九、吉川弘文館、一九七三年、二二頁。
(26)同右。
(27)『読売新聞』一八九六年二月二六日号、『万朝報』同日号。
(28)村田保定編『安場咬菜・父母の追憶』安場保健発行、私家本、一九三八年、一九二頁。
(29)『貴・議事録』第九議会、一三三頁以下。
(30)一八九五年一一月二六日付佐々友房宛山田信道書翰、(「佐々友房関係文書」、国立国会図書館憲政資料室所蔵)。
(31)一八九六年一月九日付品川弥二郎宛大浦兼武書翰、(『品川弥二郎関係文書』二、山川出版社、一九九四年、一八四頁)。
(32)橋本五雄『金竹余影』富山房、一九四二年、九頁。
(33)『貴・議事録』第九議会、三七九頁。
(34)『貴・議事録』第九議会、五四一―五四二頁。
(35)『貴・議事録』第九議会、六八九頁。
(36)『貴・議事録』第八議会、五二二―五二三頁。
(37)『読売新聞』一八九六年一一月三日号、同六日号
(38)『貴・議事録』第一〇議会、三五四頁以下。
(39)『読売新聞』一八九六年九月二一日号
(40)『読売新聞』一八九七年五月二二日号
(41)『読売新聞』一八九七年六月二二日号

(42) 前掲『明治天皇紀』九、三三七頁。
(43) 前掲、村田保定編『安場咬菜・父母の追憶』一一三頁。
(44) 前掲『近衛篤麿日記』二、一七九頁。

第九章

北海道庁長官時代

1897-1898

桑原真人

一　安場保和と北海道

安場長官の就任と施政方針

安場保和が第六代北海道庁長官に就任したのは明治三十（一八九七）年九月四日のことであり、退任は明治三十一（一八九八）年七月一六日であった。この間わずか一一カ月あまりの長官在任であったが、安場を始めその前後の道庁長官は比較的短期間の場合が多く、前任の原保太郎第五代長官は福島県知事から明治二十九（一八九六）年四月七日に就任して翌三十年九月四日に退任した。また、安場の後任となる第七代長官杉田定一は明治三十一年七月一六日に就任し、早くも一一月一一日に退任している。これは、この時期から道庁長官の任免に政党の力が反映するようになったためであり、明治三十一年六月の隈板《わいはん》内閣という憲政会内閣の出現で党員の杉田が長官に就任したのはその典型だった。

最初に、安場が道庁長官に就任する前後の事情について触れておこう。明治三十年九月四日の『読売新聞』は、「北海道庁長官の更迭」と題して「原北海道庁長官にハ近頃辞任の色あるに付き其後任候補者としてハ高島子の推薦に依り既に安場保和氏に内定し居れりといふ」と報じ、安場が第六代道庁長官に内定したことを伝えている。

一方、安場の長官就任を知った北海道側のメディア、たとえば九月七日付けの『小樽新聞』は、

男爵安場保和氏、噂の如く原氏の後任を襲ひ、道庁長官として遠からず来道せんとす、知らす

彼れ何等の器を齎《もたら》して北海の事に当らんとする乎、人は云ふ安場男は往年第一流の知事にして而《し》かも今時上院一方の立物、其硬骨と利腕とは道庁長官として優に好箇の器たるを得んと、夫《そ》れ或は然《しか》らん、然れども、男の硬骨と利腕とは、狭隘《きょうあい》なる長官権限の範囲に限られて、其抱負の在る所を実行し遺憾なきを期する能《あた》はすんは、男も亦従来の長官の如く頭角を顕《あらわ》す能《あた》はす、碌々《ろくろく》五層楼上の隠居役を以て止まんのみ。

〔現代語訳・要旨〕 安場保和男爵は、世間で噂されているように原保太郎北海道庁長官の後任として近々赴任するらしい。しかしながらわれわれ道民は、安場男爵がどのような方針のもとに北海道政に当たろうとしているのか全く知らない。人が言うには、安場男爵は往年の一流の知事であり、しかも現在は上院の一方の大物で、その信念と手腕はまさに道庁長官として最適の人物を得るであろうと。そのことは、あるいはそうかもしれない。しかし、安場男爵の信念と手腕が道庁長官としての権限内に限られ、自らの抱負を実行し、十分に実現することができないならば、安場新長官もまた、従来の長官と同じくその頭角を現すことはできないであろう。何事もなし得ないままに、道庁の隠居役としての役割に留まるのみだろう。

とやや辛口の記事を掲載した（**図9―1**は翌日の記事）。

「五層楼」とは、明治二十一（一八八八）年に完成したレンガ造りの北海道庁本庁舎のことである。さ

図9—1　安場長官に対する期待を述べた『小樽新聞』(明治30年9月8日)

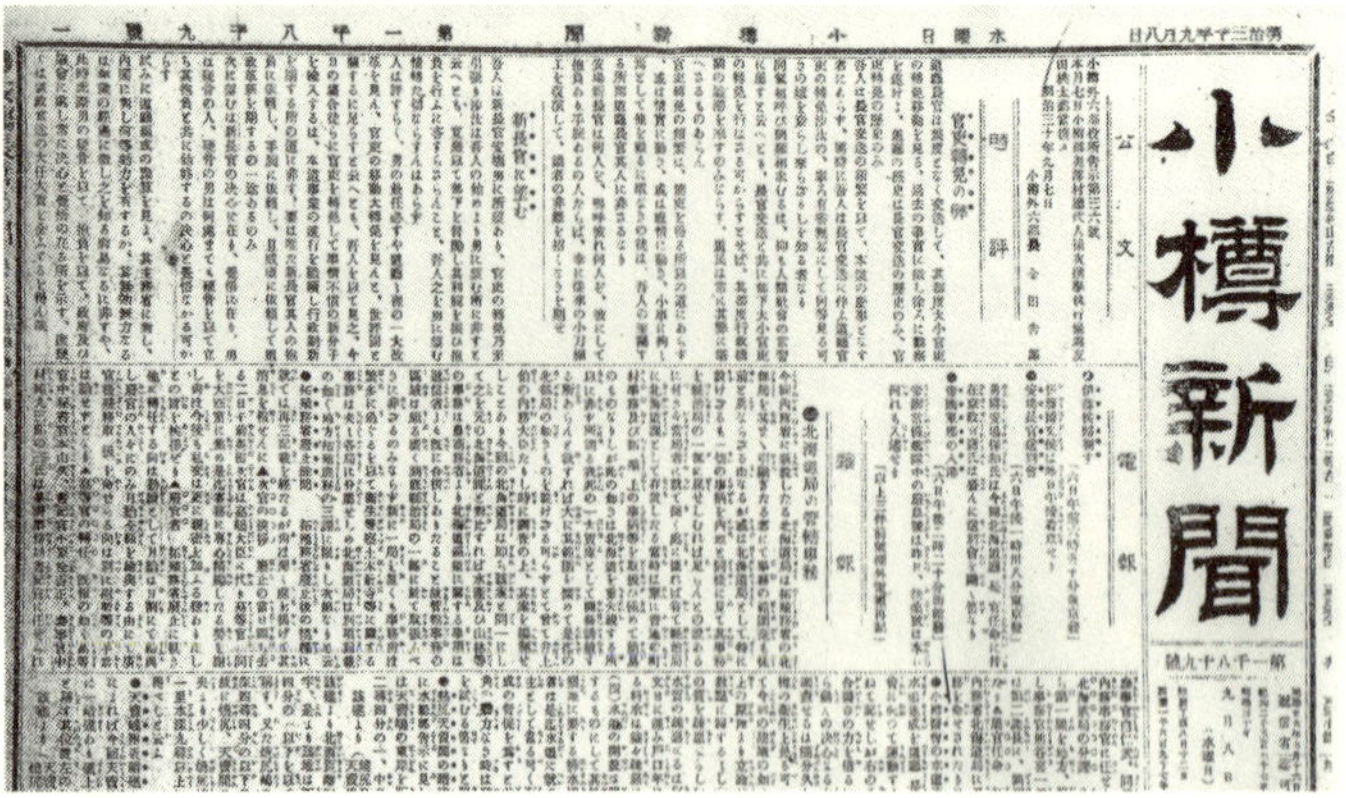
小樽新聞

らに、九月一二日付けの同紙は、

由来北海道庁の部内は長派系統の吏人を以て充たさるゝこと茲《ここ》に一〇年余の長月日に達し、岩村氏、渡邊氏、北垣氏、原氏等の長官孰れも其系統を長派に惹くこととて、薩派の系統に繋る安場長官は少なし、愈々《いよいよ》赴任と有らば根底的に庁裡の大改造を為さんは数の免《まぬか》れざる所ろ〔である〕。

〔現代語訳・要旨〕　もともと北海道庁長官の人事は長州系列の官吏が充てられるのがこの最近一〇年間の実態であり、岩村通俊初代長官を始め、渡邊千秋第三代長官、北垣国道第四代長官、原保太郎第五代長官は何れもその系列に属しており、〔これまでにも話題となった〕薩摩の系列に属する安場長官の出番は少なかったが、本当に安場氏が長官として赴任することとなれば、道庁内の根本的な改革を行うことは避けて通ることができないだろう。

と報じ、これまでの「長派」系列から「薩派」への長官人事の転換で、「庁裡の大改造」が行われることは必至と推測している。

道庁長官に任命された安場が、赴任のため札幌に向けて出発したのは明治三十（一八九七）年九月七日のことだった。安場自身は一〇月上旬に赴任のつもりであったともいわれるが(1)、任地北海道の都合で急遽出発することとなったのである。

安場が札幌に到着したのは、四日後の九月一一日午後五時過ぎのことだった。早速山形屋旅館に投宿した安場は、翌日が日曜日にも関わらず道庁に出向き、原前長官との事務引継ぎを行った。だが、彼が札幌に滞在したのはこの日を含め三日間だけで、急用のため上京することになり、九月一五日に先ず上川鉄道工事視察のために旭川に向かった。帰途は岩見沢から室蘭線に乗り換え、九月一六日に函館に到着した。午前中は函館区役所・女子高等小学校・弥生小学校などの教育施設や亀田監獄を巡り、午後は築港工事現場を視察して同夜青森に向かった。東京に着いたのは九月一八日午後である。

安場が再び札幌に帰任するのは同年一一月のことだった。一〇月中に帰札の予定だったらしいが、この頃政府部内で北海道庁官制の改正が問題となっており、その閣議決定をまって一一月一四日に帰庁した安場は、翌一五日に各部長以下の高等官・課長を招集して北海道庁官制改革の要領と施政方針を明らかにする「演達」を行った(2)。

「演達」の最初に取り上げた道庁官制改革の件では、「郡区行政ノ改良ハ保和ノ最モ力ヲ致ス所ニシテ実ニ這回《しゃかい》改革ノ主要ナルモノトス」と述べているが、それは北海道の郡の行政区画があまりにも広大で「内地ノ郡」と同じようには扱えないとして、従来の郡役所を廃止して北海道庁の出先機関となる支庁を置き、「地方経営ノ責務」を果たそうというものだった。また、機構的には土木部を新設する以外はそれ程大きな変化はなかったが、今後の事務の進め方は「部長及支庁長ノ地位ヲ進メ以テ自ラ実際ノ職責ヲ加重スル所アルヲ知ラシム」と述べ、特に部長と支庁長の役割分担については次のように明言している。

今後事業ノ拡張ニ随ヒ、或ハ部長ニ或ハ支庁長ニ漸次委任ノ条項ヲ増重シテ各其責ニ当ラシメントス、且夫レ部長ハ長官ノ腹心ニシテ支庁長ハ長官ノ手足タリ、部長ハ内ニ在テ諸般事業ノ計画ト其監督トヲ掌《と》リ、支庁長ハ外ニ在テ専《もっぱ》ラ事業ノ執行ニ任ス、内外相待テ振励セハ庶幾クハ其成功ヲ誤ラサランカ、故ニ将来諸般事業ノ実施ハ鉄道築港ノ如キ特殊ノモノヲ除クノ外成ルヘク支庁長ニ委任シテ其成績ヲ挙ケシメントス(3)。

〔現代語訳・要旨〕 今後北海道庁の事業拡大に伴って、長官の専決事項から部長や支庁長に対して徐々に委任する条項を増やし、その責任において事業を進めて行きたい。一方で部長は「長官の腹心」であり、支庁長は「長官の手足」としての働きをなすものである。部長は本庁内にあって諸般事業の計画と監督を行い、支庁長は本庁外において専ら事業の実施に当たる任務がある。このように本庁内外の協力によって事業に取り組む熱意があれば、その成功を誤ることはないだろう。故に、将来さまざまの事業を実施するには、鉄道建設や築港といった特殊なものを除いて、なるべく支庁長にその事業を委任して成績を上げるようにしたい。

道庁官制は一〇月三〇日に改正され（勅令三九二号）、一一月五日に施行されたが、この改正は「北海道の行政機構の原型をほぼ確定したもの」(4)と評価されている。長官官房の他に内務部・殖民部・財務部・警察部・鉄道部・土木部・監獄署の六部一署が置かれ、このうち殖民部は、安場が赴任する直前の同年四月に設置されたものだった。また、出先機関として開拓使時代から設置されていた全道の郡区役所はすべて廃止され、その所在地には新たに石狩支庁以下一九支庁が設置された。安場は、「長官ノ手足」となる支庁長の権限を強化するため道庁内に臨時取調委員会を設置した。そして、一一月二八日に支庁長委任事務事項を定めたが、具体的には国有未開地三〇万坪以内の処分権限などを本庁から支庁に移管するものだった(5)。

支庁はその後開発の進行によって再編・統合され、大正期以降は一四支庁となって現在にいたっている。このような点からみても、この明治三十（一八九七）年の道庁官制の改正はその後の北海道政のあり方を大きく規定するものであった。

次に施政方針では、郡区行政の規模は道庁官制の改革によってその面目を一新したので、今後は町村行政の改良を行いたいとして、「区制及町村制ハ既ニ制定公布を経ルアリ、徐《おもむ》ロニ地方ノ状況ヲ察シ適当ナル程度ニ於テ漸次之カ実施ヲ勉ムヘシ、警察及教育ノ事務モ亦《ま》タ地方ノ発達ニ応シ各適当ノ措置ヲ為サントス」[6]と述べている。しかし、安場が最も力を入れようとしたのは、いうまでもなく北海道拓殖事業の推進だった。そのためには、岩村通俊初代北海道庁長官以来の、開発の前提となる基盤整備を中心とする「間接保護」政策の継続が何よりも求められていた。安場はこの問題について次のように述べている。

諸般ノ拓殖事業ハ充分ノ調査ヲ遂ゲ其将来ニ施設スヘキ大規模ヲ確立セントス、蓋《けだ》シ拓殖ノ手段ハ固ヨリ一端ナラスト雖《いえ》ドモ其最モ主要ナルモノヲ挙クレハ鉄道施設、港湾修築、道路開鑿《かいさく》、原野排水ノ四トス、客年政府ハ本道第一期鉄道敷設及小樽港修築ノ議ヲ容《い》レ、議会ノ協賛ヲ経テ既ニ之カ実施ニ着手セリ、故ニ本道拓殖ノ最要手段タル鉄道港湾ノ二者ハ今ヤ其緒ニ就《つ》キタリト謂《い》フヘシ、然《しか》レドモ道路ヲ開キテ之ト聯絡《れんらく》スルニアラサレハ未《いま》タ以テ内部ノ交通ヲ完フスル能《あた》ハス、排水ヲ行ヒ卑湿〔の地〕ヲ乾涸スルニアラサレハ未タ以テ移民ヲ待ツニ足ラサルナリ、是故ニ今日ノ計タル益々進テ道路排水等ニ係ル大計画ヲ立テ、以テ拓殖ノ基礎ヲ確立セサルヘカラス、而シテ其既定事業タル鉄道築港モ亦《ま》タ財政ノ許ス限リ継続年限ノ短縮ヲ図《はか》リ、以テ該事業ノ速成ヲ期セントス[7]。

〔現代語訳・要旨〕　さまざまの開拓事業は、十分な調査の上に立って将来実施すべき事業の規模を確立しなければならない。何故ならば、拓殖の手段はもとより一端ではないが、その最も主要なものを挙げれば、鉄道の建設・港湾の修築・道路の開削・原野の排水の四事業である。昨年政府は、北海道の第一期鉄道建設と小樽港の修築という要望を受け入れ、帝国議会の議をへて既にこの実施に着手している。したがって、北海道拓殖の最重要手段である鉄道と港湾という二事業については、既にそれに着手している。しかしながら、道路を開削してこれらの事業と連絡させなければ、依然として北海道内部の交通体系を完成させることはできない。原野の排水を行って湿地帯を乾燥させなければ、移民を受け入れることはできない。この故に、今日の計画としては、益益もって道路開削と原野の排水などに関係した大計画を立てて、拓殖事業の基礎を確立しなければならない。それから、既に決定した事業である鉄道と港湾の建設についても、財政のゆるす限り実施年限の短縮を図り、これらの事業の早期完成を期すべきである。

このように安場は、拓殖を推進する基礎事業として「道路排水等に係る大計画」を立てると共に、既に着手した鉄道建設と港湾整備にも力を注ぐことを表明している。

この「演達」を行った以後の安場の行動を簡単に紹介しておくと、一一月一六日から一九日にかけては上川地方を巡視し、一二月上旬には札幌及び石狩、一二月五日から六日にかけては小樽を巡視した。一二月一二日には札幌の豊平館で安場の長官就任を祝う新任披露宴が行われ、同一六日には早くも貴族院議員及び政府委員として第一一帝国議会に出席のため上京している。安場が再び札幌に帰着するのは、年が明けた明治三十一（一八九八）年三月下旬のことである。そして、五月四日には臨時議会開催のために上京し、六月二八日には大隈内閣が成立したことから安場は長官辞任の意思を固め、七月六日に辞職した。

安場長官と北海道区制の施行問題

安場の福島県令時代や愛知県令時代の事績には必ず行政区画の改正が挙げられているように(8)、彼はもともと地方制度の改革に関心が強かったようだ。そのことは、安場の道庁長官としての施政方針の中で、真っ先に「郡区行政の規模は、這回更革を以て、稍々《やや》其面目を一新せり」(9)と述べていることからも明らかだろう。

さて、安場が赴任した当時の北海道は、自治行政の面で本州の各府県と比べて大きな格差があった（**表9—1**）。すなわち府県においては、明治十一（一八七八）年の「郡区町村編成法」・「府県会規則」・「地方税規則」のいわゆる地方制度三新法、明治二十（一八八八）一年の市制・町村制、翌二十二（一八八九）年の大日本帝国憲法の発布・「衆議院議員選挙法」の公布、そして明治二十三（一八九〇）年の帝国議会開設を経て、地方自治や参政権が次第に整えられていったが、北海道と沖縄県、それに小笠原諸島などの島嶼《とうしょ》地域にはこれらの規則・法律は適用されず（北海道には三新法の一部が適用されたにすぎない）、いわば明治憲法体制外の地域であった。市制・町村制でいえば、市制については北海道を除くという

表9―1　本州・北海道・沖縄の制度的格差

制　度	府　県	北海道	沖　縄
廃藩置県	明治 4年	明治 2年　開拓使設置 明治 4年　館県設置 明治15年　札幌県・函館県・根室県設置 明治19年　北海道庁設置	明治 5年　琉球藩設置 明治12年　沖縄県設置
府県制施行	明治24年	明治34年　北海道会設立 大正11年　北海道会に参事会設置	明治42年　特別県制施行 大正 9年　沖縄県会に参事会設置
市町村制施行	明治22年	明治32年　区制（函館・札幌・小樽） 明治33年　1級町村制 明治35年　2級町村制 大正11年　市制 明治18年　指定町村制（1・2級町村制廃止）	明治29年　区制（那覇・首里） 明治41年　沖縄県及島嶼《とうしょ》町村制 大正 9年　町村制 大正10年　市制
衆議院議員選挙法施行	明治23年	明治35年　函館・札幌・小樽 明治37年　全道	明治45年　全県（宮古・八重山両郡をのぞく） 大正 8年　宮古・八重山両郡
貴族院多額納税者議員選出	明治23年	大正 7年	大正 7年
徴兵制施行	明治 6年	明治22年　函館・江差・福山 明治29年　渡島・胆振・後志・石狩4国 明治31年　全道	明治31年　全県（宮古・八重山両郡をのぞく） 明治35年　宮古・八重山両郡
地租改正施行	明治 6年	明治10年　北海道地券発行条例	明治32年　沖縄県土地整理法

桑原真人『戦前期北海道の社会経済史的研究』による。

規定は無かったが内務大臣の指定がなされなかった。町村制については、第一三二条に「此法律ハ北海道、沖縄県其他勅令ヲ以テ指定スル島嶼ニ之ヲ施行セス別ニ勅令ヲ以テ其制ヲ定ム」とあり、また、「衆議院議員選挙法」第一一一条には、「北海道沖縄県及小笠原島ニ於テハ将来一般ノ地方制度ヲ準行スルノ時ニ至ルマテ此ノ法律ヲ施行セス」とあって、明治二十（一八八七）年代にはこれらの施行は全く実現しなかった(10)。

このような政治的無権利状態に不満を持った北海道と沖縄県では、明治二十三（一八九〇）年の帝国議会開設をきっかけに地方議会の開設や衆議院議員の選出を求める声が強まった。北海道では、第一議会から第五議会の開催にあわせて請願運動がおこなわれた。北海道議会開設運動と呼ばれるこの運動の担い手は、都市的発展が著しかった函館を筆頭に、札幌や小樽に在住する豪商・中堅商人・都市インテリ層であったが、この三地区は運動方針などでその立場が微妙に異なっていた。例えば第一議会における請願では、函館の有志が独自の権限を持つ植民議会を構想していたのに対し、札幌は地方議会の設置と国会議員の選出、小樽は札幌の要求に加えて特別自治制の施行を希望していたが(11)、こうした三地域の請願内容の違いには、それぞれの地域の発展状況が反映されていた。

このような請願を受けた明治政府は、函館や小樽に一定の市街地形成を認めながらも、北海道全体としては未だ町村の基盤が脆弱で地域社会が安定的とはいえず、早期の町村制の施行や北海道議会の設置には否定的であった(12)。明治二十七（一八九四）年五月には、前年に北海道を巡視した内務大臣井上馨「北海道ニ関スル意見書」が出されたが、そこでも北海道の地方制度については、「本道地方組織ハ固ヨリ其ノ改正ヲ要スルモノ之《こ》レナキニアラス、然レトモ大体ニ於テ未タ他府県同一ノ制度ヲ画一ニ適施シ得ルノ時期ニ達セス」(13)と述べていた。

井上の意見書を基礎にして政府の北海道に対する施政方針が決定されたが、その内容はなかなか公表されなかった。政府の方針の中で地方自治制に関する部分は、明治二十五(一八九二)年から明治二十九(一八九六)年まで第四代道庁長官を務めた北垣国道の意見が反映されていたらしい。道庁長官から新設の拓殖務省次官に転出後の明治二十九年八月、北垣は北海道の地方自治制のあるべき姿について、「自治制を若《し》かんと欲せば、自ら其制度に階級を設くるの要あり。即ち、資力豊富なるものを以て市となし、之《これ》に亜《つ》ぐを一級町村とし、資力薄弱なるも部落の形体を具《そな》ふるものを二級町村となし、各資力に相当するの制度に拠らしめざるべからず」(14)と述べている。井上や北垣は、北海道に施行すべき地方制度は全道一様のものではなく、市街形成の著しい地域のほかは、開拓の進行状況に対応して二種類に区別した制度の適用を考えていたのである。

明治二十九年四月、拓殖務省が新設され、北海道は内務省から離れて台湾と共にその所轄となった。そして、市町村制の北海道版として施行すべき地方制度(政府内部では「下級自治制」もしくは「特別自治制」と称していた)が勅令第一五八号「北海道区制」・勅令第一五九号「北海道一級町村制」・勅令第一六〇号「北海道二級町村制」として公布されたのは明治三十(一八九七)年五月二五日であった。本州の市制にあたる区制は同年一〇月一日から、同じく町村制にあたる一級町村制は翌明治三十一(一八九八)年一月一日から施行される予定であった。この北海道区制は全七章・一〇五条から成り、一・二級町村制もほぼ同じ構成であったが、この区制にはモデルが存在した。それは前年の明治二十九年沖縄県に公布された「沖縄県区制」であり、両者はほとんど同じ内容であった(15)。

北海道区制は、区が法人格を持つものと規定したが、同時に道庁の末端機構に位置づけられていた。二十五歳以上の男性で三年以上区内に居住し、区税と地租税五〇銭または直接国税二円五〇銭以上を納める者が公民として区会議員の選挙権を持っていた。しかし、区会には市制に規定された参事会が設置されず、事実上道庁が任命する区長を中心とする行政執行機関が強い権限を持っていた。したがって、自治制と呼ぶには程遠いものがあった(16)。このため、公布予定の北海道区制案は住民の自治権が薄弱であるとして函館では独自に市制施行運動が行われ、明治三十(一八九七)年二月には帝国議会への請願も行われている。安場の赴任する四カ月ほど前のことである。

北海道区制の公布に際して、政府は札幌・小樽・函館に区制を施行する考えであったから、札幌では区制施行が確実であるとしてその準備を開始していた。ところが第六代道庁長官に就任した安場が事務引継ぎのため札幌に着いた翌朝の明治三十年九月一二日朝、宿舎の山形屋を訪れた小樽新聞記者は、安場から「北海道区制は無期延期となれるものゝ如し」(17)という予想外の感触を得た。この時安場は、次のように述べたという。「勅令に定められたる区制実施期の目前に迫まれることゝて、官民共にお祭り騒ぎをなして準備に忙はしき由なれども余は一向感服せず、元来自治体は精神的結合の鞏《きょう》固《こ》を最も必要とす、形式的遣方にては自治の効果を収めんこと思ひもよらず、内地市町村制の失敗歴々鑑むべきにあらずや、今日迄未だ内務省の公電に接せざれども滞京庁吏の内報によれば、一先づ実施の延期の勅令を発布することゝなり居れば、昨日（一二日）か或は明日（一三日）頃の官報に掲示さるべく、而して其期限は無期限の筈なり」(18)。

この発言にみられるように、安場は既に施行されている「内地市町村制」は「失敗」との立場から、その延長にある北海道区制施行に反対の考えを持っており、このことは、既に北海道に向かう直前に政府と打ち合わせ済であったらしい。結局、北海道区制施行延期の件は内務省が九月一一日付け省令第二五号を出して確定した(19)。このようにして北海道区制の施行は無期延期となったが、札幌と函館ではこのことについての評価が大きく分かれた。

まず道都を自負する札幌では、明治二十八（一八九五）年頃から新しい札幌区への編入をめぐってその境界となる地域で土地ブームがおこり、初代札幌区長の人選に絡む噂が飛び交うなど、どちらかといえば官民共に区制施行を歓迎する声が強かった。これにたいして函館では、開拓使官有物払下げ事件以来の政治運動の伝統を持つ市民の間には自治意識が強く、市制に比べて市民の権利に制限の多い区制には批判的であった。したがって、安場の区制施行延期の方針は函館の市民には好意的な目で迎えられた。安場はなぜ北海道区制の施行に反対したのだろうか。明治三十一（一八九八）年三月、在京中の安場は訪問客に次のように述べている。

昨年発布したる北海道区制及び町村制は今日の北海道進歩の度に照らし甚だ不完全なる制度なるのみならず、代議機関たる区会の議長は官選区長之《これ》に当り、区吏員は悉《ことごとく》皆長官の進退するものなるに拘《かか》はらず其俸給旅費等は悉皆区に於て負担せしむるが如き不都合あり、旁々《かたがた》以て予が就任早々無期延期をなさしめたる訳なるが、元来予は内地に施行し居る外国雛形の模擬的自治制にも甚だ感服せさるものなり、本邦には本邦丈《だ》けの習慣あるが故に今度北海道に施行せんとする市制及町村制は内地の自治制度中不都合なる点を改良したる立派なるものを施かんとするにあり、而して其の施行期も最初成るへく本年中にしたしとの考へなりしも、夫《それ》に就ては尚ほ諸般周密の調査を要すべきこともあり、所詮本年中は六ケしからんが、明年四月一日より施行するものと定め置かば大丈夫ならんと思ふ云々(20)。

このように、北海道に施行する予定の地方制度は「今日の北海道進歩の度に照らし甚だ不完全なる制度」であり、代議機関たる区会の自治にも大きな制約があったことが指摘されている。北海道に施行すべき地方制度の具体像を安場がどのように考えていたのかは、後任の杉田定一長官への引継書に次のように記されている。

区制ハ三十年十月一日ヨリ、一級町村制ハ三十一年一月一日ヨリ施行ノ期ト定メラレシカ、恰《あたか》モ本官拝命ノ折柄ニシテ、赴任以来聊《いささ》カ見ル所アリ。三制度トモ実施延期ヲ上申シ、三十年九月十一日内務省令第二十五号ヲ以テ延期セラレタリ。

爾来各地民度風俗財産戸口等ノ調査ヲ遂ケ、之レカ施行ノ箇所区域ヲ定メ、即チ函館、札幌、小樽ノ三箇所ヲ以テ区制施行ノ地ト仮定シ、又一級二級町村制ノ等級ヲ廃シ単ニ町村制トナシ、施行見込地トシテハ亀田郡大野村〔中略〕網走郡北見町ノ十九箇町村トシ、其他ノ町村ニ対シテハ極メテ簡易適切ナル規程ヲ設ケ、民度増進町村経済ノ発達ニ伴ヒ、漸次町村制施行区域内ニ誘ハントスルノ計画ナリ。〔中略〕而シテ其ノ実施ノ期ハ去ル明治三十二年四月一日ヲ以テスルノ見込ナルニ依リ、現ニ諸般ノ準備ニ着手セシメツヽアリ(21)。

この「引継書」の内容からみると、安場は北海道に施行すべき地方制度を北海道区制と一級・二級の区分を廃止した町村制に大別し、それ以下の地域には、「簡易適切ナル規程」による制度を敷く考えであったと思われる。町村制の等級を廃止しようとした点は、本州の町村制に近似したものといえるかもしれない。

だが、北海道で実際に施行された市町村制は安場の意図とは異なっていた。まず明治三十二(一八九九)年一〇月一日、三十(一八九七)年区制が改正され、本州の市制により近いといわれる「北海道区制」が函館・札幌・小樽に施行された。明治三十三(一九〇〇)年七月には三十年の「北海道一級町村制」が大幅に改正されて亀田郡大野村など一六町村に、そして同三十五(一九〇二)年四月には、同じく全文改正された「北海道二級町村制」が石狩郡石狩町など六二町村にそれぞれ施行された。しかし、これら北海道に施行された地方制度は本州のそれに比べ依然として官治主義に貫かれており、北海道区制の場合、これが廃止されて市制が施行されるのは大正十一(一九二二)年のことだった。

二　安場長官と北海道炭礦鉄道会社

安場長官と小樽港の埋立て問題

近世まで小樽内場所と呼ばれ一漁村に過ぎなかった小樽は、函館・室蘭と並ぶ天然の良港であることに加え、明治十三（一八八〇）年以降は幌内《ほろない》鉄道の起点になったことから、北海道における港湾・商業・交通の要衝として急速に発展を遂げた。北海道庁が設置された明治十九（一八八六）年の人口は三三八〇戸・一万五八八一二人だったが、一〇年後の明治二十九（一八九六）年には一万四四一二戸・五万七〇一七人に急増した。このような人口の急激な増加によって市街地面積は拡大の一途を辿り、個人的に小樽港内の埋立てを行うといった弊害も現れたので、早くも開拓使時代の明治十四（一八八一）年に「小樽港海面埋立地仮規則」が制定されている(22)。

明治十九（一八八六）年の北海道庁設置と共に初代長官となった岩村通俊《みちとし》は、小樽港内の海岸埋立ては公共的な側面が強く個人的事業として行うべきではないとの立場であった。明治二十五（一八九二）年七月道庁長官に就任した北垣国道は、小樽港の埋立て地が波浪のため相次いで破損する実態を知り、小樽港修築のためには詳細な基礎調査が必要であると指摘した。その後日清戦争の影響などもあって道庁による調査は必ずしも進展をみなかったが、同二十九（一八九六）年には地元有志による小樽築港期成会と水道期成同盟会が設立された。

明治二十二（一八八九）年一一月、それまで官営だった幌内炭鉱と輸送手段である幌内鉄道の払下げを受けて設立された北海道炭礦鉄道会社（以下、北炭と略記）は、鉄道の起点となる小樽・手宮《てみや》停車場付近の鉄道用地を拡張のため埋立てを申請し、同二十四（一八九一）年から工事に着手して翌年に完成した。同社は更に明治二十九（一八九六）年、手宮停車場の荷捌きと貯炭用地に使用する目的で手宮町三四番地付近の埋立てを申請した。これに対し小樽外六郡長金田吉郎《よしろう》は、公益上の支障の有無について小樽の総代人会に諮問した。総代人会は臨時総代人会を開き、同年四月、築港も出来ないうちにもっとも小船の利用の多いこの地域の埋立てを行うことは、小樽港の将来に重大な影響を及ぼすとして反対の答申を行った。さらに金田郡長は、小樽港海面埋立事業調査委員会にも諮問を行ったが、やはり同様の答申であった(23)。

このように小樽の住民は北炭の埋立てに批判的だったが、こうした地元の意向を受けて、原道庁長官は北炭の申請を保留する態度を示し、安場長官もそれを原則的に支持した。明治三十（一八九七）年一一月五日付け『小樽新聞』は、「時評」欄で小樽港の埋立て問題について次のように述べている。

炭礦《たんこう》会社の一たび小樽海面埋立願書を提出してより、頓《とみ》に港内の物議を喚起し、有りと有ゆる公共団は進んで之か利害を研究せさるなく、結局輿論《よろん》は同会社の埋立を非認するに一致し、願書の成行を確めて一と運動を試むるを辞せさらんとす、若《も》し夫《そ》れ港民の輿論に問ひ、埋立問題を処分せんとならは、炭礦の希望は到底成立す可くもあらし、然れとも海面埋立の拒否は固と行政官庁の自決し得る所にして、官庁一箇の所見に依り何れとも左右す可《べ》けれは、港民か此際全力を挙

けて予め官庁に当り、其意向を確むると共に自らの所見を具陳《ぐちん》し置くこと亦《また》其必要を失はさらん、

〔現代語訳・要旨〕北海道炭礦鉄道会社が小樽港の海面埋立事業に関する願書を提出して以来、にわかに小樽港関係者の世評を喚起して、ありとあらゆる公共の関係者は進んでこの埋立に伴う利害を研究しないものはない。結局世論は、北炭の港内埋立を否認することで意見が一致し、北炭の願書の成り行きを確認してから一運動試みることを辞退しようとしている。もしも、港湾関係者の意見を確認して埋立問題を処理しようとするならば、北炭側の希望は到底実現することはないだろう。しかしながら、港内の海面埋立の諾否はもともと行政官庁の側に決定権があり、官庁自身の意見によってどのようにでも左右することができるのだから、港湾関係者はこの際全力を挙げてあらかじめ役所と折衝してその意向を確認すると共に、自らの意見を詳しく述べておくこともまたその必要性があろう。

また、同年一二月二日付けの『小樽新聞』は「小樽港埋立と北海道毎日」と題する記事の中で、「昨日の札幌毎日は当港埋立の許否に付き安場長官は前長官方針と変ることなく濫《みだ》りに之を許さすとの記事を掲げたるか、無論埋立は誰人が長官と為るとも濫りに之を許す可きに非さるは云ふ迄もなき事なれど、安場長官が果して原前長官と同一意見を抱き居るや否《いな》やに就《つい》ては本紙前号に掲《かか》ぐる如く決して原前長官と同一方針を執る者に非さる事は明なる事実にて、或ひは次第に因り許可の意見を抱き居る

ことは稍や疑なき者の如しと聞く」と報じ、安場の姿勢にやや懐疑的であった。しかし、その直後の一二月四日に小樽を訪れた安場は、翌五日に魁陽亭《かいようてい》で開かれた地元有志による招待会の席上、小樽に対する経営策を次のように述べた。

小樽の今日ある蓋し港湾に依りてなり、将来小樽の盛衰復《ま》た此港湾に頼らずんばあらず、去れば小樽の始終研究すべき問題は陸にあらずして海にあり、港湾の経営豈《あに》一大問題ならずとせんや、余の初めて小樽を見しは明治十七年なりき、爾来十四年其進歩の著るしきは実に驚くべきものあり、今後上川鉄道の延長して殖民鉄道の敷設熟せば海陸関門たる小樽の進歩予想の外に出てん、而してこの進歩に供ふべき小樽の港湾、焉《いずくん》そ忽諸に附すべけんや、今にして学識技術兼備の技師を聘《へい》して充分なる調査を遂げ、将来に応する百年の大計を画さゞるべからず、夫れ横浜野蒜《のびる》の如き世人の知る如き失敗に終れり、大坂の如き想ふに数年の後は規模狭少の嘆を発するに至らん、畢竟《ひっきょう》するに前者は調査の不完全に帰し、後者又た逐に同一の誹りを免れさらんとす、小樽港民豈に前者の覆轍《ふくてつ》を履《ふ》まんや、要するに地方の利害は直接に地方人士の頭上に関す故に其利害を講究するや深し、想ふに此際小樽にも港湾調査会を設け、官民相共に助けて十全なる調査を遂《と》くるを急務なりと信ず、之に依つて道庁にては既に小樽及び函館に港湾調査会を設くに決し、其組織に就き着々準備中なれば不日公示するに至るべし〔中略〕而して目下小樽の一大問題となり居る埋立の件は炭礦鉄道会社外二三の出願者あれど、前述の如く港湾調査会の設立の計画ある今日其調査を俟《ま》つて初めて決定すべきものなれば、断じて濫りに許可を与へじ、小樽港民は安心して可なり(24)。

〔現代語訳・要旨〕　小樽が今日のような発展を遂げているのは、おそらくは小樽港の存在するおかげである。将来の小樽の盛衰もまた、この小樽港に頼らなければならない。そうであるならば、小樽が常に研究しなければならない問題は、陸ではなく海に存在する。港湾の経営という課題を、どうして一大問題ではないとすることができようか。私が初めて小樽を見たのは明治十七〔一八八四〕年のことだったが、それ以来一四年の間に小樽の発展の著しいのには実に驚くべきものがある。これから上川鉄道が延長して殖民鉄道の建設機運が熟するならば、海陸の関門である小樽の進歩は予想外のものがあろう。しかしてこのような進歩に対応すべき小樽港の問題をどうして等閑にすることができようか。今にして学識と技術を兼備した技師を招いて十分な調査を行い、将来に対応すべき百年の大計を立てるべきである。そもそも横浜港や野蒜港の場合は世間で知られるように失敗に終わっている。

大阪港の場合は、数年後には港湾の規模が狭いといって関係者は嘆くことだろう。結局のところ、前者は調査が不完全なためであり、後者もまた同一の非難を逃れることはできない。小樽港の関係者は、こうした失敗の前例を繰り返すべきではない。要するに、地方の利害は直接的に地方関係者の頭上にあるのだから、その利害を深く研究すべきである。この際小樽でも港湾調査会を設置し、官民が共に助け合って十分な調査を行うことが急務であると考える。これによって道庁では、既に小樽および函館に港湾調査会を設置することに決定し、その構成について着々と準備中であるので、近いうちに公にされるだろう。（中略）それから現在の小樽で一大問題となっている小樽港の海面埋立の件は、北海道炭礦鉄道会社の他に二、三の出願者があるが、前述のように港湾調査会設立の計画がある現在、その調査結果をまって初めて決定すべきものであるから、決してみだりに埋立の許可は与えないので小樽市民は安心して良い。

こうした安場の発言を受けて、同席した総代人の鈴木市次郎は、「埋立に就《つい》て他人の計画なりとて一も二もなく反対するものにあらす、要は従来の埋立を見るに皆な利己主義に出て工事頗《すこ》ふる不完全にして其利益は内地に持ち帰り、其の害は常に小樽に遺《のこ》せり、之《こ》れ港民の戒めて以て埋立に反対する所以なり」と地元小樽の立場を明らかにしたが、安場は「今日軽々に許可せされは安心せよ」と「繰返して固く約束」したという[25]。

かくして明治三十（一八九七）年一二月二一日、「小樽港ニ対シ施設セントスル諸般ノ調査ヲナサシムル」ことを目的とする小樽港調査委員会が設置された。委員会は一五名以内で構成されていたが、そのメンバーには坂本俊健《としたけ》（道庁事務官・委員長）以下、山崎忠門・田辺朔朗《さくろう》（技師）・広井勇（技師）・高岡直吉（道庁小樽支庁長）・宮沢磯ノ助（道庁属）といった道庁関係者と共に、山田吉兵衛・渡辺兵四郎・船《ふな》樹《き》忠郎《ちゅうろう》・金子元三郎・高野源之助・高橋直治・鈴木市次郎などの地元小樽の有力者が含まれていた[26]。

このように安場は、北海道の拓殖にとって重要な位置にある小樽港と函館港の経営を公正な立場から進めるため地元有識者や技術者からなる港湾調査会を設置し、その調査をまって埋立事業の是非を判断しようとしたのである。したがって、「〔小樽港の埋立て〕問題が生じたのは一八九六〔明治二十九〕年、安場長官時代からのことで、安場長官と後任杉田長官は、いずれとも決断を下さず園田長官に引き継いだ」(27)という評価は適切ではない。また、安場が道庁長官に赴任したのは翌明治三十年(一八九七)のことである。

安場が小樽港の埋立て問題は小樽港調査委員会の調査結果に基づいて処理するという方針を明確にしたため、北炭の出願は凍結されることとなった。その後明治三十一(一八九八)年一一月、第八代長官に就任して辣腕《らつわん》を揮《ふる》うことになる園田安賢は、井上角五郎北炭専務の陳情を受けて小樽港調査会の調査を急がせ、北炭に対し小樽港の埋立てを秘密裏に許可しようとした。このことを知った小樽市民は激しく反発し、後に「利権行政を阻止した自治的運動」(28)と評価される市民運動が大々的に展開され、北炭の計画は一旦阻止された(29)。

安場長官の更迭運動と退任

明治三十一年一月一二日、衆議院が解散して第二次松方内閣が総辞職し、新に第三次伊藤内閣が成立した。こうした中央政界の政変にあわせて、北海道側では早くも安場長官の進退に関する記事が『小樽新聞』や『北海道毎日新聞』の紙面をにぎわすようになり(30)、これに対して、逆に札幌市民有志による安場長官の留任請願運動が起きたことが報じられている(31)。

このような中で二月二八日の『読売新聞』は、「安場北海道長官更迭の運動」と題する長文の記事を載せた。

安場北海道長官ハ新内閣の組織せられし当時更迭《こうてつ》せしめらるゝやの噂あり、夫が為め本道の有力者間ハ連署して芳川内務大臣に安場長官留任の議を請願し、当局者も安場長官を更迭せしむるの意思なき旨を明言したる由なるが、聞く所によれバ此頃北海道炭礦鉄道会社ハ安場長官排斥運動を為し、井上理事等より井上大蔵、芳川内務の両大臣に向《むかい》て運動する所あり、為に安場長官の進退ハ一昨々日の内閣会議にも上りたりと云ふ、今炭礦会社が長官排斥の運動を為すに至りたる事情を聞くに、安場氏ハ赴任以来非常の抱負を以て全道拓殖の計画を立て先頃其筋に上申したりしが、其計画意見中にハ炭礦鉄道会社の敷設に係る小樽より上川までの鉄道線路を政府に買上ぐるか、若《もし》くハ官線として別に之を敷設せざるべからずとの案を立てたる由にて、長官の意見によれバ小樽上川間の鉄道ハ北海全道の幹線にして、他の官設支線より小樽表に貨物を出すにハ是非共本幹線を通過せざるべからず、故に本線ハ交通機関の大動脈となるべきものなるに、炭礦会社にてハ採炭部と鉄道部との営業を全然区別すべき当初の規約なるにも係はらず、今ハ之を混同し、同会社の炭礦ハ一噸《トン》一哩《マイル》一銭二厘にて輸送するに引換へて、他の夕張炭、クリキ炭を始め其他炭礦会社以外の採炭ハ一哩二銭の運賃を徴収するのみならず、上川以北の地方より小樽表に輸送する農産物ハ同会社が年々国庫補助の支給を受くるの特典に対し無賃運送の義務あるに、今や同鉄道は農産物にも運賃を課するに至る等、全道の交通便利ハ之が為に妨害せらるゝのみならず、炭礦会社以外の採炭業者ハ高価の運賃を課せらるゝより、市場に於ける石炭の欠乏を傍観しながら採炭を中止するの有様なるより、北海道の採炭事業も之が為に妨害せられ、遂に全道の拓殖にも影響する所あるべしとて、さてハ前記の如く官線の計画を立てたりしに、炭礦会社にてハ会社の利益に非常の影響を蒙るべきを以《も》ッて茲《ここ》に長官排斥の運動を初めたるものなりと云ふ、伊藤首相ハ未だ意見を決定せざる由なるも、此の如く会社の利益を計るが為長官の更迭を見るが如きことあらバ其れこそ全道の消長にも関することなれバ、北海道の人民ハ決して之を黙過せざる可《べ》しと同地の某有力者ハ話れり。

この記事の趣旨は、北炭が経営する小樽・上川（正しくは空知太《そらちぶと》）間の鉄道は北海道の拓殖を進める上で必要不可欠であり、且つ「北海全道の幹線」であるとの認識から、安場がその買収案もしくは平行線の建設を意図したことに反発した北炭が、政府首脳部に陳情して安場の排斥運動を起こそうとしているというものである。かつて福岡県知事時代に九州鉄道会社の創設に関わった安場にとって、北炭が公共的輸送機関としての使命を持つ鉄道の恣意的経営を行っていることへの批判的視点を持ち合わせていたことは想像に難くない。それは、小樽港埋立て問題に際しての北炭の強引な申請に対する批判にも共通するものだった。

この報道を受けて三月四日付け『小樽新聞』（図9―2）は、「時評」欄で「炭礦運動」問題を取り上

図9—2　安場長官の更迭運動を報じた『小樽新聞』(明治31年3月4日)

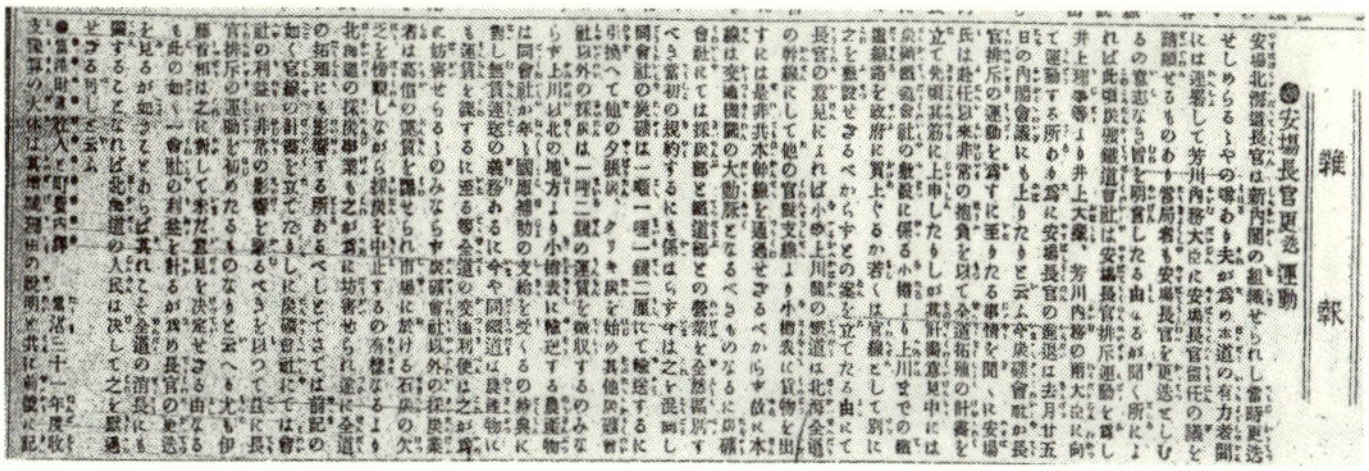

雑報

●安場長官更迭運動

安場北海道長官は新内閣の組織せられし當時更迭せしめらるゝやの噂ありしが為め本道の有力者間には運動して芳川内務大臣に安場長官留任の議を請願せるものあり當局者も安場長官を更迭せしむるの意志なき旨を明言したる由なるが聞く所によれば此頃炭礦鐵道會社は安場長官排斥運動を起し井上理事等より井上大藏、芳川内務の両大臣に向て運動する所ありし為に安場長官の更迭は去月廿五日の内閣會議にも上りたりと云ふ今炭礦會社が長官排斥の運動を為すに至りたる事情を聞くに安場氏は赴任以来非常の抱負を以て本道拓殖の計畫を立て先頃其筋に上申したりしが其計畫意見中には炭礦鐵道會社の敷設に係る小樽より上川までの鐵道線路を政府に買上ぐるか若くは官線として別に之を敷設せざるべからずとの案を立てたる由にて長官の意見によれば小樽上川間の鐵道は北海全道の幹線にして他の官設支線より小樽表に貨物を出すには是非共本幹線を通過せざるべからず故に本線は交通機關の大動脈となるべきものなるに……

げ、「炭礦会社或る意味の為めに、安場長官の更迭運動に着手せりとの一報、事実果して信を措くに足る可《べ》くんは、頗《すこぶ》る面白し」との書き出しで、北炭が安場長官の更迭運動を開始した背景について触れている。そして、「営利に抜目なき炭礦の躍起運動左もありならん、然《しか》れとも炭礦か僅か自箇の利害の為めに公然長官を排斥し、政府に向《むかい》て迫《せま》る所あらんとするは暴にあらすや、公私を混同し順序を転倒するの甚しきものならすや、説者は曰《いわ》く、炭礦は政府部内に隠然の勢力を有す、不利益なる長官の言議を打破し乃至《ないし》進退を左右する容易のみと、事実の如何は知らすと云へども、吾人は一私会社の私益を保護せん為めに、政府が軽々地方長官の進退を左右するか如き妄断を為すは、道理上之《これ》ある可《べ》からさるを信する者なり」と述べ、安場長官の更迭が軽々しく行われてはならないと強調した。さらに同紙の「雑報」欄には、前記の『読売新聞』の記事が「安場長官更迭運動」と改題してほぼそのままの形で載せられている。

そもそも明治二十二（一八八九）年一一月、官営の幌内炭鉱と幌内鉄道を合わせて三五万二三一八円という極めて安い価格で払い下げを受けて発足した北炭は、払い下げ代金の大半を一〇カ年々賦《ねんぷ》で支払うという好条件に加え、鉄道用地に対する国税免除・敷設工事竣工まで株金払い込み額に対して年五朱の利子補給を受けること・幌内炭鉱での囚人労働力の使用許可といった特典の代償として、農産物輸送は規定運賃の半額とし、官の保証する北海道移民は無賃で輸送する義務があった(32)。前掲の『読売新聞』の記事は、農産物輸送に関してはやや誤解があるように思われる。しかし、北炭が室蘭線などを自ら経営する幌内炭鉱や夕張炭鉱の石炭輸送のためほぼ独占的に使用できたことは、同社の鉄道が国有化される明治三十九(一九〇六)年までの間、三井や三菱、住友といった財閥系炭鉱資本の石狩炭田への進出を阻止する役割を果たしたのである。ここに報じられた北炭の安場長官排斥運動が、現実にどの程度の影響力を発揮したかは定かではない。しかし、小樽港埋立て問題などもあって、北炭にとっては必ずしも歓迎すべき長官でなかったことは事実だろう。

安場が道庁長官辞職を決断する直接のきっかけは、明治三十一(一八九八)年六月三〇日の第一次大隈内閣の成立であった。同日の『小樽新聞』は、「内閣更迭に付き安場長官は近々の内辞表を提出す可《べ》しとの事なるが、之が為め昨来道庁部内の動揺は尠《すく》なからさりし」と報じ、七月六日の同紙には、安場が辞表を提出した理由についての本人の「直話」が次のように紹介されている。

余は昨冬松方内閣の瓦解せし時に辞職の決意を為したるも、朝野の政友知己より懇切なる忠言を受け、且つ其後に興りたる伊藤内閣も余の元来の流儀に於《おい》てこそ大に相異なる所あれ北海経営策に至りては大体の方針別に異なる所を見ず、此に於て姑《しばら》く伊藤内閣の下に留任せしかども、今回の新内閣に至りては其主義方針実に根底より全く相反する者なるが故に辞表を提出せし次第なり。

〔現代語訳・要旨〕私は昨年冬に松方正義内閣が倒れたときに道庁長官を辞職することを決意したが、官民の政治的信念を共にする友人や知り合いから丁寧な忠告を受けた。また、その後に成立した伊藤博文内閣も、私の政治的立場からすれば大いに意見の異なる点があるが、北海道の経営という点については、ほとんど方針の違いは見られない。ここにおいて、しばらくの間伊藤内閣の下で長官の地位に留まっていたが、今回成立した新内閣〔大隈重信内閣〕に至っては、その主義や方針が根本的に異なっているので長官職の辞表を提出した次第である。

七月一〇日付けの『小樽新聞』は、安場長官の辞任はやむを得ないこととしながらも、内閣が交替する度に道庁長官が更迭されるのは拓殖行政にとってマイナスであると次のように批判した。岩村初代長官以来今日まで五人の道庁長官が歴任しているが、その任期は何れも短く、「折角全道を巡回して大体の意見を立て此調査に着手して未だ央《なかば》ならざるに、早くも内閣更迭に伴ふて長官の位地に変動を来し之を実行する能はざる中、新長官亦更に意見を立るに至る拓殖行政の意見定まらん乎、随《したがい》て之が調査を為さゞる可からず、調査漸く成らんとして又早くも更迭を来さんとす、此の如くして已《や》まされば北海道の拓殖成功は果して何れの日を期すべき、若し内地の普通行政官ならば兎も角、新創地の経営者にして屡々《しばしば》更迭するは実に北海道の為に痛嘆せざるを得ず」。
しかし、道庁長官のポストが中央の政変によって左右される事態はその後も続いた。

注

(1)『読売新聞』一八九七年九月七日。
(2)「演達」全文は、「北海道庁事務引継演説書」一八九八年(北海道大学附属図書館北方資料室所蔵、原本は函館市中央図書館所蔵)のほか、村田保定編『安場咬菜・父母の追憶』(安場保健発行、私家本、一九三八年)、『小樽新聞』一八九七年一一月一七日などに掲載されている。
(3)安場保和「演達」。
(4)北海道編『新北海道史』第四巻、通説三、一九七三年、六二頁。
(5)『道庁時代史料』五、一八九五年―一八九七年(北海道大学附属図書館北方資料室所蔵)。
(6)安場保和「演達」。
(7)同右。
(8)前掲、村田保定編『安場咬菜・父母の追憶』二四―二六頁、三八―四〇頁。
(9)安場保和「演達」。
(10)田端宏・桑原真人他著『北海道の歴史』山川出版社、二〇〇〇年、二六〇―二六二頁。
(11)船津功『北海道議会開設運動の研究』北海道大学図書刊行会、一九九二年。『函館市史』通説編第二巻、一九九〇年。『新札幌市史』第三巻、通史三、一九九四年。
(12)内務省参事官都築馨六「北海道行政組織ニ関スル意見書」一八九三年。
(13)内務大臣井上馨「北海道ニ関スル意見書」一八九四年。
(14)『北海道毎日新聞』一八九六年八月十九日、前掲『新札幌市史』第三巻、二〇頁。
(15)鈴江英一「北海道区政小論――『市制』各条項との比較」(函館市史編さん室『地域史研究はこだて』第十二号、一九九一年)四〇頁。
(16)前掲『新札幌市史』第三巻、二四頁。
(17)『小樽新聞』一八九七年九月一四日。

(18) 同右。
(19) 前掲『新札幌市史』第三巻、三〇頁。
(20) 『小樽新聞』一八九八年三月二九日。
(21) 「北海道庁事務引継演説書」、前掲『新札幌市史』第三巻三二頁より引用。
(22) 『小樽市史』第二巻、一九六三年、八七―八八頁。
(23) 同右、一二三―一二四頁。
(24) 『小樽新聞』一八九七年一二月八日。
(25) 同右。
(26) 前掲『小樽市史』第二巻、一一六―一一八頁。
(27) 佐藤忠雄『新聞にみる北海道の明治・大正――報道と論説の功罪』北海道新聞社、一九八〇年、一一七頁。
(28) 清水昭典他『地域からの政治学』窓社、一九九一年、八三頁。
(29) 倉内孝治編『小町谷純先生の小樽の思い出』小町谷翁記刊行会、一九五五年、二一頁以下を参照のこと。
(30) 『小樽新聞』一八九八年一月八日、『北海道毎日新聞』一八九八年一月一四日。
(31) 『小樽新聞』一八九八年一月二二日、一月三〇日、『北海道毎日新聞』一月三〇日。
(32) 北海道炭礦汽船株式会社『五十年史』一九三九年、二七―二八頁、田中修『日本資本主義と北海道』北海道大学図書刊行会、一九八六年、二六三―二六四頁を参照。

第一〇章　安場咬菜管見

鶴見俊輔

熊本県水俣出身の谷川雁と会ったとき、谷川は、のっけから、
「君のひいじいさんと僕のおおおじさんとは、仲がよかった。横井小楠門下の親友だった」
という。熊本に育って、そこから歴史に対すると、そういうふうに見えるのかと、あざやかな印象を受けた。

私のように東京で育っては、そういう発想はむずかしい。私の家は、父方は岡山から、母方は岩手から、母の母は熊本から、というふうに、それぞれに明治に入ってひと旗あげようと集まってきた人びとからなりたっているので、私の代になってはじめて標準語が身についたものになり、それぞれのもとの流れをさかのぼって、岡山、岩手、熊本から明治の日本がどう見えたかを考えてみるゆとりをもたないで来た。

横井小楠について、それまで私は、幕末から明治初年にかけての先覚者のひとりという以上に、何の考えももたなかった。ここに谷川雁の手引きを得てはじめて私は熊本に行くめぐりあわせとなり、横井小楠の斬奸《ざんかん》状を見ることができた。

横井小楠が暗殺されたのは、明治二（一八六九）年一月五日午後二時すぎのことで、明治政府は、徳川幕府を倒したものの、自分自身がどういう方向にゆくのか、みずから決しかねていた。

暗殺をおこなった六人のもっていた斬奸状には小楠の「これまでの姦計、枚挙にいとまあらず」とあったが、これでは、悪いことをしたから斬ったということで、ぼんやりしていて理由にならない。もうひとつ理由として申したてたのは、「今般夷賊に同心し天主教を海内に蔓延せしめんとす」という

ことで、それは小楠のよこした書簡を見ても、今日から見て誤解である。
暗殺者を支持する声は、政府内にもあった。
当時弾正台と呼ばれた検察局は、「小楠はヤソ教を信じているから国賊である」という建議を出した。これに対して刑務省は、小楠が国賊であるという証拠を見せてほしいと言った。弾正台は、一〇〇日の猶予を請うて、大巡察古賀十郎が西下して、九月二八日に熊本に到着した。小楠の刺客は、古賀十郎の同志である。古賀が熊本をたって一〇月七日に阿蘇神社に参拝すると、大宮司が、一通の文書を見せた。これが、小楠の署名のある「鋒天道覚明論」である。これは神社に投書されていたものであるという。

鋒天道覚明論

（句読点附す）

（肥後藩国事史料　巻十、二〇八頁）

夫《それ》宇宙の間、山川草木人類鳥獣の属ある、猶《なお》人、身体の四支百髄あるか如し。故に宇宙の理を不レ知者は、身に首足の具あるを不レ知に異なることなし。然《さ》れば宇宙ある所の諸万国《こく》皆是一身体而《にして》、無二人我一、無二親疎一の理を明にし、内外同一なることを審にすへし。

古より英明の主威徳宇寅に博く、万国帰嚮するに至るものは、其胸襟潤達、物として容れさるはなく、其慈仁化育心。天と異なることなき也。如レ此にして世界の主、蒼生の君と可レ云也。其見小にして一体一物の理を知らさるは、猶《なお》全身痿れて疾痛痾痒を覚らさると同じ。百世の身を終るまで解悟なすこと能はす。亦可レ憐乎。抑我日本之如き頑頓固陋、世々帝王血脈相伝へ、賢愚の差別なく其位を犯し、其国を私して如レ無二忌一。嗚呼、是私心浅見の甚しき可レ勝《たう》二慨嘆一乎。然るに或云、堂々神州参千年、皇統一系万国に卓絶する国也と。其心実に愚昧、猥《みだ》りに億兆蒼生の上に居る而已《のみ》ならす、僅に三千年なるものを以て無窮とし、後世又如レ此と思ふ。夫人世三千年の如きは、天道一瞬目の如し。焉《いずくん》ぞ三千年を以て大数となし、又後世無窮と云ふことを得んや。其興廃存亡、人意を以て可二計知一乎。

今日の如きは実に天地開闢《かいびゃく》以来興張の気運なるか故、海外の諸国に於て天理の自然に本つき解悟発明文化の域に至らむとする国不レ少、唯日本一国蕞爾《さいじ》たる孤島に拠りて、帝王不代、汚隆なきの国と思ひ、暴悪愚昧の君と雖とも、堯舜湯武の禅譲放伐を行ふ能はされば、其亡滅を取る必せり。速に固陋積弊の大害を攘除して、天道無窮の大意に本つき、孤見を看破し宇宙第一の国とならむことを欲せすむはあるへからす。如レ此理を推究して遂に大活眼の城に至らしむへし。

丁卯（注・一八六七年）三月　南窓下偶著　　小楠

この文章にそえて、今日では実在しないとわかっている長谷信義という人物の署名で、これを勤王の志ある大宮司から巡察司にとどけてくれという手紙がついていたという（畠田真一、今村尚夫「横井小楠の天道覚明論」『思想の科学』一九六二年一二月号）。

谷川雁の手引きで、熊本の執筆者との結びつきを得てつくった『思想の科学』の特集で、私は、偽筆と日本史学者に推定される横井小楠の「天道覚明論」にはじめて出会った。

偽書行文は堂々としており、キリスト教を異教として排除してゆくつもりの明治新政府に訴える力をもっている。

ところが、小楠の思想的発展を文書と書簡によってたどると、小楠がキリスト教を奉じたという痕跡はない。最新の松浦玲『横井小楠』増補版（朝日新聞社出版局、二〇〇三年）を見ても、小楠の特色は日本が儒教をもととして開国後の西欧世界に対するという方向を提案した人で、西欧諸国のキリスト教に対して押し負けしない姿勢を示している。儒教にもとづく革命思想を持してヨーロッパ近代の民主主義と対しており、一五〇年をこえて、高峰として現代から見ることができる。

明治初年に明治政府の方針をきめる中枢にあった元田永孚《ながざね》、彼と協力して教育勅語を起草する井上毅は、いずれも、横井小楠の学統に連なる人で、小楠が幕府批判によって同時代の国政を批判する傾向をゆるめるところで、小楠と異なるが、儒学をもととするというところでは、小楠の考え方を新政府の方針に生かした。小楠に従っていた当時の元田永孚は、古賀大巡察使の視察の後に自分の小楠像がかわったことを、元田自身が書いている（「肥後藩国事史料巻十」）。

そのちがいの主なところは、元田永孚、井上毅が、儒学の放伐論をさり、主君の批判を避けるということにある。ここで元田と井上の思想は、君主の言うことなら何でもしたがうという思想となり、師の横井小楠よりも、矮小な骨格をあきらかにする。その一点を問題にしないならば、個人として質素に暮らし、努力を続けるという徳を守る特色としては、小楠から元田永孚、井上毅、安場保和は、儒教の道徳を受けついでいる。

横井小楠は、堯舜《ぎょうしゅん》、孔子の道をすすめることは、西洋器械の術と結びつかないことはないと考えて、そういう意味をこめた漢詩を二人の甥（横井左平太、横井太平）の渡米に際して贈ったくらいだから、英語による学問を門下にすすめていただろう。だが、年長の門下生である安場保和は、英語ができなかった。そのことが、特命全権大使岩倉具視の一行に加わってアメリカに行ってから仲間の前であわれる仕儀になり、彼は、旅行を途中で打ちきって帰ってきた。

砂糖水（シュガー・ウォーター）をもってくるように給仕にたのんだところ、はいと承知してもってこられたのが葉巻（シガー）とバターだったという一件が彼の帰国のひきがねとなった。

このあとで彼は、英語のできない自分がこの旅行をするのは、税金の無駄づかいであると言って、皆の止めるのをふりはらって、日本に帰ってきた。彼は当時、三十七歳の租税権頭であり、税金の無駄づかいを痛感するのは、当然である（『久米博士九十年回顧録』早稲田大学出版部、一九三四年）。

彼は本来、横井小楠の門下として、開国に際しても、堯舜の道をめざして国政に参画するという理想をかえる必要はないと考えていた青年時代からの姿勢を保っていた。号を咬菜《こうさい》としたのは、洪自誠著『菜根譚』の「菜根かみて百事なすべし」からとったもので、自分へのいましめである。そのようにして政府につかえて、ぜいたくな暮らしをおくって後ろ指をさされるようなことなく、官を全うし、その地位を退いてからは山村に閑居して残りの日々をたのしむべきだという、儒教といっても老子、荘子に禅学を混ぜた折衷的な本である。私には何が書いてあるのかよくわからなかったが、家にあった漢英対訳本を手に取るとMeditations of a Vegetarian（菜食主義者の瞑想）と書いてあったので、親しい感じをもつようになった。明末の儒者の著書であり、幕末の日本で修養書として広く読まれたものらしい。明治に入ってからも、書生が急にぜいたくにならないように読んだもので、だから、漢英対訳本が私の家にあったのだろう。安場保和が英語で失敗し、四代あとの私が漢文の原本が理解できなくて、英訳を手がかりとしてようやくおおすじを理解するというのは、へんなめぐりあわせである。

田口卯吉（一八五五―一九〇五）は、幕末から明治への転換期を生きた人であるために、彼の編集した『大日本人名辞典』（一八八七年）は、文章に力点が加わっている。ここから引用すると（句読点とふりがなを加えた）、安場保和の項目は、

「初め一平と称す。明治元年春、督府出仕、軍事精勤の廉《かど》を以て翌二年慰労金三百円を下賜せられ、同年八月胆沢《いさわ》県大参事となり、」

この胆沢県とは、今日の岩手県であり、その大参事となった安場保和は、県庁の給仕として、後藤新平（当時十二歳）を雇う。後藤は、賊軍側の伊達藩の支藩である留守家の臣である。父は禄を失って

いた。やがて安場のすすめによって、彼は、須賀川医学校に入って医師になるという条件で、学費を世話してもらい、さらに後になって、保和の娘の婿となる。

「翌年酒田県大参事に移り、次いで一旦免官の上、熊本県の参事となり、明治四年大蔵大丞租税権頭に任ぜられ、五年一月岩倉大使欧米派遣に際して随行を命ぜられ、五月帰朝し辞職す。」

アメリカの学者M・ジャンセンは、岩倉団中ただ一人の失敗者とみるが、この帰国辞職のくだりを、私は、安場保和伝の白眉と思う。このことによって彼は後年現在の経済大国日本の高級官吏たちと型を異にするからだ。

「幾《いくば》くなくして福島県令となり、また愛知県令に転じ、地方官会議には幹事たりき。十三年元老院議官に任じ、十四年参事院議官となる。福岡県令となれるは十九年にして、二十五年七月愛知県知事に転任せられ、直ちに之を辞し、次いで勅撰議員となり、二十九年男爵を授けられ、三十年九月北海道長官となり、翌年七月依願免官となる。三十二年五月卒す。死するの日、正三位に叙し、勲一等瑞宝章を授けらる。年六十五。」

辞書編集者には、同時代のうわさが集まっており、その集積の上で、安場保和の評価は、よくやめる男であり、そこに彼の特色があった。

　私の記憶では、大正末から昭和はじめにかけて、何度も法事があり、麻布三軒家町・桜田町の後藤から谷を越えて、一本松の安場へと、歩いていった。むこうにつくと、安場系の親類のこどもたちがいて、おなじ年配ごとにわかれて遊んだ。大東亜戦争のはじまりまで、その行事がくりかえされた。敗戦のあとは、おたがいの住まいがかわったこともあって、集まりはくりかえされることはなかったが、たまに、親類が大きい単位で集まることがあると、それぞれの家系の特色が感じられた。

　安場保雄は海軍中将。戦争のとき、香港攻略の海軍部隊の参謀長として金鵄勲章功一級を受けた人で、その後、艦政本部長をつとめた。敗戦後は、自宅から浜辺に出てドラム缶に海水をくみ、それを燃やして、塩をつくる作業をかさねていた。法事で会っても、よくとおる声であいさつして、暗い感じではなかった。

　やがて『週刊新潮』の、ものを求める、あるいはゆずるという欄に、シルクハットを、もう用途がないから、だれかほしい人はいないかという掲示が出ていた。自分がシルクハットをかぶって宮中に出入りすることはもはやないと考えたのだろう。

　戦争中、私は結核が方々に出て、武見太郎医師のところに出入りしていたが、そこで女医としての安場登喜子さんに何度か会った。この人は、女子学習院の女学部を卒業して家にいたころ、弟の勉強を見るかたわら、こっそり、女子医専に入学願書を出して、試験にとおり、やがて女医になった。

　戦争中、武見太郎は、遠慮なく戦時体制の批判をしていたから、そのような時局観に反対ではなかったのだろう。戦後は共産党の活動に組し、やがてベトナム戦争のころは、ベ平連に組した。偶然、御茶ノ水の駅のプラットフォームで出会い、そういうことをきいた。

私は法事での親族の印象から言って、安場の系統の人々は、地位や名声に執着することのない人だと思っている。それは、かつて安場保和が、岩倉使節団の一員としてアメリカまで同行し、そこで自分の英語が通用しないのを悟り、国民の税金の無駄使いだと言って途中から日本にひきかえしてきた気概に通じる。

福島県令のとき、民権弾圧にまわった人物として描かれているのを、福岡県人杉山泰道《たいどう》、ペンネーム夢野久作《ゆめのきゅうさく》の『犬神博士』で読んだことがある。著者杉山泰道は玄洋社ゆかりの杉山茂丸の長男として育ち、子供としてきいたうわさを素材として小説に使った。民権の代表が頭山満であることは、今日意外に感じられるかもしれない。だが、民権・国権が入り乱れていた当時の気分は今日の想像を超えて『犬神博士』によくあらわれている。私の好きな小説である。

後に安場保和の孫娘の夫となった平野義太郎が、頭山満を訪ねて聞き書きをとり、『安場咬菜・父母の追憶』の本の一部分とする。このとき頭山がこころよく聞き書きに応じたのは、彼が、出処進退のあざやかな人として、五〇年後、かつての敵手に好意をもっていたからであろう。

ここから引用しよう。談話の日時は、昭和十二（一九三七）年五月二五日、午前八時半。場所は青山の頭山邸。

『安場さんは日本一の豪傑政治家だ。剛気の英雄だ。自分が識ったのは、安場さんが福岡の知事のときのことである。

安場さんは非常な清廉潔白の人で日本魂絶対の人だ。無欲淡泊とは、まさにこの人のことである。日本中の豪傑知事といわれたわけは、大久保などの洋行のときの一件でわかる。

そのことは、牧野伸顕から聞いた話だが、牧野はあの大久保の明治六年の洋行の際、十六歳で一所についていったときのことだ。さていよいよ洋行することになってまずアメリカへ行ったのだが、そのときの同行の人々はいずれも取越苦労ばかりしていて、あっちに行ったら、あっちはどういう風に出るだろうか、こっちはどういうことをしようかなどとばかり、取越苦労の物案じの体であったそうな。それで、安場は「なんとつまらぬ奴だろう。こっちはこっちのことをきめて置けば、あっちはあっち、あちらがどうしようと一向構わないではないか。それを、皆が、かれこれと、取越苦労の体で案じるので、気持ちがわるくなる」といって途中から旅行を止めて帰ってしまった。――ここの事情に、安場の日本中の豪傑知事といわれるようになる這般の剛気があらわれている。

安場の剛気は、その清廉潔白、無欲淡泊の精気から出ているから強くて貴い。

その頃何年か知事をしていた奴は、誰も相当の私財を蓄えるのが普通であったが、安場は私心が毛筋一本もなく献身ただ国家に殉じ、一意奉公に邁進して、欲も得もなくむしろ貧乏を貴しと

していた。献身奉公のためのこの貧乏こそどれほど貴いことか。』〔中略〕
『伊藤博文と安場とのあいだの馬関における舟遊びの一件はたいへん有名な話だ。
当時、伊藤博文は総理で、安場は福岡県知事であったときのことだ。舟遊びの最中、安場が風上で小便をしたところが、シブキが伊藤にひっかかる。伊藤が安場を見上げて小言をいったので、安場はあべこべに逆捻的な放談揶揄をいいながら、小便をつづけた。
こんなことは、よほどの豪傑でないとやれぬものだ。当時の総理大臣、伊藤にこうしたことをやれたのは安場だけだ。浪人ならば、こんなことでもやりかねないが、役人なのだから偉いのだ。このような偉さがどこから来るかといえば、安場の無欲淡泊の風格から来ている。』〔中略〕
『古語に、欲なければ即ち功成るということがある。本当に日本一の豪傑も、ここから来ている。安場は欲も得もなく誠あるのみ。つまらぬ人なら何度も大臣になっている。安場はよく伊藤にいったそうだ。俺を大臣にせんかね。やってみるがねと。安場が大臣になったらどんな事でもしたろうと思う。松方のようなグヅとちがって安場はやるときにはやるが、俗物でないから大臣にはならなかった。
何ものも眼中になかった安場もお母さんだけには一目をおいて頭を下げた。秀吉は何事も出来ないことはないと豪語したが、お母さんには頭を地につけた。孝行は秀吉の最も貴いところだ。それとおなじことで、あんな剛気の安場も、お母さんには一目も二目も置いていた。そんなところが本当の英雄だ。』

来客が頻なので、辞そうとすると、頭山翁は大久保と洋行の際に、途中より引返したことをまた繰り返して強調し、玄関まで送って来られ、辞去の挨拶のあいだにも更にこのことを繰り返し『あれが岩倉や伊藤よりも偉かった処だったのだぞ』と、強い調子でまた噛んでふくめるように説ききかして下さった。」

（平野義太郎記「頭山満翁の懐旧談」村田保定編『安場咬菜・父母の追憶』安場保健発行、私家本、一九三八年）

話は、だんだん史実から離れてしまう。私は十三歳のころ、家にあった『犬神博士』をおもしろく読んだ。その印象は二〇年たっても心に住みついていて、生きる力となった。雑誌の「推理小説特集」に書くように頼まれたとき、この小説のことを書いてもよいかと念を押して、おなじ作者による『ドグラ・マグラ』、『氷の涯』と並べて『犬神博士』をとりあげた。

そのとき読みなおしてはじめて気がついたのは、『犬神博士』の仇役として登場するのが自分の曾祖父だということである。

モデルとされた安場保和は、いばりやの国権主義者であり、民権派の頭山満と戦って、彼の運動をつぶそうとする。なんでもかでも頭山満ひきいる玄洋社が正しいというたてまえで貫かれている。

主人公の子供は捨て子であり名をチイと言う。彼をさらって養子にした非人夫婦から踊りをしこまれ、街角でわいせつな芸を披露している。そこをみつかって警察につれてゆかれると、やがてその踊りを見せろと県知事の宴会につれてゆかれる。子供は、県知事ともあろうものがこういうフウゾクカイランを見たいのか、いやだと、県知事に対してゆずらない。

この時の睨み合いは、その頃の福岡の新聞に出たそうである。「乞食の子、雷霆《かみなり》子爵を睨み返す」という標題で大評判になったそうであるが、何しろ天下に聞えた癇癪貴族の一と睨みを受け返したものは、福岡県下に吾輩タッタ一人だったというのだから豪気なもんだろう。むろん列席していた連中も、眼の前に意外な情景が展開し初めたので、どうなる事かと手に汗を握ったそうであるが、しかし当の本人の吾輩にとっては左程《さほど》の問題ではなかった。ただ……この知事とか何とかいう禿茶瓶《はげちゃびん》は、よく往来で、吾輩親子の興行を妨害しに来る無頼漢《けだもの》式のスゴイ眼付きをしているが、もしやそんなケダモノ仲間の親方みたいな人間じゃないか知らん。それが、おんなじケダモノ仲間の巡査の親分と棒組《ぼうぐ》んで、吾々親子を取っちめようと企《たく》らんでいるのじゃないか知らん……と疑いながら、ジイッと睨み付けていたのだから、子供ながらも一生懸命の眼付きをしていたに違いないと思う。

ところで、カンシャク知事の禿茶瓶と、踊り子姿の吾輩とがコンナ風にして無言のまま、睨み合いを緊張させて行くと、シイーンとなった座敷の中で、芸者や舞妓の連中が一人一人に居住居《いずまい》を正して行った。トンボ姐《ねえ》さんも片手を支《つ》いて振り返ったまま、呆れたような顔をして吾輩を見上げ初めた。大安座《おおあぐら》を掻《か》いていた大友親分も、急に坐り直しながら、両腕を肩までまくり上げて半身を乗り出しつつ知事と吾輩の顔を互違《たがいちが》いに見比べはじめた。署長が天神髯を掴んだまま固くなった。髯巡査が腕を組んだまま微《かすか》なタメ息を一つした。

一座が又もシイ――ンとなった。

それでも知事の禿茶瓶は、横すじかいに脇息《きょうそく》に凭《もた》れたまま吾輩を睨み付けていた。そこで吾輩も指を啣《くわ》えて突立ったまま負けないように睨み返していたが、そのうちに相手の禿茶瓶が、吾輩を睨み付けたまま豹《ひょう》みたような声を出して、

「ウ――ムムム」

と唸《うな》り出したので流石《さすが》の吾輩も気味が悪くなった。そのままあとしざりをして逃げ出そうか知らんと思った位モノスゴイ唸り声であったが、間もなくその禿茶瓶が二三度ショボショボと瞬《また》きをしてモウ一度、

「フ――ム」

とため息をしたので、吾輩はヤット睨み合いに勝った事を意識してホッとさせられた。

「ウーム。これは面白い児《こ》じゃノウ大友……」

「ハイ。礼儀を弁《わきま》えませんで……甚《はなは》だ……」

と大友親分は如何にも恐縮した恰好になって頭を掻いた。しかし禿茶瓶はまじめ腐った顔付きで頭を左右に振った。

「イヤイヤ礼儀なぞは知らんでもええ。忠孝が第一じゃ。のみならずナカナカ意気の盛んな奴ら

しい。余《よ》の前に出て怯《ひる》まぬところが頼もしいぞ。ハハハ……」

やがて道で出会った大男（じっは玄洋社巨頭頭山と奈良原至の合体である）と連れだって、子供のチイが知事を旅館に訪ね、

「……チョット用があるので会いに来ました」

知事の額から青筋が次第次第に消え失せて行った。それに連れてカンシャクの余波らしくコメカミをヒクヒク噛《か》み絞《し》めていたが、しまいにはそれすらしなくなって、ただ呆然と吾々二人の異様な姿を見比べるばかりとなった。

楢山社長は半眼に開いた眼でその顔をジッと見上げた。片手で山羊髯を悠々と撫で上げたり撫で下したりしながら今までよりも一層落ちついた声で言った。

「知事さん」

「…………」

「今福岡県中で一番偉い人は誰な」

「…………」

知事は面喰らったらしく返事をしなかった。又も青筋が額にムラムラと現われて、コメカミがヒクヒクし始めたので、何か云うか知らんと思ったが、間もなくコメカミが動かなくなって、青

筋が引込むと同時に、冷たい瀬戸物見たような、白い顔に変って行った。

「誰でもない。アンタじゃろうが……あんたが福岡県中で一番エライ人じゃろうが」

このあたりは、頭山満が、日露戦争前夜に伊藤博文を訪ねて言ったという伝説を、日清戦争前夜の福岡県に移した無茶な話で、

楢山社長の言葉は子供を諭《さと》すように柔和であった。同時にその眼は何ともいえない和《なご》やかな光りを帯《お》びて来たが、これに対する知事の顔は正反対に険悪になった。知事の威厳を示すべくジッと唇を噛みながら、恐ろしい眼の光りでハタハタこっちを射はじめた。

しかし楢山社長は一向構わずに相変らず山羊髯を撫で上げ撫で上げ言葉を続けた。

「……なあ。そうじゃろうが。その福岡県中で一番エライ役人のアンタが、警察を使うて、人民の持っとる炭坑の権利をば無償《ただ》で取り上げるような事をば何故《なし》しなさるとかいな」

「黙れ黙れッ」

と知事は又も烈火の如く怒鳴り出した。

「貴様達の知った事ではない。この筑豊の炭田は国家のために入り用なのじゃ」

「ウム。そうじゃろうそうじゃろう。それは解かっとる。日本は近いうちに支那と露西亜《ロシア》ば相手えして戦争せにゃならん。その時に一番大切なものは鉄砲の次に石炭じゃけんなあ」

「…………」

「……しかしなあ……知事さん。その日清戦争は誰が初めよるか知っとんなさるな」

「八釜《やかま》しい。それは帝国の外交方針によって外務省が……」

「アハハハハハハハハ……」

「何が可笑《おか》しい」

と知事は真青になって睨み付けた。

「アハハハハ。外務省の通訳どもが戦争し得るもんかい。アハハハ……」

「……そ……それなら誰が戦争するのか」

「私が戦争を初めさせよるとばい」

「ナニ……何と云う」

「現在《いま》朝鮮に行《い》て、支那が戦争せにゃおられんごと混《ま》ぜくり返やしよる連中は、みんな私の乾《こ》分《ぶん》の浪人どもですばい。アハハハハハ……」

「……ソ……それが……どうしたと云うのか……ッ」

と知事は少々受太刀の恰好で怒鳴った。しかし楢山社長はイヨイヨ落ち付いて左の肩をユスリ上げただけだった。

「ハハハ……どうもせんがなあ。そげな訳じゃけん、この筑豊の炭坑をば吾々の物にしとけあ、戦争の初まった時い、都合のよかろうと思うとるとたい」

「……バ……馬鹿なッ……この炭坑は国家の力で経営するのじゃ。その方が戦争の際に便利ではないかッ」

「フーン。そうかなあ。しかし日本政府の役人が前掛け当て石炭屋する訳にも行かんじゃろ」

「そ……それは……」

「そうじゃろう……ハハハ。見かけるところ、アンタの周囲《ぐるり》には三角《みすみ》とか岩垣とかいう金持ちの番頭のような奴が、盛んに出たり這入ったりしよるが、あんたはアゲナ奴に炭坑ば取ってやるために、神聖な警察官吏をば使うて、人民の坑区をば只取《ただど》りさせよるとナ」

「……そ……そんな事は……」

「ないじゃろう。アゲナ奴は金儲けのためなら国家の事も何も考えん奴じゃけんなあ。サア戦争チウ時にアヤツ共が算盤《そろばん》ば弾《はじ》いて、石炭ば安う売らんチウタラ、仲い立って世話したアンタは、天子様いドウ云うて申訳しなさるとナ」

「しかし……しかし吾輩は……政府の命令を受けて……」

「……ハハハハハ……そげな子供のような事ば云うもんじゃなか。その政府は今云う三角とか岩垣とかの番頭のような政府じゃなかかな。その政府の役人どもはその番頭に追い使わるる手代《てだい》同様のものじゃ。薩州の海軍でも長州の陸軍でも皆金モールの服着た金持のお抱え人足じゃなかかな」

「…………」

「ホンナ事い国家のためをば思うて、手弁当の生命《いのち》がけで働きよるたあ、吾々福岡県人バッカリたい。」

田舎のまじめな愛国者が、中央政府の任命を受けた県知事をへこますという筋書きで、これは薩長草莽《そうもう》の志士が中央政府をくつがえして自らが中央政府となったという三〇年ほど前の出来事を背景とし、その記憶が今も生きて九州にある。まだ学歴というものの通用する社会ではない。物語の背景となった一八九〇年代ではもちろんのこと、一九三〇年代に入って日本に超国家主義が盛り上がるとき(この小説の書かれたころ)にもそうだった。

「熟《よう》と考えてみなさい。役人でもアンタは日本国民じゃろうが。吾々の愛国心《まごころ》が解らん筈はなかろうが」

「…………」

知事はいつの間にか腕を組んで、うなだれていた。今までの勇気はどこへやら、県知事の威光も何もスッカリ消え失《うせ》てしまって、如何にも貧乏たらしい田舎爺《おやじ》じみた恰好で、横の金屏風にかけた裾模様の着物と、血だらけの吾輩の姿を見比べたと思うと、一層悄《しょ》気《げ》返ったように頭を下げて行った。

その態度《ようす》を見ると楢山社長は、山羊髯から手を離して膝の上にキチンと置いた。一層物静かな改まった調子で話を進めた。

「私はなあ……この話ばアンタに仕《し》たいばっかりに何度も何度もアンタに会いげ行《い》た。バッテンが貴下《あんた》はいつも居らん居らんちうて会いなさらんじゃったが、そのお蔭でトウトウ此様《こげ》な大喧嘩いなってしもうた。両方とも今停車場の所《とこ》で斬り合いよるげなが、これは要するに要らぬ事じゃ。死んだ奴は犬死にじゃ」

「………」

「ればっかりじゃなか。この喧嘩のために直方《のおがた》中は寂《さび》れてしまいよる。これはんなアンタ方役人たちの心得違いから起った事じゃ」

「………」

「あんた方が役人の威光をば笠に着て、無理な事ば為《し》さいせにゃ、人民も玄洋社も反抗しやせん」

「………」

「その役人の中《うち》でも一番上のアンタが、ウンと云いさえすりあこの喧嘩はすぐに仕舞える。この子供も熱心にそれを希望しとる」

「ナニ。その子供か……」

と知事は唇を震わしながら顔を上げた。

「そうじゃ。この子供は直方町民の怨《うら》みの声ば小耳に挟《はさ》うで喧嘩のマン中い飛び込うだとばい。生命《いのち》がけで留《と》めようとしてコゲニ血だらけえなっとるとばい」

こうして国民という観念を仲だちとして政府代表の知事は玄洋社の頭山満と手をにぎる。両者を結びつけるのが非人の子供チイである、という日本の全体主義成立の一幕。作者は玄洋社のつきあいの中で育ち、一九三〇年代の現在、日本共産党の農民運動家として下獄保釈・裁判中の青年(紫村一重)を秘書とする。その杉山泰道のつくり話である。少年チイは、自分が杉山茂丸の子供でなかったらという、彼の長年胸にあたためた空想の産物であろう。その中でゆきがかり上仇役をつとめる安場保和の姿があらわれ、これがどの程度史実と合っているかを考証することはしない。というよりも、私にはできない。

このような右翼・左翼の連合ができて日清戦争がおこり、また日露戦争がおこったと信じる人々が北九州にはいた。やがて、大正を経て昭和にはいると、そう信じる人が東京にも出てきた。その人々は漢字は読めても横文字は読めなかった。誠意をもっていても学歴はなかった。この時代にすでに世を去っていた実物の安場保和が、空想小説の中に自分が奇妙なちぎれ雲として活躍することを知ったら、どういう感想をもっただろうか。すでにその孫娘たちは横文字を読み、曾孫のひとりは当時の日本の代表的左翼学者に嫁いでいた。

書き残したことをひとつ。

相馬事件は、元相馬藩の家令の一味が元藩主、今は子爵家の当主を精神錯乱と偽って座敷牢に閉じこめ、毒殺を謀ったと、元藩士錦織剛清《にしごりたけきよ》が訴えた。相馬のお家騒動として、黒岩涙香《るいこう》の『万朝報《よろずちょうほう》』が書きたて、長い年月にわたって騒がれた。この事件で、内務省衛生局長だった後藤新平は、錦織に組して、相馬家の家令を敵にし、相馬家当主をかくまうのを助け、やがて毒殺の疑いが出てから、墓をあばいて証拠を求める計画を応援した。その結果、毒殺の証拠はなく、一転して、後藤側が牢に入れられた。結局は後藤も無罪になるのだが、この一連の事件のため、彼は衛生局長の地位を失った。

後藤新平をこれまで引き立ててきた多くの有力者は、ここで、後藤を見かぎった。気の強い後藤は、ここで自分を見かぎった人々を、自分のほうから見かぎり、彼らとのその後のつきあいは、つめたいものとなった。

この入牢についての後藤新平の結論は、相馬事件によってはじめて法医学が公の場に持ちだされた、そういう結果をもたらしたのだから、相馬事件における自分の行動は意義があった、というものだった。晩年になっても孫に対して自分のかつての入牢をかくすことはなかった。

この間にあって岳父安場保和は、新平を見そこなったなどと言うことはなく、これまでと同様のつきあいをたもつ。このことは、新平の保和に対する信頼を持続させた。

明治社会での位置は、やがて後藤新平の失地回復以後、岳父をしのぐものになるが、自分が現在の位置を得たことを岳父の後援によるものと明らかにし、谷ひとつへだてた安場家に対して感謝の心をあらわすことを彼はやめなかった。それは新平の孫にあたる私に母親がしっかりと植えつけた観念である。

〈附録1〉安場保和の家系

一 安場保和に至る家系

安場家は戦国時代の細川家家臣安場九左衛門を初代とするが、そのルーツは二つ考えられる。一つは、清野謙次が諸家系図をたどって明らかにした伊賀氏のルーツについての情報で、それによれば藤原鎌足から十二代の公季が伊賀姓を名乗っており、伊賀氏の祖ということになる。（『東国太平記』『真書太閤記』など）

直接関係のあるところだけを示すと系図は左のようになる。

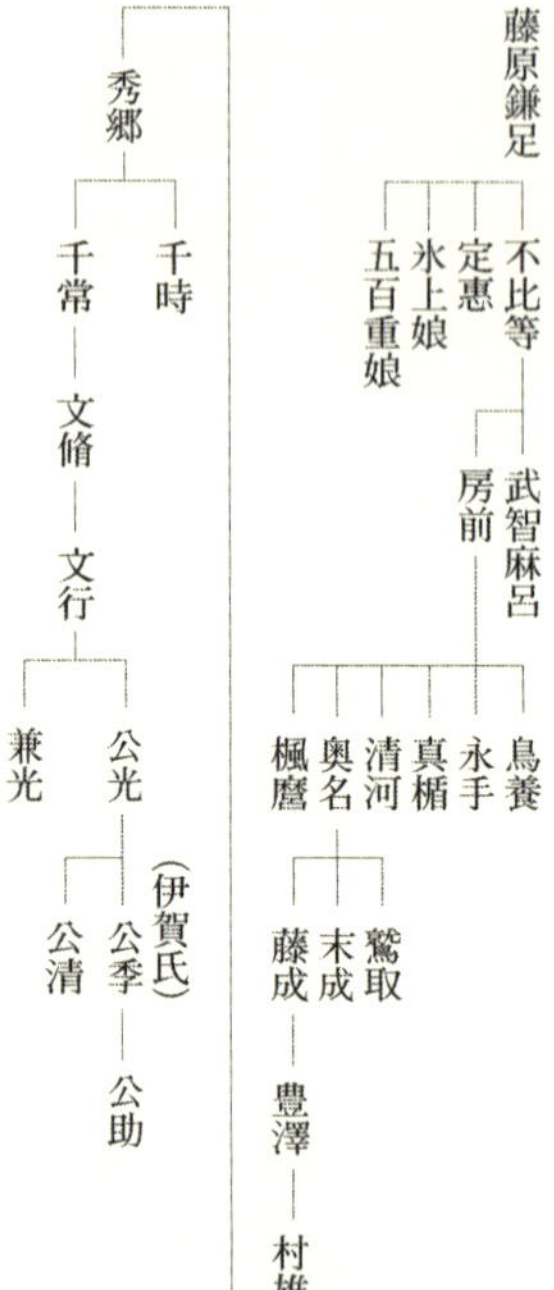

他説によると、祖先は陸奥の豪族といわれ、南北朝時代に安藤姓で南部家に仕えたこともあるが、戦国時代には安藤（伊賀）伊賀守守就が西美濃三人衆の一人として、斉藤道三、織田信長に仕えたとも言われている。

その活躍ぶりは『太閤記』の美濃征伐のところで「先に打ち出でたる稲葉伊予守良道に続き又もや金鼓を打ち立て打ち立て左の方より現れ出でたる一群の人馬真先には白地に藤の丸付いたる旗一統金藤の丸三方見込みに猩々緋赤馬簾の馬印を押し立てたるはこれも西美濃三人衆の一人安藤伊賀守の三千騎と覚えたり」と描写されている。（「安場家系図考」五頁）

この安藤守就（またの名を伊賀範俊）は、天正八年に、かつて武田信玄へ嫡子尚就が内通した件にて信長に美濃の領地を没収され追放となる。その後、本能寺の変に乗じ旧領の回復を図るも、新領主の稲葉氏に敗れ討死にする。その子は伊賀の安場村に落ち延び、伊賀三郎を名乗り、後、服部姓を称す。

成人後、慶長五（一六〇〇）年、丹後の細川忠興に二〇〇石で召し出され、名を安場九左衛門と改める。同年、忠興田元辺籠城の折、九左衛門は敵方の小野木縫殿助の営の堀を潜行して中に入り（伊賀者だったという説あり）情勢をさぐって、忠興公に報告し、後その功により、兜に前立てを付けることを許された。

なお、この際九左衛門は潜行・侵入の証として営中の鞍二背をもち帰っており、一背は老中に呈し、もう一背は安場家に拝し、現在も鞍の前輪・後輪は安場本家に伝えられている。前輪・後輪は黒塗りで金の瓢箪を用いた蒔絵があり、おそらく小野木が豊臣公より拝領したものと思われる。

初代九左衛門、二代目仁左衛門、三代目源右衛門までは、仁左衛門に子がなく甥の源右衛門が後をついでいること、仁左衛門が妙婦院様御供を勤めていること、源右衛門は御小姓頭、江戸御供を度々勤めている他は特に記すこともなかった。

ところが、四代目一平にいたって、安場家はいきなり日本史の前面に出ることになる。赤穂四十七士の吉良邸討入りに伴う細川邸での大石内蔵助良雄切腹に当って、一平が介錯を仰せつけられたからである。

大石は細川邸に滞在する間に一平と大変親しくなり、一平に数々の贈り物を与えている。掛け軸、刀剣、盃、弁当箱等は今にいたるまで重要な品目として安場本家（保雅家）に保存されている。また、切腹の前日大石の所望により、一平が木芽田樂を供したことにちなんで、毎月切腹の当日木芽田樂を食卓に載せることにしている。最後に、大石は一平の介錯の労をねぎらうために、「何もできないが微志を表すお禮としたい」といって、赤穂産の櫨を贈ることを約し、後その約束が果たされた。これが熊本が良質の櫨の産地となった理由という。

安場家第五代目は一平の弟に当る仁左衛門が（宝永七［一七一〇］年）継ぎ、人馬奉行、町御番、江戸御留守詰めなどを勤めている。

第六代目安場源右衛門は（享保十五［一七三〇］年相続）人馬奉行、御香方等を勤めている。

第七代目安場一平は（宝暦四［一七五四］年家督相続）御城付など相勤めた。

第八代目安場源右衛門は（安永元［一七七二］年相続）お城付、小姓組、御香方御目付、江戸出府、等勤めている。

第九代目安場右八は（寛政六［一七九四］年）源右衛門末弟であったが養子になる。調練罷出、御香方等相勤めた。

第十代目安場源右衛門は（文政六［一八二三］年）御目見、同十一年相続、御香方、御放鷹御供など勤め、妻久子（熊本藩士山内仁左衛門の娘。嘉悦氏房の母勢代、山田武甫の母由以子とともに熊本実学党の三婆さんと呼ばれ、いずれも男勝りで名を知られた）が保和を産んだのは、二十八歳の時、一平保和の生誕である。

二　安場保和の子孫

保和までの家系については以上とし、以下の子孫は保和から数えて曾孫までとその近い親族を記入する。

子孫のことをしきりに思ったといわれる保和についての伝記の最後に子孫の家系図を載せることをお許しいただきたい。家系的な特長としては大家族が多く、通婚圏が著しく広い。政治家二代目、実業家二代目、医師二代目、学者二代目などいわゆる二代目がほとんどなく、華族、企業役員、学者、作家、芸術家がやや多い他はごく普通の家族集団といえよう。保和の「死して余財あるは陛下に背く所以」という遺訓をよく守って、編者の知る限り、目立つほどの財を残したものは、私の知るかぎりでは保和の直系子孫の中には一人もいない。


（安場保吉）

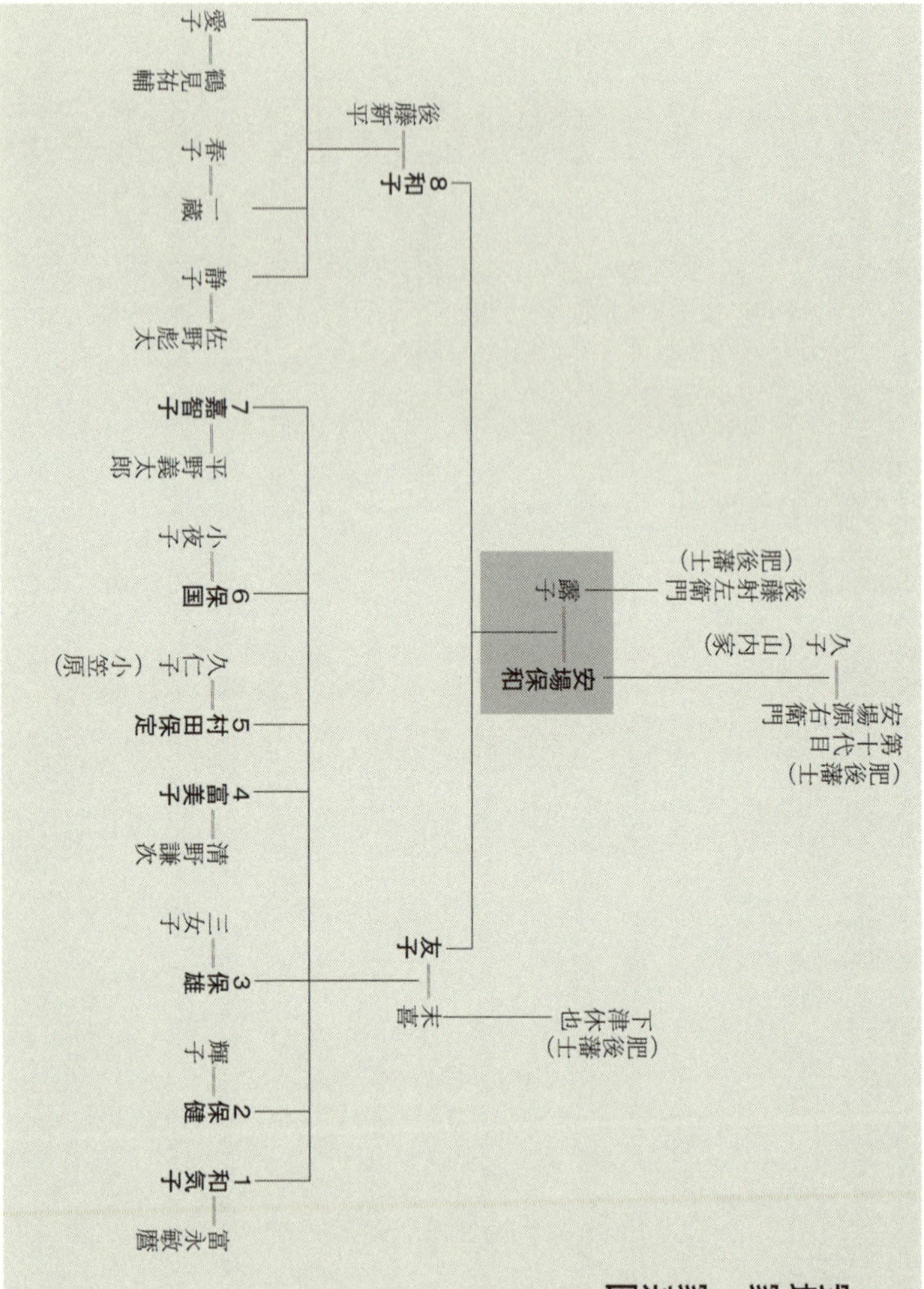

安場家　家系図
（肥後藩士）第十代目安場源右衛門
久子（山内家）
後藤射左衛門（肥後藩士）
安場保和
露子
（肥後藩士）下津休也
末喜
友子
8 和子
後藤新平
1 和気子
富永敏麿
2 保健
輝子
3 保雄
三女子
4 富美子
清野謙次
5 村田保定
久仁子（小笠原）
6 保国
小夜子
7 嘉智子
平野義太郎
静子
佐野彪太
一蔵
春子
鶴見祐輔
愛子

(1) 富永家 家系図

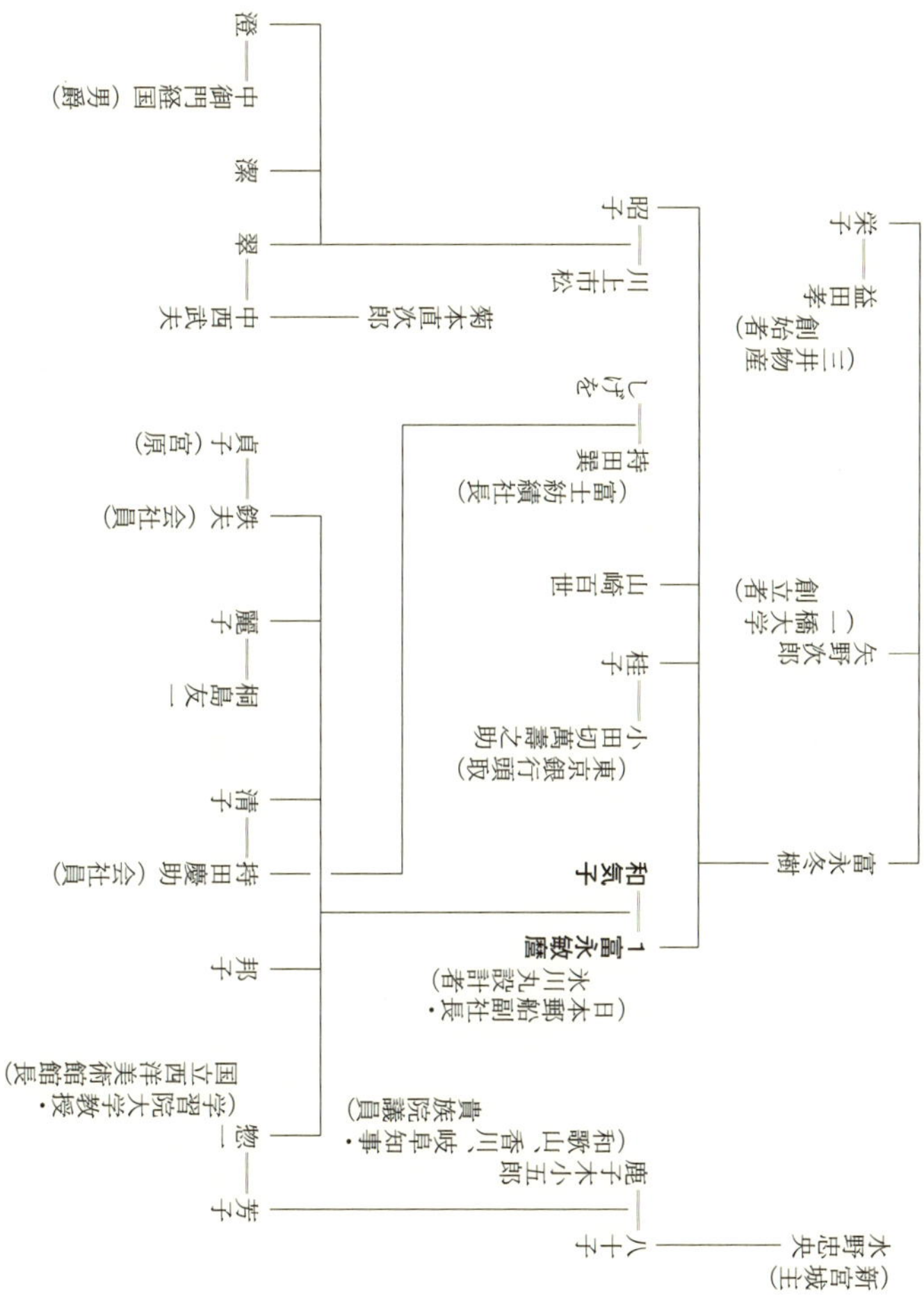

栄子—益田孝(三井物産創始者)
矢野二郎(一橋大学創立者)
富永冬樹
水野忠央(新宮城主)
昭子—川上市松
菊本直次郎
しげを—持田巽(富士紡績社長)
山崎百世
桂子—小田切萬寿之助(東京銀行頭取)
和気子
1富永敏麿(日本郵船副社長・氷川丸設計者)
鹿子木小五郎(和歌山、香川、岐阜知事・貴族院議員)
八十子
澄—中御門経国(男爵)
潔
翠—中西武夫
貞子(宮原)
鉄夫(会社員)
麗子—桐島友一
清子
持田慶助(会社員)
邦子
惣一(学習院大学教授・国立西洋美術館館長)
芳子

(2)保健家　家系図

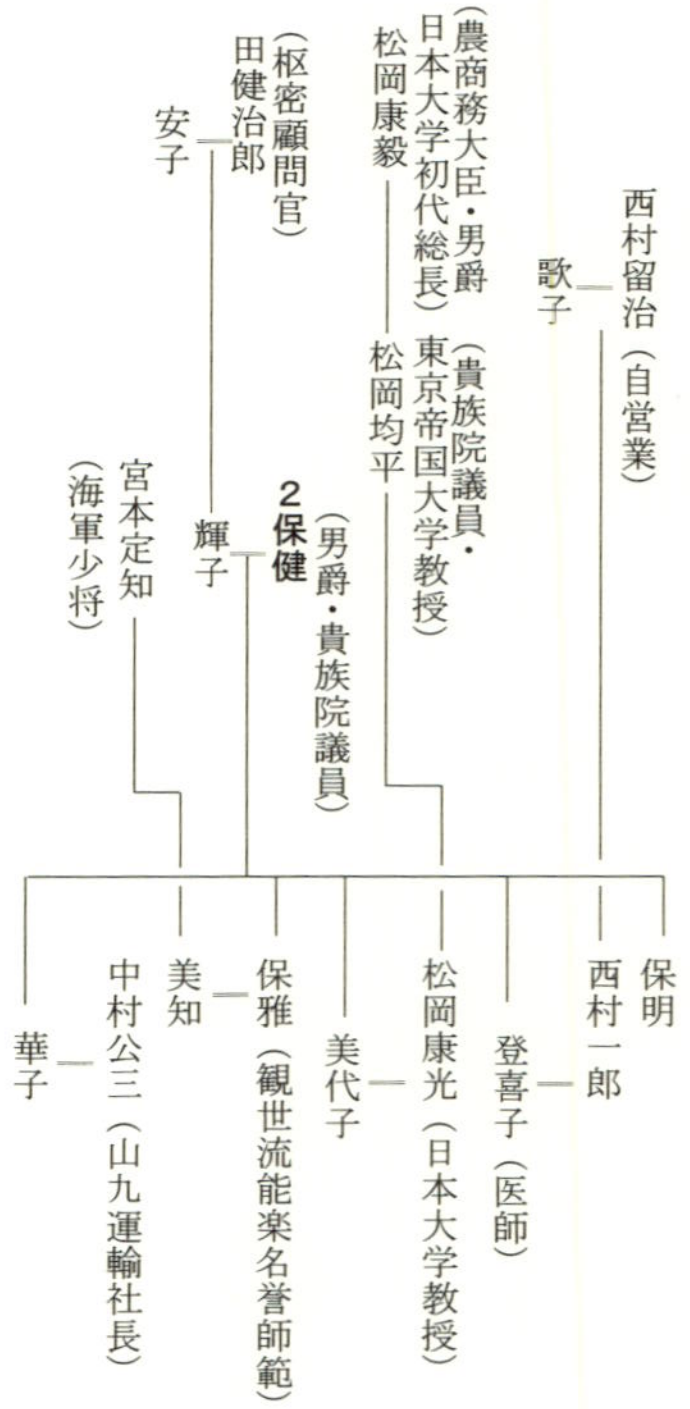

(3)保雄家　家系図

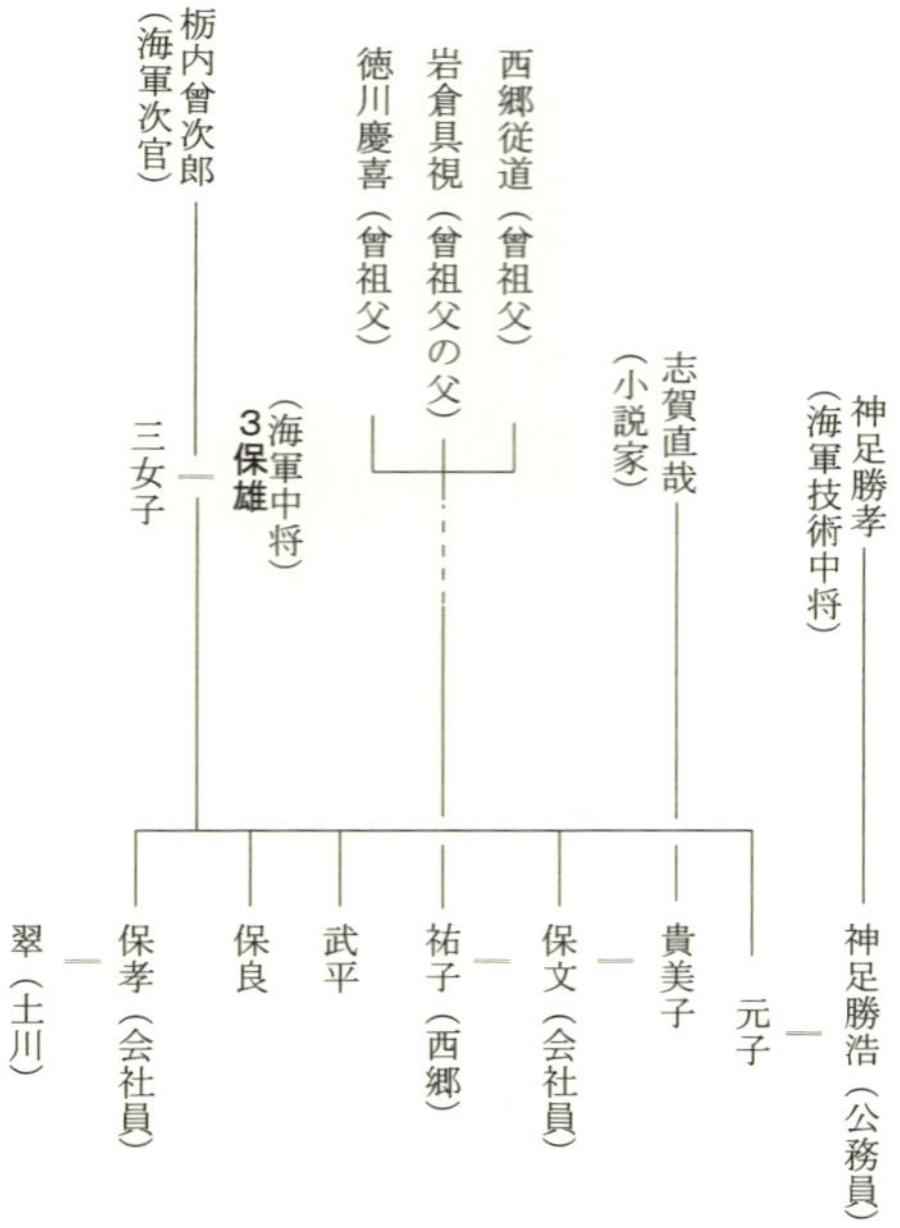

(4)清野謙次家　家系図

4富美子＝清野謙次（京都帝国大学教授・人類学者・病理学者・『日本原人の研究』の著者）

(5)村田保定家　家系図

村田経芳（男爵・村田銃開発者）……5村田保定（男爵・貴族院議員）＝久仁子（小笠原）

大谷重治（自営業）

エーリヒ・ヴィーン＝イルムガルト

- 多嘉子＝遠藤陽（建築家）
- 久子
- 経和（学習院大学教授）＝インゲボルグ・ヴィーン
- 英輔（会社員）
- 宏子＝（勝俣）
- 大谷一良（会社役員）＝敬子
- 又彦＝久美子（中村）
- 墨江雄三＝光子

(6)保国家　家系図

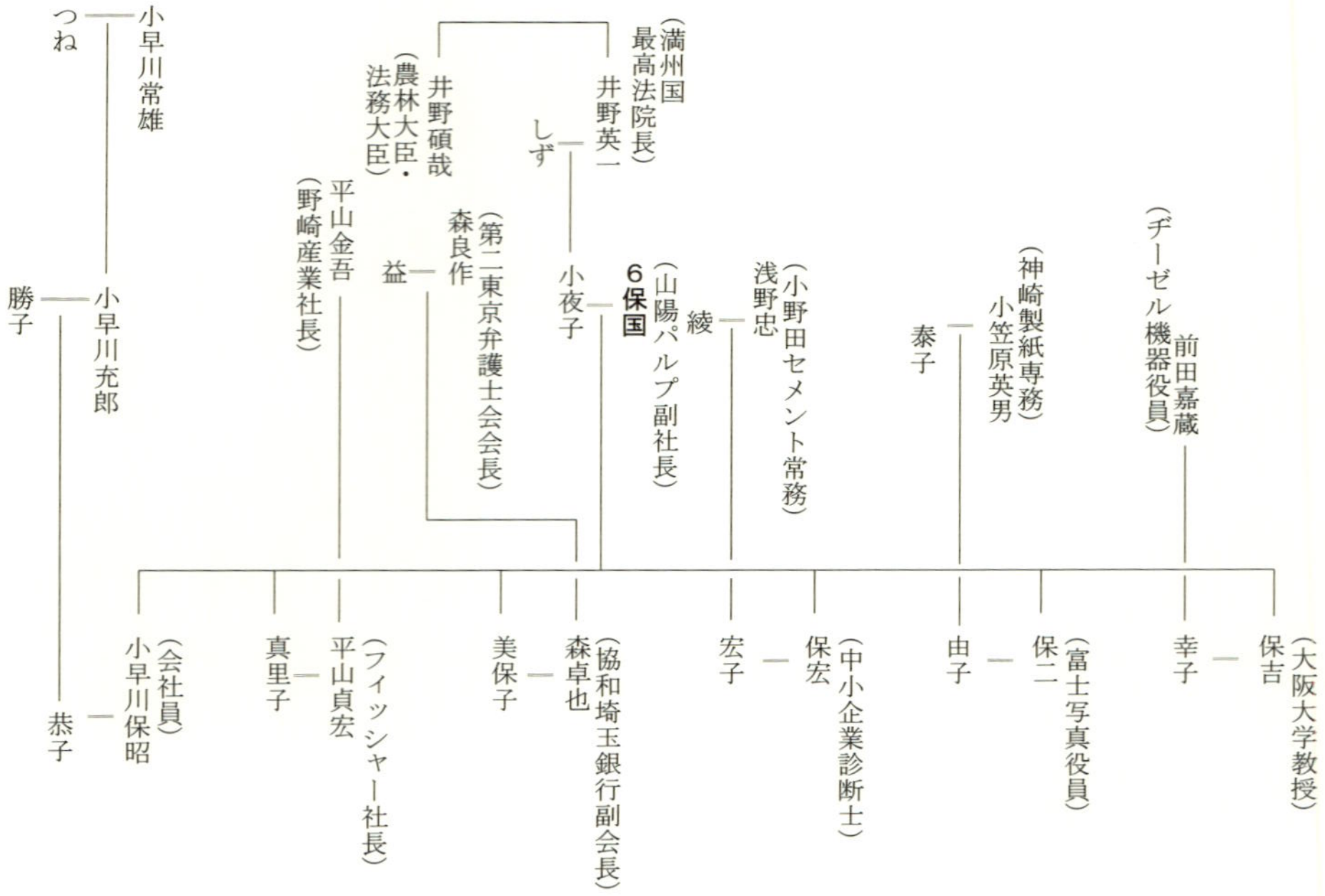

小早川常雄
つね
小早川充郎
勝子
小早川保昭（会社員）
恭子
井野英一（満州国最高法院長）
しず
井野碩哉（農林大臣・法務大臣）
小夜子
6保国（山陽パルプ副社長）
森良作（第二東京弁護士会会長）
益
平山金吾（野崎産業社長）
真里子
平山貞宏（フィッシャー社長）
美保子
森卓也（協和埼玉銀行副会長）
浅野忠（小野田セメント常務）
綾
宏子
保宏（中小企業診断士）
小笠原英男（神崎製紙専務）
泰子
由子
保二（富士写真役員）
前田嘉蔵（ヂーゼル機器役員）
幸子
保吉（大阪大学教授）

(7) 平野家系図

7 嘉智子（日本婦人団体連合会常任幹事）
 ＝ 平野義太郎（政治学者・東京帝国大学助教授・『日本資本主義社会の機構』著者）

- 絢子（筆名 平野絢子・慶応義塾大学教授）＝ 常盤政治（慶応義塾大学教授）
- 義政（勤労者通信大学講師）＝ 信子
- 克明（静岡大学教授）＝ 智子（養護学校教諭）
- 俊治（日本事務能率協会）＝ 早苗枝（会社員）
- 義和（日本共産党中央委員幹部長）＝ 順子（保育園園長）

(8) 後藤新平家　家系図

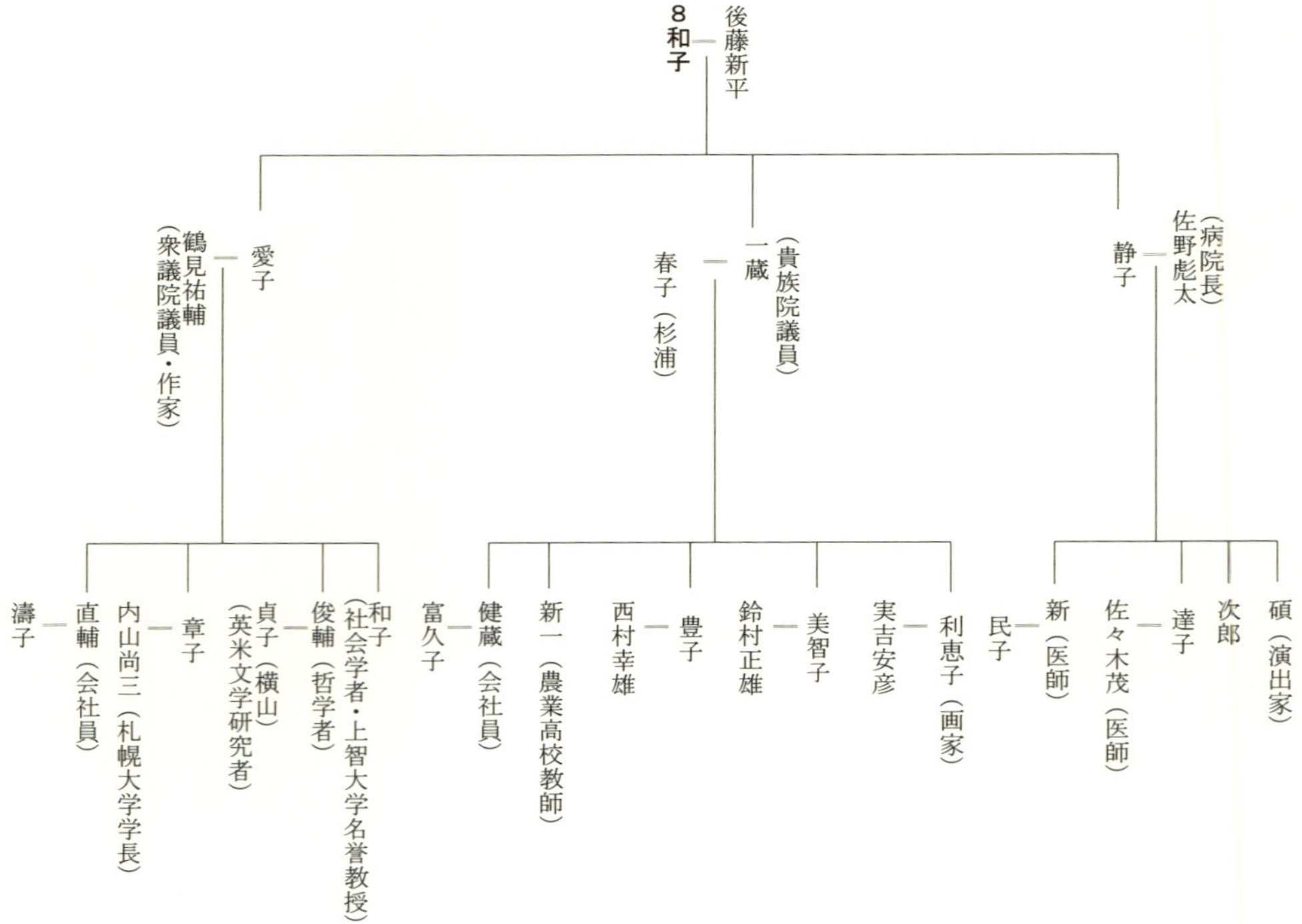

8 和子
後藤新平
愛子
鶴見祐輔（衆議院議員・作家）
一蔵（貴族院議員）
春子（杉浦）
静子
佐野彪太（病院長）
和子（社会学者・上智大学名誉教授）
俊輔（哲学者）
貞子（横山）（英米文学研究者）
章子
内山尚三（札幌大学学長）
直輔（会社員）
濤子
健蔵（会社員）
富久子
新一（農業高校教師）
豊子
西村幸雄
美智子
鈴村正雄
利恵子（画家）
実吉安彦
新（医師）
民子
達子
佐々木茂（医師）
次郎
碩（演出家）

〈附録2〉安場保和略年譜

＊年齢は数え年

天保　六（一八三五）年（1歳）父、源右衛門、母、久子の長子として熊本県建部村小松原に生れる。幼名を源象という。母、久子は、熊本藩士山内仁左衛門の娘。

天保一四（一八四三）年（9歳）藩校時習館に入る。

嘉永　二（一八四九）年（15歳）この頃、師の横井小楠の学風に親近し、小楠塾に入門する。

嘉永　六（一八五三）年（19歳）時習館居寮生となる。父、源右衛門逝去。家督相続し、一平と名乗る。

安政　五（一八五八）年（24歳）政治顧問として福井藩に赴く横井小楠に随行する。

文久　元（一八六一）年（27歳）歩頭となり、組脇に復し、鉄砲副頭となる。長女、友子誕生。

明治　元（一八六八）年（34歳）東海道鎮撫総督府参謀となり、江戸城明渡の軍議に参与する。

明治　二（一八六九）年（35歳）胆沢県大参事に任命される。後藤新平、斉藤実を見出す。

明治　三（一八七〇）年（36歳）熊本県権大参事試補、次いで同小参事となり、藩知事細川護久公を助ける。

明治　四（一八七一）年（37歳）熊本県権小参事となる。藩を代表して、岩倉・大久保等と折衝する。大蔵大丞となる。租税権頭となる。岩倉視察団の一員に加えられ、「大蔵理事官兼務理財収税事務取調可き旨」命ぜられる。

明治　五（一八七二）年（38歳）岩倉大使一行と分袂、ワシントンまで行き、そこより単身帰国。福島権令となり、次いで福島県令となる。福島小学校第一校を創設する。須賀川病

明治 六（一八七三）年（39歳）院を県立とする。

明治 八（一八七五）年（41歳）福島県立須賀川病院・医学所設置に力を致す。第一回地方官会議五等判事兼任。福島県令を免ぜられる。安積郡大槻原の開墾、蚕業の振興に力を致し、二本松に製糸工場を創設し、地租改正に従事し、阿武隈川に信夫橋を架設し、師範学校を創設したことなどが主な事績である。愛知県令となる。

明治 九（一八七六）年（42歳）地租改正、行政区画の改正、県庁舎の新築、明治用水の開鑿、各産業の開発、農工漁業の改良、水害除去、名古屋—熱田間の堀割開鑿に力をつくす。

明治一〇（一八七七）年（43歳）名古屋城の金鯱を復旧させる。

明治一一（一八七八）年（44歳）第二回地方官会議に出席し、幹事に選ばれる。

明治一三（一八八〇）年（46歳）安川繁成・高崎正風両氏と謀り、松方内務卿に進言し、殖産興業のためには交通機関の発達が必要であることを論じ、翌年、岩倉具視に鉄道会社設立計画書を提出する。元老院議官となる。

明治一四（一八八一）年（47歳）井上毅・古荘嘉門等と相謀り、郷里熊本に「紫溟会」を設け、国権愛国の政党にしようとはかる。参事院議官となる。日本鉄道会社が設立される。

明治一五（一八八二）年（48歳）元老院議官河田景与・河瀬真孝、参事院議官渡辺昇等とおのおの民情視察として、全国を巡回した。この民情視察はその後慣例となった。

明治一七（一八八四）年（50歳）三カ月に及び北海道を巡回し「明治十七年　北海道巡回日記」を誌す。北海道開拓等に関する報告を提出する。

明治一八（一八八五）年（51歳）元老院議官に再任する。

明治一九（一八八六）年（52歳）福岡県令となり、続いて制度変更により、同県知事となる。

明治二〇（一八八七）年（53歳）福岡県師範学校を設立し、当時、稀だった女子部も設ける。

明治二一（一八八八）年（54歳）在職中、九州鉄道株式会社を創立し、門司に築港し、筑後川を改修する。また筑豊炭田を整理し、水産業を盛んにし、とくに遠洋漁業を奨励する。

明治二五（一八九二）年（58歳）福岡県知事を辞職。貴族院議員に勅撰せられる。

明治二六（一八九三）年（59歳）国民協会幹事長などとして活躍。

明治二九（一八九六）年（62歳）男爵を授けられる。

明治三〇（一八九七）年（63歳）北海道庁長官に任ぜられる。

明治三一（一八九八）年（64歳）同長官辞職。

明治三二（一八九九）年（65歳）心臓病のため死去。

〈附録3〉　安場保和関係資料

安場保和関係資料はほとんど焼失したが、このほど東大法学部、国立国会図書館、熊本大学付属図書館、安場保雅家等に多少あることがわかった。以下その中の一部を示す。**（安場保吉）**

一、廃藩置県に関し、長岡護美、元田永孚等と共に藩政改革に努力中、長岡護美から書を西郷に送り、ともに国家のために盡力しようと求めたことに関し、明治三（一八七〇）年一一月大久保利通よりの書簡（『安場咬菜・父母の追憶』一六―一七頁）

安場宛大久保利通書簡　　**明治三（一八七〇）年一二月**

此節荘村一郎、態々御使御差立られ、西郷吉之助に御授書示し聞かせられ候趣、承知仕候。勅使御下向之御旨趣は、従三位闕下に召させられ候恩命にて、誠に恐縮之至、就ては駕を待たずして直に拝趨仕るべく候処、従三位事、長々之所労にて、只今にても平臥罷在候容態故、已むをえず暫時御猶予相願、春中上京之御請仕候次第に御座候。仍て勅使も御発駕相成候はゞ、西郷大参事初僕等も御随従、不日出立上京之筈に御座候。朝廷上之処も、内外容易ならざる時体、御復古之基本も御確立に至らず、一方ならざる御配慮より召させられ候に付、全藩を以て今一層朝廷のため努力、犬馬之労を致し候筈と、尚又方向一定仕候。就ては御隣交の訳にも有之、此末益協心戮力邦家のため励精仕度、厚御依頼申上候。御根本御屹立、此上皇国前途之処に御注意、御柱石に立たせられ、旧藩をも御引立下され候様、千祈万祷仕候。委曲は荘村殿に御咄申上置候に付、御聞取下され度候。西郷より尊酬申し上くべき之処、図ずも所労に有之、小生より右拝復迄、早々此の如く御座候

二、同書簡に関して明治三（一八七〇）年一二月二八日付西郷吉之助書簡（『安場咬菜・父母の追憶』一七一—一八頁）

安場宛西郷隆盛書簡　明治三（一八七〇）年一二月二八日付

余寒酷敷御座候得共、弥以て御安康ござ成させらるべく珍重存し奉り候。先頃弊屋御滞留中は段々御熟話拝承仕り、難有く御厚礼申し上げ候。陳は今度荘村君、御来臨成し下され候処、図ずも知事公より御直書下賜、難有き仕合恐れ入り奉り候。何卒御都合を以て宜敷御取り成し成下され度く願ひ奉り候。扨岩倉公勅使として御下向相成り、宮庁大に繁雑の仕合にござ候、御遙察下さるべく候勅命の儀は、別紙の通り御達し相成、従三位へ是非登京仕候様、御沙汰相成り申し候、然処来春中罷り登り候御請仕り候儀にて、容易ならざる篤令を蒙り、私共に至る迄、恐懼之次第に御座候。何歟　勅令之厚きを報ひ奉候廉も無之候ては不相済まざる儀と、一同心配仕り居り候事にござ候。御

憐察下さるべく候。返す返すも容易ならさる御直書頂戴仕り、誠に恐れ入り奉り候次第にござ候。此旨先生迄御礼申し上げ候間、何卒宜敷仰せ上げ置かれ下され度願ひ奉り候　恐惶謹言

十二月二十八日　西郷吉之助

安場一平様

追て啓上、尊藩御変革の始末、岩倉公よりお尋ねござ候に付き、此節御変革に就ては、第一君臣御合体にて、朝廷御為眼に藩屏の職掌、尽くさせられ候御誠意を以て万事御仕向け相成り、只我一国を利するとの変更に無之由、帰着する所、必ず善国と相成り候外、他無し、大抵変革の事に於て、其趣旨にて政事の善悪人民の向背相定候事に候間、細事は御聴に入れず候て、一々宜敷旨申上候処、余程御満足の御事にてござ候間、余事ながら序に任せ卒度申し上げ置き候。

三、　明治四（一八七一）年一〇月九日付　安場宛井上馨書簡（安場保雅氏蔵）

安場宛井上馨書簡　**明治四（一八七一）年十月九日付**

今日も未た出勤仕り得ず候。今日は右院の会日に候間、壱人仰せ合わせ御出院成さる可く候。一昨日元藩の大権小参事も凡て旧県の位置通にて、月給其外従前の通りと云う布告を差し出し候筈に取り極め置き候間、西郷板垣両人の内へ今日御訪ね未た御発令相成らず候はゝ、充分御催促成し下さる可く候。就ては、新に合県の上、大参事命ぜられ候者の月給は、旧県通りに御座候。此段も念の

為申し上げ候。匆々

十月九日

井上大輔

安場大丞殿

四、明治十（一八七七）年　安場保和のために元田永孚の書いた題字（『安場咬菜・父母の追憶』一八六頁）

「咬菜軒題辞」元田永孚

咬菜は何ぞや、安場君自ら名のる也、書すは誰や、大久保公也、それ肉を嗜み、菜を嗜まざるは、人、情を同しくす、而して君独り之を以て自ら名のるは何ぞや、蓋し天下之事、艱難に於いて成り、安楽に於いて敗る、君、公と共に艱難に於いて起つ、富貴に至るに於ては、其ゆえ之を掲げ、以て自ら戒るは、往日の苦を忘れず、将来の楽を期す也、今それ天下の生霊、菜根を咬む者、幾千万を知らず、一県の民、肉を食う者、また果たして幾人かある、君あに独り富貴を忍びんや、しかれば則ち自今以往、まさに更めて幾菜根を咬み、以て斯民をして、安富の域に至らしめ、而る後、その好楽を同じくする也、これ君の志、而して大久保公、また常に望むところなり、余すでにその名を欽し、また果たして君、此の名に背かざるを信する也、是において書す

明治十年十二月　　　　　　　　　元田永孚

五、明治十一（一八七八）年六月二六日　伊藤博文宛安場保和書簡
地租改正に関し、実地再測量を取止めるよう頼んだ書簡（国立国会図書館蔵）

伊藤博文宛安場書簡　　　　**明治十一（一八七八）年六月二六日付**

拝啓益御壮栄内外御鞅掌賀し奉り候。下官も瓦全、幸に御休神下され度候。先般滞京中は諸事御厚意を蒙り拝謝仕り候。帰縣后、直に近況具申に及び置き候通り、管下更に以上無之。此段御安神願い奉り候。さて、改租の際管下町村分合改称の儀出願の分取調べ、先般上申に及び置き候得共、爾今御允可相成らず。就ては萬一昨年御省乙第八十三號御達の趣に據り、御省議の筋にても可有之か。若し果して右等の御省議より再調を命せらるゝ如き事あらは、是か為め数年間官民とも非常の労費を盡し、稍整頓に逮たる改租の事業も、忽ち水泡に帰せしむる義と甚た懸念に堪えす。そもそも、右分合改称の事たるや、去る九年改租に付き、實地測量の際、各地の形況と将来の便宜を測り、或は之を諭すも、到底人民の請願に出たるものに有之。其分合改称は御許可を経て後、改租事業に着手すべき等、尋常普通の順序を経るを得さる當時改租事業上止むを得さる勢に因り、其分合等は必す御允可相成る可きものと見做し、直に改租の測量検査を始め、村位詮評収獲地價の分賦等渾て其分合したる姿を以て其町村に在ては、地引帳地圖地價帳を調理し、縣庁に在ては地券台帳及券状と

も謄寫、目下既に三河國は悉皆尾張國も多分授與済、従て各町村にては戸籍其他の諸帳簿も既に分合新称を以て取調居り、其分合等許可あらん事を頻りに渇望するの情況に有之。然るを萬々一も前掲の如き再調の挙あらは、各町村に於ては改租測量の當初に逆り、量散地の経界等を更正し、地引帳地圖地價帳及ひ其他の諸帳簿を再調し、縣庁に在ては之を再査し其上台帳及ひ数百万枚の券の再寫・授與を為さゝるを得す。果して此の如くせは、之れか為改租事業の整頓は尚数年を費すも豫め期すへからす。附ては其費用の夥多なる之を償ふの手段なきのみならす、曾て其町村へは分合の姿を以て調理せよと明言して為さしめたる。改租の事業も今亦之に反対の命令を下すに於ては此に至て人民の向背如何に有る可きやと甚だ痛心に堪へさるか故に、此に其事情を委し閣下に内申す。若し省議の在るあるも、到底前述の通り再調は萬々為し得さる次第に有之。右八十三號御達後の今日より顧みれは之に牴触する等の議論も相起こる可くや斗り難く候へ共、前顕實地分合の調査を為したるは全く右御達の前にあれは、實際敢て此御達に牴触せさると為すも不可ならんか。委細は其節出張改正事務局は小山正武に於て熟知の義に付、同人手前も一應御尋問相成るべく、實際の情態深く御洞察の上、特別御詮議を盡させられ、前に伺いし通り神速御允可相成り候様仕り度、此段内申に及び候。頓首敬白

六月二十六日

安場保和

伊藤内務卿閣下

六、明治三十（一八九七）年受爵に際し、徳富蘇峰宛に送った感懐（国立国会図書館蔵）

徳富蘇峰宛安場書簡　明治三十（一八九七）年六月二四日付

拝読時下益御清過欽賀の至りに存ぜられ候。陳は今般存じ掛け無く叙爵の恩典を蒙り候段、戊辰の従軍は国家多年士を養ふの結果故の功労迚も無之、唯々慚愧に堪えず申し候。専ら御憐察下さる可く候。尤も御書中の通り愚母存じ候はゝ、嘸かし聖恩優渥なるに感激いたし候半と、夫のみ追想仕り候事に御座候。此恩沢に浴し候に付ても故先生の未た以て充分に上下の間に於て世道人心に大関係ある偉功認め得さるは、実に遺憾の至に御座候。先年来井上毅種々心配いたし呉候へとも、今日迄も貫通いたし兼ね候事、返々も残懐の至にて、先般小松帯刀の跡も恩典に浴し候間、其内折を以て是非貫通いたし度、内々相企て居り申し候。序で乍ら御参考に供し申し候。書外は其内拝顔に譲り、御礼迄。匆々此の如きに御座候。頓首。

六月二十四日　　保和

徳富賢兄

座下

七、明治五（一八七二）年　岩倉使節団を辞するにあたっての辞表草稿

（平野義太郎氏を経て安場保吉蔵）

安場辞表稿　　明治五（一八七二）年

辞表稿

謹上言奉り候、臣保和客歳欧米各国大使随行の重命を辱し、感佩之至、敢て□陋を忘れ、奮然渡航、黽勉従□、聊か朝旨の盛なるに報せんと欲す、然るに臣固より各国の文字に暗く、言語に慣れす、夙夜質問究索の際に臨み、殆と唖聾の態に異らす、方法□理を究むるに由なく、真に其□に堪へす、其職を汚すを知れり、（挿入記号……不全の罪深しと雖も、亦愚衷の止む□を得さるに出敢て情由を大使に歎訴し帰朝仕候）厳命を恭しく以るに税則を釐齊するは、方今の急務にして、邦家の隆替に関り、斯民の休戚に係る、豈臣保和輩の其職に任する所にならんや、宜く更に各国の制法□情を詳かにし、其任に堪ゆるの才を御精選被為在度、伏願くは速に臣か官職を免除し、臣をして愚分を守らしめよ、臣誠惶誠恐頓首死懇願奉り候、勤表

ヤ　行

マ　行

タ　行

サ　行

カ　行

人名索引

＊本文（本文中の小見出しを含む，但し注は除く）に登場する主要人名を対象とした。
50音順に配列したが、読み方の確認が困難だった人名は、推定に基づき配列した。

ア　行

執筆者紹介（執筆順）

花立三郎（はなたち・さぶろう）

1919 年生。元熊本大学教授。近代日本思想史。著書に『大江義塾』『徳富蘇峰と大江義塾』（ぺりかん社）『明治の青年』（熊本日日新聞社）など。

三澤　純（みさわ・じゅん）

1963 年生。熊本大学助教授。日本近代史。著書に『民衆運動史３　社会と秩序』（共著、青木書店）など。

福井　淳（ふくい・あつし）

1955 年生。宮内庁書陵部主任研究官。日本近代史。著書に『近代日本の軌跡２　自由民権と明治憲法』（共著，吉川弘文館）など。

住友陽文（すみとも・あきふみ）

1963 年生。大阪府立大学助教授。日本近現代史。論文に「大衆ナショナリズムとデモクラシー」（『日本史講座９』東京大学出版会）など。

中村尚史（なかむら・なおふみ）

1966 年生。東京大学助教授。日本経済史・経営史。著書に『日本鉄道業の形成』（日本経済評論社）など。

中野目徹（なかのめ・とおる）

1960 年生。筑波大学助教授。日本近代思想史。著書に『政教社の研究』（思文閣出版）『近代史料学の射程』（弘文堂）『書生と官員』（汲古書院）など。

東條　正（とうじょう・ただし）

1949 年生。長崎大学教授。日本経営史。論文に「明治期鉄道会社の経営紛争と株主の動向」（『経営史学』19 巻４号）など。

小林和幸（こばやし・かずゆき）

1961 年生。青山学院大学教授。日本近代史。著書に『明治立憲政治と貴族院』（吉川弘文館）『明治天皇と政治家群像』（共著、吉川弘文館）など。

桑原真人（くわばら・まさと）

1943 年生。札幌大学教授。北海道近代史。『近代北海道史研究序説』（北海道大学図書刊行会）『北海道の歴史』（共著、山川出版社）など。

鶴見俊輔（つるみ・しゅんすけ）

1922 年生。哲学者。『思想の科学』を創刊。著書に『鶴見俊輔著作集』（筑摩書房）『鶴見俊輔座談』（晶文社）など多数。

編者紹介

安場保吉（やすば・やすきち）

1930年生。2005年没。経済史。東京大学教養学部卒。ジョンズ・ホプキンズ大学 Ph. D. 大阪大学講師、助教授を経て、京都大学東南アジア研究センター教授、大阪大学教授、大阪学院教授を歴任。主要著書『米国白人の出生率』英文（ジョンズ・ホプキンズ・プレス、1962年）『経済成長論』（筑摩書房刊、1980年、サントリー学芸賞受賞）『東南アジアの経済発展——経済学者の証言』（ミネルヴァ書房、2002年）など。

安場保和伝《やすばやすかずでん》 1835-99——豪傑・無私の政治家

2006年4月30日　初版第1刷発行©

編者　安場保吉

発行者　藤原良雄

発行所　株式会社 藤原書店

〒162-0041　東京都新宿区早稲田鶴巻町523

TEL　03（5272）0301
FAX　03（5272）0450
振替　00160-4-17013

印刷・製本　中央精版

落丁本・乱丁本はお取り替えします
定価はカバーに表示してあります

Printed in Japan
ISBN4-89434-510-2

後藤新平の全生涯を描いた金字塔。「全仕事」第１弾！

正伝 後藤新平

（全８分冊・別巻一）

鶴見祐輔／〈校訂〉一海知義

四六変上製カバー装　各巻約 700 頁　各巻口絵付

各巻予 4600 ～ 6200 円

波乱万丈の生涯を、膨大な一次資料を駆使して描ききった評伝の金字塔。完全に新漢字・現代仮名遣いに改め、資料には釈文を付した決定版。

＊白抜き数字は既刊

❶ **医者時代**　**前史～1893年**

医学を修めた後藤は、西南戦争後の検疫で大活躍。板垣退助の治療や、ドイツ留学でのコッホ、北里柴三郎、ビスマルクらとの出会い。**〈序〉鶴見和子**

704頁　**4600円**　◇4-89434-420-3（第1回配本／2004年11月刊）

❷ **衛生局長時代**　**1894～1898年**

内務省衛生局に就任するも、相馬事件で投獄。しかし日清戦争凱旋兵の検疫で手腕を発揮した後藤は、人間の医者から、社会の医者として躍進する。

672頁　**4600円**　◇4-89434-421-1（第2回配本／2004年12月刊）

❸ **台湾時代**　**1898～1906年**

総督・児玉源太郎の抜擢で台湾民政局長に。上下水道・通信など都市インフラ整備、阿片・砂糖等の産業振興など、今日に通じる台湾の近代化をもたらす。

864頁　**4600円**　◇4-89434-435-1（第3回配本／2005年2月刊）

❹ **満鉄時代**　**1906～08年**

初代満鉄総裁に就任。清・露と欧米列強の権益が拮抗する満洲の地で、「新旧大陸対峙論」の世界認識に立ち、「文装的武備」により満洲経営の基盤を築く。

672頁　**6200円**　◇4-89434-445-9（第4回配本／2005年4月刊）

❺ **第二次桂内閣時代**　**1908～16年**

逓信大臣として初入閣。郵便事業、電話の普及など日本が必要とする国内ネットワークを整備するとともに、鉄道院総裁も兼務し鉄道広軌化を構想する。

896頁　**6200円**　◇4-89434-464-5（第5回配本／2005年7月刊）

❻ **寺内内閣時代**　**1916～18年**

第一次大戦の混乱の中で、臨時外交調査委員会を組織。内相から外相へ転じた後藤は、シベリア出兵を推進しつつ、世界の中の日本の道を探る。

616頁　**6200円**　◇4-89434-481-5（第6回配本／2005年11月刊）

❼ **東京市長時代**　**1919～23年**

戦後欧米の視察から帰国後、腐敗した市政刷新のため東京市長に。百年後を見据えた八億円都市計画の提起など、首都東京の未来図を描く。

⑧ **「政治の倫理化」時代**　**1923～29年**

震災後の帝都復興院総裁に任ぜられるも、志半ばで内閣総辞職。最晩年は、「政治の倫理化」、少年団、東京放送局総裁など、自治と公共の育成に奔走する。

別巻　**年譜・総索引・総目次**